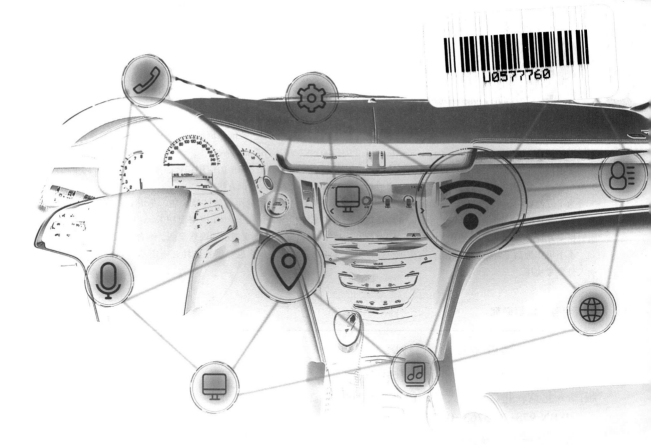

北京理工大学"双一流"建设精品出版工程

智能车辆理论与应用：慕课版（第2版）

THEORY AND APPLICATION OF
INTELLIGENT VEHICLES
(SECOND EDITION)

熊光明　于会龙　龚建伟　邸慧军◎著
陈慧岩◎审

北京理工大学出版社
BEIJING INSTITUTE OF TECHNOLOGY PRESS

内 容 简 介

本书是《智能车辆理论与应用》一书的修订版（第2版），同时也是"智能车辆理论与应用"研究生慕课配套教材，慕课网址如下：https://www.xuetangx.com/learn/bitP0861003987/7526890/progress.

全书共9章，包括：概述；智能车辆环境感知；深度学习及其在环境感知中的应用；智能车辆SLAM；智能车辆行为决策；智能车辆运动规划；智能车辆模型预测控制；智能网联；智能车辆测试方法与评价。

为了方便教学，书中增加了大量的实际操作案例，包括基于ROS框架的可通行区域检测、基于Python库scikit-learn的激光雷达点云负障碍检测、基于Adaboost与摄像机图像的车辆检测、采用ResNet模型使用Keras框架的场景识别、自制数据集并训练YOLO v5检测模型、ORB SLAM、ROS与V-REP联合仿真实现运动规划案例、综合测试案例等。

本书可作为高等院校机械工程、自动化、计算机等专业的研究生教材，也可供各类具有一定基础知识的智能车辆从业人员参考使用。

版权专有 侵权必究

图书在版编目（CIP）数据

智能车辆理论与应用：慕课版 / 熊光明等著. —2版. --北京：北京理工大学出版社，2021.12（2025.6重印）
ISBN 978-7-5763-0467-1

Ⅰ．①智…　Ⅱ．①熊…　Ⅲ．①智能控制–汽车　Ⅳ.①U46

中国版本图书馆CIP数据核字（2021）第259775号

出版发行 / 北京理工大学出版社有限责任公司
社　　址 / 北京市海淀区中关村南大街5号
邮　　编 / 100081
电　　话 / （010）68914775（总编室）
　　　　　（010）82562903（教材售后服务热线）
　　　　　（010）68944723（其他图书服务热线）
网　　址 / http：//www.bitpress.com.cn
经　　销 / 全国各地新华书店
印　　刷 / 廊坊市印艺阁数字科技有限公司
开　　本 / 787毫米×1092毫米　1/16
印　　张 / 19
彩　　插 / 5
字　　数 / 451千字
版　　次 / 2021年12月第2版　2025年6月第2次印刷
定　　价 / 78.00元

责任编辑 / 刘　派
文案编辑 / 邓雪飞
责任校对 / 周瑞红
责任印制 / 李志强

第2版前言

2018年，我们出版了本科生教材《无人驾驶车辆理论与设计》和研究生教材《智能车辆理论与应用》，其中《智能车辆理论与应用》一书是北京理工大学机械工程"智能车辆基础"专业核心课教材。

2019年，在北京理工大学教务部立项资助下，由本团队精心打造的"无人驾驶车辆"慕课在中国大学MOOC网站上线，该课程是针对初学者选材制作的。

2020年2月，国家发展和改革委员会等11部委联合发布《智能汽车创新发展战略》，这对进一步加快"智能车辆技术"人才培养提出了更高要求。

教育部高教司司长吴岩指出，融合了"互联网+""智能+"技术的在线教学已经成为高等教育在教与学方面的重要发展方向。

2020年，"智能车辆基础"课程入选北京理工大学研究生教育培养综合改革项目（重点项目）——研究生网络共享课程建设项目。

项目组根据智能车辆技术最新发展成果和国家发展战略相关文件，着手准备研究生网络共享课程的制作，并同步开展《智能车辆理论与应用》一书的修订再版工作，在成体系的智能车辆技术人才培养模式上做出进一步的探索与实践，为智能车辆高端技术人才培养贡献力量。

修订后的内容共分9章。第1章在第1版的基础上，增加了目前智能车辆上广为应用的ROS的相关介绍。第2章是全新的内容，从应用的角度，结合基于ROS框架的可通行区域检测、基于（传统）机器学习与激光雷达点云的负障碍检测、基于Adaboost与摄像机图像的车辆检测等具体案例介绍智能车辆环境感知技术。第3章是全新的内容，介绍了越野环境场景识别、目标检测模型及其在智能车辆上的应用、基于深度学习的车道线语义分割等具体应用案例。第4章把SLAM作为独立的一章，体现出SLAM技术在智能车辆上的发展地位。第5章仍沿用第1版的内容。第6章是全新的内容，结合一个具体的ROS操作介绍了静态环境下的运动规划，并介绍了动态环境下的运动规划。第7章对第1版内容进行了修订，并增加了详细方案。第8章是全新的内容，从基于网联技术的多车编队自动驾驶、基于V2X的红绿灯路口通行方法、基于V2X的遮挡环境下智能车辆避撞行人等方面阐述了智能网联技术在智能车辆上的应用。第 9 章对第 1 版书中 ROS+VREP 案例进行了详细介绍。

本次修订版由熊光明、于会龙、龚建伟、邸慧军执笔，由陈慧岩审稿。实验室教师吕超、吴绍斌，研究生陈晨、黄书昊、马君驿、于全富、杨天、李江南、周梦如等参加了部分章节的编写及部分文字、图表的修订工作。

本书撰写过程中融入了作者长期科研实践，参与这些实践项目并对本书内容做出贡献的研究生有张玉、陈建松、丁泽亮、韩雨、季开进、朱宝昌、王超然、王超、李明红、文巧稚、宋威龙、陈昕、徐优志等，在此向他们在实验室期间做出的贡献表示感谢。本书也参考了国内外公开发表的资料，也向相关资料的作者表示感谢。

本书的出版得到北京理工大学 2020 年研究生教育培养综合改革项目——研究生教材建设立项资助。

智能车辆理论仍在不断发展过程中，我们将根据技术进展以及实际教学效果持续改进提高。欢迎社会各界提出意见和建议。

作　者

2021 年 1 月

目　录
CONTENTS

第1章

概　　论

近年来，智能车辆技术得到飞速发展，其涉及的内容非常多。

本章首先讨论智能车辆研究范畴及其涉及的相关概念；然后介绍人工智能与机器学习的发展；最后介绍智能车辆体系结构。

1.1　智能车辆概述

关于"智能"，Robert Finkelstein 博士在其报告 "4D/RCS: An Autonomous Intelligent Control System for Robots and Complex Systems of Systems" 中指出：

- An intelligent system is a system with the ability to act appropriately（or make an appropriate choice or decision）in an uncertain environment.

其中包含了两个重点，一个是不确定环境，一个是做出适当的选择或决定。

- An appropriate action（or choice）is that which maximizes the probability of successfully achieving the mission goals（or the purpose of the system）.

2013 年 NHTSA（National Highway Traffic Safety Administration，美国高速公路安全局）发布了自动驾驶的分级标准，包括特定功能自动化、部分自动化、有条件自动化和完全自动化 4 个级别。2014 年美国汽车工程师学会（Society of Automotive Engineers，SAE）制定的自动驾驶汽车分级标准，将自动化分为驾驶辅助、部分自动化、有条件自动化、高度自动化以及完全自动化 5 个级别。由于 SAE 标准的说明更加详细、描述更加严谨，更加符合未来发展趋势，在 2016 年 NHTSA 发布的《联邦自动驾驶汽车政策》中采用了 SAE 标准。

SAE 等级 5 要求的驾驶环境与人类驾驶员驾驶环境、驾驶工况是一样的，也就是全天候、全工况的。按照上面两个重点来判断，只有具备 SAE 等级 5 的车辆才能认为是"真正"智能的。

通常所说的智能车辆实际上是一个广义的概念，人们常说的自动驾驶（automated driving）、无人驾驶（self-driving）与自主驾驶（autonomous driving）都可以看作智能车辆的范畴。DARPA Grand Challenge 相关文献中提到的术语还包括 "unmanned ground vehicles" "autonomous robotic ground vehicle" "the robot vehicle" 等。此外，还有常见的辅助驾驶（driving assistance systems）、主动安全（active safety）等。这些概念在研究的早期都被纳入智能车辆的范畴。

　　智能车辆（Intelligent Vehicles，IV）是集传感技术、自动控制、人工智能、视觉计算、程序设计、组合导航、信息融合等众多技术于一体的智能化系统，它是充分考虑车路合一、协调规划的车辆系统。在民用领域，它是智能交通系统的一个重要组成部分。各国智能交通系统的研究规划中，智能车辆系统均是一个重要的子系统。对于自主式智能车辆，不仅应具有加速、减速、前进、后退以及转向等常规车辆功能，而且还应具有定位、任务自主分配、路径规划、路径跟踪、环境感知、自主决策等类似于人类智能行为的人工智能。智能车辆的研究和发展必将促进人类社会的进步和发展。当今的车辆发展并不完善，安全性、智能化、人机交互等方面远远不能满足人类的需要和社会发展的需求。技术上的缺陷导致交通堵塞、环境污染、交通安全性差，智能车辆可以大大缓解这些问题。IEEE智能交通系统协会（Intelligent Transportation Systems Society，ITSS）每年举办一次智能车辆国际研讨会（the Intelligent Vehicles Symposium）。以IV 2018为例，来自世界各地的数千名学者围绕智能汽车的感知、识别、辅助系统、虚拟测试、智能交通系统、人机交互等多个相关主题展开为期三天的学术探讨，广大业内外人士更清晰地了解了智能汽车领域未来发展趋势，知悉行业最新动态，把握市场发展脉络，促进产业快速发展。同期举办的智能汽车产业展汇集了数百家智能汽车及零部件企业，分享最新产业成果，展望未来产业动向，将智能汽车领域最尖端技术研究与科研成果转化有机结合，为技术理论研究方向提供产业化引导与启发。

　　在军事上，由于战场情况复杂多变，自动化程度越来越高，世界各国都竞相开展军用智能车辆技术的研究。美国国家研究委员会（National Research Council，NRC）预言："20世纪的核心武器是坦克，21世纪的核心武器是在人的监督下计算机控制的无人作战系统。"为此，从20世纪80年代开始，美国国防高级研究计划局（DARPA）专门立项，制定了地面无人作战平台的战略计划，目标是研制可以在崎岖地形上沿规划的路线自主导航及躲避障碍，并在必要时重新规划路线的智能车辆。从此，在全世界掀开了全面研究智能车辆的序幕。

1.2　人工智能概述

　　2020年2月，国家发展和改革委员会等11部委联合发布《智能汽车创新发展战略》，其中提到，智能汽车是指通过搭载先进传感器等装置，运用人工智能等新技术，具有自动驾驶功能，逐步成为智能移动空间和应用终端的新一代汽车。可以看到人工智能在其中的作用，下面对人工智能的发展进行简要介绍。

1. 人工智能、机器学习与深度学习之间的关系

　　"人工智能"（Artificial Intelligence，AI）这一词语由John McCarthy于1955年提出，在1956年的达特茅斯会议上其作为一门学科得到认可。当时的理念是，人类智慧可以通过精确地表示和描述来让机器模拟。而人工智能的通常含义是指机器能够像人类一样思考。人工智能的目标包括推理、知识、规划、学习、自然语言处理、感知等能力，涉及计算机、数学、心理学、语言学、哲学、神经科学等众多学科。自提出以来，人工智能研究经历过数次兴衰，近年来人工智能的兴起是由于计算能力的提高、海量数据的获取和人工智能理论上的进展。1997年IBM公司的深蓝击败国际象棋冠军卡斯帕罗夫和2016年Google公司的AlphaGo击败世界围棋冠军李世石是人工智能历史上获得公众关注的两次标志性事件。

人类的智能主要包括归纳总结和逻辑演绎两大类。人类的视听觉、身体感知处理等都是下意识的，属于归纳总结智能。而数学推导、逻辑推理等都是基于公理系统的符号演绎方法。由于在发展过程中，对于智能的理解不同，渐渐形成了几个经典学派。每个学派从不同的角度看待问题，提出解决方案。比如最为主要的两个学派——符号学派和联结学派，前者从哲学、逻辑学和心理学出发，将学习视为逆向演绎，使用预先存在的知识来解决问题，大多数专家系统使用符号学派的方法；后者专注于通过神经元之间的连接来推导表示知识，该学派聚焦于物理学和神经科学，并相信大脑的逆向工程，用反向传播算法来训练人工神经网络以获取结果。其他学派，如进化学派在遗传学和进化生物学的基础上得出结论，贝叶斯学派注重统计学和概率推理，类推学派更多地关注心理学和数学优化来推断相似性判断。

虽然上述学派各自都取得了很大的成就，但是其各自采用的研究方法都遇到了诸多困难，而且这些学派对于人工智能的研究思路和方法难以形成一个统一的框架。基于对于“机器智能是由什么决定”这个问题的回答，人工智能领域 60 多年的发展形成了四大研究方法：结构模拟、功能模拟、行为模拟和机制模拟。在人工智能发展过程中，上述多个方法各自都出现过自己的发展巅峰和低谷时期。目前的人工智能热潮则源于结构模拟方面的突破，即由于解决了深度神经网络的训练问题，加上大数据的高性能计算平台（云计算、GPU等）变成现实，深度神经网络的表达能力得到充分发挥，对人工智能的发展起到了推波助澜的作用。

通常将人工智能分为弱人工智能和强人工智能，前者让机器具备观察和感知的能力，可以做到一定程度的理解和推理；而强人工智能让机器获得自适应能力，解决一些之前没有遇到过的问题。目前的研究大多集中在弱人工智能这部分。近年来随着计算智能和感知智能的关键技术取得较大突破，弱人工智能的应用条件基本成熟。弱人工智能的“智能”主要归功于一种实现人工智能的方法——机器学习。机器学习最基本的做法，是使用算法来解析数据、从中学习，然后对真实世界中的事件做出决策和预测。与传统的为解决特定任务、硬编码的软件程序不同，机器学习是用大量的数据来“训练”，通过各种算法从数据中学习如何完成任务。机器学习直接来源于早期的人工智能领域，传统的算法包括决策树、聚类、贝叶斯分类、支持向量机、EM、Adaboost 等。

传统的机器学习算法在指纹识别、基于 Haar 的人脸检测、基于 HoG 特征的物体检测等领域的应用基本达到了商业化的要求或者特定场景的商业化水平，但每前进一步都异常艰难，直到深度学习算法的出现。深度学习并不是一种独立的学习方法，其本身也会用到有监督和无监督的学习方法来训练深度神经网络。但由于近几年该领域发展迅猛，一些特有的学习手段相继被提出（如残差网络），因此越来越多的人将其单独看作一种学习的方法。

最初的深度学习是利用深度神经网络来解决特征表达的一种学习过程。深度神经网络可大致理解为包含多个隐含层的神经网络结构。为了提高深度神经网络的训练效果，人们对神经元的连接方法和激活函数等方面做出相应的调整。

综上所述，机器学习是一种实现人工智能的方法，深度学习是一种实现机器学习的技术。

2. 机器学习

一般根据处理的数据是否存在人为标注，将机器学习分为监督学习和无监督学习。监督学习用有标签的数据作为最终学习目标，通常学习效果好，但获取有标签数据的代价是昂贵的。无监督学习相当于自学习或自助式学习，便于利用更多的数据，同时可能会发现数据中存在的更多模式的先验知识（有时会超过手工标注的模式信息），但学习效率较低。二者的共性是通过建立数学模型为最优化问题进行求解。

监督学习的数据集包括初始训练数据和人为标注目标，希望根据标注特征从训练集数据中学习到对象划分的规则，并应用此规则在测试集数据中预测结果，输出有标记的学习方式。因此，监督学习的根本目标是训练机器学习的泛化能力。监督学习的典型算法有逻辑回归、多层感知机、卷积神经网络等；典型应用有回归分析、任务分类等。

无监督学习，用于处理未被分类标记的样本集数据并且事先不需要进行训练，希望通过学习寻求数据间的内在模式和统计规律，从而获得样本数据的结构特征。因此，无监督学习的根本目标是在学习过程中根据相似性原理进行区分。无监督学习更近似于人类的学习方式，典型算法有自动编码器、受限玻耳兹曼机、深度置信网络等；典型应用有聚类和异常检测等。

3. 深度学习发展展望

虽然深度学习在应用中取得了很多成绩，但是仍存在很多局限。深度学习的研究多是基于试验训练进行的，但是对其内部原理、学习本质研究很少。现在的研究多是在网络架构、参数选择等方面，而且深度学习得到的结果往往是局部最优解，有可能不是全局最优解，还有进一步提升的空间，也需要更加完备深入的理论支撑其发展。目前主流应用还是以监督学习为主，但在实际生活中，无标签未知的数据占主体，所以更应该应用可以发现事物内在关系的无监督学习。目前无监督学习技术备受关注，无监督表达学习技术在自然语言处理领域进展神速；无监督图嵌入表达技术在图学习领域取得了不俗的成果；自监督学习技术在视觉领域近期也有较大的突破。但无监督学习在很多领域进展有限，同时也面临着鲁棒性及安全性质疑。

深度学习是人工智能发展的巨大推力，但是普通的深度学习更侧重于处理数据，缺乏一定的记忆能力和逻辑推理能力。在面对复杂现实任务时，预测和存储包含信息序列的内容是必要的，这也成为深度学习的一个重要研究方向，由此衍生出了 RNN 及 LSTM、GRU 模型、注意力模型等。此外，深度学习在训练网络中需要大量有标记的数据去学习输入和输出的映射关系，这样获得的模型往往无法将其泛化到与训练时不同条件的数据集上。而现实应用中，人们遇到的数据集常常会包含很多新场景，许多数据是模型在训练过程中没出现过的，因此学习得到的模型可能无法很好地预测结果。将学习得到的知识迁移到新的条件和环境的能力通常被称为迁移学习，这也是深度学习的一个重要研究方向。如果将迁移学习做到极限，仅仅从少数几个甚至零个样本中学习（如一次和零次学习），将能解决更多实际问题。执行一次和零次学习的模型是机器学习中最难的问题之一，可这对人类而言却不是那么困难。

深度学习对未来社会发展仍将具有重要意义，需要不断深入研究，多方向多角度更全面地开发深度学习的潜在价值。

1.3　智能车辆体系结构

体系结构是一个系统的"骨架",它描述了系统各个组成部分的分解和组织以及各组成部分之间的交互;定义了系统软硬件的组织原则、集成方法及支持程序。比较经典的体系结构有分层递阶式体系结构、反应式体系结构和二者结合的混合式体系结构。

《无人驾驶汽车概论》第 2 章介绍了 4D/RCS 以及应用 4D/RCS 的 DEMO Ⅲ,也介绍了 JAUS 以及基于 JAUS 的 NaviGATOR 系统,并介绍了 Boss 和 BIT 号无人驾驶汽车体系结构。在 8.2.2 节介绍了一种开放式、模块化的一体化体系结构。应用于 DEMO Ⅲ 的四维实时控制系统 (4-Dimensional Real-time Control Systems, 4D/RCS) 是一种混合式的体系结构。被美国汽车工程师协会采纳的无人系统联合体系 (Joint Architecture for Unmanned System, JAUS) 则是基于分层递阶式的体系结构。体系结构在智能车辆系统中占据十分重要的地位,它确定系统的各组成模块及其输入/输出;确定系统的信息流和控制流,并组织面向目标的体系构成;提供总体的协调机制,并按工作模型进行总体协调指挥。

由于智能车辆的算法系统不仅对实时性要求高,而且通常需要多个子应用程序同时工作,例如环境感知模块、决策规划模块和执行控制模块。因此,各子应用程序之间通信、同步和协调的问题不可忽视。近年来,由于 ROS 的开源、易用,在智能车上得到广泛使用。

ROS (Robot Operating System) 尽管中文翻译为机器人操作系统,但它并不是传统意义上的操作系统,而是一种分布式框架,需要依附于 Linux (如 Ubuntu) 或 Windows 10 操作系统。ROS 由 Master (节点管理器) 和大量 Node (节点) 组成,每个节点在 Master 注册后,均可通过发布、订阅话题等方式实现与其他节点通信,如图 1-1 所示。ROS 支持多编程语言 (如 C++、Python 等),能够使用不同编程语言的模块进行数据交流,而且具有丰富的开源库 (如 OpenCV、PCL 等)。

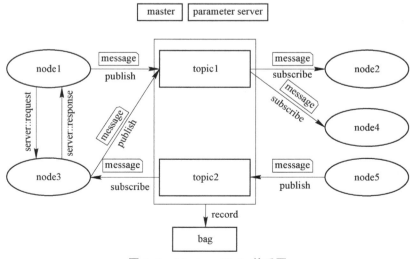

图 1-1　Master、Node 关系图

ROS 在点对点网络中整合和处理数据的过程称为计算图，如图 1-2 所示。计算图的基本概念包括节点、消息和话题等。其中，节点指的是 ROS 程序运行的实例，节点间通过消息进行相互通信，节点通过将消息发布到给定话题来发送消息。

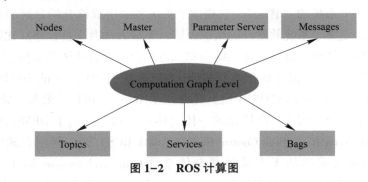

图 1-2　ROS 计算图

节点是一些执行运算任务的进程，每个节点都能实现一定的功能。以智能车辆激光雷达节点为例，图 1-3 展示了感知程序主节点 masternode、用于接收激光雷达 udp 数据并发送消息的激光雷达数据处理节点 getmultirslidardata、用于数据可视化的数据显示节点 rviz、用于收集和记录调试输出信息的节点 rosout、用于发布坐标系关系的节点 robot_state_publisher。节点与节点之间的连线表示端到端的连接方式，节点之间可以相互通信。

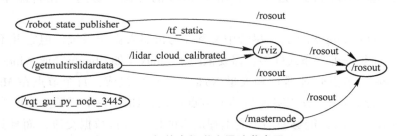

图 1-3　智能车辆激光雷达节点展示

智能车辆的 ROS 系统中，各功能模块的节点之间进行通信，传递的信息称为"消息"。消息是一种严格的数据结构，支持标准数据类型，也支持嵌套结构和数组，还可以根据需求由开发者自己定义。下面展示了激光雷达点云消息的数据结构，可见其中包含数据时间戳、参考坐标系、激光点数据等。

```
std_msgs/Header header
    uint32 seq
    time stamp
    string frame_id
uint32 height
uint32 width
sensor_msgs/PointField[] fields
    uint8 INT8=1
    uint8 UINT8=2
```

```
    uint8 INT16=3
    uint8 UINT16=4
    uint8 INT32=5
    uint8 UINT32=6
    uint8 FLOAT32=7
    uint8 FLOAT64=8
    string name
    uint32 offset
    uint8 datatype
    uint32 count
bool is_bigendian
uint32 point_step
uint32 row_step
uint8[] data
bool is_dense
```

消息大多以一种发布/订阅的方式传递。ROS 节点可以针对特定的话题发布消息，也可以关注某个话题订阅其上的消息。发布消息至话题的对象称为发布者（Talker），从话题订阅消息的对象称为订阅者（Listener）。这种方式使得消息的来源和去向完全解耦，便于布置类似于智能车辆这种大型分布式架构。图 1-4 展示了智能车辆测试时的节点及话题关系。前面介绍的节点指向激光雷达话题，说明此节点可向激光雷达话题发送消息。

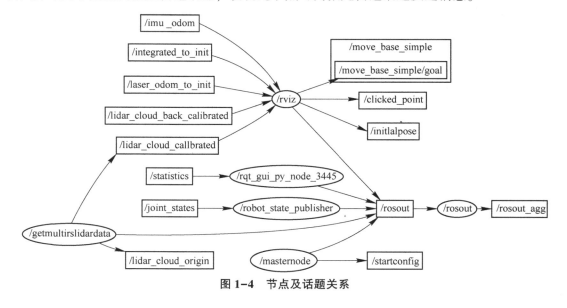

图 1-4　节点及话题关系

消息还可以请求/服务的方式传递。服务是一种同步传输模式，只有客户端主动请求服务，服务端才去应答相应服务。ROS 话题和服务都可以用于节点间通信，但是话题是一种单方向的通信，发送消息的节点不会考虑接收消息的节点此时此刻是否需要该消息，适用于需要一直接收数据的场合，比如智能车辆上获取传感器数据时通常采用话题通信方式；服务是一种双向的通信，客户端向服务器发出请求，服务器才会向客户端发出响应，当客户端不需要时不会产生通信，这样可以减小通信负载，比如智能车辆的路径规划节点与局部地图节点之间一般采用服务的通信方式，路径规划节点只有在需要局部地图的时刻才会向局部地图节点请求并获取局部地图。

由于智能车辆的传感器、执行机构有很多，功能庞大，因此实际运行时往往会运行众多的 Nodes，负责感知、定位、规划、控制等功能。因此需要 ROS 的"大脑"合理地调配、管理这些 Nodes。ROS 提供的节点管理器 Master 就是 ROS 的"大脑"。Master 在整个网络通信架构中相当于管理中心，管理着各个 Nodes 之间的相互查找、建立连接，使得节点能够互相找到彼此并交换消息，同时为系统提供参数服务器，管理全局参数。

第 2 章
智能车辆环境感知

环境感知是智能车辆的重要内容，本章结合基于 ROS 框架的可通行区域检测、基于（传统）机器学习与激光雷达点云的负障碍检测、基于 Adaboost 与摄像机图像的车辆检测等具体案例来介绍智能车辆环境感知技术。

2.1 以斜坡为例的可通行区域检测

本节以斜坡场景为例，介绍基于 ROS 框架的可通行区域检测，从检测原理、场景构建、检测程序、操作步骤等方面进行阐述。

2.1.1 检测原理

1. 智能车辆周围环境描述

用于描述智能车辆周围环境的方法有很多种，如基于几何特征的表示法、拓扑地图表示法以及栅格地图表示法。

基于几何特征的表示法是将智能车辆行驶的环境利用抽象的几何特征进行描述，如直线、平面等，这种几何特征结构紧凑，数据量小，但需要环境中存在较多的几何特征。拓扑地图通常将环境抽象为一张拓扑意义中的图，图中连接节点的线表示节点之间存在的直接连接的路径。拓扑地图结构简单、存储搜索空间小，匹配速度快，但拓扑地图很难将相似的环境进行区分。栅格地图将环境划分为大小相等或不等的网状栅格，通过计算栅格是否被障碍物占据来描述周围环境，能比较完整地表述环境信息，但是计算量会随着地图尺寸的增大而增大。

下面采用栅格地图表示法进行智能车辆周围环境的描述。

2. 栅格地图描述

假设激光雷达采集的一帧点云数据用 $\{p_1, p_2, \cdots, p_n\}$ 表示。其中，$p_i = \{x_i, y_i, z_i\}$，$i = 1, 2, \cdots, n$ 是点云中单个激光点的空间位置信息。在栅格地图二维平面上划分栅格 $C_{m,n}$，m 和 n 表示该栅格的坐标。遍历所有激光点，将激光点根据其 x、y 坐标投影到对应的栅格中，如图 2-1 所示，可以统计得到每个栅格内激光点的数目和位置。只保留每个栅格内激光点的最大高度值 $h(m,n)_{max}$ 和最小高度值 $h(m,n)_{min}$。

第 m 行第 n 列栅格的高度差，如式（2-1）所示：

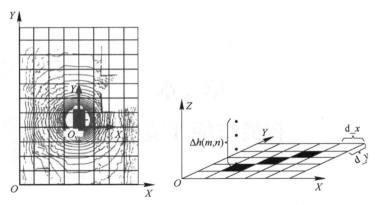

图 2-1　二维栅格地图高度差示意图（见彩插）

$$\Delta h(m,n)=h(m,n)_{\max}-h(m,n)_{\min} \tag{2-1}$$

根据高度差与事先设定的高度阈值 ΔH 进行比较，判断栅格通行状态，如式（2-2）所示：

$$state(m,n)=\begin{cases}障碍物,\Delta h(m,n)\geqslant\Delta H\\可通行,\Delta h(m,n)<\Delta H\\未知,该栅格中没有点\end{cases} \tag{2-2}$$

可以定义栅格地图中每一个栅格的状态量为 $C_{m,n}=\{m,n,h_{\max},h_{\min},state\}$，其中 m,n 表示该栅格在坐标系中的坐标，$h_{\max},h_{\min}$ 表示该栅格内原始激光点的最大高度和最小高度，state 表示该栅格的通行状态。

2.1.2　场景构建

在 V-REP 中搭建如图 2-2 所示的场景，包括车辆模型、斜坡、路面、斜坡两侧的障碍围墙和 64 线激光雷达。

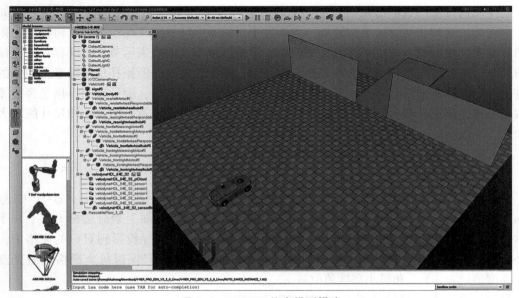

图 2-2　V-REP 仿真模型搭建

　　64 线激光雷达是 V-REP 自带的，为了发布点云数据给 ROS，修改了 Lua 语句，修改后的 Lua 语句如下所示：

```lua
if (sim_call_type==sim.syscb_init) then
    visionSensorHandles={}
    for i=1,4,1 do
        visionSensorHandles[i]=sim.getObjectHandle(' velodyneHDL_64E_S2_sensor' ..i)
    end
    seqs=0
    previoustime=0

    rotJointHandle=sim.getObjectHandle(' velodyneHDL_64E_S2_rotJoint' )
    frequency=20    -- 5 Hz
    options=2+8 -- [[ bit0 (1)=do not display points,
                        bit1 (2)=display only current points,
                        bit2 (4)=returned data is polar (otherwise Cartesian),
                        bit3 (8)=displayed points are emissive]]
    pointSize=2
    coloring_closeAndFarDistance={1,4}
    displayScaling=0.99 -- so that points do not appear to disappear in objects

h = simVision. createVelodyneHDL64E ( visionSensorHandles, frequency, options, pointSize, coloring _ close
AndFarDistance,displayScaling)

    -- 建立一个发布器,发布器的 ROS 节点为"lidardata" ,消息为"sensor_megs/PointCloud2"
    pub = simROS.advertise(' /lidardata' , ' sensor_msgs/PointCloud2' )
    simROS.publisherTreatUInt8ArrayAsString(pub)
end

if (sim_call_type==sim.syscb_actuation) then
    p=sim.getJointPosition(rotJointHandle)
    p=p+sim.getSimulationTimeStep()* frequency* math.pi* 2
    sim.setJointPosition(rotJointHandle,p)
end

if (sim_call_type==sim.syscb_sensing) then
    data=simVision.handleVelodyneHDL64E(h,sim.getSimulationTimeStep())
    -- if we want to display the detected points ourselves:
    if ptCloud then
        sim.modifyPointCloud(ptCloud,0)
    end
    m=sim.getObjectMatrix(visionSensorHandles[1],- 1)
```

```
      for i=0,#data/3- 1,1 do
            d= {data[3* i+1],data[3* i+2],data[3* i+3]}
            d=sim.multiplyVector(m,d)
            data[3* i+1]=d[1]
            data[3* i+2]=d[2]
            data[3* i+3]=d[3]
end
      -- ptCloud=sim.addPointCloud(0,255,- 1,2,2,data)
      local ros_data= {}
      local t=simROS.getTime()
      -- ros_data 的数据结构
      ros_data[' header' ]= {
                                    stamp=t,
                                    frame_id="lidar"
                              }
      ros_data[' fields' ]= {
                                    {name=' x' , offset=0, datatype=7, count=1},
                                    {name=' y' , offset=4, datatype=7, count=1},
                                    {name=' z' , offset=8, datatype=7, count=1}
                              }
      ros_data[' point_step' ]=12
      ros_data[' is_bigendian' ]=false
      ros_data[' is_dense' ]=true
      ros_data[' width' ]=(#data)/3    -- this is very important (x,y,z,intensity) point number
      ros_data[' height' ]=1
      ros_data[' row_step' ]=4* (#data)
      ros_data[' data' ]=sim.packFloatTable(data)

      simROS.publish(pub,ros_data) -- 发布 ROS 消息
end

if (sim_call_type==sim.syscb_cleanup) then
    simVision.destroyVelodyneHDL64E(h)
end
```

在这里，V-REP 负责场景构建、发布点云数据，ROS 负责接收并传递点云数据。

2.1.3　检测程序

下面介绍相关程序，包括 lidar_detection_node. cpp、CMakeLists. txt、start. launch。

1. lidar_detection_node. cpp

lidar_detection_node. cpp 用于处理接收到的激光雷达节点的数据，检测出车辆周围环境中的障碍区域、可通行区域以及未知区域，由主函数、process 函数等部分构成。

1）主函数

主函数分为 4 个部分：初始化 ROS 并设置节点句柄；配置参数；显示数据；订阅节点消息并回调函数，如下所示。

```
int main(int argc, char** argv)
{
    //1.初始化 ROS 并设置节点句柄
    ros::init(argc, argv,"lidar_detection_node");
     ros::NodeHandle nh;
    ros::NodeHandle nh_private("~");
    //2.配置栅格地图参数
    nh_private.param<float>("height_diff_threshold",height_diff_threshold,0.5);
    nh_private.param<float>("grid_map_resolution",grid_map_resolution,0.2);
    nh_private.param<float>("grid_map_x_range",grid_map_x_range,40);
    nh_private.param<float>("grid_map_y_range",grid_map_y_range,70);
    nh_private.param<float>("grid_map_vehicle_x",grid_map_vehicle_x,20);
    nh_private.param<float>("grid_map_vehicle_y",grid_map_vehicle_y,20);
    nh_private.param<float>("known_radius",known_radius,30.0);
    nh_private.param<bool>("display",display,true);
    //3.以数据流形式,输出栅格地图各数据到终端
    ROS_INFO_STREAM("Receive parameter grid_map_resolution: " <<
            grid_map_resolution <<". grid_map_x_range: " << grid_map_x_range <<
              ". grid_map_y_range: " << grid_map_y_range << ". grid_map_vehicle_x: "
        << grid_map_vehicle_x << ". grid_map_ve hicle_y: " << grid_map_vehicle_y);
    //4.订阅节点消息,调用点云数据处理函数 process
    ros::Subscriber subscriber = nh.subscribe<sensor_msgs::PointCloud2>("lidardata", 1, process);
    ros::spin();
    return 0;
}
```

接下来对主函数的四个部分进一步介绍。

（1）初始化 ROS 并设置节点句柄。

第一句，用于初始化 ROS，节点命名为 lidar_detection_node，这里需要注意，节点名必须保持唯一。第二句，是为这个进程的节点创建一个句柄 nh，用来与 ROS 进行通信，这里需要注意：第一个创建的句柄会为节点进行初始化。第三句，是创建句柄 nh_private，用于进行参数配置。

这里调用了头文件，如下所示：

```
#include <ros/ros. h>
```

ros/ros. h 是一个实用的头文件，它引用了 ROS 系统中大部分常用的头文件，使用它会使得编程很简便。

（2）配置参数。

这里需要配置的参数包括：

➢ 高度差阈值；

➢ 栅格地图分辨率；

➢ 栅格地图 x 方向跨度；

➢ 栅格地图 y 方向跨度；

➢ 栅格地图中车辆 x 方向位置；

➢ 栅格地图中车辆 y 方向位置；

➢ 栅格地图半径；

➢ display 布尔参数，用来判断是否需要显示。

这些参数也可以在配置文件 launch 中设置。

（3）显示数据。

显示数据部分是以数据流形式，输出数据到终端。

（4）订阅节点消息并回调函数。

订阅节点消息部分中，sensor_msgs::PointCloud2 表明订阅的消息为激光雷达点云数据，点云数据的结构类型为 PointCloud2，这在 PointCloud2.h 头文件中进行了说明，头文件如下所示：

```
#include <sensor_msgs/PointCloud2.h>
```

订阅的节点名 lidardata，调用函数为 process，用来处理订阅的消息。

使用 ros::spin() 语句进入自循环，可以调用函数 process。

2）process 函数

process 函数分为 5 个部分，下面分别进行介绍。

（1）接收点云数据并转换数据类型。

process 函数第一部分程序如下所示，用于接收点云数据并转换数据类型。

```
void process(const sensor_msgs::PointCloud2ConstPtr& pointcloud_msg) {
    pcl::PointCloud<pcl::PointXYZ>::Ptr pointcloud(new pcl::PointCloud<pcl::PointXYZ>);
    pcl::fromROSMsg( * pointcloud_msg, * pointcloud);
```

程序中 sensor_msgs 对应于主函数中订阅节点的消息类型，即激光雷达点云数据类型；pcl::PointXYZ 是最简单的点云格式，它只包括了坐标 x、y、z；fromROSMsg 函数用于将 pointcloud_msg 转化为点云 PointXYZ 格式的 pointcloud。

这里调用了 pcl 点云的头文件，如下所示：

```
#include    <pcl/point_cloud.h>
#include    <pcl/point_types.h>
#include    <pcl_conversions/pcl_conversions.h>
```

（2）创建栅格地图 grid_map。

process 函数第二部分如下所示，用于创建栅格地图 grid_map。

GridMap　　　grid_map(grid_map_y_range,　　　grid_map_x_range,　　　grid_map_resolution, grid_map_vehicle_y, grid_map_vehicle_x);

栅格地图 grid_map 包括的参数依次是 y、x 方向范围，分辨率以及车辆 y、x 方向坐标。

这里调用了 C++ 中常用的构造参数形式，程序分为三大步，如下所示：

```
struct GridMap {
    //第一步:设置参数
    float x_range;                                  // x 方向跨度,单位 m
    float y_range;                                  // y 方向跨度,单位 m
    float resolution;                               //分辨率
    int rows;                                       // 行数
    int cols;                                       //列数
    float vehicle_x, vehicle_y;                     //车辆位置坐标
    cv::Mat grid_type, min_height, max_height;      //定义 opencv 的 mat 数据类型
    //第二步:变量初始化
    GridMap(float y_range2, float x_range2, float resolution2, float y=0, float x=0) {
                                                    //给上面定义的变量进行初始化
        y_range =y_range2;
        x_range =x_range2;
        resolution =resolution2;                    //参数传递
        cols = floor(x_range / resolution);         //行数计算
        rows = floor(y_range / resolution);         //列数计算
        vehicle_y =y;                               //车辆坐标
        vehicle_x =x;
        grid_type = cv::Mat::zeros(cv::Size(cols, rows), CV_8U);    //栅格属性初始化
        min_height = 100  *  cv::Mat::ones(cv::Size(cols, rows), CV_32F);
        max_height = - 100  *  cv::Mat::ones(cv::Size(cols, rows), CV_32F);
    }
    //第三步:释放 GridMap 占用的空间
    ~GridMap() {
        grid_type.release();
        min_height.release();
        max_height.release();
    }
};
```

上面第一步设置参数，其中 CV::Mat 调用了 opencv2/opencv.hpp 头文件，如下所示：

```
#include <opencv2/opencv.hpp>
```

上面第二步，对变量进行初始化。第三步，是释放 GridMap 占用的空间。

（3）计算每个栅格中的最高点和最低点。

process 函数的第三部分程序如下，用于计算每个栅格中的最高点和最低点。

```
int number_points = pointcloud- >points.size();
    for (int i=0; i<number_points; i++) {
        float x = pointcloud- >points[i].x, y = pointcloud- >points[i].y, z = pointcloud- >points[i].z;

        if ((x* x)+(y* y) > 6400  ‖  z > 5) continue;
        float newy = y + grid_map_vehicle_y;
        float newx = x + grid_map_vehicle_x;

        if((newx >=0   && newx <= grid_map.x_range) && (newy >=0 && newy < grid_map.y_range)){
            int col = floor(newx / grid_map.resolution) ;
            int row = floor(newy / grid_map.resolution) ;
            if((row >=0 && row < grid_map.rows) && (col >=0 && col < grid_map.cols)){
                if( z > grid_map.max_height.at<float>(row, col))
                    grid_map.max_height.at<float>(row, col) = z;
                if( z < grid_map.min_height.at<float>(row, col))
                    grid_map.min_height.at<float>(row, col) = z;
            }
        }
    }
```

其中 floor 函数调用了库 cmath，如下所示：

```
#include <cmath>
```

（4）判断每个栅格属性。

process 函数的第四部分，利用高度差原理判断每一个栅格的属性。程序如下：

```
for (int row=0; row<grid_map.rows; row++) {
        for (int col=0; col<grid_map.cols; col++) {
                if (grid_map.max_height.at<float>(row, col) - grid_map.min_height.at<float>(row, col) > height_
diff_threshold) {
                //高度差大于阈值,定义为障碍
                    grid_map.grid_type.at<unsigned char>(row, col) = OBSTACLE;
                }
                else if (grid_map.max_height.at<float>(row, col) - grid_map.min_height.at<float>(row, col) >= 0) {
                    //高度差小于阈值且栅格中有点云数据,定义为可通行
                    grid_map.grid_type.at<unsigned char>(row, col) = PASSABLE;
                }
                //栅格中无点云数据,定义为未知栅格
                else grid_map.grid_type.at<unsigned char>(row, col) = UNKNOWN;
        }
    }
```

（5）用 opencv 绘制栅格地图并显示。

process 函数的第五部分程序如下：

```
if (display) {
        cv::Mat grid_image_clone = grid_map.grid_type.clone();

        known_area_extraction(grid_image_clone,
                cv::Point(grid_map.vehicle_x/grid_map.resolution, grid_map.vehicle_y/grid_map.resolution),
                known_radius/grid_map.resolution);

        cv::Mat display_image = cv::Mat::zeros(grid_map.rows, grid_map.cols, CV_8UC3);

        for (int row=0; row<grid_map.rows; row++) {
            for (int col=0; col<grid_map.cols; col++) {
                switch (grid_image_clone.at<unsigned char>(row,col))
                {
                case OBSTACLE:
                    display_image.at<cv::Vec3b>(row,col)[0] = 255;
                    display_image.at<cv::Vec3b>(row,col)[1] = 255;
                    display_image.at<cv::Vec3b>(row,col)[2] = 255;    //障碍的颜色为白色
                    break;
                case PASSABLE:
                    display_image.at<cv::Vec3b>(row,col)[0] = 0;
                    display_image.at<cv::Vec3b>(row,col)[1] = 255;
                    display_image.at<cv::Vec3b>(row,col)[2] = 0;     //可通行时颜色为绿色
                    break;
                default:
                    break;
                }
                //激光线束扫描线颜色:灰色
                if(grid_map.grid_type.at<unsigned char>(row,col) == PASSABLE) {
                    display_image.at<cv::Vec3b>(row,col)[0] = 100;
                    display_image.at<cv::Vec3b>(row,col)[1] = 100;
                    display_image.at<cv::Vec3b>(row,col)[2] = 100;
                }
            }
        }
        //在屏幕上显示栅格地图
        cv::flip(display_image, display_image, 0);
        cv::namedWindow("grid map", 0);
        cv::imshow("grid map", display_image);
        cv::waitKey(1);
    }
}
```

这里调用了函数 known_area_extraction，用于减少栅格地图中的未知栅格，它共有三个参数，第一个参数为栅格地图的属性，第二个参数为经分辨率缩小的栅格地图中的坐标，第三个参数为经分辨率缩小的栅格地图半径。函数 known_area_extraction 程序如下：

```cpp
void known_area_extraction(cv::Mat& src_image, cv::Point vehicle_position, int radius) {
    const static int GAP_NUM_THRESHOLD = 5;
    cv::Mat dilate_img;

    cv::Mat element_large = cv::getStructuringElement(cv::MORPH_RECT,cv::Size(5,5),cv::Point(2,2));
    cv::Mat element_small = cv::getStructuringElement(cv::MORPH_RECT,cv::Size(3,3),cv::Point(1,1));

    cv::Mat known_img = cv::Mat::zeros(cv::Size(radius*2+1,radius*2+1), src_image.type());
    cv::Point known_img_center(radius,radius);
    std::vector<cv::Point> circle_points;

    cv::ellipse2Poly(known_img_center,cv::Size(radius,radius),0,0,360,1,circle_points);
    for(const cv::Point& pt : circle_points)
    {

        cv::LineIterator lit(src_image, vehicle_position, pt- known_img_center+vehicle_position);

        cv::LineIterator litknown(known_img, known_img_center, pt);
        bool last_known = true;
        int gap_num = 0;
        for(int i=0; i<lit.count; i++,litknown++,lit++)        //在射线上进行遍历
        {
            const unsigned char& srcdata = *(* lit);
            unsigned char& data = *(* litknown);
            if(last_known)   //如果 src_image 图像上上一个遍历到的点不是障碍点
            {
                if(srcdata == OBSTACLE)                //若栅格点属性为障碍
                {
                    last_known =false;                //遍历信号改变
                    gap_num = 0;
                }
                else//否则将栅格数值设置为可通行点
                    data = PASSABLE;
            }
            else//若原图像 src_image 上上一个遍历到的点为障碍点
            {
                if((gap_num >= GAP_NUM_THRESHOLD) && (srcdata == PASSABLE))
                {
                    last_known =true;                 //遍历信号改变
                    gap_num = 0;
```

```
                    }
                else if(srcdata == OBSTACLE)                    //判断是否为障碍点
                    gap_num = 0;
                else
                {
                    gap_num++;
                    data = UNKNOWN;
                }
            }
        }
    }


//采用膨胀对图像进行操作,将障碍物栅格进行扩张,有利于避免误检
cv::dilate(known_img,known_img,element_small);
for(int j=0; j<known_img.rows; j++)                             //按行遍历
{
    int src_j = j - known_img_center.y + vehicle_position.y;    //进行 y 坐标转换
    if((src_j<0) || (src_j>=src_image.rows)) continue;          //判断是否超出
    unsigned char* pdata = known_img.ptr<unsigned char>(j);     //known_img 图像 j 行栅格的属性值
    unsigned char* srcdata = src_image.ptr<unsigned char>(src_j);
    for(int i=0; i<known_img.cols; i++)                         //按列遍历
    {
        int src_i = i - known_img_center.x + vehicle_position.x;  //x 坐标转换
        if((src_i<0) || (src_i>=src_image.cols)) continue;      //是否超出
        srcdata[src_i] = std::max(srcdata[src_i], pdata[i]);

    }
    }
}
```

2. CMakeLists. txt

CMakeLists. txt 用来指定编译规则，具体语句如下：

```
cmake_minimum_required(VERSION 3.0.2)
project(lidar_detection)
## Compile as C++11, supported in ROS Kinetic and newer
add_compile_options(- std=c++11)
## Find catkin macros and libraries
## if COMPONENTS list like find_package(catkin REQUIRED COMPONENTS xyz)
## is used, also find other catkin packages
find_package(catkin REQUIRED COMPONENTS
  roscpp
  sensor_msgs
)
```

```
## System dependencies are found with CMake's conventions
# find_package(Boost REQUIRED COMPONENTS system)
find_package(PCL REQUIRED)
find_package(OpenCV REQUIRED)
## DEPENDS: system dependencies of this project that dependent projects also need
catkin_package(
#   INCLUDE_DIRS include
#   LIBRARIES lidar_detection
#   CATKIN_DEPENDS roscpp sensor_msgs
#   DEPENDS system_lib
)
############
##   Build   ##
############
## Specify additional locations of header files
## Your package locations should be listed before other locations
include_directories(
# include
    ${catkin_INCLUDE_DIRS}
    ${PCL_INCLUDE_DIRS}
    ${OPENCV_INCLUDE_DIRS}
)
add_executable( ${PROJECT_NAME}_node src/lidar_detection_node.cpp)
##Speclfy libraries to link a library or executable target against
target_link_libraries( ${PROJECT_NAME}_node
    ${catkin_LIBRARIES}
    ${PCL_LIBRARIES}
    ${OpenCV_LIBS}
)
```

3. start. launch

start. launch 文件可以用于同时启动多个节点程序，也可以用来设置参数。本例中具体语句如下：

```
<? xml version="1.0" encoding="us- ascii"? >
<launch>
    <node pkg="lidar_detection" type="lidar_detection_node" name="lidar_detection_node" output="screen">
        <param name="height_diff_threshold" value="0.3"/>
        <param name="display" value="true"/>
        <param name="grid_map_resolution" value="0.2"/>
        <param name="grid_map_x_range" value="40"/>
        <param name="grid_map_y_range" value="60"/>
        <param name="grid_map_vehicle_x" value="20"/>
        <param name="grid_map_vehicle_y" value="20"/>
```

```
    <param name="known_radius" value="30.0" />
  </node>
</launch>
```

2.1.4　操作步骤

1. 创建工程文件并编译

首先，在 home 目录下创建一个文件夹 slope，在终端输入命令：

```
mkdir - p slope/src
```

把事先准备的程序 start. launch 放到 slope 中；接着，在 src 中创建文件夹 lidar_detection，把准备的程序 CMakeLists. txt、package. xml 放入文件夹 lidar_detection 中；最后，在文件夹 lidar_detection 中创建源文件夹 src，把准备的程序 lidar_detection_node. cpp 放入。该工程文件的目录树如图 2-3 所示。

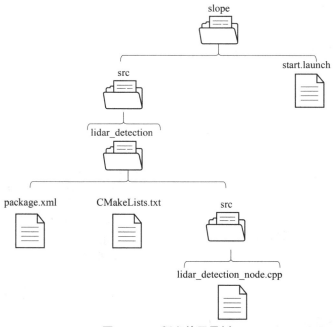

图 2-3　工程文件目录树

创建好工程文件后，需要进行编译。先进入 slope 文件夹，终端输入命令：

```
cd slope/
catkin build
```

进行编译，等待一段时间后编译完成。接着执行命令：

```
source devel/setup. bash
```

2. 运行程序

编译完工程文件后就可以运行程序。

第一步，新开一个终端，输入命令：roscore，启动 roscore。

第二步，打开 V-REP 软件。新开一个终端，输入命令：vrep，打开 V-REP 软件。这里输入 vrep 即可启动软件，是因为提前在 .bashrc 文件中设置了全局变量，语句如下：

```
alias vrep=/地址/vrep.sh
```

其中，"="后面为 V-REP 安装包中文件 vrep.sh 的目录位置。

设置该全局变量，方法为新开一个终端，输入命令：

```
sudo gedit ~/.bashrc,
```

打开 .bashrc 文件；接着将上面的语句放在最后一行并保存；最后在当前终端输入命令：

```
source .bashrc
```

第三步，V-REP 打开并运行场景模型文件。运行情况如图 2-4（a）所示，其中蓝色线条为激光雷达线束打到的位置。

第四步，回到最开始编译程序的终端，输入命令：

```
roslaunch start.launch
```

启动前面编译好的程序，检测结果如图 2-4（b）所示。其中绿色为可通行区域，白色线条为障碍区域，灰色的线条部分为激光雷达线束打到地面上的位置，黑色部分为未知区域。

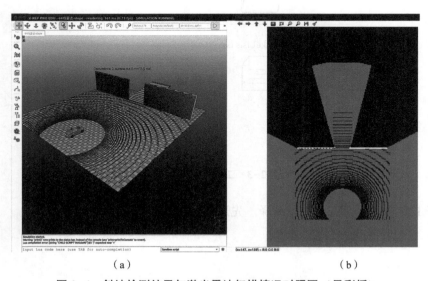

（a）　　　　　　　　　　　　　　　　（b）

图 2-4　斜坡检测结果与激光雷达扫描情况对照图（见彩插）

（a）激光雷达扫描情况；（b）斜坡检测结果

2.2 基于机器学习与激光雷达点云的负障碍检测

本节针对激光雷达点云数据，基于 logistic 回归、SVM（Support Vector Machine，支持向量机）、随机森林这三种机器学习算法进行负障碍检测。

2.2.1 三种机器学习算法介绍

对于负障碍检测，需要将负障碍和非负障碍样本点看作属于两种类别，可以把问题看作二分类问题。在介绍 logistic 回归、SVM 和随机森林三种可解决二分类问题的机器学习算法之前，先对利用机器学习算法求解时会面临的一些共性问题进行介绍。

1. 机器学习共性问题

1）机器学习模型的超参数优化方法

机器学习中的超参数优化旨在寻找使得机器学习算法在验证数据集上表现性能最佳的超参数。所谓超参数，与一般的模型参数不同，是定义模型属性或者定义训练过程的参数，是在训练前提前设置的。举例来说，随机森林算法中决策树的数量就是一个超参数，而神经网络中的权值则不是超参数。超参数优化需要找到一组超参数，这些超参数返回一个优化模型，该模型减少了预先定义的损失函数，进而提高了给定数据集的预测精度。

超参数优化方法有手动调参和自动化寻优方法。手动调参依赖大量的经验，并且比较耗时，因此发展出了许多自动化超参数优化方法。自动化寻优包括网格化寻优（Grid Search）方法、随机寻优（Random Search）方法、贝叶斯优化方法（Bayesian Optimization）、基于梯度的优化方法（Gradient-based Optimization）、进化寻优（Evolutionary Optimization）等方法。其中网格化寻优可以说是最基本的自动化超参数优化方法，使用这种技术，只需为所有超参数的可能取值构建独立的模型，评估每个模型的性能，并选择产生最佳结果的模型和超参数。

2）过拟合与正则化

当机器学习模型把训练模型学得"太好"时，很可能已经把训练样本自身的一些特点当作了所有潜在样本都会具有的一般性质，这样就会导致泛化性能下降，这种现象在机器学习中称为"过拟合"（overfitting）。与"过拟合"相对的是"欠拟合"（underfitting），这是指对训练样本的一般性质尚未学好。通常希望的是模型处于过拟合与欠拟合中间的状态。

为防止过拟合，有两种办法比较通用，一种是使用更多的数据作为训练集，但实际情况并不总能获得大量的数据；另外一种就是正则化方法。正则化方法是在总损失函数中添加含有模型参数的正则化项。采用这种正则化方法能削弱不重要的特征变量，从许多的特征变量中"提取"重要的特征变量，减小模型参数的数量级。

正则化项可以取不同的形式，例如，回归问题中，损失函数是平方损失 $\frac{1}{N}\sum_{i=1}^{N}(f(x_i;w)-y_i)^2$，下面为其添加正则化项。正则化项可以是参数向量 w 的 L_2 范数，如式（2-3）的总损失函数中的 $\frac{\lambda}{2}||w||_2^2$ 这一项：

$$L(\boldsymbol{w}) = \frac{1}{N} \sum_{i=1}^{N} (f(x_i; \boldsymbol{w}) - y_i)^2 + \frac{\lambda}{2} \|\boldsymbol{w}\|_2^2 \qquad (2-3)$$

这里，λ 表示正则化系数，是一个超参数；$\|\boldsymbol{w}\|_2$ 表示参数向量 $\boldsymbol{w}$ 的 L_2 范数。

正则化项也可以是参数向量的 L_1 范数，如式（2-4）的损失函数中 $\lambda\|\boldsymbol{w}\|_1$ 这一项：

$$L(\boldsymbol{w}) = \frac{1}{N} \sum_{i=1}^{n} (f(x_i; \boldsymbol{w}) - y_i)^2 + \lambda \|\boldsymbol{w}\|_1 \qquad (2-4)$$

这里，λ 表示正则化系数；$\|\boldsymbol{w}\|_1$ 表示参数向量 $\boldsymbol{w}$ 的 L_1 范数。

3）精确度、准确率、召回率、F1 分数介绍

精确度、准确率、召回率、F1 分数是机器学习算法的重要评价指标，下面分别对其概念进行介绍。

假设原始样本中有两类，其中：类别 1 为所关心的类别，总共有 P 个类别为 1 的样本，也称作正例样本或正样本；另外还有 N 个类别为 0 的样本，也称作负例样本或负样本。

经过机器学习分类器分类后，有 TP 个类别为 1 的样本被系统正确判定为类别 1，FN 个类别为 1 的样本被系统误判定为类别 0，显然有 $P=TP+FN$；有 FP 个类别为 0 的样本被系统误判定为类别 1，TN 个类别为 0 的样本被系统正确判定为类别 0，显然有 $N=FP+TN$。

那么：

精确度（Precision）：$Precision=TP/(TP+FP)$，反映了被分类器判定的正例中真正的正例样本的比例；

准确率（Accuracy）：$Accuracy=(TP+TN)/(P+N)=(TP+TN)/(TP+FN+FP+TN)$，反映了分类器对整个数据样本集合的判定能力——能将正样本判定为正，负样本判定为负；

召回率（Recall），也称为 True Positive Rate：$Recall=TP/(TP+FN)$，反映了被正确判定的正例占总的正例的比例；

F1 分数（F1-score）：分类问题的一个衡量指标，一些多分类问题的机器学习中，常常将 F1-score 作为最终测评的方法，它是精确率和召回率的调和平均数，最大为 1，最小为 0，计算公式如式（2-5）所示：

$$F_1 = 2 \cdot \frac{\text{Precision} \cdot \text{Recall}}{\text{Precision} + \text{Recall}} \qquad (2-5)$$

4）交叉验证法

交叉验证法（cross validation）是一种评估模型性能的重要方法，主要用于在多个模型中（不同种类模型或同一种类不同超参数组合）挑选出在当前问题场景下表现最优的模型。常见交叉验证的方法为：先将数据集 D 划分为 k 个大小相似的互斥子集，每个子集都尽可能保持数据分布的一致性，即从数据集 D 中分层采样得到。然后每次用 $k-1$ 个子集的并集作为训练集，余下的那个子集作为测试集，这样就可获得 k 组训练/测试集，从而可进行 k 次训练和测试，最终返回的是这 k 个测试结果的均值。显然，交叉验证法评估结果的稳定性在很大程度上取决于 k 的取值，为强调这一点，通常把交叉验证法称为"k 折交叉验证"（k-fold cross validation）。

2. 三种机器学习算法简介

1）logistic 回归简介

logistic 回归是一种利用回归函数来进行分类的方法，利用 sigmoid 函数 $h(z) = \dfrac{1}{1+e^{-z}}$（其

中 $z = \theta_0 + \theta_1 x_1 + \theta_2 x_2 + \cdots + \theta_n x_n = \boldsymbol{\theta}^{\mathrm{T}} x$，$x$ 为样本特征向量）对样本进行拟合，sigmoid 函数的输出值在 0~1 区间，可将其作为二分类的类别预测概率值。

对于 logistic 回归算法的训练，$h(z)$ 可变换为式（2-6）：

$$h_\theta(x) = \frac{1}{1 + \mathrm{e}^{-z}} = \frac{1}{1 + \mathrm{e}^{-\boldsymbol{\theta}^{\mathrm{T}} x}} \tag{2-6}$$

它表示了样本属于式（2-7）、式（2-8）两个类别的概率：

$$P(y = 1 \mid x; \boldsymbol{\theta}) = h_\theta(x) \tag{2-7}$$

$$P(y = 0 \mid x; \boldsymbol{\theta}) = 1 - h_\theta(x) \tag{2-8}$$

对于单个样本，构造损失函数如式（2-9）所示：

$$\mathrm{cost}(h_\theta(x), y) = \begin{cases} -\log(h_\theta(x)), y = 1（此为正样本） \\ -\log(1 - h_\theta(x)), y = 0（此为负样本） \end{cases} \tag{2-9}$$

即总损失函数（不包含正则项）如式（2-10）所示：

$$L_\theta = \sum_i \mathrm{cost}(h_\theta(x^i), y^i) = \sum_i y^i \log(h_\theta(x^i)) + (1 - y^i) \log(1 - h_\theta(x^i)) \tag{2-10}$$

logistic 回归模型的训练过程就是利用训练样本找出能使 L_θ 取极小值的 $\boldsymbol{\theta}$。

2）SVM 简介

SVM（Support Vector Machine，支持向量机）原理是找出样本中的最大分类间隔，而落在最大间隔处的样本就叫作支持向量（Support Vector）。

假设样本集 (x^i, y^i)，$i = 1, 2, \cdots, n$，对于正样本 $y^i = 1$，对于负样本 $y^i = -1$，在线性情况下分类线方程为 $\boldsymbol{wx} + \boldsymbol{b} = 0$，则它需要满足式（2-11）：

$$y^i[(\boldsymbol{w} \cdot x^i + b)] - 1 \geq 0, \quad i = 1, 2, \cdots, n \tag{2-11}$$

即把两类样本点分别保持在分类线两边函数距离大于 1 处，并且还需要使得分类间隔 $2 / \|\boldsymbol{w}\|$ 最大。

利用 Lagrange 方法引入 Lagrange 乘子 α_i，$i = 1, 2, \cdots, n$，把上述问题化为式（2-12）、式（2-13）所示的最优化问题：

$$\max_{\boldsymbol{w}, \boldsymbol{b}} Q(\alpha) = \sum_{i=1}^{n} \alpha_i - \frac{1}{2} \sum_{i,j=1}^{n} \alpha_i \alpha_j y^i y^j (x^i \cdot x^j) \tag{2-12}$$

$$\mathrm{s.t.} \begin{cases} \sum_{i=1}^{n} y^i \alpha_i = 0 \\ \alpha_i \geq 0, i = 1, 2, \cdots, n \end{cases} \tag{2-13}$$

在非线性情况下，可以用径向基核函数、多项式核函数等代替原来的线性分类方程，在 SVM 中这类函数叫作核函数。

由于 SVM 函数能找出最大分类间隔这一特性，其在分类问题中的精度、泛化能力比较好。由于样本可能存在噪声，导致无法找出完美的分类间隔，因此也常常在上述优化问题中引入一项分类损失项，并用惩罚系数 C 控制它在优化目标中的占比大小，从而通过调整 C 的大小允许存在比如对于部分噪声样本的分类错误。

3）随机森林简介

随机森林是包含多个决策树的分类器，决策树是一种常用的机器学习方法。它利用样本的各个特征来构造一棵树，树的非叶子节点代表了决策条件，叶子节点则代表了分类结果。

因此，沿着根节点依据决策条件对样本进行决策以选择接下来的枝干一直到叶子节点，就完成了分类过程。

决策树的构造依据信息论中的一些准则，优先选择那些对样本类别影响最大的特征来构建决策树，但是决策树构建得太深则容易过拟合。随机森林就是一种综合了多个决策树的分类结果来降低过拟合提高精度的方法。它采用有放回的采样技术来从样本集中每次提取部分样本构造决策树，并且在选择特征构造决策树时会选择特征的随机子集。

2.2.2 数据采集与处理

对于负障碍检测问题，利用车上安装的激光雷达采集实际场景的数据，激光雷达安装位置为车顶，安装方式为竖直安装。该激光雷达有 32 线激光扫描束，水平方向扫描角度范围为 360°，水平角分辨率约为 0.16°，垂直方向扫描角度范围为 41.349°（+10.67°~−30.67°）。

1. 原始数据

采集到的原始点云文件为包括连续一段时间内点云数据的 pcap 格式文件，使用 VeloView 软件可以将其可视化，还可以手动选中一些点以其他颜色显示，如图 2-5 所示。

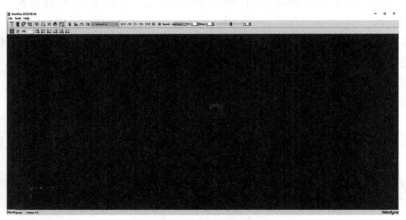

图 2-5　点云可视化图例

具体的点云数据可以从其中按时刻来一帧一帧提取，这些数据中，每一行代表一个点，包括的信息有 x、y、z 坐标，线序号，距离和垂直角度等。

2. 数据标注

如图 2-6 所示，使用 VeloView 软件手动选择负障碍点云，再提取出这些点云的坐标、角度等信息，保存在 csv 格式文件中。

3. 深度图与高度图

为了便于提取特征，将点云数据转换为深度图。深度图是带有深度信息的图像。可以沿着激光雷达旋转方向将 360°的点云投影到一个平面上来形成一幅图像，然后让图像中的每个像素点的值代表每一个点的距离。另外，也可以用像素点的值代表高度信息，所以这里将一帧点云转换成两幅二维图像：深度图（图 2-7）和高度图（图 2-8）。由于采用的是 32 线激光雷达，图像高度设置为 32 像素，图像的宽度经过试验比较设置为 870 像素，因此一帧点云可以转换得到两幅 32×870 的深度图。

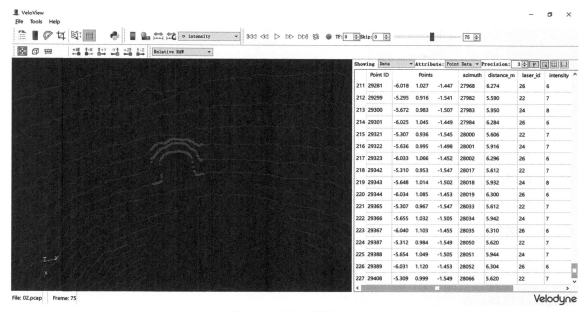

图 2-6　标注负障碍点云

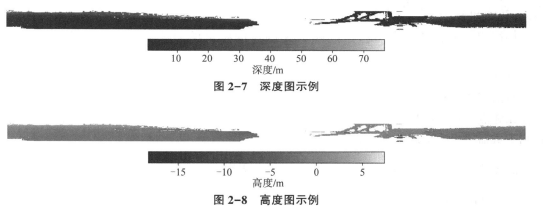

图 2-7　深度图示例

图 2-8　高度图示例

4. 特征提取

机器学习方法通常需要对原始数据进行处理，提取特征，再输入到机器学习模型中。具体提取特征的方式与数据和具体问题有关。

下面通过分析负障碍的形成原理，设计特征提取方式。对于垂直角度分辨率为 $\Delta\theta$ 的激光雷达，假设其安装高度为 h_{lidar}，如图 2-9 所示，OA、OB、OC 为水平扫描角度相同、垂直扫描角度相邻的三条扫描线，其与地面交点到激光雷达的距离分别为 d_{OA}、d_{OB}、d_{OC}。由于扫描线 OB 与地面的交点 B 位于负障碍中，因此 d_{OB} 比假设不存在负障碍时要更大，交点 B 的高度比假设不存在负障碍时更低。同时如图 2-5 点云可视化所示，在点云的俯视图中，负障碍处的点云在同一激光线束不同水平扫描角度构成的环形里存在局部凸起，即该点离激光雷达的距离比同一激光线束不同水平扫描角度的其他点距离更大。

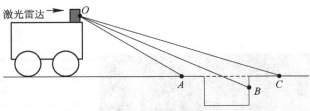

图 2-9　激光雷达检测负障碍示意图

因此可以利用距离信息和高度信息来提取特征识别负障碍。对于深度图和高度图中的点，提取以下特征：

特征一：在垂直方向与下边相邻点距离差值和与上边相邻点距离差值的比值，再将该比值 x 经过函数 $\dfrac{1}{1+e^{-3.5*(x-1.4)}}$ 变换成 0~1 区间的值，其中 -3.5 和 1.4 是人为设置的参数。

特征二：在垂直方向与上边相邻点高度的差值，再将该差值 x 经过函数 $\dfrac{1}{1+e^{-5*(x-0.5)}}$ 变换成 0~1 区间的值。

特征三：在水平方向与左边间隔为 8 的点的距离的差值，再将该差值 x 经过函数 $\dfrac{1}{1+e^{-7.75*(x-0.4)}}$ 变换成 0~1 区间的值。

特征四：在水平方向与右边间隔为 8 的点的距离的差值，再将该差值 x 经过函数 $\dfrac{1}{1+e^{-7.85*(x-0.43)}}$ 变换成 0~1 区间的值。

对深度图中每个带标注的点提取以上特征，最后再过滤掉深度图中未标注的样本点以及存在相邻点未标注的样本点。提取特征时经过函数变换到 0~1 区间是为了将特征归一化，有利于机器学习模型的训练和收敛。

2.2.3　基于 Python 库 scikit-learn 的实现

1. scikit-learn 简介

scikit-learn 是一个开源的 Python 库，通过统一的接口实现机器学习、预处理、交叉验证方法，具有易于安装、易于使用的特点。

导入 scikit-learn 库中常用模块的方法为：

```
1.  #引入机器学习库 scikit-learn 中的常用模块
2.  from sklearn import metrics, model_selection, linear_model, tree, svm, ensemble
```

2. 特征提取代码

通过前面设计的特征提取方法，将正样本点和负样本点进行特征提取，得到一个 data_train.txt 文件，每一行包括 4 个特征值以及标签值。下面是读取数据的代码：

```
1.  import numpy as np   #引入开源的科学计算库 numpy
2.  import pandas as pd   #引入基于 numpy 的数据分析模块 pandas
```

```
3.   #加载负障碍数据
4.   print(' Dataset of 4 features:' )#打印输出说明内容
5.   #读取文件数据,分别提取特征和标签
6.   df1 = pd. read_csv(' D:\xxx\data_train. txt' , sep=',' , header=None)
7.   #df1. shape[1]读取 df1 的列数;同时给各列设置列名:特征 1、2、3、4 和负障碍
8.   df1. columns = [' feature_% d' %(i+1) for i in range(df1. shape[1] - 1)] \
9.   + [' negative obstacle' ]
10.  #转换"负障碍"列的数据类型
11.  df1[' negative obstacle' ] = df1[' negative obstacle' ].astype(' int32' )
12.  #按"负障碍"列进行分类计数
13.  print(df1. groupby(' negative obstacle' ). size())
14.  print(df1. head())#输出列名及之后的 5 行数据
15.  X1 = df1. iloc[:, :df1. shape[1] - 1]#X1 为数组,包含前四列(特征)数据
16.  y1 = df1. iloc[:, -1]#y1 为最后一列的"负障碍"标签数据
```

数据读取的结果如下所示,其中 "negative obstacle" 列中 1 代表该点为负障碍,0 代表该点不是负障碍。

```
Dataset of 4 features:
negative obstacle
0       815
1       166
dtype: int64
        feature_1    feature_2    feature_3    feature_4    negative obstacle
0       0. 165480    0. 69862     0. 102760    0. 034192    0
1       1. 000000    0. 76831     0. 818100    0. 039060    1
2       0. 021571    0. 89044     0. 279790    1. 000000    0
3       0. 196140    0. 75374     1. 000000    0. 067941    0
4       0. 027593    0. 90849     0. 049534    1. 000000    0
```

3. logistic 回归模型

首先将特征提取的数据分为测试样本和训练样本,用于模型的训练与测试,代码如下:

```
1.   #将样本数据分为测试样本和训练样本,其中测试样本占 25%
2.   X1_train, X1_test, y1_train, y1_test =\
3.   model_selection. train_test_split(X1, y1, test_size=0. 25, random_state=0)
4.   #输出训练样本和测试样本的形状
5.   print(X1_train. shape, X1_test. shape, y1_train. shape, y1_test. shape)
```

代码的第 3 行调用了 scikit-learn 库 model_selection 模块的 train_test_split 函数, model_selection 模块主要用于数据划分相关的操作, train_test_split 函数用于将数据集划分为训练集和测试集, 函数接口形式为:

```
1.   X_train, X_test, y_train, y_test = model_selection. train_test_split(train_data, train_target, test_size, random_state, shuffle)
```

其中部分参量：

train_data：待划分的样本数据；

train_target：待划分的对应样本数据的样本标签；

test_size：可以为：①在 0~1 之间的浮点数，表示样本占比（若 test_size = 0.3，则样本数据中有 30% 的数据作为测试数据，记入 X_test，其余 70% 数据记入 X_train，同时适用于样本标签）；②整数，表示样本数据中有多少样本记入 X_test 中，其余样本记入 X_train；

random_state：随机数种子，种子不同，每次采集的样本不一样；种子相同，采集的样本不变；

shuffle：是否打乱样本数据顺序，类型为 bool，当 shuffle = False 时，不打乱样本数据顺序；当 shuffle = True 时，打乱样本数据顺序。

然后引入 logistic 回归模型，代码如下所示：

```
1.  #线性逻辑回归
2.  clf1 = linear_model. LogisticRegression(solver=' liblinear' )
3.  #采用分层采样,交叉拆分
4.  my_cv= model_selection. StratifiedKFold(n_splits=5, random_state=None)
5.  #引入交叉验证预测函数
6.  y1_pred= model_selection. cross_val_predict(clf1, X1, y1, cv=my_cv)
7.  #以 0.5 为界对 y_pred 进行分类赋值
8.  y1_pred[y1_pred>=0. 5] = 1
9.  y1_pred[y1_pred<0. 5] = 0
10. #打印分类报告
11. print("\nClassification report for classifier (4 features) % s:\n% s \n" % (clf1, metrics. classification_report (y1, y1_pred)))
```

打印输出的结果如下所示：

Classification report for classifier (4 features) LogisticRegression(solver=' liblinear'):				
	precision	recall	f1 - score	support
0	0.98	0.96	0.97	815
1	0.83	0.91	0.87	166
accuracy			0.95	981

其中，0 表示非负障碍类别，1 表示负障碍类别。非负障碍类别的精确度（precision）为 0.98，召回率（recall）为 0.96，F1 分数（F1-score）为 0.97，样本数（support）有 815 个；负障碍类别的精确度为 0.83，召回率为 0.91，F1 分数为 0.87，样本数有 166 个；整个分类器的准确率（accuracy）为 0.95。

下面介绍 logistic 回归模型代码中引用的几个 scikit-learn 库函数。

1）LogisticRegression 函数

代码的第 2 行调用了 scikit-learn 库 linear_model 模块的 LogisticRegression 函数，linear_model 模块实现了各种线性模型，LogisticRegression 函数为 linear_model 模块的一个常用函数，用来构建 logistic 回归分类器，使用样式如下：

```
1.    linear_model. LogisticRegression(penalty=' l2', solver=' lbfgs')
```

其中，参量 solver 为一个字符串，指定了求解最优化问题的算法，可以为如下值：

- ➤ ' newton-cg'：使用牛顿法；
- ➤ ' lbfgs'：使用 L-BFGS 拟牛顿法；
- ➤ ' liblinear'：使用 liblinear 方法；
- ➤ ' sag'：使用 Stochastic Average Gradient descent 算法。

2）StratifiedKFold 函数

代码的第 4 行调用了 scikit-learn 库 model_selection 模块的 StratifiedKFold 函数，用于构建 k 折交叉验证分层采样的子集，使用样式如下：

```
1.    model_selection. StratifiedKFold( n_splits = 5, shuffle = False, random_state = None )
```

其中部分参量：

n_splits：k 折交叉验证的折数，即 k 的大小，类型为 int，默认 =5，至少为 2；

shuffle：类型为 bool，表示在拆分成批次之前是否对每个类的样本进行打乱顺序，默认为 False；

random_state：类型为 int 或 RandomState 实例，默认为 None；当 shuffle 为 True 时，random_state 会影响采样的顺序，从而控制每个类别的每个子集的随机性；否则，保留 random_state 为 None，为多个函数调用传递可重复输出的 int 值。

3）cross_val_predict 函数

代码的第 6 行调用了 scikit-learn 库 model_selection 模块的 cross_val_predict 函数，用于为每个输入数据生成在交叉验证数据集上的预测值，使用样式如下：

```
1.    model_selection. cross_val_predict(estimator, X, y=None,    cv=None)
```

其中部分参量：

estimator：用来"预测"的分类器对象；

X：输入给分类器的数据，类型为数组，如列表或二维数组；

y：与输入给分类器的数据对应的标签真值，类型为数组，默认值为 None；

cv：默认值为 None，用于确定交叉验证子集分割策略。

4）classification_report 函数

代码的第 11 行调用了 scikit-learn 库 metrics 模块的 classification_report 函数，metrics 模块包括评分功能、性能指标以及成对指标和距离计算，classification_report 函数用于建立一个显示主要分类指标的文本报告，使用样式为：

```
1.    metrics. classification_report( y_true, y_pred )
```

其中部分参量：

y_true：一维数组，为实际标签值；

y_pred：一维数组，为分类器输出的估计值。

4. 网格搜索法

接着采用网格搜索法进行参数整定，根据经验将初始参数选定在一定的范围内，GridSearchCV 存在的意义就是自动调参，只要把参数输进去，就能给出最优化的结果和参数，代码如下所示：

```
1.   Cs = np. logspace(- 4,4,9)#创建对数等比序列
2.   penalties = ('l1', 'l2')#初始化参数 penalties
3.   tuned_parameters = [{'C': Cs, 'penalty': penalties}]#转换参数格式
```

在 logistic 回归的基础上进行网格搜索法参数整定的代码如下：

```
1.   #线性逻辑回归模型
2.   lrc1 = linear_model. LogisticRegression(solver=' liblinear' )
3.   #采用分层采样,交叉拆分
4.   my_cv = model_selection. StratifiedKFold(n_splits=5, random_state=None)
5.   #启用网格搜索(自动调参),其中 lrc1 为分类器,tuned_parameters 为需要最优化的参数的取值,my_cv
     为交叉验证参数
6.   clf1 = model_selection. GridSearchCV(lrc1, tuned_parameters, cv=my_cv)
7.   clf1. fit(X1, y1)#填充、训练模型
8.   print(' * * * * *  Logistic Regression + grid research * * * * *')#打印分类报告表头
9.   #启用线性逻辑回归模型
10.  clf1_test = linear_model. LogisticRegression(solver=' liblinear' , * * clf1. best_params_)
11.  #启用交叉验证函数,算出预测值
12.  y1_pred = model_selection. cross_val_predict(clf1_test, X1, y1, cv=my_cv,method=' predict_Proba' [ :,1] |)
13.  thresholds = np. linspace(0. 3, 0. 7, 20)#构建等差序列门槛数组
14.  precisions = []
15.  for t in thresholds:
16.      #使 y_pred_temp 中大于或等于 t 的数均为 1,小于 t 的数均为 0
17.      y_pred_temp = y1_pred.copy( )
18.      y_pred_temp[y_pred_temp>=t] = 1
19.      y_pred_temp[y_pred_temp<t] = 0
20.      #计算预测精度得分并将其代入数组 precisions 中
21.      precisions. append(metrics. precision_score(y1, y_pred_temp, pos_label = 1,average = ' binary' , zero_
     division=0))
22.  #取出 thresholds 数组中的元素最大值
23.  best_threshold =thresholds[np. argmax(precisions)]
24.  #将预测数据集进行二分赋值
25.  y1_pred[y1_pred>=best_threshold] = 1
26.  y1_pred[y1_pred<best_threshold] = 0
27.  #打印分类报告,返回每个类标签的精确度、召回率、F1 值及准确率
28.   print("\nClassification report for classifier (4 features) % s:\n% s \n" % (clf1_test, metrics. classification_
     report(y1, y1_pred)))
```

打印输出的结果如下所示：

Classification report for classifier (4 features) LogisticRegression(C=0. 1, solver=' liblinear'):				
	precision	recall	f1- score	support
0	0.98	0.98	0.98	815
1	0.90	0.88	0.89	166
accuracy			0.96	981

相比较仅使用 logistic 回归而言，加上网格搜索进行参数整定后，精确度、召回率、准确率均有所提升，其中准确率从 0.95 提升至 0.96，这说明加入网格搜索进行参数整定后，模型分类准确率提高。但是网格搜索也具有其局限性，可能会因为步长太大而错过最优化的数据组合的取值，导致分类准确率降低。

下面介绍在 logistic 回归的基础上进行网格搜索法参数整定代码中的几个 scikit-learn 库函数。

1）GridSearchCV 函数

代码的第 6 行调用了 scikit-learn 库 model_selection 模块的 GridSearchCV 函数，用于进行网格搜索，作用是找到使得机器学习算法效果达到最好的各类参数的集合，使用样式如下：

```
1.   sklearn. model_selection. GridSearchCV(estimator, param_grid)
```

其中部分参量：

estimator：选择使用的分类器，并且传入除需要确定最佳的超参数之外的其他参数；

param_grid：需要最优化的超参数的取值，值为字典或者列表。字典里面的键代表 estimator 模型中可以设置的参数。

2）precision_score 函数

代码的第 21 行调用了 scikit-learn 库 metrics 模块的 precision_score 函数，precision_score 函数用于计算精确度（precision），使用样式为：

```
1.   metrics. precision_score(y_true, y_pred, labels=None, pos_label=1, average=' binary' )
```

其中部分参量：

y_true、y_pred：同上述 classification_report 函数中介绍；

pos_label：当 average=' binary' 和数据为二进制的类时，类型为 str 或 int，默认为 1，如果数据是多类或多标签的，则将被忽略，设置 labels = [pos_label]，并将仅报告该标签的分数；

average：对于多类/多标签目标，此参数是必需的；如果为 None，则返回每个类型的分数，否则将确定对数据执行的 "average" 类型：binary、micro、macro、weighted 或是 samples。

5. 另外两种算法代码和结果的简单介绍

SVM 和随机森林模型用于上述数据的分类，代码及运算结果介绍如下。

1）SVM 模型

SVM 模型仅有以下代码语句与 logistic 回归模型不同，其他代码类似。

```
1.  #采用 gamma='scale' 传递,则使用 1/(n_features * X.std())作为 gamma 的值
2.  clf1 = svm.SVC(gamma='scale')
```

运行后，输出结果为：

Classification report for classifier (4 features) SVC():				
	precision	recall	f1-score	support
0	0.98	0.97	0.97	815
1	0.85	0.91	0.88	166
accuracy			0.96	981

代码的第 2 行调用了 scikit-learn 库 svm 模块的 SVC 函数，用于构建支持向量机分类器，使用样式为：

```
1.  svm.SVC(C=1.0, kernel='rbf', gamma='scale')
```

其中部分参量：

gamma：为 "rbf" "poly" 和 "sigmoid" 的核函数参数，可取 scale，auto 或者 float 数据，默认为 "scale"；如果 gamma='scale'（默认）被传递，则它将 1/(n_features *X.var()) 用作 gamma 值，如果为'auto'，则使用 1/n_features。

2）随机森林模型

随机森林模型仅有以下代码语句与 logistic 回归模型不同，其他代码类似。

```
1.  #构建随机森林分类器,森林里(决策)树的数目为 10
2.  clf1 = ensemble.RandomForestClassifier(criterion='entropy',n_estimators=10)
```

运行后，输出结果为：

Classification report for classifier (4 features) RandomForestClassifier(criterion='entropy', n_estimators=10):				
	precision	recall	f1-score	support
0	0.98	0.99	0.98	815
1	0.95	0.89	0.92	166
accuracy			0.97	981

代码的第 2 行调用了 scikit-learn 库 ensemble 模块的 RandomForestClassifier 函数，ensemble 模块包括基于集成的分类、回归和异常检测方法，RandomForestClassifier 函数用于构建随机森林分类器，使用样式为：

```
1.  ensemble.RandomForestClassifier(n_estimators=100, criterion='gini')
```

其中部分参量：

n_estimators：类型为 int，默认 = 100，随机森林中决策树的数量；

criterion：随机森林中构建决策树时的特征评估标准，可选"gini"或"entropy"，默认值为"gini"。

2.3 基于 Adaboost 与摄像机图像的车辆检测

下面结合一个案例详细介绍基于 Adaboost 的车辆检测方法，该案例出自：

https：// ww2. mathworks. cn/help/vision/ug/train-a-cascade-object-detector. html。

2.3.1 分类器训练参数设置

在 MATLAB 中，计算机视觉工具箱（Computer Vision Toolbox）提供了一个 trainCascade ObjectDetector 函数来训练自定义分类器。函数的语法为：

function trainCascadeObjectDetector（name，pos_image，neg_image，varargin）

该函数的输入为：需保存的分类器名称（name）、正样本集（pos_image）和负样本集（neg_image），另外可以设置级联分类器级数（NumCascadeStages）、每级误检率（FalseAlarmRate）、每级命中率（TruePositiveRate）、检测特征类型（FeatureType）、负样本因子（NegativeSamplesFactor）和正样本归一化尺寸（ObjectTrainingSize），最终输出为分类器文件。

针对这些可选参数的设置，可以从以下几个方面考虑。

1. NumCascadeStages（级联分类器级数）

增加级数会使分类器更准确，但也会增加训练时间。级数越多，需要的训练图像越多，因为在每级，一定数量的正样本和负样本会被消除。

2. FeatureType（检测特征类型）

特征类型会影响训练时长，通常使用 Haar 特征要比使用 LBP 或 HOG 特征花费更长的训练时间。

3. ObjectTrainingSize（正样本归一化尺寸）

正样本归一化尺寸过小，容易造成特征缺失；正样本归一化尺寸过大，容易增加训练时长。

4. NegativeSamplesFactor（负样本因子）

每级使用的负样本数 = NegativeSamplesFactor×［该级使用的正样本数］，通常负样本因子默认为 2。

只要用于训练某一阶段的负样本数大于计算得出的负样本数的10%，训练就继续进行。

5. FalseAlarmRate（每级误检率）

较低的误检率值增加了每级的复杂性，增加复杂性可以实现更少的错误检测，但可能导致更长的训练和检测时间。而较高的误检率值则可能需要更多的级数才能达到合理的检测精度。

6. TruePositiveRate（每级命中率）

较高的命中率值增加了每级的复杂性，增加的复杂性可以实现更多的正确检测，但可能导致更长的训练和检测时间。

通过上述对每级误检率和每级命中率的介绍，可知在级联分类器中，假设各个强分类器

的检测命中率为 $p_1, p_2, \cdots, p_M$，误检率为 $r_1, r_2, \cdots, r_M$，由于各强分类器以串联的形式排列，因此最终的检测命中率为 $\prod_{1 < i < M} p_i$，最终误检率为 $\prod_{1 < i < M} r_i$。若某一级联分类器有 10 级，每级的命中率为 0.995，误检率为 0.5，则经过 10 个强分类器，最终命中率为 $0.995^{10} = 0.95$，误检率为 $0.5^{10} = 0.0009$。

另外，trainCascadeObjectDetector 函数能够自动计算训练每级的正样本的数量，该数目基于用户提供的正样本总数以及每级命中率（TruePositiveRate）和级数（NumCascadeStages）的值，具体公式如下：

$$每级使用的正样本数 = \frac{总正样本数}{1 + (NumCascadeStages - 1) * (1 - TruePositiveRate)} \quad (2-14)$$

只要用于训练某一阶段的正样本数大于式（2-14）计算得出的样本数的 10%，训练就继续进行。如果没有足够的正样本，训练就会停止，函数会发出警告。如果训练停止，可以选择添加更多的正样本、增加每级命中率或是减少级数，但级数的减少也会导致较高的整体误检率。

2.3.2 正负样本的提供

级联分类器的训练首先需要一组正样本和一组负样本。正样本是指包含所要检测的物体的图片。但是由于正样本图片中所要检测的物体可能只占图片的一部分，所以需要制作正样本标签，选出待检测物体的具体位置。可以使用 MATLAB 的工具 Image Labeler 进行标注，Image Labeler 会最终输出一个用于正样本的表格。

准备正样本标签的具体操作步骤如图 2-10 所示，详细描述如下：

（1）进入 Image Labeler，有两种方法可以实现，一种是在 APP 选项中选择 "Lmage Labeler"，另一种是直接在命令行输入 "imageLabeler"，如图 2-10（a）所示。

（2）进入 imagelabeler 后，首先需要加载图片，即准备好的正样本图片，如图 2-10（b）所示。

（3）定义 ROI 标签，在出现的窗口中定义标签的名字以及形状，如图 2-10（c）所示。

（4）对图片中的对象进行框选，最后单击 "Export labels"，选择 "Export to workspace" → 选择 Export format 为 "table"，如图 2-10（d）所示。

（5）查看 MATLAB 的工作区，即可看到刚刚保存的标签的表格，点开可以看到第一栏为图片的路径，第二栏为待检测物体在图片中的位置，若图片中有多个物体，则会有两个矩形框的信息，如图 2-10（e）所示。

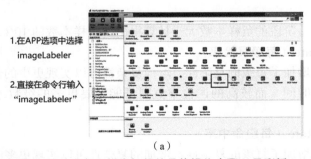

（a）

图 2-10 准备正样本标签的具体操作步骤（见彩插）

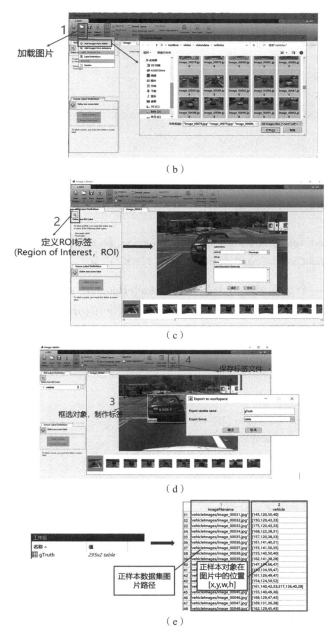

图 2-10　准备正样本标签的具体操作步骤（见彩插）（续）

　　另外，还必须提供一组负样本的图像，负样本图像不需要进行标注，函数会从这些图像自动生成负样本。负样本为不包含待检测物体的图片，正负样本比例按经验可选在 1∶3~1∶2。

2.3.3　训练分类器

　　完成了准备正负样本的工作后，就可以在命令行中输入下面的命令：

```
%加载正样本路径及标签
load(' gTruth. mat' );
%根据标签选择正样本图片中的待检测物体
positiveInstances = gTruth(:,1:2);
%添加正样本图片路径
imDir = fullfile(' D:\' ,' MATLAB2019A' ,' toolbox' ,' vision' ,' visiondata' , ' vehicles' );
addpath(imDir);
%添加负样本图片路径
negativeFolder = fullfile(' D:\' ,' MATLAB2019A' ,' toolbox' ,' vision' ,' visiondata' ,' Novehicles' );
%选择负样本
negativeImages = imageDatastore(negativeFolder);
%训练级联分类器
trainCascadeObjectDetector(' vehicleDetector. xml' ,positiveInstances, negativeImages,...
' FalseAlarmRate' ,0. 1,' NumCascadeStages' ,5,' FeatureType' ,' HOG' );
```

这样便可以训练生成一个车辆级联分类器文件 vehicleDetector. xml。

对于给定的正样本，设置不同的参数，可以得到不同的分类器。例如，对于给定的 542 个车辆正样本，分别设置下面 3 组参数进行训练，得到的反馈信息如下。

（1）级联分类器级数为 5 级，每级误检率为 0.5，每级命中率为 0.995，特征类型为 HOG。

训练过程如下所示：

```
Automatically setting ObjectTrainingSize to [32, 40]
Using at most 531 of 542 positive samples per stage
Using at most 1062 negative samples per stage


-- cascadeParams--
Training stage 1 of 5
[.................................................................]
Used 531 positive and 1062 negative samples
Time to train stage 1: 2 seconds


Training stage 2 of 5
[.................................................................]
Used 531 positive and 1062 negative samples
Time to train stage 2: 1 seconds


Training stage 3 of 5
[.................................................................]
Used 531 positive and 1062 negative samples
Time to train stage 3: 2 seconds
```

```
Training stage 4 of 5
[..................................................]
Used 531 positive and 1062 negative samples
Time to train stage 4: 2 seconds


Training stage 5 of 5
[.............................................
Very low false alarm rate 0. 0272168 reached in stage.
  Training will halt and return cascade detector with 4 stages
Time to train stage 5: 5 seconds


Training complete
```

可以看到，所有的 542 个正样本中有 531 个均用于每一级的训练，每级使用的正样本数计算公式为 number of positive samples = floor(totalPositiveSamples / (1+(5−1) * (1−0.995)))= 542/1.02＝531；每级使用的负样本数，系统默认为正样本数的 2 倍，即 1 062。参与训练的正样本数高的原因是设置的级数较小且每级误检率较高。

另外，此次训练在还未到 5 级时就结束了，这是因为第 5 级还未训练结束时，分类器的整体误检率已经达到 0. 027 216 8，小于设置的预期虚警率 $(0.5)^5 = 0.031\ 25$，已经满足要求，因此训练提前结束，此时得到的车辆级联分类器为 4 级，而不是先前指定的 5 级。

（2）级联分类器级数为 5 级，每级误检率为 0.1，每级命中率为 0.995，特征类型为 HOG。

本例在（1）的基础上，每级误检率由 0.5 降至 0.1，其他参数保持不变，此时顺利训练到了第 5 级结束。由于每级误检率降低，因此其检测精度会提高，但相对的训练时间也会大大增加。训练过程如下所示：

```
Automatically setting ObjectTrainingSize to [32, 40]
Using at most 531 of 542 positive samples per stage
Using at most 1062 negative samples per stage


-- cascadeParams--
Training stage 1 of 5
[..................................................]
Used 531 positive and 1062 negative samples
Time to train stage 1: 2 seconds


Training stage 2 of 5
[..................................................]
Used 531 positive and 1062 negative samples
Time to train stage 2: 2 seconds


Training stage 3 of 5
[..................................................]
```

```
Used 531 positive and 1062 negative samples
Time to train stage 3: 9 seconds


Training stage 4 of 5
[.....................................................................]
Used 531 positive and 1062 negative samples
Time to train stage 4: 59 seconds


Training stage 5 of 5
[.....................................................................]
Used 531 positive and 1062 negative samples
Time to train stage 5: 516 seconds


Training complete
```

（3）级联分类器为 10 级，每级误检率为 0.1，每级命中率为 0.995，特征类型为 HOG。

本例在（2）的基础上，增加了级数至 10 级，其他参数保持不变，由计算公式可知，参与训练的正样本数相比于（1）、（2）进一步减少，而级数由 5 增加到 10，这会使得整体误检率相比前面降低，训练的时间也更长。训练过程如下所示：

```
Automatically setting ObjectTrainingSize to [32, 40]
Using at most 518 of 542 positive samples per stage
Using at most 1036 negative samples per stage


-- cascadeParams--
Training stage 1 of 10
[.....................................................................]
Used 518 positive and 1036 negative samples
Time to train stage 1: 2 seconds


Training stage 2 of 10
[.....................................................................]
Used 518 positive and 1036 negative samples
Time to train stage 2: 2 seconds


Training stage 3 of 10
[.....................................................................]
Used 518 positive and 1036 negative samples
Time to train stage 3: 8 seconds


Training stage 4 of 10
[.....................................................................]
```

```
Used 518 positive and 1036 negative samples
Time to train stage 4: 70 seconds


Training stage 5 of 10
[.....................................................]
Used 518 positive and 1036 negative samples
Time to train stage 5: 532 seconds


Training stage 6 of 10
[.....................................................]
Used 518 positive and 696 negative samples
Time to train stage 6: 2088 seconds


Training stage 7 of 10
[.....................................................]
Used 518 positive and 122 negative samples
Time to train stage 7: 2050 seconds


Training stage 8 of 10
[................................................ ]
Unable to generate a sufficient number of negative samples for this stage.
Consider reducing the number of stages, reducing the false alarm rate
or adding more negative images.
> In trainCascadeObjectDetector (line 272)
   In cheliangfenlei (line 9)


Cannot find enough samples for training.
Training will halt and return cascade detector with 7 stages
Time to train stage 8: 2189 seconds
Training complete
```

　　需要注意的是，负样本因子默认设置为 2，即用于训练每级的负样本数为用于训练的正样本数的 2 倍，为 1 036，但从第 6 级开始参与训练的负样本数变少了，第 7 级只有 122 个负样本参与训练。出现这种现象的原因是往后的级，训练时是按照上一级正样本被错分的部分作为负样本。随着级数的增加，整体误检率降低，即"正样本被错分"事件发生得越来越少，导致最终负样本数量不足正样本 2 倍的 10%，即不满足训练要求的水平。因此无法对第 8 级进行训练，训练至第 7 级就已经结束。

　　此时得到的车辆级联分类器为 7 级，而不是先前指定的 10 级，所得到的整体误检率为 $(0.1)^7$，而不是预期的整体误检率 $(0.1)^{10}$。

2.3.4　使用级联分类器检测

　　在训练好一个级联分类器后，便可以利用生成的分类器文件对待检测样本进行检测，具体命令如下：

```
%加载分类器文件
detector = vision. CascadeObjectDetector(' vehicleDetector. xml' );
%加载检测图片
img = imread(' Test. jpg' );
%应用分类器进行识别
bbox = step(detector,img);
%获得检测结果,并选择显示效果
detectedImg = insertObjectAnnotation(img,' rectangle' ,bbox,' vehicle' );
%显示图片
figure; imshow(detectedImg);
```

对于前一小节中得到的三种不同的车辆级联分类器，这里以两张图片为例简单看下测试效果。

（1）级联分类器级数为5级，每级误检率为0.5，每级命中率为0.995，特征类型为HOG时，检测效果如图2-11所示。可以看出，该级联分类器的检测效果非常差，存在大量误检的情况，其原因是设置的级数较小，同时每级误检率又较高，导致最终的检测精度过低。为了降低整体误检率，需要增加级数或减小每级误检率。

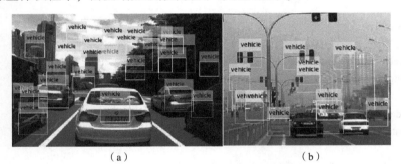

（a）　　　　　　　　　　　　　　　　（b）

图2-11　分类器（1）的检测效果

（2）级联分类器级数为5级，每级误检率为0.1，每级命中率为0.995，特征类型为HOG时，检测效果如图2-12所示。此级联分类器在（1）的基础上，降低了每级误检率至0.1，其余参数保持不变。由图2-12可以明显看出，该分类器的误检率大大降低，检测精度提高。但对于测试集中的两个待检测样本，还是存在检测不够准确的情况，需要进一步通过增加级数或减小每级误检率来提高检测精度。

（a）　　　　　　　　　　　　　　　　（b）

图2-12　分类器（2）的检测效果

（3）级联分类器为 10 级，每级误检率为 0.1，每级命中率为 0.995，特征类型为 HOG 时，检测效果如图 2-13 所示。此级联分类器在（2）的基础上，增大了级数至 10 级，其余参数保持不变。将（3）与（2）的检测结果对比可以看出，该级联分类器的检测精度相比于（2）中的级联分类器进一步提高。

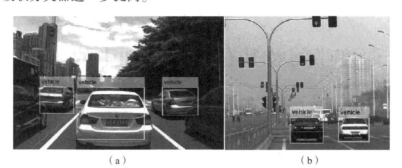

（a）　　　　　　　　　　　（b）

图 2-13　分类器（3）的检测效果

第 3 章
深度学习及其在环境感知中的应用

深度学习（Deep Learning）作为机器学习的分支，是一种基于对数据进行表征学习的方法。它是一种试图使用包含复杂结构或由多重非线性变换构成的多个处理层对数据进行高层抽象的算法。观测值（如一幅图像）可以使用多种方式来表示，如每个像素强度值的向量，或者更抽象地表示成一系列边、特定形状的区域等。而使用某些特定的表示方法更容易从实例中学习任务（如人脸识别或面部表情识别）。深度学习的好处是用非监督式或半监督式的特征学习和分层特征提取高效算法来替代手工获取特征。

表征学习的目的是寻求更好的表示方法并创建更好的模型来从大规模未标记数据中学习这些表示方法。表示方法来自神经科学，并松散地创建在类似神经系统中的信息处理和对通信模式的理解上，如神经编码，试图定义拉动神经元的反应之间的关系以及大脑中神经元的电活动之间的关系。至今已有数种深度学习框架，如深度神经网络、卷积神经网络、深度置信网络和递归神经网络被应用在计算机视觉、语音识别、自然语言处理、音频识别与生物信息学等领域并获取了较好的效果。

本章以卷积神经网络（Convolutional Neural Networks，CNN）为例进行介绍。

3.1　卷积神经网络

卷积神经网络作为深度学习中的经典网络之一，常常用于图像分类、目标检测、图像语义分割等问题，在智能车辆中应用广泛。本节从卷积神经网络基本模型结构和常用的开发框架两方面介绍卷积神经网络的基本知识。

卷积神经网络是一个受生物视觉启发、以最简化预处理操作作为目的的多层感知器的变形，本质是一个前向反馈神经网络。卷积神经网络与多层感知器的最大区别是网络前几层由卷积层和池化层交替级联组成，模拟视觉皮层中用于高层次特征提取的简单细胞和复杂细胞交替级联结构。一个基本的卷积神经网络按照功能可以划分成多种不同的层级结构。其中构成卷积神经网络的基本结构主要有 4 个，即卷积层、激活函数、池化层与全连接层，如图 3-1 所示。

对于计算机视觉而言，输入层为图像，计算机将其理解为输入若干个矩阵（例如，RGB图像有 3 个通道，则为 3 个矩阵）。接着是卷积层（Convolution Layer）和池化层（Pooling Layer）。"卷积层+池化层"的组合可以在隐藏层出现很多次。而实际上这个次数是根据模

$$x \qquad H_1 \qquad H_2 \qquad H_3 \qquad H_4 \qquad H_5{\sim}H_R$$
输入层　卷积层+ReLU　池化层　卷积层+ReLU　池化层　全连接层　输出层

图 3-1　CNN 基本结构

型的需要而定的，也可以灵活使用"卷积层+卷积层"，或者"卷积层+卷积层+池化层"的组合，这些在构建模型时没有限制。但是最常见的 CNN 都是若干"卷积层+池化层"的组合。在若干"卷积层+池化层"后面是全连接层（Fully Connected Layer，FC）。

1）卷积层

卷积层是深度卷积神经网络模型的核心之一，承担了网络中的大部分网络特征提取任务，也是网络计算量最集中的部分之一。传统的神经网络都是采用全连接的方式，即输入层到隐藏层的神经元都是全部连接的，这样做将导致参数量巨大，使得网络训练耗时长甚至难以训练，而 CNN 中的卷积层则通过局部连接、权值共享等方法避免了这一困难。

（1）局部连接。受生物学中的视觉系统结构启发，视觉皮层中的神经元接收来自局部区域的光学信息，仅仅接收与之相近的部分神经元的刺激，然后将感知到的局部信息传递给后续神经元组织，后续神经元不断整合低层次神经元提取的局部信息并向更高层次的神经元传递，就能提取得到全局信息，卷积神经网络就是采用了自下而上的信息提取方法。在一个卷积层中，一个神经元的接收信息范围比较小，通常对应低层的 1×1，3×3，5×5，7×7 等局部区域中的信息，而不需要与图像中所有的区域进行连接，该神经元所对应的连接区域大小通常称为感受野（Receptive Field）。局部感知和全局感知如图 3-2 所示。

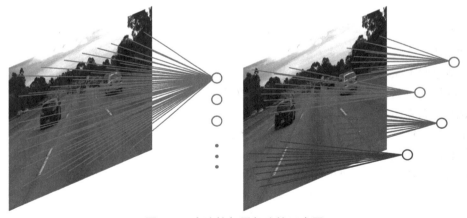

图 3-2　全连接与局部连接示意图

（2）权值共享。在卷积层中，位于同一个特征图上的所有神经元感受野大小相同，且共享同一个滤波器，即每一个滤波器在对数据神经元的信息进行提取整合时参数完全相同，这种机制称为参数共享机制。参数共享大大降低了神经网络的参数数量，也使得网络具有了固定核滤波的特性，这种机制保证同一层神经元都对相同的特征提取单元产生一定的响应，该响应结果的不同可以作为分类评价或者更高层次信息整合的基础，卷积神经网络强大的特征提取与表达能力正是基于这些基础的特征提取单元的累积效应得以实现的。

2）激活函数

激活函数定义了神经元对输入的不同响应映射方式，这是受到生物神经元对于信息的处理过程启发而来。激活函数层能够增加模型的非线性映射能力，从而使得网络能够更好地拟合各种复杂的问题。传统神经网络中最常用的两个激活函数是 sigmoid 函数和 tanh 函数。

这两种激活函数对中央区的信号增益较大，对两侧区的信号增益小，在信号的特征空间映射上有很好的效果。这类似于神经科学中神经元在中央区处于兴奋态而在两侧区处于抑制态的情况。sigmoid 函数的输出映射在 (0, 1) 区间，可以用来表示概率或者用于输入的归一化。sigmoid 激活函数推动了早期神经网络的发展。然而，sigmoid 函数的缺点也很明显，即当输入值非常大或者非常小时，函数的导数接近于 0，这称为激活函数的饱和性。在神经网络反向传播的过程中，sigmoid 向下传导的梯度包含了其对输入的导数因子，一旦落入饱和区，导数因子就会接近于 0，导致向底层传递的梯度值也会变得非常小。此时网络参数难以得到有效训练，这种现象称为梯度消失。此外，sigmoid 函数的输出值均大于 0，使得输出不是 0 均值，这会导致后一层的神经元将得到上一层输出的非零均值的信号作为输入。与 sigmoid 函数相比，tanh 函数的输出均值是 0，这使得其收敛速度比 sigmoid 要快。但是 tanh 函数同样具有饱和性，容易出现梯度消失的现象。

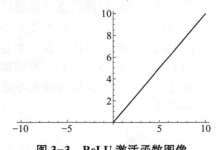

图 3-3　ReLU 激活函数图像

与其他传统激活函数相比，ReLU（Rectified Linear Units）函数在随机梯度下降中能够快速收敛，该函数的数学表达式为 $f(x) = \max(0, x)$，其对应的图像如图 3-3 所示。该函数在正区间是线性且不饱和的，在负区间的置 0 操作有助于增加网络的稀疏性。此外，sigmoid 等函数在传播过程中需要进行指数运算，增加了计算复杂度，ReLU 只需要对输入进行简单的阈值计算就能够得到激活值。

3）池化层

池化层也叫下采样层，通常用于连续若干组卷积和激活函数层之后。池化层的作用主要是对输入特征图进行降维处理，减少运算参数量，在缩短网络训练时间的同时也避免了由于参数数量庞大而发生过拟合的现象。此外，池化操作还能使网络对于输入图像中的微小冗余具有更好的鲁棒性。池化操作的理论依据为图像局部特征的聚类统计思想。池化层常用的方式为最大池化，通过定义一个空间邻域（常见的为 2×2 大小的窗口），从窗口内的特征图中取出最大的元素作为输出，如图 3-4（a）所示。池化层对于输入特征图的每一个深度切片进行操作，然后叠加在一起作为池化输出。除了最大池化之外，还有平均池化和随机池化等方式。平均池化选择输入特征图窗口内元素的平均值作为输出，如图 3-4（b）所示；随机池化对特征图中的元素按照其概率值大小随机选择，即元素值大的被选中的概率也大。

4）全连接层

全连接层在整个卷积神经网络中起到"分类器"的作用。通常卷积层、激活函数和池化层等操作负责将原始数据映射到隐藏层特征空间，全连接层则将提取到的分布式特征表示映射到样本标记空间，最终实现目标的分类和识别。目前由于全连接层参数冗余，容易出现过拟合的情况。近期提出的一些网络均使用全局平均池化来取代全连接层，从而减少过拟合的发生。

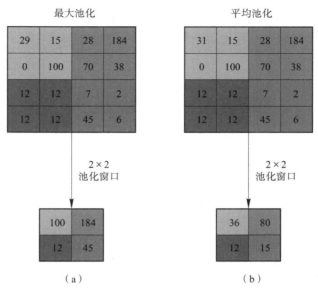

图 3-4　最大池化和平均池化操作示意图

组合不同的网络层，可以获得不同效果的模型。CNN 发展至今，有一些代表性的模型，根据 CNN 的应用可分为分类模型、检测模型、分割模型。分类模型常常用于图片分类识别任务，最终的输出与输入对应。检测模型往往用于图像的目标检测任务，最终的输出通常为目标类别，以及目标检测框在图像中的位置。分割模型在计算机视觉中常用于语义分割任务，对每个像素进行分类并赋值，最终输出分割好的图片。

3.2　越野环境场景识别

通常人类驾驶员在越野环境下对场景都有宏观的认识，在短时间内能够了解车辆行驶的路况以及周围的环境，而周围的环境又会影响人的心理并进而影响人对车辆的动作。比如当车辆行驶在雨雪天时，为防止车轮打滑，会进入低速驾驶的状态；当车辆行驶在傍山险路或者悬崖路段时，驾驶员会减速慢行，谨慎驾驶；当车辆行驶在不同的路面上时，驾驶员行驶的车速也会不一样。这些例子都说明了在不同场景下，车辆的动作应相应变化。对于智能车辆而言，为了实现在不同场景下的不同行为动作，首先应做到对越野场景的准确识别。

为了识别出不同的越野场景，需要构建场景数据集，并基于建立的数据集实现对不同越野场景的识别。本节首先介绍场景数据集的构建，然后以道路类型识别为例介绍基于深度学习的场景识别。

3.2.1　场景数据集

场景数据集是从越野环境宏观角度入手抽象出的一类数据集，包括自然场景数据集、障碍物数据集、道路类型数据集以及特殊数据。构建的数据集结构如图 3-5 所示。

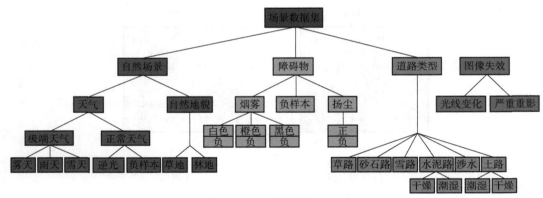

图 3-5　场景数据集结构

自然场景数据集以天气状态和自然地貌为划分依据。天气状态子空间包括极端天气和正常天气，除了极端天气数据以外，其他类型的场景数据集均在正常天气下采集。极端天气子空间划分为雪天、雾天、雨天。在正常天气下有一种特殊情况的数据，就是当阳光比较强烈时相机可能会处于失效状态，这里将其定为逆光数据。对于其他正常天气，智能车辆都具备可活动的天气因素，因此不需要对正常天气进行细致的划分，只需要将一部分数据作为负样本即可，以便和极端天气数据组成完备数据组。

自然地貌数据集包括林地和草地。林地指的是在道路两边出现密集的树并且连片成林，甚至在没有路的情况下的一种原始森林地貌。草地作为自然地貌的一种，由草障碍组成。然而草障碍在越野环境中的分布情况也是多样的，有些连片成群，有些比较孤立。一般可以分为以下两种情况：一种是全草地，这种地形基本上失去了道路的特征；还有一种是草障碍出现在道路中但是没有完全覆盖道路的情况。最典型的就是道路中间是草障碍，草障碍的两边是车辙，这里将这种情况划分为道路类型之中，称之为草路。

在障碍物数据集中，包括烟雾和扬尘。这是因为当车辆处于烟雾环境中时，环境感知系统中的激光雷达传感器会将烟雾和扬尘识别为障碍物，但是在烟雾和扬尘环境中车辆是可以通行的。故烟雾和扬尘本质上属于可通行动态障碍物，只有得知其属性信息，才能使智能车辆具备在各种环境中通行的能力。

在道路类型数据集中，包括水泥路、土路、草路、砂石路、雪路、涉水路面。考虑到雨天对道路的影响，对水泥路和土路从路面干燥、潮湿角度进行划分，分为干燥路面和潮湿路面两种情况，对于处于半干燥半潮湿状态的道路不严格区分。此外，雪路和雪天并不构成歧义项，前者是从道路类型进行判断，后者是从场景整体进行判断。同理，草路和草地也是如此。

图 3-5 中还列出了几种特殊情况下的数据。由于相机在逆光条件下或者强曝光条件下，相机的画质可能失效；而且当车辆在颠簸度较大的路面上行驶，由于车体振动或者车速过快容易发生图像重影现象，重影严重的话会给识别带来困难，因此将这两种数据作为数据集的一部分。

3.2.2　道路类型识别

对于越野环境中的场景识别，常见的方法包括传统机器学习方法和深度学习方法。传统机器学习方法需要人工选择待提取的图像特征，而深度学习的方法不需要人工提取特征，而是能够自动提取图像特征并进行训练，从而获得泛化性好的分类效果。

从构建的场景数据集中可以看出，越野场景可分为自然场景、障碍物、道路类型等几类，本节以道路类型的识别为例，介绍深度学习在场景识别中的应用。

道路类型识别可作为多分类问题，经典的分类模型包括 AlexNet、VGG、GoogLeNet、ResNet 等模型。本节采用 ResNet-50 模型，并使用 Keras 框架进行训练学习。

1. 数据集的准备

在分类任务中，数据集的制作需要准备相关图像，并建立若干个文件夹，文件夹个数依据类别数而定，将同一类的图像放于同一文件夹下。对于道路类型识别而言，本例从场景数据集中选取 4 类数据进行识别，包括水泥路（concrete_road）、草地（grass_road）、砂石路（sand_road）、土路（soil_road）。

在实际应用过程中，所有数据应放在指定的文件夹中，文件夹名称可以自拟。在分类任务中，只需准备图片与相应的文件夹，而无须做进一步的标注，图片所属文件夹的名称即该图片的标签，后续在将图片输入到程序中时，程序会将人为给定的标签，即文件夹名称，按照字典序映射为序号 $0\sim n$ 的标签，以便于后续运算。

2. 模型训练

模型的训练需要考虑训练设备、训练框架以及训练程序。训练设备可以使用 CPU 或 GPU，如果有条件，建议使用多块 GPU 进行训练，这样可以节省训练时间。

在本节展示的应用中，使用 Keras 作为开发框架进行训练。安装前要求预装 TensorFlow、Theano、Microsoft-CNTK 中的至少一个。Keras 可以通过 PIPy 或 Anaconda 安装，如下面的代码段所示，也可以从 https：//github. com/keras-team/keras 下载源代码安装：

```
1.  pip install keras
2.  conda install keras
```

在程序训练时，需要用到的两个文件为 train. py 和 network. py，其中 train. py 为训练程序，network. py 为定义的网络结构。

1）train. py

在训练程序中，首先需要导入一些库，利用这些库可以方便地处理或显示图片数据。

```
1.  import os
2.  import sys
3.  import matplotlib. pyplot as plt
4.  import argparse
5.  import cv2
6.  import random
7.  import numpy as np
8.  from sklearn. model_selection import train_test_split
9.  from sklearn. preprocessing import LabelBinarizer
10. from imutils import paths
11. from PIL import ImageEnhance,Image
```

　　然后需要导入 Keras 不同模块的内容，包括 Keras 封装好的网络层结构、优化器、网络模型等。

```
12.  from keras. layers import Conv2D,Flatten,Activation,Dense,MaxPooling2D,Input
13.  from keras. models import Model
14.  from keras. optimizers import Adam
15.  from keras. preprocessing. image import img_to_array,ImageDataGenerator
16.  from keras. utils import to_categorical
17.  from keras. callbacks import TensorBoard, ModelCheckpoint, ReduceLROnPlateau,
     EarlyStopping
18.  from keras import backend as K
19.  from keras. utils import plot_model
```

　　最后导入定义的网络结构，由于网络结构在 network. py 中进行了定义，故这里将其作为一个库进行导入，库的名称为文件名的前缀。

```
20.  import network
```

　　在导入上述库之后，设置相应的参数，这里设置了迭代轮数 EPOCHS 为 400，初始学习率 INIT_LR 为 0.001，BATCH_SIZE 为 32，固定的图片大小为 224×224×3，类别数 CLASSES 为 4。除此之外，设定了最终训练出来的模型名称为 "weights. h5" 以及训练日志文件的路径 "logs/"。

```
21.  EPOCHS =400
22.  INIT_LR =1e- 3
23.  BATCH_SIZE =32
24.  IMAGE_SHAPE = (224, 224, 3)
25.  CLASSES =4
26.  modelname ="weights. h5"
27.  log_dir=' logs/'
```

　　该文件中定义了三个函数，第一个为 arg_parse（）函数，用于定义在命令行中需要输入的参数。在本例中设置了在命令行需要通过 "-d" 或者 "--dataset" 指定文件夹的路径，通过 "-m" 或 "--model" 参数来指定模型存放的路径。

```
28.  def arg_parse():
29.      arg =argparse. ArgumentParser()
30.      arg. add_argument(' - d' ,' -- dataset' ,required =True,help =' type in the datasetpath' )
31.      arg. add_argument(' - m' ,' -- model' ,required =True,help =' path to save model' )
32.      args =vars(arg. parse_args())
33.      return args
```

　　第二个为 load_data（）函数，其作用是载入数据集。在该函数中，使用 sorted 函数加载给定路径 path 中的所有图片路径，并使用 shuffle 函数对数据进行重新打乱。由于原数据集按类别存放，有一定规律，如果不进行随机打乱，在训练时有可能会出现过拟合、欠拟合的情况。

```
34.  def load_data(path):
35.      print(' [INFO] loading data. . . ' )
36.      datas = []
37.      labels = []
38.      imgpaths = sorted(list(paths. list_images(path)))
39.      random. seed(50)
40.      random. shuffle(imgpaths)
```

由于每个模型对于图片的输入尺寸实际上是有具体要求的，所以使用 for 循环对每一张图片数据修改至规定尺寸，以满足网络的输入需求。除此之外，在 for 循环中，以图片所在目录的名称作为其文字标签并将数据集的标签根据字典序映射成数字序号 0~n。

```
41.      for imgpath in imgpaths:
42.          print imgpath
43.          img = cv2. imread(imgpath)
44.          img = cv2. resize(img,(IMAGE_SHAPE[0],IMAGE_SHAPE[1]))
45.          img = img_to_array(img)
46.          datas. append(img)
47.          label = imgpath. split(os. path. sep)[- 2]
48.          labels. append(label)
49.          data = np. array(datas,' float' )/255. 0
50.          labels = np. array(labels)
51.          labelLB = LabelBinarizer()
52.          labels = labelLB. fit_transform(labels)
```

在该函数的最后，对数据集按比例划分为训练集和验证集。这里设置的测试集的比例占所有数据集的 20%。

```
53.      (trainX, testX, trainY, testY) = train_test_split(data, labels,test_size = 0. 2, random_state = 42)
```

最后该函数得到的结果就是被划分好的训练集的图片 trainX 和标签 trainY，以及测试集的图片 testX 和标签 testY。

```
54.      return trainX, testX, trainY, testY
```

第三个函数为 train_model ( ) 函数，在该函数中，需要调用 network. py 中定义的网络模型，即 model_employ 函数。

```
55.  def train_model(aug, train_x, train_y, test_x, test_y, args):
56.      print(' [INFO] model compiling' )
57.      model = network. model_employ(IMAGE_SHAPE,CLASSES)
```

载入模型后还需要设定优化器和模型训练的各个参数。本例选用 Adam 优化器，初始学习率使用设定值，在训练过程中根据 epoch 数进行衰减，选用交叉熵损失（categorical_crossentropy）作为 loss 值，使用准确度作为评价指标。

```
58.    opt = Adam(lr=INIT_LR, decay=INIT_LR / EPOCHS)
59.    model. compile(loss=' categorical_crossentropy' ,optimizer=opt,metrics=[' acc' ])
```

为了能够可视化训练过程，通过日志文件使用 TensorBoard 工具进行可视化，日志文件的存放路径由设定值决定。

```
60.    logging = TensorBoard(log_dir=log_dir)
```

如果训练过程中超过一定 patience 数的迭代轮数的 val_loss 没有减小，即模型性能没有提升，则强制降低学习率为原来的 factor 倍。

```
61.    reduce_lr = ReduceLROnPlateau(monitor=' val_loss' , factor=0. 5, patience=20, verbose=0)
```

在保存模型时，设置以 val_loss 为标准，只保存使 val_loss 值最小的一次模型，即保留验证效果最好的一次模型。

```
62.    checkpoint = ModelCheckpoint(modelname, monitor=' val_loss' , verbose=0, save_best_only=True,
       mode=' auto' )
63.    callbacks_list = [logging, checkpoint,reduce_lr]
```

可以通过 fit_generator 函数给定训练集和测试集，给定 batch_size 和 epochs，每个 epoch 中的 step 数由训练集的数据和 epoch 数决定。

```
64.    H = model. fit_generator(aug. flow(train_x, train_y, batch_size=BATCH_SIZE), validation_data=(test_x,
       test_y),steps_per_epoch=len(train_x) // BATCH_SIZE, epochs=EPOCHS, verbose=1,callbacks=callbacks_
       list)
```

最终模型按照设定的名称进行保存。

```
65.    model. save(args[' model' ])
```

这三个函数是事先定义的函数，而在运行该文件时，程序会从 main 函数开始，其中第一步就是从命令行获得设置的数据集路径和模型路径，然后调用 load_data 函数开始载入数据。载入完毕后，使用 ImageDataGenerator 函数对数据进行数据增强，扩充数据集大小，增强模型的泛化能力。数据增强的方式包括旋转、平移、剪切、缩放、翻转等。在完成数据增强后，则开始应用 train_model 函数训练模型。

```
66. if __name__ == ' __main__':
67.    args=arg_parse()
68.    data_path=args[' dataset' ]
69.    trainX, testX, trainY, testY=load_data(data_path)
70.    aug = ImageDataGenerator(rotation_range=20, width_shift_range=0. 1, height_shift_range=0. 1, shear_
       range=0. 2,zoom_range=0. 2, horizontal_flip=True, fill_mode="nearest")
71.    aug. fit(trainX)
72.    train_model(aug, trainX, trainY, testX, testY, args)
```

2）network. py

在 network. py 文件中，同样需要导入 Keras 的不同模块。

```
1.  from keras. applications. resnet50 import ResNet50
2.  from keras. models import Model
3.  from keras. layers import Input,Conv2D,MaxPooling2D,Dense,Flatten,GlobalAveragePooling2D,Dropout
4.  from keras import backend as K
5.  from keras. regularizers import l2
```

这里的 model_employ 函数定义了网络结构，由于在 Keras 中封装了 ResNet50 结构，故这里使用封装好的 ResNet50 模型作为基础网络，而其中的参数是根据 ImageNet 数据集训练的结果。由于本例中的训练数据与 ImageNet 中的数据有很大差别，故这里设置每一层都需重新训练。另外，在导入的 ResNet50 模型基础上，添加一个全连接层和输出层，形成本例使用的网络结构。

```
6.   def model_employ(input_tensor,class_num):
7.       K. set_learning_phase(1)
8.       base_model=ResNet50(weights=' imagenet' ,include_top=False,input_shape=input_tensor)
9.       for layers in base_model. layers:
10.          layers. trainable=True
11.      x = base_model. output
12.      K. set_learning_phase(1)
13.      x = GlobalAveragePooling2D(name=' avg_pool' )(x)
14.      x = Dense(class_num, activation=' softmax' )(x)
15.      model=Model(inputs=base_model. input,outputs=x)
16.      model. summary()
17.      return model
```

3）启动训练

在终端中输入 python train. py -d［dataset_ path］-m［model_ path］进行训练。作为参考，本例中输入 python train. py -d ./data -m ./ 开始训练，这表示数据集为当前目录下的 data 文件夹，模型就存放在当前文件夹下。按下回车键开始运行程序。

程序运行后，首先开始载入数据，终端中会显示数据图片的路径，如图 3-6 所示。

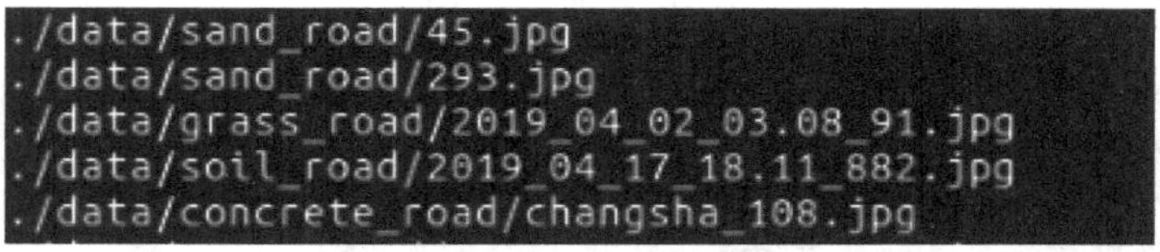

图 3-6　终端显示的图片路径

经过一段时间后，程序载入数据完毕，终端开始训练，首先终端输出相应的提示信息。这些信息主要是提示系统的硬件信息，包括显卡型号、显卡内存、GPU 计算能力等，如图 3-7 所示。

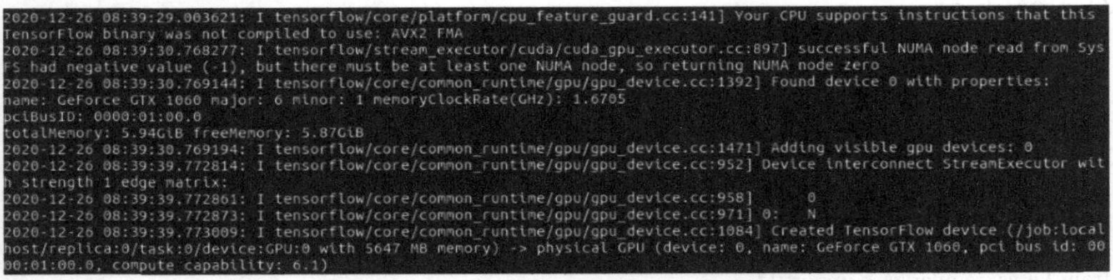

```
2020-12-26 08:39:29.003621: I tensorflow/core/platform/cpu_feature_guard.cc:141] Your CPU supports instructions that this
TensorFlow binary was not compiled to use: AVX2 FMA
2020-12-26 08:39:30.768277: I tensorflow/stream_executor/cuda/cuda_gpu_executor.cc:897] successful NUMA node read from Sys
FS had negative value (-1), but there must be at least one NUMA node, so returning NUMA node zero
2020-12-26 08:39:30.769144: I tensorflow/core/common_runtime/gpu/gpu_device.cc:1392] Found device 0 with properties:
name: GeForce GTX 1060 major: 6 minor: 1 memoryClockRate(GHz): 1.6705
pciBusID: 0000:01:00.0
totalMemory: 5.94GiB freeMemory: 5.87GiB
2020-12-26 08:39:30.769194: I tensorflow/core/common_runtime/gpu/gpu_device.cc:1471] Adding visible gpu devices: 0
2020-12-26 08:39:39.772814: I tensorflow/core/common_runtime/gpu/gpu_device.cc:952] Device interconnect StreamExecutor wit
h strength 1 edge matrix:
2020-12-26 08:39:39.772861: I tensorflow/core/common_runtime/gpu/gpu_device.cc:958]      0
2020-12-26 08:39:39.772873: I tensorflow/core/common_runtime/gpu/gpu_device.cc:971] 0:   N
2020-12-26 08:39:39.773009: I tensorflow/core/common_runtime/gpu/gpu_device.cc:1084] Created TensorFlow device (/job:local
host/replica:0/task:0/device:GPU:0 with 5647 MB memory) -> physical GPU (device: 0, name: GeForce GTX 1060, pci bus id: 00
00:01:00.0, compute capability: 6.1)
```

图 3-7　终端显示的硬件提示信息

然后程序开始载入模型，终端中会显示模型每一层中卷积核的大小，以及特征图的维度，并计算出每一层需要学习的参数，最后还会给出整个网络模型需要学习多少参数。由于网络模型较大，故图 3-8 展示的只是部分网络模型结构。

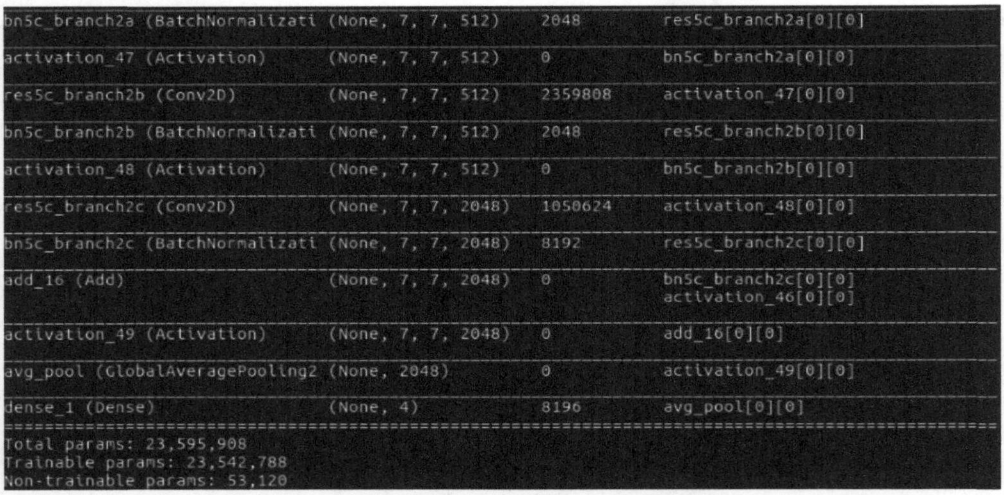

```
bn5c_branch2a (BatchNormalizati (None, 7, 7, 512)    2048        res5c_branch2a[0][0]
activation_47 (Activation)      (None, 7, 7, 512)    0           bn5c_branch2a[0][0]
res5c_branch2b (Conv2D)         (None, 7, 7, 512)    2359808     activation_47[0][0]
bn5c_branch2b (BatchNormalizati (None, 7, 7, 512)    2048        res5c_branch2b[0][0]
activation_48 (Activation)      (None, 7, 7, 512)    0           bn5c_branch2b[0][0]
res5c_branch2c (Conv2D)         (None, 7, 7, 2048)   1050624     activation_48[0][0]
bn5c_branch2c (BatchNormalizati (None, 7, 7, 2048)   8192        res5c_branch2c[0][0]
add_16 (Add)                    (None, 7, 7, 2048)   0           bn5c_branch2c[0][0]
                                                                 activation_46[0][0]
activation_49 (Activation)      (None, 7, 7, 2048)   0           add_16[0][0]
avg_pool (GlobalAveragePooling2 (None, 2048)         0           activation_49[0][0]
dense_1 (Dense)                 (None, 4)            8196        avg_pool[0][0]
==================================================================================================
Total params: 23,595,908
Trainable params: 23,542,788
Non-trainable params: 53,120
```

图 3-8　终端展示的网络结构

在展示完网络模型后，程序开始正式进入训练，终端会显示目前的训练进展。在程序中设置了迭代轮数 EPOCHS 为 400，每次放入模型的图片数为 32，80%的数据集作为训练集，所以将所有训练集图片训练完一轮需要 102 步，这里的 102 是通过所有训练集数目除以 batch_size 获得的。每一轮 epoch 训练完后，模型会更新一次权重，模型会给出根据当前权重计算出的精度 acc 和损失值 loss，可以在终端中看到这些数值，如图 3-9 所示。

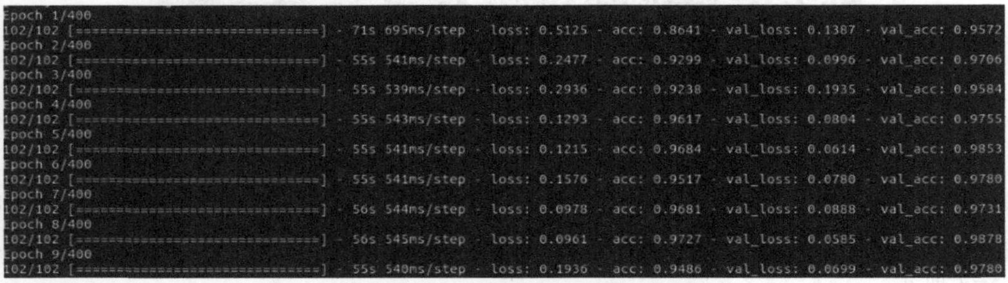

```
Epoch 1/400
102/102 [==============================] - 71s 695ms/step - loss: 0.5125 - acc: 0.8641 - val_loss: 0.1387 - val_acc: 0.9572
Epoch 2/400
102/102 [==============================] - 55s 541ms/step - loss: 0.2477 - acc: 0.9299 - val_loss: 0.0996 - val_acc: 0.9706
Epoch 3/400
102/102 [==============================] - 55s 539ms/step - loss: 0.2936 - acc: 0.9238 - val_loss: 0.1935 - val_acc: 0.9584
Epoch 4/400
102/102 [==============================] - 55s 543ms/step - loss: 0.1293 - acc: 0.9617 - val_loss: 0.0804 - val_acc: 0.9755
Epoch 5/400
102/102 [==============================] - 55s 541ms/step - loss: 0.1215 - acc: 0.9684 - val_loss: 0.0614 - val_acc: 0.9853
Epoch 6/400
102/102 [==============================] - 55s 541ms/step - loss: 0.1576 - acc: 0.9517 - val_loss: 0.0780 - val_acc: 0.9780
Epoch 7/400
102/102 [==============================] - 56s 544ms/step - loss: 0.0978 - acc: 0.9681 - val_loss: 0.0888 - val_acc: 0.9731
Epoch 8/400
102/102 [==============================] - 56s 545ms/step - loss: 0.0961 - acc: 0.9727 - val_loss: 0.0585 - val_acc: 0.9878
Epoch 9/400
102/102 [==============================] - 55s 540ms/step - loss: 0.1936 - acc: 0.9486 - val_loss: 0.0699 - val_acc: 0.9780
```

图 3-9　终端展示的训练结果

4）可视化训练效果

若希望可视化这些数值，可以通过训练日志文件进行查看。训练日志文件存放于 logs 文件夹中，使用 tensorboard 作为可视化工具。打开终端，在终端中输入

```
tensorboard -- logdir ./logs
```

logdir 后接的是日志文件存放的文件夹路径，在键入命令后，根据终端的提示，在浏览器上打开相应的网址，可以看到如图 3-10 所示的训练结果。

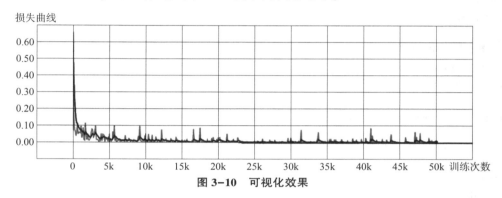

图 3-10　可视化效果

3. 模型测试

测试效果可以通过 predict. py 文件和模型文件 weights. h5 进行验证。其中模型文件 weights. h5 是通过训练得到的模型，predict. py 文件是用于测试的文件。

为了验证模型的效果，需要使用该模型对测试图片进行验证。用于测试的图片存放于 test_image 文件夹中，这里作为示例只放了 4 张图片，如图 3-11 所示，第一张为草路，第二张为水泥路，第三张为砂石路，第四张为土路。

图 3-11　测试用图

（a）草路；（b）水泥路；（c）砂石路；（d）土路

1）predict. py

该程序文件同样需要首先导入不同的库。

```
1.   import tensorflow as tf
2.   from keras. modelsimport load_model
3.   from keras. preprocessingimport image
4.   import numpy as np
5.   import argparse
6.   import cv2
```

在导入所需的库后，建立了一个字典，这是因为模型训练时，会将数据集的种类根据字典序号映射成 $0\sim n$，所以模型只知道该图片属于数据集中的第几类，而不知道图片的具体文字类别。本例通过建立字典，使序号和文字类别对应起来。

```
7.   dict = {0:' concrete_road' ,1:' grass_road' ,2:' sand_road' ,3:' soil_road' }
```

然后，设置参数，使得在命令行可以通过-f 指定测试文件路径。

```
8.   arg = argparse. ArgumentParser()
9.   arg. add_argument(' - f' ,' -- filepath' ,required = True,help =' type in the datasetpath' )
10.  args = vars(arg. parse_args())
```

之后，通过 Keras 库中的 load_model 函数加载训练好的模型，根据命令行中的参数设置获得测试图片的路径，载入图片，将图片转换为程序可以运行的矩阵。

```
11.  model = load_model(' weights. h5' )
12.  file_path = args[' filepath' ]
13.  img  = cv2. imread(file_path)
14.  img  = cv2. resize(img,(224,224))
15.  img  = img. astype("float") / 255. 0
16.  x = image. img_to_array(img)
17.  x = np. expand_dims(x,axis = 0)
```

使用 Keras 库中的 predict 函数对测试图片进行测试。找出模型认为类别概率最大的类别序号，根据字典找出该类别序号代表的文字标签，并显示在图片上。

```
18.  y = model. predict(x)[0]
19.  proba  = np. max(y)
20.  label  = int(np. where(y  = =  proba)[0][0])
21.  str  = dict[label]
22.  cv2. putText(img, str, (5,50), cv2. FONT_HERSHEY_SIMPLEX, 0. 75, (0, 0, 255), 2)
23.  cv2. imshow(' origin' ,img)
24.  cv2. waitKey(0)
```

2）测试效果

打开终端，将在终端的路径设置为当前目录的路径，输入 python predict. py -f . /test_

image/1.jpg，得到的结果如图 3-12 所示。对其他图片进行相应操作也能获得与预期一致的结果。模型能够正确识别水泥路、砂石路、草地、土路等 4 种越野环境。

图 3-12　测试效果

3.3　目标检测模型及其在智能车上的应用

智能车辆感知系统需要检测车辆周围的目标物体并获得它们的位置信息，这可以用基于深度学习的目标检测来完成。深度学习处理分类问题时，对于输入的图片，输出的是图片属于不同类别的概率。而目标检测要做的不只是输出类别概率，还要求输出目标物体在图像中的位置，可以用一个能把目标物体框起来的面积最小的矩形框来表示，具体可以用矩形框左上角顶点坐标以及矩形框的宽和高共 4 个值来表示。

经典的目标检测模型可根据是否直接输出目标候选框而分为 One-stage 和 Two-stage 算法。One-stage 算法直接产生物体的类别概率和位置坐标值，经过单次检测即可直接得到最终的检测结果，因此有着更快的检测速度。经典的 One-stage 算法包括 YOLO 系列算法、SSD 算法等。Two-stage 算法的主要思路是先通过一系列的方法在图像中选出若干个目标候选框，然后对这些候选框进行分类与回归，最终挑出含有目标的候选框。经典的 Two-stage 算法包括 R-CNN、Fast R-CNN、Faster R-CNN 等。

本节介绍 YOLO 系列的目标检测模型及其在智能车上的应用。

3.3.1　YOLO 系列目标检测模型

YOLO 属于 One-stage 方法，一次性进行目标的分类和定位，因此具有较快的检测速度。同时随着不断改进，其检测精度也越来越高。接下来进一步了解 YOLO 系列目标检测方法的原理。如图 3-13 所示，YOLO v1 的网络结构比较简单，由卷积、下采样以及末尾的全连接层组成。相比 R-CNN 网络先提取候选区域再进行分类的方法，YOLO 直接在网络末尾输出边框位置信息和类别信息。

YOLO v1 的网络结构可以分成网络骨干部分 backbone 和检测头 detection head。backbone 用来提取基础特征，detection head 用来对目标进行定位和分类。

YOLO v1 的 backbone 直接选用了 GoogLeNet。448×448×3 的输入图像，经过 backbone 网络结构后变成了尺寸为 7×7×1 024 的特征图。怎样对这里输出的特征图进行处理得到检测结

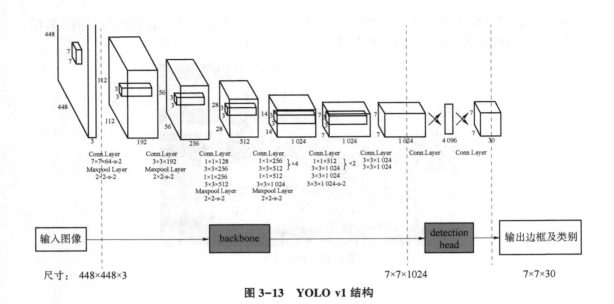

图 3-13　YOLO v1 结构

果，就是 detection head 部分的关键了。

如图 3-14 所示，把图像平均分成了 $S×S$ 个网格，在每个网格处都输出该位置是否有目标物体的相关信息。

（a）　　　　　　　　　　　（b）

图 3-14　YOLO v1 检测头原理

（a）输入图像；（b）把图像平均分成 $S×S$ 个网格

同时，由于目标物体的形状不确定，可能是高瘦的也可能是矮胖的，所以在每个网格处以网格为中心再构造若干个长宽比不相同的矩形框，输出这些矩形框中是否有目标物体的相关信息。

对于每个矩形框，需要输出的信息包括该矩形框根据输入图像检测到的形状尺寸、该矩形框中存在物体的置信度 C，以及物体属于各个类别的概率。

如果把图像平均分成 $S×S$ 个网格，对于每个网格：

输出 A 个矩形框，每个矩形框包括（x，y，w，h，置信度 C）5 个参数。每个网格也包括 B 个类别的得分。那么，最终输出的向量的维度就是：$S×S×(5×A+B)$。

比如设定 S 为 7，A 为 2，B 为 20，即网格数量为 7×7，每个网格有 2 个矩形框，有 20 个目标类别，那么从网络 backbone 部分得到的结果，经过 detection head 部分的全连接层，最终输出向量的维度为 7×7×(5×2+20)= 1 470，如图 3-15 所示。

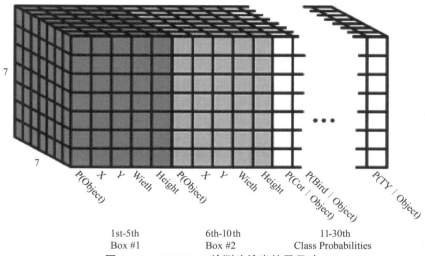

| 1st-5th | 6th-10th | 11-30th |
| Box #1 | Box #2 | Class Probabilities |

图 3-15　YOLO v1 检测头输出结果尺寸

YOLO v1 运行速度很快，但是相比 Faster R-CNN 和 SSD，检测精度低了很多，且只能处理固定大小的输入图像。如图 3-16 所示，YOLO v2 进行了改进，使得检测更快、更准、识别对象更多。

图 3-16　YOLO v2 主要改进

从 YOLO v3 开始，网络结构变得复杂了很多。

如图 3-17 所示，YOLO v3 最主要的改进，包括在原来只有 backbone 和 detection head 的网络结构基础上增加了 neck 结构，用来更好地融合和提取 backbone 所给出的特征，提高网络的性能；并且在 detection head 部分进行多尺度预测，改善小目标的检测能力。

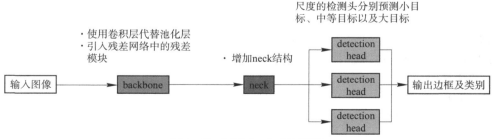

图 3-17　YOLO v3 主要改进

YOLO v4 整体架构和 Yolo v3 类似，不过使用各种新的算法对各个子结构都进行了改进，如图 3-18 所示。

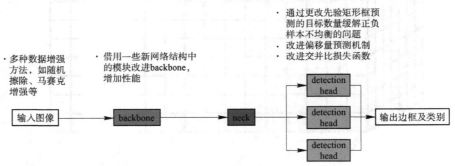

图 3-18 YOLO v4 主要改进

YOLO v1~v4 版本都有对应的论文，但 v5 版本目前只是来自 github 链接：https://github.com/ultralytics/yolov5。

YOLO v5 和 YOLO v4 都是当前目标检测领域的集大成者，借用了经过验证的很多新算法中各种新的子模块、子结构对网络结构进行改进。YOLO v5 相比 YOLO v4 在检测精度上稍低一点，但是速度更快。

3.3.2 应用案例

1. 3D 目标检测

在这个应用案例中，使用 YOLO v5 算法检测图像中的目标，再与激光雷达点云结合，提取目标点云及其 3D 边框，从而得到目标的三维空间位置。图 3-19 所示为一个 3D 目标检测的示例框架。

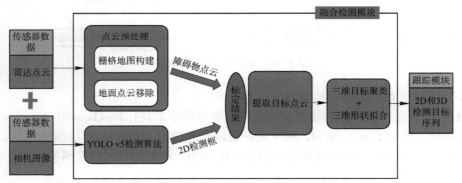

图 3-19 3D 目标检测框架

需要进行的准备工作：安装显卡驱动（可选）、Python、PyTorch。

接下来以配备有英伟达显卡的 Ubuntu 16.04 操作系统为例进行介绍。

1）显卡驱动

通过英伟达显卡驱动，可以利用 GPU 进行 YOLO v5 算法的运算，达到快速实时的检测效果，若没有英伟达显卡或者没有安装英伟达显卡驱动，也可以运行 YOLO v5 目标检测程序。

在命令行中执行以下三条语句，安装英伟达显卡驱动：

1. sudo add- apt- repository ppa:graphics- drivers
2. sudo apt update
3. sudo apt install nvidia- 430 nvidia- 430- dev

重启电脑并在命令行中执行 nvidia-smi，如果有如图 3-20 所示类似信息输出，表示安装成功。

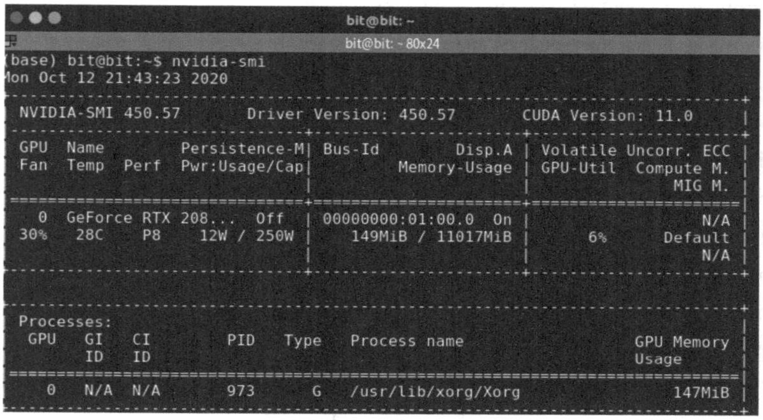

图 3-20　显卡驱动信息

2）安装 Python

YOLO v5 源代码使用 Python 语言编写，接下来安装 Python，并采用 Miniconda 工具进行安装。

Miniconda 是 Python 环境管理工具，通过 Miniconda 可以方便地安装不同版本的 Python 以及第三方库，并且与系统自带的 Python 环境不冲突。

在 https：//mirrors. tuna. tsinghua. edu. cn/anaconda/miniconda/下载较新版本的安装程序，如 Miniconda3-py37_4. 8. 3-Linux-x86_64. sh（其中的 py37 表示自带的 Python 环境为 Python 3. 7 版本）。

在命令行执行 bash. /Miniconda3-py3. 7_4. 8. 3-Linux-x86_64. sh 进行安装。

安装完成后，打开新终端，如图 3-21 所示，可以看到终端前面多了 "base" 字符，代表安装成功，并进入了 Miniconda 自带的 Python 环境中。

图 3-21　通过 Miniconda 安装 Python 后打开新终端进入 base 环境

由于之后需要通过 Miniconda 安装第三方库，因此提前修改 Miniconda 安装源，可以提高 Python 库的下载速度：

在当前用户主目录中新建 .condarc 文件，并修改内容为（该内容出自 https：//mirrors. tuna. tsinghua. edu. cn/help/anaconda/）：

```
1.   channels:
2.    - defaults
3.   show_channel_urls: true
4.   default_channels:
5.    - https://mirrors. tuna. tsinghua. edu. cn/anaconda/pkgs/main
6.    - https://mirrors. tuna. tsinghua. edu. cn/anaconda/pkgs/free
7.    - https://mirrors. tuna. tsinghua. edu. cn/anaconda/pkgs/r
8.    - https://mirrors. tuna. tsinghua. edu. cn/anaconda/pkgs/pro
9.    - https://mirrors. tuna. tsinghua. edu. cn/anaconda/pkgs/msys2
10.  custom_channels:
11.  conda- forge: https://mirrors. tuna. tsinghua. edu. cn/anaconda/cloud
12.  msys2: https://mirrors. tuna. tsinghua. edu. cn/anaconda/cloud
13.  bioconda: https://mirrors. tuna. tsinghua. edu. cn/anaconda/cloud
14.  menpo: https://mirrors. tuna. tsinghua. edu. cn/anaconda/cloud
15.  pytorch: https://mirrors. tuna. tsinghua. edu. cn/anaconda/cloud
16.  simpleitk: https://mirrors. tuna. tsinghua. edu. cn/anaconda/cloud
```

3）安装 PyTorch

YOLO v5 基于 PyTorch 库编写，PyTorch 安装方法为在命令行执行：

```
1.   conda install pytorch torchvision cudnn cudatoolkit=10. 1 - c pytorch
```

测试是否安装成功，可以在命令行输入 python 进入 python 交互模式，然后输入：

```
1.   import torch
2.   import torchvision
3.   print(torch. cuda. is_available()) #若安装成功,这一行的输出是 True
4.   print(torch. backends. cudnn. version()) #若安装成功,输出一串数字
```

4）运行 YOLO v5 程序

首先下载源代码：在终端输入 git clone https：//github. com/ultralytics/yolov5，或者从 https：//github. com/ultralytics/yolov5/archive/master. zip 下载压缩包并解压，得到 YOLO v5 源代码。

然后下载预先训练好的目标检测模型：在 https：//github. com/ultralytics/yolov5/releases 网页，下载 yolov5s. pt、yolov5m. pt、yolov5l. pt 或者 yolov5x. pt 模型（模型大小由小到大），并放置在 weights 文件夹中。

把待测试的视频，比如 test. mp4，放置在 YOLO v5 源代码文件夹中，然后在命令行执行 python detect. py——source test. mp4——view——img，便可以看到检测效果，如图 3-22 所示。

图 3-22　YOLO v5 检测效果

利用 YOLO v5 算法对图像进行检测，得到检测目标后，结合相机与激光雷达的标定结果，可以从这些二维检测框中提取出目标点云，如图 3-23 所示。

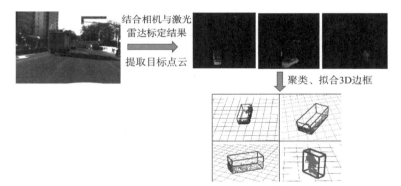

图 3-23　从图像目标检测结果提取目标点云

2. 训练目标检测模型

YOLO v5 发布的模型权重文件，是在 COCO 数据集（http://mscoco.org/）上对 80 个类别数据进行训练得到的。如果想要检测的目标不在这 80 个类别里，就需要自制数据集并训练。

接下来以检测锥桶为例，介绍自制数据集并训练 YOLO v5 检测方法。

首先，需要收集一些锥桶图片，如图 3-24 所示。注意，图片命名不一定要从 1 开始，相邻图片名称也不一定要相差 1。

接下来创建数据集文件夹，文件夹名字可以命名为该数据集的名称，在其中又创建 images 和 labels 两个文件夹，把待标注图片放在 images 文件夹。在 labels 文件夹中创建一个 classes.txt 文件用来保存目标类别名称列表，如图 3-25 所示。

然后安装 labelImg 工具对图片进行标注，标注出锥桶的位置。安装方法参考 https://github.com/tzutalin/labelImg。比如在 Ubuntu 下安装，可以在刚才的 Miniconda 环境终端中执行以下命令：

图 3-24　若干锥桶图片

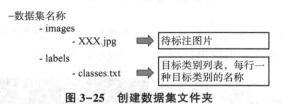

图 3-25　创建数据集文件夹

1.　git clone https://github. com/tzutalin/labelImg. git
2.　cd labelImg
3.　sudo apt install pyqt5- dev- tools
4.　pip install - r requirements/requirements- linux- python3. txt
5.　make qt5py3

在终端进入 labelImg 文件夹并执行：

1.　python labelImg. py [图片文件夹路径] [classes. txt 路径] [标注文件夹路径]

图 3-26 所示 labelImg 软件界面，通过画矩形框，标注出图片中锥桶的位置。

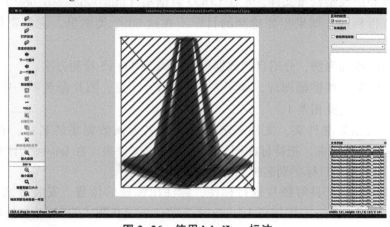

图 3-26　使用 labelImg 标注

标注完成后，在 labels 文件夹下可以看到标注结果，如图 3-27 所示。

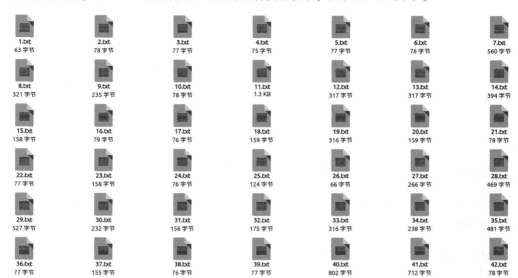

图 3-27　标注结果文件

每张图片的标注结果都对应一个 txt 文件。txt 文件中每行代表一个矩形框。每行有 5 个值，第一个值是该矩形框对应的目标在目标类别列表中的序号，剩下 4 个值是目标矩形框坐标与图片宽高的比值，如图 3-28 所示。

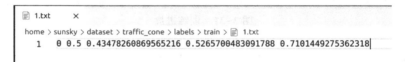

图 3-28　标注结果格式

训练模型时还需要一部分数据作为验证集，来验证模型的准确度。可以抽出一些数据作为验证集，其余作为训练集。然后在 images 文件夹和 labels 文件夹下都要建立 train 和 test 文件夹，前者用来存放训练集图片和标注，后者存放验证集图片和标注，如图 3-29 所示。

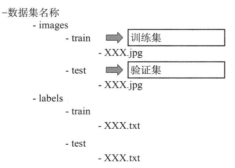

图 3-29　将数据集拆分成训练集和验证集

还需要制作用于训练 YOLO v5 的配置文件，后缀名为 yaml，如图 3-30 所示。

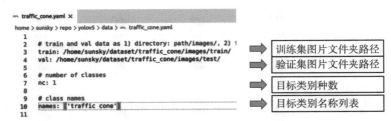

图 3-30　用于训练 YOLO v5 的配置文件

接下来可以开始训练模型。在终端进入 YOLO v5 文件夹并执行：

1.　python train. py -- data [yaml 文件路径] -- cfg models/yolov5s. yaml -- weights weights/yolov5s. pt -- batch-size 16 -- epochs 100

其中，batch-size 表示训练时每批次输入模型中的图片数目，通常是 2 的正整数次幂，需要根据内存大小或显卡显存大小决定。epochs 表示训练轮数。开始训练后，可以看到如图 3-31 所示的训练进度。

图 3-31　训练进度

训练完成后，在 runs/train/exp 文件夹中保存训练结果，如图 3-32 所示。

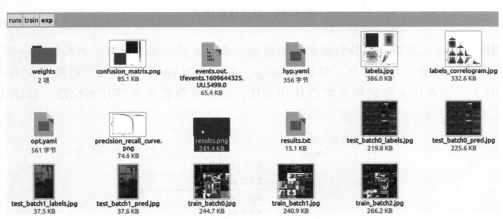

图 3-32　训练结果保存在 runs/train/exp 文件夹

通过 results. png 文件可以看到损失函数值和精度、召回率等指标的变化情况，如图 3-33 所示。

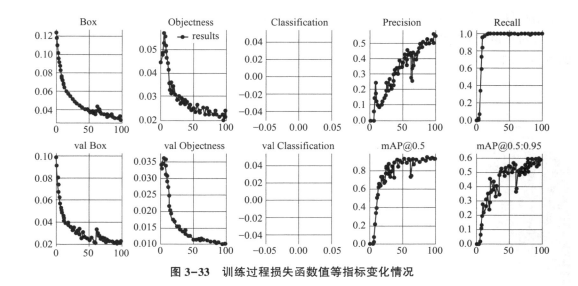

图 3-33　训练过程损失函数值等指标变化情况

在 weights 文件夹中保存了训练过程中准确度最高的模型以及最近一次训练的模型，如图 3-34 所示。

图 3-34　训练过程中保存的模型

训练出模型后，就可以将 pt 后缀的模型权重文件用于锥桶这一类目标的检测了。

3.4　基于深度学习的车道线语义分割

基于传统视觉的车道线检测方法研究历史较长，通常采用各种手工设计的特征提取器进行车道线特征提取。由于算法原理相对简单，时间消耗少，对计算设备的性能要求较低，在车道线条件状况好的情况下具有较为广泛的应用。但是该方法对于光照条件变化剧烈、遮挡较多的情况适应性较差，因此局限性也比较大。本节介绍基于深度学习的车道线检测方法。

车道线通常为长条形状的白色或黄色条纹带，由于车体运动和相机成像效应，车道线在前视图像和俯视投影中存在形状的不固定性，当前基于目标检测的方法通常对待检测目标的边框进行回归，得到矩形或多边形的检测框。而对车道线检测问题来说，车道线边缘的精确定位对于车道线检测精度至关重要。而语义分割可以实现像素级别的标签预测，能够精确检测车道线边缘，是比较合适的检测方法。

3.4.1　车道线分割网络设计与训练

语义分割模型的作用是输出图像的像素级类别，经典的分割模型包括全卷积网络 FCN、金字塔场景分析网络 PSPNet 以及掩膜区域卷积网络 Mask R-CNN 等。

针对车道线分割网络任务与性能需求，这里设计了一个车道线语义分割网络，网络结构如图 3-35 和表 3-1 所示。

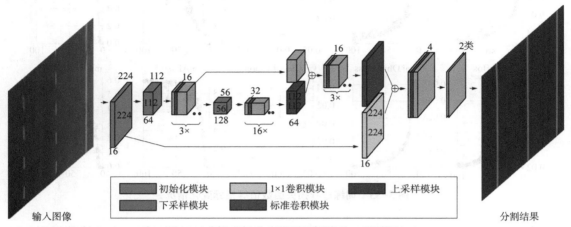

图 3-35　车道线分割网络模型结构（见彩插）

表 3-1　车道线分割网络主干结构列表

模块名称	卷积类型	输出尺度
初始化模块		16×224×224
下采样特征提取模块 1.0	下采样	64×112×112
3×常规特征提取模块 1.x		64×112×112
下采样特征提取模块 2.0	下采样	128×56×56
16×常规特征提取模块 2.x		128×56×56
上采样特征提取模块 1.0	上采样	64×112×112
3×常规特征提取模块 3.x		64×112×112
上采样特征提取模块 2.0	上采样	16×224×224
常规特征提取模块 4		4×224×224
标准卷积		2×224×224
双线性插值		2×448×448

本车道线分割网络结构针对卷积操作的方式进行结构改进，相对于使用标准卷积方式，在基本不损失网络精度的前提下，减少了网络参数数量，从而降低了计算量，加快模型的推理速度。其中特征提取阶段的卷积采用模块化结构设计，三种特征采集模块和初始化模块结构如图 3-36 和图 3-37 所示。

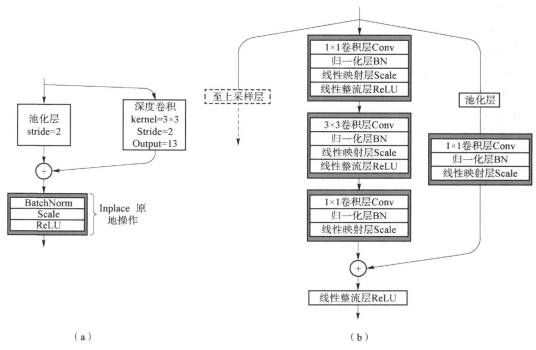

图 3-36　初始化模块和下采样特征提取模块

（a）初始化模块；（b）下采样特征提取模块

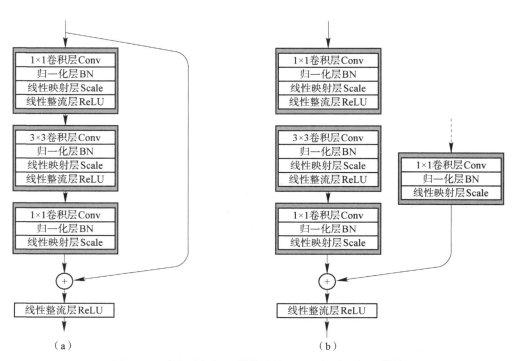

图 3-37　常规特征提取模块结构和上采样特征提取模块

（a）常规特征提取模块；（b）上采样特征提取模块

1. 标准卷积的计算方式与计算量分析

在深度卷积神经网络中，很大部分的计算量来自卷积层或全连接层，在语义分割网络中，由于较少采用全连接层，所以卷积操作占据了绝大部分计算量。标准卷积的计算过程如图 3-38 和图 3-39 所示，在标准卷积操作中，输入特征的高度、宽度与通道数量分别表示为 H、W、N，该卷积层的卷积核数量为 M，卷积核的维度表示为 $K \times K \times N$，其中 K 表示卷积核的尺度。在步长为 1 的卷积操作中可以得到一个与输入特征尺度相同的卷积结果，其维度为 $H \times W \times 1$，该卷积层中所有卷积结果得到的输出特征维度为 $H \times W \times M$。

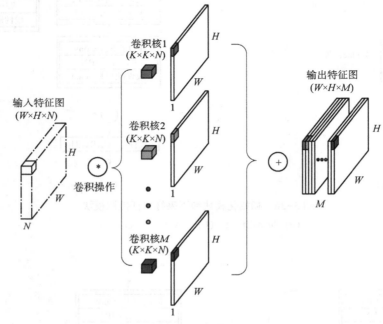

图 3-38　标准卷积过程

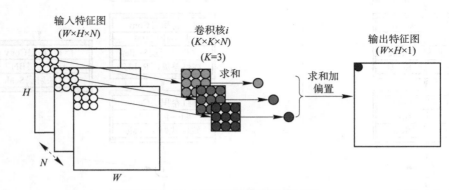

图 3-39　单卷积核卷积运算过程

对于标准卷积来说，在步长为 1 的情况下，一次卷积运算乘法操作计算量大小如式（3-1）所示：

$$Q_1 = H \times W \times N \times K^2 \qquad (3-1)$$

因此在该卷积层中，对输入特征进行的乘法操作计算量大小如式（3-2）所示：

$$Q_2 = H \times W \times N \times K^2 \times M \qquad (3-2)$$

以 3×3 尺度大小的卷积操作为例，其图像宽高空间维度和通道维度的信息流动如图 3-40 所示。

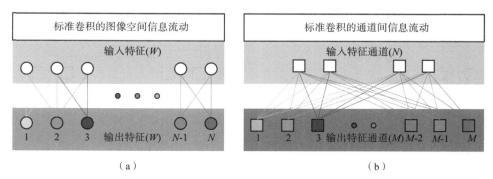

图 3-40　标准卷积方式的宽高空间维度与通道维度信息流动表示

（a）宽高空间维度信息流动；（b）通道维度信息流动

在图像宽高维度上，输入特征与输出特征的空间连接依赖关系如图 3-40（a）所示。在该维度上的密集连接为局部连接方式（3×3 像素范围的局部连接）。而在通道维度上，输入特征与输出特征的依赖关系如图 3-40（b）所示，在该维度上的密集连接关系为全连接，即每个通道之间都是相互连接的关系。因此在该维度的计算过程中的计算量与全连接方式相同。针对这种情况，目前有几种不同的标准卷积变体，可以有效地降低计算量。

1）可分离卷积方法

深度可分离卷积是将标准卷积拆分成深度卷积和逐点卷积从而减小计算量的方法，如图 3-41 所示，最初由谷歌公司在 Xception 网络中成功应用。

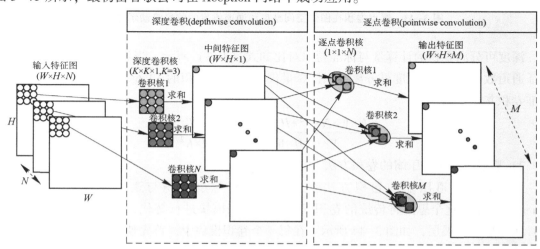

图 3-41　深度可分离卷积计算过程

深度卷积即将维度为 $N{\times}H{\times}W$ 的输入特征按照通道数分为 N 组，通过对每一组做单通道的 $K{\times}K$ 卷积得到中间输出特征。深度卷积的计算量为 $H{\times}W{\times}K^2{\times}N$（仅为标准卷积计算量的 $1/N$）。深度卷积单独收集每个通道的空间特征，其特征宽高维度和通道维度的信息流动如图 3-42 所示，在特征的宽高维度上，输入输出为局部连接方式，而在通道维度的信息为独立连接方式，因此通道间信息的流动受到阻隔。

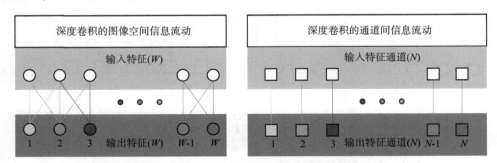

图 3-42　深度卷积在图像空间维度和通道维度的信息流动示意图

逐点卷积通过对中间特征进行跨通道 $1{\times}1$ 卷积实现通道间信息交流，解决通道间信息流通受阻问题，其计算过程如图 3-43 所示，在特征宽高维度上信息为独立连接方式，而在通道间信息为全连接方式。该卷积过程的乘法操作计算量为 $N{\times}H{\times}W{\times}M$。

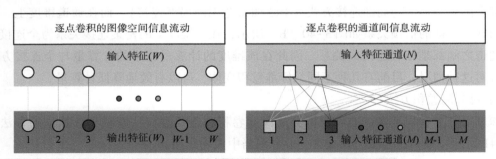

图 3-43　逐点卷积在图像空间维度和通道维度的信息流动示意图

深度可分离卷积的计算量与标准卷积对比如式（3-3）所示，当卷积核大小为 3，输出特征通道数为 64 时，深度可分离卷积计算量仅仅为标准卷积的 12.6%，而特征提取能力与标准卷积基本相当。

$$\frac{H{\times}W{\times}N{\times}K^2+H{\times}W{\times}N{\times}M}{N{\times}M{\times}H{\times}W{\times}K^2}=\frac{M+K^2}{M{\times}K^2} \tag{3-3}$$

2）基于信息通道压缩的卷积方法

基于信息通道压缩的卷积方法在形式上是将深度卷积与逐点卷积的顺序对调。SqueezeNet 采用这个思路将传统的卷积形式使用卷积模块进行替代，该卷积模块包括两部分：压缩层和扩展层，如图 3-44 所示。在每一个卷积模块中，首先使用压缩层中的 $1{\times}1$ 卷积对输入特征进行压缩，使得特征的数量降低从而降低后续卷积的输入特征维度；然后使用扩展层中的 $1{\times}1$ 和 $3{\times}3$ 卷积核进行特征提取，并使用数据连接操作将其进行连接，保证扩展层的输出通道数小于扩展层输出的通道数，即保证了 3×3 卷积数量的减少，从而达到缩减计算量的目的。Squeeze 仅需 4.8 MB 空间的模型就能达到 240 MB 的 Alexnet 才能达到的精度，大大减小了模型的体积。轻量化分割网络 ENet 中也使用了类似的卷积结构设计方法。

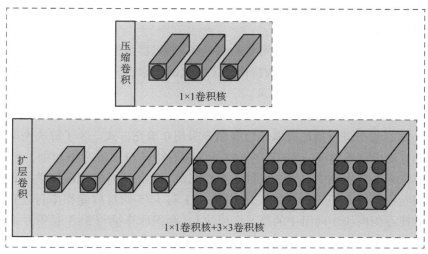

图 3-44　SqueezeNet 中的特征提取模块结构

在输入特征维度为 $H×W×N$，输出特征维度为 $H×W×M$，压缩通道维度为 $H×W×C$ 的情况下，压缩卷积、中间常规卷积与扩展卷积的计算量分别如式（3-4）、式（3-5）与式（3-6）所示。

$$Q_3 = H×W×N×C \tag{3-4}$$

$$Q_4 = C×W×H×K^2×C \tag{3-5}$$

$$Q_5 = C×W×H×M \tag{3-6}$$

相比于标准卷积，计算量大小如式（3-7）所示。

$$\frac{H×W×N×C+C×W×H×K^2×C+C×W×H×M}{H×W×N×K^2×M}=\frac{N×C+C^2×K^2+C×M}{N×K^2×M} \tag{3-7}$$

在输入与输出通道数为 64，压缩通道维度为 16 的情况下，基于通道压缩卷积的方法计算量为标准卷积计算量的 9.7%。可见基于通道压缩方法的卷积方法相比基于可分离卷积的方法具有更经济的计算开销，同时为了便于在卷积模块中加入空洞卷积等方式提升模型感受野大小，从而增强卷积模块的特征提取能力。这里所设计的网络结构主要根据信息通道压缩的卷积方法进行修改构建，具有比较小的模型体积和比较快的计算速度。

2. 网络初始化模块

这里的输入图像尺寸为 448×448×3，考虑到图像的低层特征比较简单且高度冗余，在模型早期迅速减小图像尺度可以极大地减小计算量。因此首先采用网络初始化模块对于图像的特征进行初步提取并进行图片尺度缩减。该模块是受 Inception 网络结构启发修改而来，该模块可以将使用较小的计算量输入特征缩小至一半维度，同时将通道维度进行扩展。本模块中采用两个并行分支构成，分支一使用 2×2 池化核的最大值池化操作，输出特征维度降低为输入特征的一半，通道数与输入特征相同。分支二采用步长为 2、卷积核为 3×3 的常规卷积操作。在验证数据集上的测试发现，初始化模块总输出特征的维度高于 16 时，分割精度并无明显提升，因此这里将该卷积层的输出特征通道维度设为 13，然后将两个分支的数据进行连接，得到的输出维度为 224×224×16。

3. 特征采集模块

本车道线分割网络参考主流分割网络的编码器-解码器结构，特征提取计算采用模块化结构设计，为适应编码器-解码器结构特征尺度变化的需求，将特征采集模块分别设计为三种结构，分别如图 3-36 和图 3-37 所示。

常规特征提取模块结构如图 3-37（a）所示，首先利用 1×1 卷积进行通道维度压缩，然后采用 3×3 标准卷积进行特征提取，边缘填充采用 0 填充方式。为了解决网络加深产生的梯度弥散问题，这里借鉴 Resnet 的残差结构，将输入特征与主干网络相加，有利于深度网络的参数学习。标准卷积核中通常有大量的参数冗余，为了提升卷积模块学习到的特征的多样性，在常规卷积模块 5.5、5.10 及 5.15 中将 5×1 与 1×5 的对称卷积串行连接（其中 5.5 代表第 5 个常规卷积模块序列组中的第 5 个模块），卷积计算量与 3×3 卷积方式基本相当的同时还提升了感受野的大小。此外，在卷积模块 5.3、5.8 与 5.13 中将标准卷积替换为步长为 3 的空洞卷积，空洞卷积的使用显著提升了模型的分割性能，相比未替换空洞卷积的网络，在其他结构均相同的情况下，分割精度提升了 3%～4%。

下采样特征提取模块结构如图 3-36（b）所示，由于输出特征相比输入特征维度受到压缩，主干卷积结构中的 3×3 卷积中将步长设为 2，将残差连接结构设置为步长为 2 的最大值池化操作。上采样特征提取模块结构如图 3-37（b）所示，主干卷积网络中的 3×3 卷积采用反卷积方式，残差连接部分使用跳跃连接结构与浅层特征进行融合。

在每一层卷积操作步骤进行批正则化操作，有利于加快模型的训练收敛速度。经过多次试验，未添加批正则化操作的网络在训练中收敛速度很慢，通常在数千步后才会收敛，而在使用了批正则化操作以后，从几百步开始模型已经开始收敛，大大加快了模型收敛的速度。本节使用的网络是通过 Caffe 进行训练的，而在 Caffe 中，批正则化操作由 "BatchNorm" 层和 "Scale" 层组合实现。其中，"BatchNorm" 层根据学习得到的归一化均值和方差参数对于输入特征进行归一化操作，但是以上操作会影响到模型的表达能力，因此需要在归一化操作以后将特征重新进行线性变换，其中均值 μ、方差 VAR，以及 "Scale" 层的 γ 和 β 均为网络训练得到。在训练过程中通过将 "BatchNorm" 层的 USE_GLOBAL_STATS 参数置为 $FALSE$，使用当前批次中的数据进行参数的滑动更新，在模型推理阶段将该参数置为 $TRUE$，使用学习得到的参数并不再进行更新。值得一提的是，由于后续会对模型进行卷积层和 "BatchNorm" 层参数融合，而 "BatchNorm" 层中会进行减去均值的操作，因此前面卷积层中的 $BIAS\_TERM$ 参数置为 $FALSE$，有利于减少参数的冗余。由于上述操作会影响模型的表达能力。所以通常在其后添加一个线性变换，如式（3-8）和式（3-9）所示。

$$\hat{x}_i = \frac{x_i - \mu_i}{\sqrt{VAR(x_i) + \varepsilon}} \tag{3-8}$$

$$y_i = \hat{\gamma} x_i + \beta \tag{3-9}$$

4. 跳跃连接结构

在使用序列化连接的深度学习分割网络模型中，浅层特征对应的图像的感受野比较小，特征抽象程度低，对局部细节信息保留完整。而在解码器中同尺度的特征信息是由高度抽象的图像全局信息获得，其对应的感受野更大但局部结构与细节信息损失较多。全卷积网络中首先提出使用跳跃结构进行图像不同层次信息的融合，大大提升了网络分割结果精度。因此这里在网络中借鉴了相同的结构设计，将编码器中下采样前的信息通过 1×1 卷积操作后与解码器中初次上采样获得的同尺度特征进行特征值逐元素相加，从而实现浅层信息与深层信息的融合。在网络主干结构不变的条件下，添加了跳跃连接结构的网络很快实现了收敛，而未添加跳跃连接结构的网络训练过程收敛速度十分缓慢。

5. 内存重写操作的使用

在进行训练的网络结构的设计过程中，可以通过 Caffe 中的数据重写（Inplace）操作，将同维度的张量存储空间进行覆盖重写，而无须重复申请独立的内存空间，从而有利于节省训练过程中的显存占用量。

6. 网络防过拟合设计

为了防止过拟合，在每个特征提取模块中使用 Dropout 进行参数稀疏化。在训练过程中，每个特征提取模块中的非 1×1 卷积操作后采用 50% 的比例进行权重的随机舍弃。测试过程中将随机丢弃步骤取消。经过测试，使用这种结构设计，相比不采用随机参数丢弃层的训练方法，车道线分割精度能够提升 2%~3%。

7. 网络训练参数设置

网络训练分为两步进行，首先训练编码器网络权重，然后在编码器网络训练基础上进行网络整体的训练工作。由于车道线数据中，车道线像素所占据的权重相比背景区域小很多，因此网络倾向于将前景区域分割为背景区域，严重影响到前景区域的分割精度。因此这里使用 Caffe 的 "SoftmaxWithLoss" 层设置损失函数，按照前景与背景的比例加权，从而提升对车道线区域的分割精度。前景与背景的权重使用脚本遍历图像数据集求和统计而得到。

编码器与网络整体训练过程主要参数设置如表 3-2 所示。

表 3-2　编码器与网络整体训练主要参数设置

训练参数	编码器训练	网络整体训练
初始学习率	0.005	0.003
学习率递减策略	按指定训练步数递减	按指定训练步数递减
学习率递减比例	0.1	0.1
学习率递减步数标志位	18 759, 37 500, 56 250	15 000, 30 000, 45 000
最大迭代步数	75 000	60 000
求解器	ADAM 求解器	ADAM 求解器
求解器动量值	0.9	0.9
测试间隔	35 000	30 000

经过训练的网络模型在 CULane 验证集上的分割精度达到 94.2% 以上。同时得益于轻量化的设计方法，本分割神经网络在未进行模型加速的情况下在 TX2 上的在线推理速度为 103 ms。模型体积与计算量对比如表 3-3 所示，其中 GFLOPs 表示每秒亿次乘法计算操作，计算速度对比为在英伟达 TX2 平台上。一部分分割结果如图 3-45 所示。

表 3-3　模型对比

网络名称	计算量 /GFLOPs	参数数量/M	模型大小 /MB	计算速度 /ms	帧率 /fps
SegNet	286.03	29.46	56.2	761	1.3
本分割网络	3.93	0.40	2.7	103	9.7

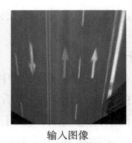

输入图像　　　　　分割结果　　　　　输入图像　　　　　分割结果

图 3-45　两种不同类型车道线的分割结果

3.4.2　车道线检测网络的压缩与加速

移动端或嵌入式平台的神经网络部署不仅依赖于轻量化网络结构的设计，模型的压缩也是神经网络模型部署的关键技术。网络模型的压缩是从压缩模型参数的角度进行模型计算量的压缩。主要方法包括网络剪枝、权值量化、低秩估计、模型蒸馏等。

1. 卷积层、批归一化层和线性映射层的参数融合

批归一化层（Batch Norm 层）和线性映射层（Scale 层）通过数据归一化起到了加速神经网络训练与收敛的作用。但是在网络部署时，仅进行前向推理，无须反向传播更新参数，批归一化层和线性映射层都仅仅起到了数据的线性变换作用，产生了重复冗余的计算，影响了网络的计算速度。考虑到网络中所有批归一化层和线性映射层都在卷积层后，可以将该层参数与卷积层参数直接进行融合。

批归一化层中的计算公式为

$$\hat{x}_i = \frac{x - \text{mean}}{\sqrt{\text{var} + \varepsilon}} \tag{3-10}$$

在 Scale 层中对数据进行线性变换，公式为

$$y_i = \gamma \frac{x - \text{mean}}{\sqrt{\text{var} + \varepsilon}} + \beta \tag{3-11}$$

采用参数合并以后的合并层卷积为

$$w_{\text{new}} = \frac{w_{\text{old}} \cdot \gamma}{\sqrt{\text{var} + \varepsilon}} \tag{3-12}$$

$$b_{\text{new}} = \frac{b_{\text{old}} \cdot \gamma}{\sqrt{\text{var} + \varepsilon}} - \frac{\text{mean} \cdot \gamma}{\sqrt{\text{var} + \varepsilon}} + \beta \tag{3-13}$$

在训练得到的权重文件基础上进行模型修改，由于上述模型参数的合并方法与未修改前神经网络计算的结果完全等效，因此无须进行进一步的训练调优。经过参数合并以后的模型得到有效的压缩，网络模型的大小由 2.7 MB 缩小为 1.8 MB，压缩比达到 33%，同时网络的推理时间从 103 ms 下降为 78 ms 左右，网络加速比接近 24.3%，带来了明显的速度提升。

2. 低精度的推理与内存管理优化

采用 TensorRT 工具箱对模型进行优化。TensorRT 是一个高性能的深度学习推理优化器，可以为几乎所有深度学习框架如 TensorFlow、Caffe、Pytorch 等提供优化推理的解决方案，直接对已经训练好的模型进行优化，无须重复训练。且优化后的模型不再依赖于原有深度学习框架，可以直接在英伟达多种架构的 GPU 上进行部署，十分方便。该框架也能够对训练好的模型进行层间融合或张量的融合，并针对不同 GPU 提供不同的低精度量化工具，其中针对 GTX 系列显卡支持 8 位整型量化操作，对 TX2 平台原生支持 fp16（16 位浮点运算）的半精度量化推理操作。理论上可以将模型量化为半精度模型，从而达到 2 倍模型体积压缩与 2 倍模型速度提升。官方测试在 Tensorflow 和 Pytorch 平台上的某图像分类工作，使用 TensorRT 相比使用 CPU 具有 40 倍速度提升，而相比常规 GPU 编程方法也具有近 20 倍速度提升。

TensorRT 的使用主要包含两个阶段，即模型构建与模型部署。模型的构建阶段，首先需要将模型文件参数冻结，然后利用 TensorRT 对模型结构进行解析，针对计算平台对模型配置进行优化，生成一个适用于该平台的加速引擎文件，该模型文件仅保留与模型推理有关的部分。模型的部署阶段为使用该引擎文件进行在线推理，程序输入数据并利用引擎文件推理得到输出。

将上一步得到的压缩模型文件使用 TensorRT 进行优化加速，在 X2 嵌入式平台上达到了实时分割的要求，网络的分割速度如表 3-4 所示。

表 3-4　各模型速度对比

模型	原始模型	压缩模型	TensorRT 优化版
在 TX2 上计算速度	103 ms	78 ms	31 ms

第 4 章
智能车辆 SLAM

4.1 SLAM 概述

在智能车辆定位时，如果地图已知，即使没有 GPS 信息，也可以根据现有的地图，由传感器获取周围环境信息，通过相应的特征匹配来定位自身的位置。但是当驾驶环境未知时，智能车辆只能通过传感器获取信息，然后提取有效信息构建环境地图实现定位；但是为了构建环境地图又必须知道智能车辆的观测位置。这就形成了一个矛盾——为了创建环境地图模型，需要知道各个时刻的位置；为了定位，需要知道环境的地图模型。两者间相互影响，故需要对两个模型同时进行维护，进行同步定位与地图创建（Simultaneous Localization and Mapping, SLAM）。

下面分析 SLAM 的过程。首先在某一位姿下观测到一些路标点，如图 4-1 所示，图中的圆点表示大地坐标系下的路标点，也可认为是环境中的特征点，这些路标点对于构建地图至关重要。

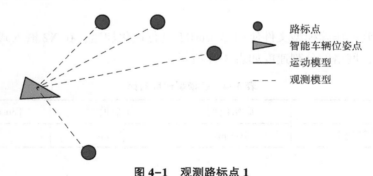

图 4-1　观测路标点 1

如图 4-2 所示，在下一时刻，智能车辆在新的位姿点又会观测到一些路标点，这些路标点包括之前已经观测到的路标点，也包括新的路标点。由于两个时刻的两个位姿观测到了相同的路标点，这样就可以估计出两个相邻时刻位姿的变换关系。

依此类推，可以推断出其他时刻的位姿，同时将不同时刻观测到的环境信息与相应时刻位姿结合起来，也能实现局部地图的创建。

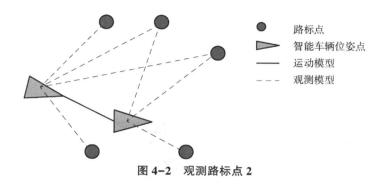

图 4-2　观测路标点 2

SLAM 技术根据传感器使用的不同可以分为激光雷达 SLAM、视觉 SLAM 以及融合类的 SLAM。其中激光雷达 SLAM 根据使用的激光雷达的不同又分为二维激光雷达 SLAM 和三维激光雷达 SLAM，常见的开源算法有 Gmapping、Hector‒SLAM、Karto‒SLAM、LOAM、Cartographer 等。视觉 SLAM 也可根据相机的类型和数目分为单目 SLAM、双目 SLAM 和 RGB‒D SLAM，常见的开源算法有 ORB‒SLAM、SVO、RTAB‒MAP 等。融合类的 SLAM 主要包括由视觉、雷达、IMU 的不同组合产生的 SLAM 结果。

SLAM 技术的工作流程通常包括：前端里程计、后端优化、回环检测以及建图。前端里程计根据输入的前后帧图像数据或点云数据，计算相邻两帧之间的位姿变换关系，实现对车辆位姿的推断，并更新地图；后端优化是指结合前端和回环检测提供的信息消除前面累计的误差并校正车辆位姿，可分为基于滤波的方法和基于非线性优化（图优化）的方法；回环检测是指智能车辆能够识别出之前到达过的场景，使得地图形成闭环的能力。各个环节相互配合，最终实现同步定位与建图。

SLAM 前端的一项重要内容就是进行地图的创建与更新。下面将介绍 SLAM 中地图的表示形式，以及在 SLAM 过程中地图是如何被更新的。

1. 地图表示模型分类

SLAM 中地图常用表示模型有栅格地图、拓扑地图、特征地图和点云地图等，如图 4-3 所示。栅格地图是把周围环境划分为大小相等的正方形栅格结构，每个栅格赋予一个表示状态的属性值，表示栅格被占据概率和没被占据概率之间的比例。拓扑地图是一种基于拓扑结构的地图表示方法，节点代表环境的地点或者状态信息，用节点之间的连线表示物体之间的关系。特征地图是从传感器的感知信息中提取几何特征（点、线、面等），并把很多环境特征的集合定义为地图。点云地图顾名思义是将密集的激光点云形成地图，能够反映丰富的环境信息。

2. 栅格地图概率更新

栅格地图是激光雷达 SLAM 中最常用的地图表示模型，可分为二维栅格地图和三维栅格地图，如图 4-4、图 4-5 所示。

这里以二维栅格地图为例介绍如何更新地图。在栅格地图中，环境被分为多个栅格，其中任意一个栅格 s 都与一个数值 $p(s)$ 相关联，以描述栅格 s 内存在点云的概率，也叫栅格占据概率。当栅格占据概率大于 0.5 时，则认为被占据，即该栅格内存在点云；等于 0.5 时认为该栅格状态未知；小于 0.5 时认为未被占据，即栅格内不存在点云。

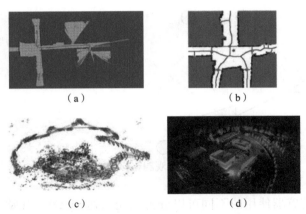

图4-3 SLAM中地图的常用表示模型

（a）栅格地图；（b）拓扑地图；（c）特征地图；（d）点云地图

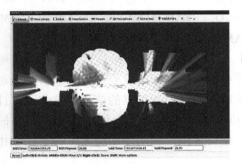

图4-4 二维栅格地图

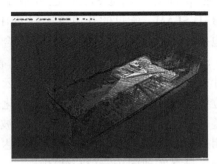

图4-5 三维栅格地图

在地图创建的初始时刻，由于未对环境进行任何有效观察，可将地图中所有栅格的状态初始化为0.5。若以灰度值范围[0,255]对应栅格概率[0,1]，则可根据栅格概率用颜色表示

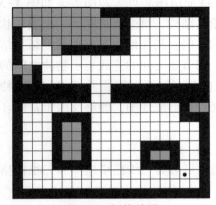

图4-6 栅格地图

出栅格地图，如图4-6所示，图中黑色部分为被占据的栅格，白色部分为未被占据的栅格，灰色部分则表示未知状态的栅格。那么在初始时刻，所有栅格均表示为灰色。

根据条件概率可知，在观测值已知的情况下，栅格地图更新过程中的任意t时刻，任意地图栅格s被占据的概率为$p(s|z_{1:t})$，其中$z_{1:t}$表示SLAM过程中从初始时刻到当前时刻t的观测值序列。t时刻下的栅格占据概率是在前一时刻即$t-1$时刻的基础上获得的，因此根据贝叶斯定理，以贝叶斯公式的形式表示出栅格s的占据概率如式（4-1）所示。

$$p(s|z_{1:t}) = \frac{p(z_t|s)p(s|z_{1:t-1})}{p(z_t|z_{1:t-1})} \tag{4-1}$$

根据条件概率公式可知

$$p(z_t|s) = \frac{p(s|z_t)p(z_t)}{p(s)} \qquad (4-2)$$

因此根据式（4-1）和式（4-2）可以进一步表示出任意时刻下的栅格占据概率，同样也能表示栅格未被占据的概率，如式（4-3）和式（4-4）所示。

$$p(s|z_{1:t}) = \frac{p(s|z_t)p(z_t)p(s|z_{1:t-1})}{p(s)p(z_t|z_{1:t-1})} \qquad (4-3)$$

$$p(\bar{s}|z_{1:t}) = \frac{p(\bar{s}|z_t)p(z_t)p(\bar{s}|z_{1:t-1})}{p(\bar{s})p(z_t|z_{1:t-1})} \qquad (4-4)$$

这里以栅格被占据概率与未被占据概率的比值表述为栅格的状态，根据前面的公式可将栅格状态表示为式（4-5）的形式。

$$栅格的状态 = \frac{p(栅格被占据)}{p(栅格未被占据)} \rightarrow \frac{p(s|z_{1:t})}{p(\bar{s}|z_{1:t})} = \frac{p(s|z_t)p(s|z_{1:t-1})p(\bar{s})}{p(\bar{s}|z_t)p(\bar{s}|z_{1:t-1})p(s)} \qquad (4-5)$$

由于每个栅格实际上只可能被占据或是未被占据，两者概率值相加为 1，由此可以将栅格状态仅用栅格占据概率来表示：

$$\frac{p(s|z_{1:t})}{p(\bar{s}|z_{1:t})} = \frac{p(s|z_t)}{1-p(s|z_t)} \frac{p(s|z_{1:t-1})}{1-p(s|z_{1:t-1})} \frac{1-p(s)}{p(s)} \qquad (4-6)$$

下面以对数的形式改写式（4-6），得到

$$\log\left(\frac{p(s|z_{1:t})}{1-p(s|z_{1:t})}\right) = \log\left(\frac{p(s|z_t)}{1-p(s|z_t)}\right) + \log\left(\frac{p(s|z_{1:t-1})}{1-p(s|z_{1:t-1})}\right) - \log\left(\frac{p(s)}{1-p(s)}\right) \qquad (4-7)$$

其中，等式左边第一项可以以 $l_t(s)$ 来表示，它代表的是当前时刻更新后的栅格状态；等式右边第一项由当前测量值得出；等式右边第二项表示前一时刻的栅格状态，以 $l_{t-1}(s)$ 来表示，等式右边的第三项由初始的概率值得出，是一个固定值。经过这样的处理，当前时刻与前一时刻的栅格状态计算就能转化为简单的加减运算。

通过以上计算，可以很容易地得到已更新的栅格状态，但最终需要知道栅格被占据概率才能绘制栅格地图，所以在得到栅格状态后还需将其还原为栅格被占据概率，由此就可以得到更新后的栅格地图，如图 4-7 所示。

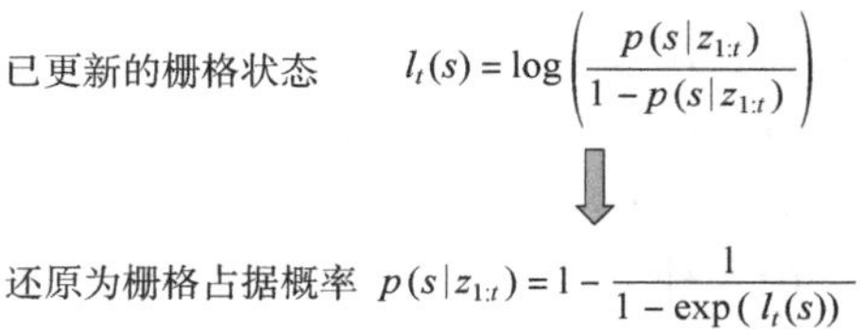

已更新的栅格状态　$l_t(s) = \log\left(\frac{p(s|z_{1:t})}{1-p(s|z_{1:t})}\right)$

还原为栅格占据概率　$p(s|z_{1:t}) = 1 - \frac{1}{1-\exp(l_t(s))}$

图 4-7　栅格状态还原为占据概率

4.2　视觉 SLAM

本节介绍一种双目视觉 SLAM 系统和基于图优化的 SLAM 后端分层非回环优化模型。首先介绍前端的主要模块及其原理，然后对图优化的原理、光束法平差以及图优化工具 G2O 的使用进行简介。接着介绍非回环分层模型的主要数据结构和实现形式，通过将多个关键帧绑定成关键帧单元的形式进行整体优化，配置关键帧单元和对关键帧单元进行优化。

4.2.1　算法框架与前端搭建

借鉴开源视觉 SLAM 方案 ORB-SLAM 的系统框架和前端部分搭建 SLAM 系统。ORB-

SLAM 是一个基于特征的视觉 SLAM，它支持单目、双目以及 RGB-D 三种模式。ORB-SLAM 系统使用三个线程来完成 SLAM，包括 Tracking、Local-Mapping、LoopClosing 三个部分，且整个系统围绕 ORB 特征进行计算。本系统也采取三个线程，由前端对图像提取特征，并进行特征匹配，计算相机的当前初始位姿。由前端产生关键帧，分别传递给后端的非回环优化和回环优化线程。非回环优化线程对插入的关键帧构建分层结构，并逐层实时进行优化。本系统算法框架如图 4-8 所示。

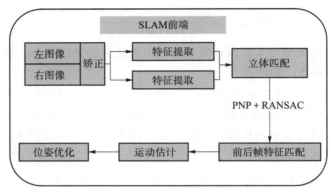

图 4-8　SLAM 算法框架

1. ORB 算法特征提取

特征点的提取是基于特征的视觉 SLAM 的首要工作，因此特征点的选取决定了 SLAM 算法性能的好坏。在一系列特征算法中，ORB 算法因为快速高效而表现突出。

ORB（Oriented FAST and Rotated BRIEF）算法是由 Ethan Rublee 等人在 2011 年提出的一种快速特征提取与描述算法。该算法基于 FAST 角点提取算法和 BRIFE 特征描述算法进行改进，提出了一种具有尺度旋转不变性的特征描述算法。FAST 角点本身并不具有方向性，在 ORB 算法中，在角点提取的基础上给其定义了方向属性，改进后的 FAST 角点称为 oFAST（Oriented FAST Keypoint Orientation），其具体的提取步骤如下：

（1）建立图像金字塔，将图像按照一定的比例因子扩大，建立 nlevel 层金字塔，以供在多个尺度上进行 FAST 角点检测，实现特征点的多尺度不变性。

（2）在步骤（1）建立的图像金字塔中，对每一层图像进行 FAST 角点检测。具体检测方法为：从图像中选取一点 P（指像素），在以该点为圆心、3 像素长度为半径的圆上依次选取像素与 P 点的灰度值进行比较，若有连续的 n 个像素都比 P 点的像素灰度值大或者小，则认为该点 P 是一个角点，如图 4-9 所示。在实际操作中，为了加快算法运行速率，排除非角点，可以首先比较处于 1，5，9，13 四个位置上像素的灰度值。当存在三个及以上的像素灰度值大于或小于 P 点的灰度值时，该点才可能是角点，否则可以直接判定该点为非角点。

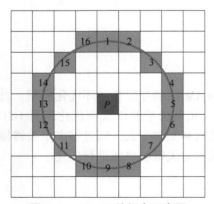

图 4-9　oFAST 特征点示意图

（3）上述方法得到特征点并非最优，通过机器学习建立决策树分类器的方法，可以筛选出每张图片中最优的 FAST 特征点。

（4）通过非极大值抑制的方法，从邻近的特征点中找出强度最大的特征点，作为最终的特征点。所谓非极大值抑制，即计算 P 点和周围圆周上 16 个灰度值的绝对差之和作为响应值，在邻近的特征点中只选择响应值最大的特征点。

（5）为特征点计算方向。该方向从特征点的几何中心指向特征点的质心。首先计算特征的矩，计算方式如下：

$$m_{pq} = \sum_{x,y \in r} x^p y^q I(x,y) \tag{4-8}$$

式中，$I(x,y)$ 为图像的灰度表达式。该矩的质心为

$$C = \left(\frac{m_{10}}{m_{00}}, \quad \frac{m_{01}}{m_{00}} \right) \tag{4-9}$$

从中心指向质心的向量方向的计算方式为

$$\theta = \arctan\left(\frac{m_{01}}{m_{00}} \bigg/ \frac{m_{10}}{m_{00}} \right) = \arctan(m_{01}/m_{10}) \tag{4-10}$$

获得具有方向的特征点之后，就可以特征点的中心为原点，以特征点方向作为 x 轴，建立坐标系，以特征点为中心，取 $s \times s$ 大小的邻域作为特征描述的邻域，然后将邻域中每一个点对应的像素灰度值与特征点中心进行比较，比较规则如下：

$$T(P(A,B)) = \begin{cases} 1, I(A) > I(B) \\ 0, I(A) \leq I(B) \end{cases} \tag{4-11}$$

根据此规则可以得到一个由 0 和 1 组成的二进制串描述符。当特征旋转之后，由于特征方向旋转了同样的角度，其坐标也旋转了同样的角度，因此，根据同样规则得到的特征描述符不发生变化，或变化很小，因此降低了噪声干扰，使得特征的描述具备旋转不变性。

2. 特征匹配

特征关联的方法包括基于匹配的方法和基于跟踪的方法。基于跟踪的方法由于只适用于相邻帧运动较少的室内环境中，因此常选用基于匹配的方法来对特征点进行特征关联。在基于双目视觉的 SLAM 问题中，特征点的匹配包括两种情况，一种是在同一时刻，左右两个相机采集的图像所提取的特征点的匹配；另一种是不同时刻同一相机所采集图像中提取的特征点的匹配。图 4-10 所示为分别在相邻时刻，两个相机所采集的 4 幅图像中进行的特征关联的结果，同一个特征点在 4 幅图像中形成闭环，得到精确的特征匹配结果。

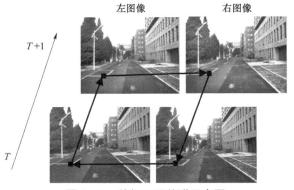

图 4-10　特征匹配关联示意图

1）基于图像矫正的立体匹配

在同一时刻两个相机提取的特征点的匹配又称为立体匹配。通过立体匹配，可以得到左右相机在同一时刻所观察到的同一三维点分别在两个相机的成像平面中得到的二维投影点。利用三角化原理，就可以逆推出该三维特征点的三维坐标，从而构建三维特征点地图。

在立体匹配中，可以利用极线约束的方法来缩小特征点匹配时的搜索区域。如图 4-11 所示，图中 O_R、O_L 分别为双目相机中两个相机的光心，光心前灰色平面为相机的成像平面，P 点、Q 点为三维点。两个三维点与光心的连线在成像平面上的交点为三维点在图像中对应的像点。所谓极线约束，即对于处于光线 O_LP 上的特征点在平面 π_L 的二维投影点 $p(q)$，其在另一个成像平面上对应的特征点一定处于 PO_L、O_RO_L 与成像平面交点的连线中。通过极线约束，在寻找一个相机图像上的特征点所对应的在另一个相机上的匹配时，只要找到该点对应的极线，在极线范围内寻找即可。这样就将特征点搜索的范围从一个二维平面变为一条直线，大大减小了搜索范围，提高了搜索效率。

为了进一步提高搜索效率，利用相机标定参数，可以构建虚拟标准相机。构建两个成像方向平行向前、像素行对准的虚拟平面，将相机所摄图像重投影到该平面。由于实现了像素行对准，且两像平面平行，因此在进行特征匹配时，直接在另一图像中特征点所在行像素进行查找即可。得到立体匹配点后，就可以利用三角化原理得到特征点的三维坐标。如图 4-12 所示，已知相机光心之间的距离 B（基线），成像平面到光心之间的距离 f（焦距）。已知三维点 P 在两个相机中对应的二维投影点的图像坐标 x_R、x_T，则可求出三维点 P 到相机的距离，即深度。

$$\frac{B}{Z} = \frac{(B+x_T)-x_R}{Z-f} \rightarrow Z = \frac{B \cdot f}{x_R - x_T} = \frac{B \cdot f}{d} \tag{4-12}$$

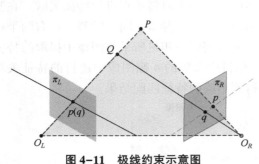

图 4-11　极线约束示意图

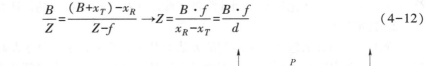

图 4-12　三角化原理示意图

2）基于运动约束的帧间特征匹配

在不借助其他传感器的纯视觉 SLAM 问题中，帧间特征匹配主要有两种方法。一种是通过建立多维搜索树或者哈希表的方法来寻找特征匹配，但该方法耗时较长。另一种是通过匀速运动模型来确定可能的搜索空间，在搜索空间内匹配特征，这种方法通过假设的匀速运动约束来减少搜索范围，时间较快，然而稳定性不好。可以考虑采用将上述两种方法相结合的方式来对帧间特征进行匹配。

匀速运动模型即由于车辆运动性能以及时间限制，可以假设相邻两个时刻车辆的位置姿态变化一致。如式（4-13）、式（4-14）所示：

$$\Delta R_k = \Delta R_{k-1} \tag{4-13}$$

$$\Delta t_k = \Delta t_{k-1} \tag{4-14}$$

式中，ΔR_k、Δt_k 分别代表车辆在第 k 时刻的旋转变化和平移变化。由以上假设，根据上一时刻车辆的位姿可以得到当前车辆的位姿为

$$T_k = T_{k-1} \cdot \Delta T_k = T_{k-1} \cdot \begin{bmatrix} \Delta R_k & \Delta t_k \\ 0 & 1 \end{bmatrix} = T_{k-1} \cdot \begin{bmatrix} \Delta R_{k-1} & \Delta t_{k-1} \\ 0 & 1 \end{bmatrix} \tag{4-15}$$

得到车辆当前时刻的估计位姿后，就可以将前一时刻图像帧中对应的三维特征点投影到当前图像帧中，并在投影位置附近区域内进行特征点搜索和匹配，如图 4-13 所示。

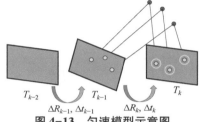

匀速模型适用于图像采集频率高、帧间运动变化不大的情况。对于应用在车辆的实时 SLAM 来说，采集频率一般为 10 ~ 20 Hz，在这种采集频率下，当车辆处于急转向或者运行在颠簸路面时，极容易由于运动估计偏差过大而导致特征点匹配过少，从而导致 SLAM 跟踪丢失的现象。基于此，当利用匀速运动模

图 4-13　匀速模型示意图

型匹配到的特征点过少时，结合全局匹配的方式对特征进行二次匹配，为了提高匹配速度，对两帧图像中的特征点分别建立视觉词典树，通过判断特征点对应的节点是否相同来加速匹配过程。虽然全局匹配的方式会增加运算时间，然而只有在匀速运动模型匹配到的特征点过少时才会进行全局匹配，因此并不会显著增加运算时间。如图 4-14 所示，图 4-14（b）中连线的两点为上一时刻特征点与当前时刻特征点匹配成功的特征点对。由图中可以发现，全局匹配的方式可以显著增加特征点匹配的数量。通过这种方法能够有效改善在颠簸道路和车辆转向时跟踪失败导致定位丢失的问题。

（a）　　　　　　　　　　　　（b）

图 4-14　车辆转向时特征匹配效果

（a）匀速模型匹配；（b）全局匹配

3. 运动位姿估计

特征匹配之后可以得到 3D-2D 的特征点映射。3D 点即通过立体特征三角化的方法得到的三维特征点，2D 即当前图像中对应的二维特征点。建立从三维到二维点的映射后，求解

相机运动姿态的问题就变成了求解 PnP（Perspective-n-Point）问题。

　　求解 PnP 问题的方法有很多，包括 P3P，EPnP，DLT，UPnP 等。下面介绍通过 EPnP 的方法来进行求解。

　　如图 4-15 所示，在 EPnP 算法中，已知世界坐标系下的三维点坐标，以及在图像坐标系中对应的二维点坐标，需要求的是相机坐标系下对应的三维坐标点。在世界坐标系三维点中，可以用 4 个不共面点的组合来表示其他点的坐标：

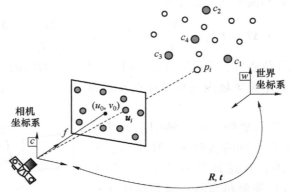

图 4-15　EPnP 算法示意图

$$P_i^w = \sum_{j=1}^{4} \alpha_{ij} c_j^w, \quad \sum_{j=1}^{4} \alpha_{ij} = 1 \tag{4-16}$$

　　同理，在相机坐标系中也可以用同样的 4 个点来表示其他点：

$$P_i^c = \sum_{j=1}^{4} \alpha_{ij} c_j^c, \quad \sum_{j=1}^{4} \alpha_{ij} = 1 \tag{4-17}$$

　　这 4 个点叫作控制点。根据相机的透视投影模型可得

$$S_i \begin{pmatrix} u_i \\ v_i \\ 1 \end{pmatrix} = \begin{pmatrix} f_x & 0 & u_0 \\ 0 & f_y & v_0 \\ 0 & 0 & 1 \end{pmatrix} p_i^c = \begin{pmatrix} f_x & 0 & u_0 \\ 0 & f_y & v_0 \\ 0 & 0 & 1 \end{pmatrix} \sum_{j=1}^{4} \alpha_{ij} \begin{pmatrix} x_j^c \\ y_j^c \\ z_j^c \end{pmatrix} \tag{4-18}$$

其中，

$$S_i = \sum_{j=1}^{4} a_{ij} z_j^c \tag{4-19}$$

代入得

$$\begin{cases} \sum_{j=1}^{4} a_{ij} [f_x X_j^c + Z_j^c (c_x - u_i)] = 0 \\ \sum_{j=1}^{4} a_{ij} [f_y Y_j^c + Z_j^c (c_y - v_i)] = 0 \end{cases} \tag{4-20}$$

展开得

$$\begin{pmatrix} \alpha_{i1}f_x & 0 & \alpha_{i1}(c_x-u_i) & \cdots & \alpha_{i4}f_x & 0 & \alpha_{i4}(c_x-u_i) \\ 0 & \alpha_{i1}f_y & \alpha_{i1}(c_y-u_i) & \cdots & 0 & \alpha_{i4}f_y & \alpha_{i4}(c_y-u_i) \end{pmatrix} \begin{pmatrix} X_1^c \\ Y_1^c \\ Z_1^c \\ \cdots \\ X_4^c \\ Y_4^c \\ Z_4^c \end{pmatrix} = 0 \qquad (4-21)$$

式中，系数 $\alpha_{i1} \sim \alpha_{i4}$，相机内参 c_x、c_y、f_x、f_y 均为已知量。$[X_1^c \quad Y_1^c \quad Z_1^c] \sim [X_4^c \quad Y_4^c \quad Z_4^c]$ 为待求相机坐标系下对应点的坐标。

求出对应相机坐标系下的匹配特征点后，利用 Horn 绝对定姿的方法可以求出从相机坐标系到世界坐标系的旋转矩阵 $\boldsymbol{R}$ 和平移向量 $\boldsymbol{t}$。

4.2.2　图优化概述

图优化是把优化问题表现成图（Graph）的一种方式，这里的图指的是图论意义上的图。一个图由代表一些指定事物的顶点和表述顶点之间关系的边来构成。图优化问题可以看作是一个非线性的最小二乘问题，通常是通过在当前状态下构建一个线性系统来解决这个典型问题。

在视觉 SLAM 问题中，图优化问题中的顶点一般可以用相机的位姿或者地图中特征点的位姿表示，连接两点的边可以根据两个顶点的不同分别定义。比如，若两个顶点表示不同时刻相机的位姿，则此时的边可以定义为两时刻相机间的相对位置姿态，包括三自由度的旋转以及三自由度的平移。若两个顶点分别为相机位姿以及在该姿态下相机所观察到的特征点的三维坐标，则此处的边可以表示为三维点到相机成像平面的重投影误差，如图 4-16 所示。

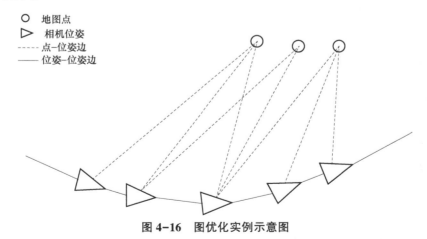

○　地图点
▷　相机位姿
-----　点-位姿边
———　位姿-位姿边

图 4-16　图优化实例示意图

1. 光束法平差

光束法平差（Bundle Adjustment，BA）是视觉三维重建问题中一种同时得到最佳的三维结构和视觉参数估计的联合优化方法。在 SLAM 问题中具体指，通过将每一个待优化的三维特征点和相机位姿进行优化调整后，特征点与其在相机上的投影的连线都能穿过光心。由于 BA 算法具备了良好的实时性和精确度，因此在基于图优化的 SLAM 问题中，BA 问题起到非常重要的作用。

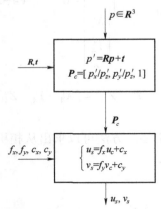

图 4-17　特征点投影计算流程

BA 算法通过投影模型来建立代价函数。通过相机投影模型，将三维特征点从世界坐标系转换到相机坐标系，然后利用投影模型投影在相机成像平面上。这个过程可用图 4-17 来表达。

可以将三维特征点投影的过程看作观测方程，记作

$$z = h(T, p) \tag{4-22}$$

式中，T 指此时相机的位姿，其对应的李代数为 ξ；p 为三维特征点。观测数据为像素坐标 $z \stackrel{\Delta}{=} [u_s, v_s]^T$，则观测的误差可以写为

$$e = z - h(\xi, p) \tag{4-23}$$

设 z_{ij} 为在位姿 ξ_i 处观察特征点 p_j 产生的观测值，则整体代价函数可以表示为

$$\frac{1}{2} \sum_{i=1}^{m} \sum_{j=1}^{n} \|e_{ij}\|^2 = \frac{1}{2} \sum_{i=1}^{m} \sum_{j=1}^{n} \|z_{ij} - h(\xi_i, p_j)\|^2 \tag{4-24}$$

2. G2O 简介

G2O（General Graph Optimization，通用图优化）是一个用于优化基于图形的非线性误差函数的开源 C++框架，它可以在一些不同的 SLAM 和 BA 问题上提供解决方案。

图 4-18 展示了 G2O 系统设计框架。当应用 G2O 来解决一个新的问题时有两个部分需要重新定义。一个是对于使用基类定义的新的节点类型，需要对增量定义一个 ⊞ 操作。例如 $\breve{x}_i$ 为节点的初始估计，Δx_i^* 为经过某次优化迭代后变量的增量，则优化后的变量 x_i^* 可以通过 ⊞ 操作得到，如式（4-25）所示：

$$x_i^* = \breve{x}_i \boxplus \Delta x_i^* \tag{4-25}$$

另一个需要定义的是连接两个顶点的边所对应的误差函数 e_{ij}。在指定好误差函数后，雅可比矩阵 J_{ij} 可以通过数值解的方式解算出来，或者为了提高计算效率，也可以通过重新编写虚拟的基类函数来明确指定雅可比矩阵。

在计算最优估计的过程中，一般在给定初始参数估计的情况下，G2O 提供了两种主流的优化算法：高斯-牛顿法和 L-M（levenberg-Marquardt）算法。这两种算法都是通过在当前估计的初始位置 $\breve{x}$ 处使用泰勒一阶展开式来得到近似的误差函数，如式（4-26）：

$$e_{ij}(\breve{x}_i + \Delta x_i, \breve{x}_j + \Delta x_j) = e_{ij}(\breve{x} + \Delta x) \tag{4-26}$$
$$\simeq e_{ij} + J_{ij}\Delta x$$

式中，J_{ij} 为误差函数 e_{ij} 的雅可比矩阵，由前述可知该雅可比矩阵可以由数值解计算得到，也可以由使用者自己指定。图优化问题中的目标函数由下述方式进行指定：

$$F(x) = \sum_{\langle i,j \rangle \in c} e(x_i, x_j, z_{ij})^T \Omega_{ij} e(x_i, x_j, z_{ij}) \tag{4-27}$$

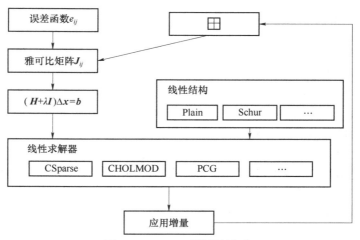

图 4-18　G2O 系统设计框架

$$x^* = \arg\min_x F(x) \qquad (4\text{-}28)$$

式中，$\boldsymbol{x} = (x_1^{\mathrm{T}}, x_2^{\mathrm{T}}, \cdots, x_n^{\mathrm{T}})^{\mathrm{T}}$ 为参数向量；z_{ij}、Ω_{ij} 分别为 x_i 与 x_j 之间的期望和信息矩阵；$e(x_i, x_j, z_{ij})$ 为误差函数向量，用来度量 x_i 与 x_j 满足 z_{ij} 约束关系的程度大小。将式（4-26）代入式（4-27）的误差项可得

$$
\begin{aligned}
F(\breve{x} + \Delta\boldsymbol{x}) &= \sum_{\langle i,\,j\rangle \in c} F_{ij}(\breve{x} + \Delta\boldsymbol{x}) \\
&= \sum_{\langle i,\,j\rangle \in c} e_{ij}(\breve{x} + \Delta\boldsymbol{x})^{\mathrm{T}}\Omega_{ij}e_{ij}(\breve{x} + \Delta\boldsymbol{x}) \\
&\simeq \sum_{\langle i,\,j\rangle \in c} (e_{ij} + J_{ij}\Delta\boldsymbol{x})^{\mathrm{T}}\Omega_{ij}(e_{ij} + J_{ij}\Delta\boldsymbol{x}) \\
&= \sum_{\langle i,\,j\rangle \in c} e_{ij}^{\mathrm{T}}\Omega_{ij}e_{ij} + 2e_{ij}^{T}\Omega_{ij}J_{ij}\Delta\boldsymbol{x} + \Delta\boldsymbol{x}^{\mathrm{T}}J_{ij}^{\mathrm{T}}\Omega_{ij}J_{ij}\Delta\boldsymbol{x} \\
&= \sum_{\langle i,\,j\rangle \in c} c_{ij} + 2b_{ij}\Delta\boldsymbol{x} + \Delta\boldsymbol{x}^{\mathrm{T}}H_{ij}\Delta\boldsymbol{x} \\
&= c + 2\boldsymbol{b}^{\mathrm{T}}\Delta\boldsymbol{x} + \Delta\boldsymbol{x}^{\mathrm{T}}\boldsymbol{H}\Delta\boldsymbol{x}
\end{aligned}
\qquad (4\text{-}29)
$$

进一步可以简化成一个线性系统：

$$\boldsymbol{H}\Delta\boldsymbol{x}^* = -\boldsymbol{b} \qquad (4\text{-}30)$$

式中，$\boldsymbol{H}$ 为系统的信息矩阵。上述解决方案通过向初始估计中加入一个增量来获取变量的当前估计，即

$$x^* = \breve{x} + \Delta x^* \qquad (4\text{-}31)$$

高斯-牛顿法通过求解方程（4-30），对得到的优化点利用式（4-31）更新步长，并代入式（4-29）中进行迭代，一直到满足终止条件，得到最终的优化结果。而 L-M 方法通过在高斯-牛顿法中引入阻尼系数和备份方案来控制收敛。L-M 用如下方程来代替式（4-30）：

$$(\boldsymbol{H} + \lambda\boldsymbol{I})\Delta x^* = -\boldsymbol{b} \qquad (4\text{-}32)$$

式中，λ 为一个阻尼系数，该阻尼系数的引入可以在迭代时通过误差的大小来控制步长，防止出现非线性的情况。

4.2.3　非回环分层模型

非回环分层模型是在车辆行驶轨迹没有形成回环时，对车辆运动轨迹进行在线修正的模型框架。可以分为三部分，分别是关键帧的队列维护与预处理、调度器和优化器，具体结构如图 4-19 所示。SLAM 前端每生成一帧关键帧就会通过缓存列表插入到分层模型维护的队列中，并对关键帧进行重投影误差计算等预处理操作。队列中每插入一帧关键帧，更新队列计数，并将队列当前计数发送给调度器。调度器会随着关键帧队列的不断增加，逐步创建优化层。每一层优化层都会从关键帧队列中的第一帧开始对关键帧进行优化，层与层之间的区别在于随着层数的增加，每一层中待优化窗口内关键帧的数量会按照指数映射规律增加。调度器负责维护每一层中优化窗口内的关键帧数量以及相应关键帧的索引序列。优化器与调度器互为相互独立的两个线程，调度器中不断堆积每一层优化层中优化窗口内的关键帧索引，优化器则从最底层开始取出堆积的关键帧索引，构造关键帧单元进行优化。由于优化器和调度器分属两个线程，因此当优化器优化所需时间较长时，不会影响调度器内待优化关键帧的分配，同时也可采取相应的机制来尽量减少优化器在优化时所用的时间，使得优化时间不随待优化关键帧数量的增加而显著增加，能够满足实时的在线处理要求。

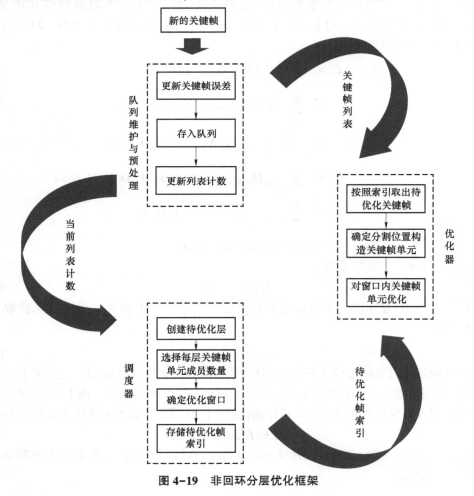

图 4-19　非回环分层优化框架

1. 关键帧单元

在分层优化模型中，关键帧单元是进行优化的最小单位。关键帧单元结构如图 4-20 所示。

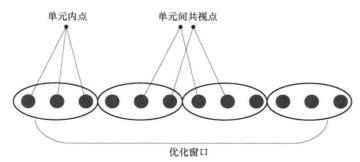

图 4-20 关键帧单元结构示意图

随着程序的运行会不断创建新的优化层，每层优化层中以一定数量的关键帧绑定作为一个单独的优化单元，随着层数的增加，单元中关键帧的数量也在不断增加。在进行优化时，取一个尺寸固定大小的窗口，窗口不断向前滑动，取出窗口内的单元进行优化。在进行优化时，每一个单元作为一个整体参与优化，即单元内的关键帧相对位置固定，单元可以看作一个刚体。则单元内关键帧对应的地图点可以分为两类：一类是只有在本单元内关键帧可以观察到的三维地图点，称为单元内点；另一类是除了本单元内关键帧可以观察到该三维点外，其他单元内的关键帧也可以观察到，这样的地图点称为单元间共视点。每个关键帧单元的位姿使用单元内中间关键帧的位姿来表示，在进行优化时单元内的成员关键帧以及单元内点相对单元的位姿保持不变。

2. 调度器

调度器的作用是将关键帧列表中关键帧对应的索引存入每一层待优化列表中，供优化器用来读取相应的关键帧来构造关键帧单元进行优化。在进行优化时，每一层待优化层中都将关键帧按照与层数对应的不同数量规律来构造关键帧单元。为了避免多层优化可能导致的待优化关键帧的堆积，每一层待优化层中关键帧单元的成员数量 N 与层数 l 之间的关系为

$$N = 2^l + 1 \tag{4-33}$$

采用指数映射可以将层数较高的优化层中的优化频率显著降低，避免层数较多时优化数量较多，产生堆积，同时又能顾及长时间运行时关键帧数量较多的情况下可以对整体做一个大尺度的优化校正。在每一层优化层中，将选取关键帧单元的窗口大小固定，在优化过程中不断滑动优化窗口，将窗口内的关键帧单元进行优化。为了使优化后关键帧的位姿和地图点位姿保持连续，不发生断层现象，在窗口滑动时要有一定的重叠。优化结构如图 4-21 所示。示意图中选择的窗口尺寸为 4，窗口重叠尺寸为 1。即每层优化层中每 4 个关键帧单元进行一次优化，相邻两个窗口之间重叠一个优化单元。将每一层关键帧单元的成员数量和优化窗口尺寸以及窗口重叠量固定下来后，每一层优化窗口内的关键帧序列就会固定下来，据此可以配置调度器列表。

配置调度器列表时，关键帧列表每添加一个关键帧，就对调度器列表进行一次检查更新。当调度器首次运行时，调度器列表中为空，应首先向调度器中新建优化层，随后对当前

关键帧序列进行判定，判断是否满足相应层数数量要求，更新调度器列表。调度器工作流程如图 4-22 所示。

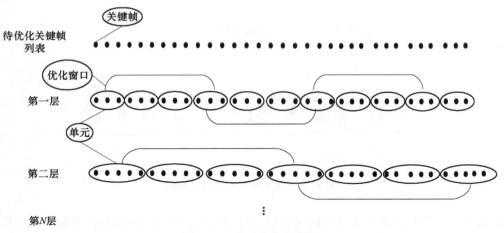

图 4-21　优化结构示意图

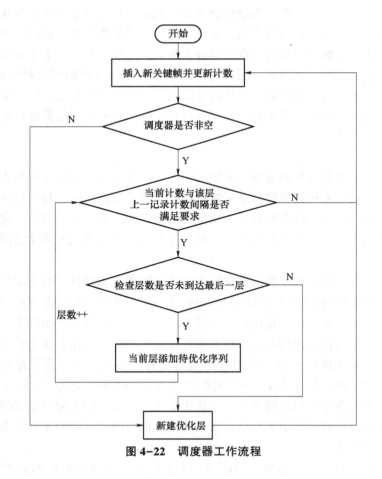

图 4-22　调度器工作流程

3. 优化器

当调度器列表中的待优化关键帧序列不为空时，优化器从调度器中获取待优化关键帧索引序列。为了便于存储和计算，在调度器的优化列表中存入的是每一组待优化关键帧最后一帧的索引，要得到完整的关键帧索引还需要知道每一组待优化关键帧的数量，因此优化器除了需要从调度器中获取待优化索引列表外，还要获取在调度器中固定下来的每一层中单元的成员数量以及窗口尺寸。优化器从调度器中获取所需信息如图 4-23 所示。获取这些信息后，优化器就可以通过待优化索引列表中的索引查找当前待优化组中对应的所有关键帧。

图 4-23　优化器所获信息

优化器逐层获取待优化关键帧序列，并将待优化关键帧分割成关键帧单元。在调度器一节曾介绍过，为了使优化列表减少堆积，将每一层的关键帧单元成员数量与层数的映射关系设为指数映射关系，这样可以降低在高层上优化的频率，同时也能在较大的尺度上对轨迹进行校正。然而当层数较高、关键帧单元中的成员较多时，关键帧单元所对应的地图点数量巨大。若将关键帧单元所对应的所有地图点进行优化，同样会产生巨大的运算量，使优化无法达到实时性要求。

为了解决上述问题，需对关键帧单元进行分析。在关键帧单元中，成员关键帧所对应的地图点被分成两种，一种是只有该关键帧所在的关键帧单元成员可以观察到的三维地图点，被称为单元内点；另一种是除了本单元内成员可以观察到，其他单元内成员也可以观察到，这样的三维地图点称为单元间共视点。由于在进行优化时，一个单元被看作一个是刚体来进行优化，因此单元内点在优化过程中与单元之间的相对位置保持不变，单元内点不会对优化结果产生影响，在得到优化后的关键帧单元位姿后，可以通过相对位姿来得到单元内点的三维坐标。因此在进行优化时，可以只筛选出关键帧单元中的单元间共视点与关键帧单元来共同通过 BA 进行优化。

因为单元间共视点能够被多个关键帧单元观察到，因此单元间共视点只存在于关键帧单元的边缘位置，并且不随关键帧单元成员数量的增加而增加；又由于每层优化层的优化窗口尺寸固定，因此每次优化时参与优化的地图点以及关键帧单元的数量是基本保持不变的，这就保证了优化时的计算量不会随着待优化关键帧数量的增加而显著增加。

4.2.4　ORB-SLAM 运行及数据处理

1. 运行 ORB-SLAM

1）安装准备

（1）安装 Pangolin。

由于 ORB_SLAM2 使用 Pangolin 构建可视化用户界面，因此需要安装 Pangolin。具体可以参考 https：//github.com/stevenlovegrove/Pangolin。

配置依赖项：

```
sudo apt- get install libglew- dev          #安装 Glew
sudo apt- get install cmake                 #安装 CMake
```

安装 Boost：

```
sudo apt- get install libboost- dev libboost- thread- dev libboost- filesystem- dev
sudo apt- get install libpython2. 7- dev   #安装 Python2 / Python3
```

下载、编译、安装 Pangolin：

```
git clone https://github. com/stevenlovegrove/Pangolin. git
cd Pangolin
mkdir build
cd build
cmake ..
cmake -- build.
```

（2）安装 OpenCV。

从下面网站下载相应版本的 opencv：

```
http://jaist. dl. sourceforge. net/project/opencvlibrary/opencv- unix/
```

执行下面语句，解压缩：

```
unzip opencv- 2. 4. 13. zip
```

在当前路径下，执行以下语句，进行安装：

```
cd opencv- 2. 4. 13
mkdir release
sudo apt- get install build- essential cmake libgtk2. 0- dev pkg- config python- dev python- numpy libavcodec- dev libavformat- dev libswscale- dev
cd release
cmake - D CMAKE_BUILD_TYPE=RELEASE - D CMAKE_INSTALL_PREFIX=/usr/local. .
sudo make install
```

安装完成后，用一个简单的程序测试一下。

（3）安装 Eigen。

G20 需要用到 Eigen，可从 http://eigen. tuxfamily. org 下载 Eigen（需要 3. 1. 0 版本及以上），下载、解压缩后，在当前目录执行下面语句，把下载的 Eigen 放到/usr/local/include 文件夹下。

```
sudo cp - r eigen /usr/local/include
```

（4）ORB-SLAM2 源代码下载及编译。

```
git clone https://github. com/rauL- Mur/ORB_SLAM2. git ORB_SLAM2
cd ORB_SLAM2
chmod +x build. sh
. /build. sh
```

如果出现类似于(/ws/ORB_SLAM2/src/LocaL-Mapping. cc:108:20：error：'usleep' was not declared in this scope usleep(3000)的错误，需要打开相应的代码（如 LocaL-Mapping. cc），添加 usleep 的头文件 unistd. h，重新编译即可。

2）下载 KITTI 数据集

KITTI 数据库是德国卡尔斯鲁厄理工大学（Karlsruher Institut fur Technologie，KIT）于 2012 年建立的计算机视觉数据库，旨在为立体视觉、光流、视觉里程计、三维目标检测与跟踪等一系列研究目标提供具有挑战性的图像数据及测试基准。KITTI 数据库提供了 22 组用于评价视觉里程计的数据，其中前 11 组数据提供了"真值"（Ground Truth），用于测试用户对自己的程序进行训练和测评；后 11 组数据没有提供"真值"，用于网站对用户提交的程序进行评价、排名。"真值"由激光雷达数据和组合导航数据融合得到，作为评价里程计定位结果的参考值。序列 03、04、08 及 10 是无回环情况下的数据场景，其中 04 是公路场景，03、08、10 是乡村道路场景；序列 04 中图像前方始终有一辆运动的车辆，会对定位估计造成一定干扰。

可从 http://www. cvlibs. net/datasets/kitti/eval_odometry. php 下载数据集。图 4-24 所示为场景示例图。

（a）　　　　　　　　　　　　　　（b）

（c）　　　　　　　　　　　　　　（d）

图 4-24　数据测试场景图

（a）序列 03；（b）序列 04；（c）序列 08；（d）序列 10

3）数据集测试

在 ORB-SLAM2 目录下执行如下语句：

```
./Examples/Stereo/stereo_kitti     Vocabulary/ORBvoc.txt     Examples/Stereo/KITTIX.yaml  PATH_TO_
DATASET_FOLDER/ SEQUENCE_NUMBER
```

其中，第一个参数为双目 SLAM 可执行文件，第二个为 ORB 词典，第三个为文件夹中自带的标定文档（注意其中的 X 对应数据集的序列号），第四个为数据集（注意下载的数据集所在的文件夹）。

本例中下载了序列 02 数据集，共有 4 661 对图像。运行上述语句，程序会实时对每对图像进行计算（显示如图 4-25 所示），并实时显示出运行轨迹（图 4-26）。

图 4-25　特征匹配

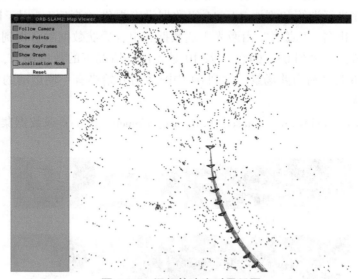

图 4-26　运行轨迹实时显示图

程序运行完后，会将计算得到的结果自动保存在 Trajectory02.txt 文件中。Trajectory02.txt 文本文件中每 12 个数据为一组，可以写成一个 3×4 的矩阵，矩阵的前 3 列组成了 rwc，而第四列则组成了 twc。rwc 表示世界坐标系到相机坐标系的旋转变换，twc 表示世界坐标系到相机坐标系的平移变换。这里所说的相机坐标系是指左侧相机坐标系。根据这个结果，可以计算并绘制轨迹曲线，并与位姿真值进行数据对比。

2. 数据处理

KITTI 数据库中提供了上述误差计算的开发套件（Odometry Development Kit）。基于此开源代码可以对轨迹综合误差进行定量计算，并可以将各类误差的变化趋势及轨迹对比图自动绘制出。

1）下载 KITTI 开发套件及位姿真值文件

登录网址 http：//www. cvlibs. net/datasets/kitti/eval_odometry. php，单击"Download odometry development kit（1 MB）"下载开发套件 devkit_odometry. zip，单击"Download odometry ground truth poses（4 MB）"下载真值文件 data_odometry_poses. zip。链接位置如图 4-27 所示。

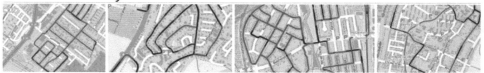

Visual Odometry / SLAM Evaluation 2012

The odometry benchmark consists of 22 stereo sequences, saved in loss less png format: We provide 11 sequences (00-10) with ground truth trajectories for training and 11 sequences (11-21) without ground truth for evaluation. For this benchmark you may provide results using monocular or stereo visual odometry, laser-based SLAM or algorithms that combine visual and LIDAR information. The only restriction we impose is that your method is fully automatic (e.g., no manual loop-closure tagging is allowed) and that the same parameter set is used for all sequences. A development kit provides details about the data format.

- Download odometry data set (grayscale, 22 GB)
- Download odometry data set (color, 65 GB)
- Download odometry data set (velodyne laser data, 80 GB)
- Download odometry data set (calibration files, 1 MB)
- Download odometry ground truth poses (4 MB)
- Download odometry development kit (1 MB)

图 4-27　开发套件下载位置

下载 devkit_odometry. zip 后进行解压，即可得到一系列 cpp 文件。此外，解压 data_odometry_poses. zip 可以得到一系列包含位姿真值的 txt 文件。KITTI 数据集包含多个场景序列，这里演示示例以 02 序列作为输入，因此这里仅保留 02. txt 即可。

2）编译前准备

（1）新建文件夹。

在 data_odometry_poses/dataset 文件夹下建立三个子文件夹，分别为 errors，plot_errors，plot_path。在该文件夹下，已经建立了 results 和 poses，需要将 ORB-SLAM 获得的结果文件放入 results，并将其更名为 02. txt。

（2）修改 devkit/cpp/evaluate_odometry. cpp。

下载的源码直接运行会报错，需要修改。修改位置：

① 注释或删除所有关于 Mail 的代码。

② 将 eval( )函数中的文件路径更换为自己的路径。

源码中路径更改位置如图 4-28 所示。

```
bool eval (string result_sha,Mail* mail) {

    // ground truth and result directories
    string gt_dir        = "data/odometry/poses";
    string result_dir    = "results/" + result_sha;
    string error_dir     = result_dir + "/errors";
    string plot_path_dir = result_dir + "/plot_path";
    string plot_error_dir = result_dir + "/plot_error";
```

图 4-28　路径更改位置

（3）建立 CmakeLists. txt 文件。

在 devkit 文件夹中建立 CmakeLists. txt 文件。其内容如下：

```
cmake_minimum_required(VERSION 3. 0)
project(devkit)

set(CMAKE_CXX_STANDARD 11)

set(SOURCE_FILES
        cpp/evaluate_odometry. cpp
        cpp/mail. h
        cpp/matrix. cpp
        cpp/matrix. h)

add_executable(devkit  ${SOURCE_FILES})
```

（4）安装 Ubuntu 下的绘制工具。

由于代码中涉及图像的绘制以及 pdf 操作，因此需要下载 Ubuntu 下相应的工具包，否则会在运行时报错。

```
$ sudo apt- get install gnuplot
$ sudo apt- get install texlive- extra- utils
```

3）编译代码并运行

在 devkit 文件夹下：

```
devkit $  mkdir build
devkit $  cd build
build $  cmake. .
build $  make
build $ . /devkit
```

终端运行显示如图 4-29 所示。

经此操作，在 data_odometry_poses/dataset 文件夹下的三个子文件夹——errors，plot_errors，plot_path 中均生成了一些文件。

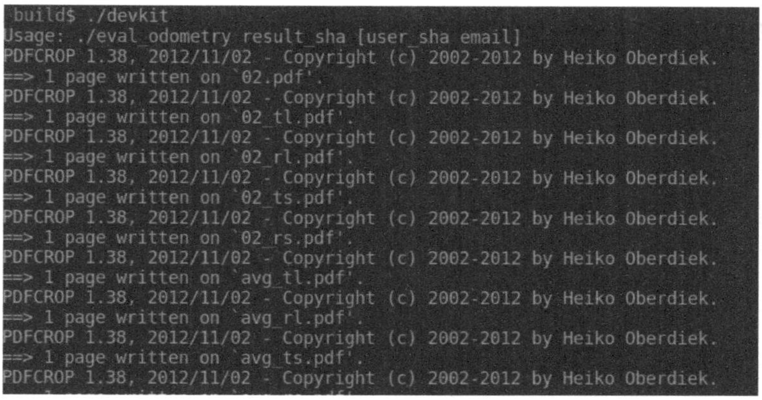

图 4-29　终端输出信息

（1）errors 文件夹。

errors 文件夹下生成的是 5 列 *n* 行的数据。这些数据 8 行为 1 组。数据中第一列即组号（这里的组号是从 0 开始，相邻组标号差 10，同组标号相同）。例如，前 8 行的数据为一组，标号都是 0（前 8 行的第一列都是 0）。9~16 行的数据为第二组，标号都是 10，依此类推。其余数据说明如表 4-1 所示。

表 4-1　errors 数据说明

第一列	数据组号（8 行一组）
第二列	旋转误差（单位为°/m）
第三列	行驶距离（每组的数据均为 100~800，分辨率为 100，单位为 m）
第四列	平移误差
第五列	当前车速（单位为 km/h）

（2）plot_errors 文件夹。

plot_errors 文件夹中生成的为点的误差。其中 .gp 文件介绍的是其对应的 .txt 文件中数据的含义。其中，rs 代表 rotation speed，即几组给定车速下的旋转误差，而 rl 为 rotation path length，即几组给定距离下的旋转误差；ts 代表 translation speed，即几组给定车速下的平移误差，tl 为几组给定距离下的平移误差。文件夹中的 .pdf 和 .png 文件均展示了描述的误差随相应的车速或距离的变化折线图。

（3）plot_path 文件夹。

plot_path 文件夹中生成的为点的轨迹，其中 .txt 文件中的数据说明如表 4-2 所示。

表 4-2　plot_path 数据说明

第一列	真值的 x
第二列	真值的 z
第三列	计算值的 x
第四列	计算值的 z

在此文件夹中输出了真实轨迹与 ORB-SLAM 输出轨迹的对比图，如图 4-30 所示。

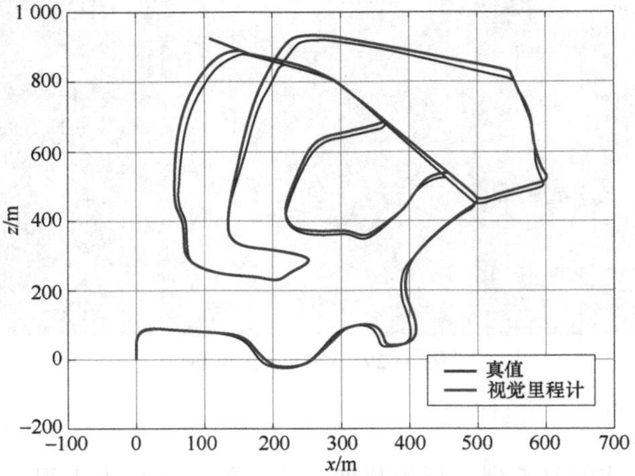

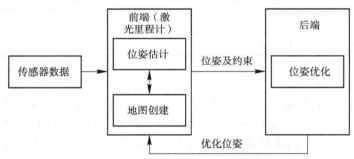

图 4-30　真实轨迹与 ORB-SLAM 输出轨迹的对比图

4.3　激光雷达 SLAM

4.3.1　激光雷达 SLAM 概述

经典激光雷达 SLAM 系统框架如图 4-31 所示。

图 4-31　经典 SLAM 系统框架

SLAM 前端又称作激光里程计。2014 年，Zhang 等提出了一个适用于三维激光雷达的开源激光里程计算法——LOAM（Lidar Odometry and Mapping）算法。该算法利用 Lidar Odometry 模块实现较高频率的位姿估计，利用 Lidar Mapping 模块得到更加精确的相对位姿，并以较低频率建立精确地图。2015 年，Zhang 等在 LOAM 的基础上融合视觉信息后提出了 V-LOAM 算法。2017 年，Zhang 等又将 IMU 信息融合到 V-LOAM 算法中，提出了 LVIO 算法，进一步提高了相对位姿估计稳定性和估计结果的精确性。2018 年，Deschaud 等提出了 IMLS（Implicit Moving Least Squares Surfaces）算法，该算法采用扫描到模型（Scan-to-Model）的匹配方式和特定的采样策略。2019 年，Thomas 等提出了 DeLiO（Decoupled LiDAR

Odometry）算法，将相对旋转估计和相对平移估计完全解耦。

激光雷达 SLAM 的后端优化方法主要有两种：基于滤波的方法和基于图优化的方法。早期的后端优化方法大多是基于滤波的方法，1988 年，Smith 和 Self 等最早提出了基于扩展卡尔曼滤波（Extended Kalman Filter，EKF）的 SLAM 优化算法。EKF 对非线性系统进行线性化时只保留了一阶项而忽略了高阶项，导致状态量的估计误差较大且易发散。此外，在实际问题中，计算非线性函数的雅可比矩阵非常复杂，这些缺点限制了 EKF 算法的运用。2000 年，Gristetti 等在粒子滤波的基础上提出了 RBPF（Rao-Blackwellized Particle Filter）算法，该算法将车辆状态量和地图状态量解耦。2007 年，Gristetti 基于 RBPF 算法，提出了开源 SLAM 算法——G-Mapping，G-Mapping 中的粒子滤波算法对 RBPF 算法进行了部分改进优化。近年来，基于图优化的优化方法逐渐成为主流的优化方法。用图优化解决 SLAM 问题时，将车辆各个时刻的位姿作为节点，将运动约束、闭环约束等作为连接节点的边，它同时考虑了所有的节点和连接节点的边信息，对整个位姿图中的节点都进行最优估计，避免了滤波过程中状态估计量可能发散的问题，也提升了优化的效果。2016 年，Google 提出开源 SLAM 算法 Cartographer 的后端优化算法就是以图优化为基础，取得了很好的优化效果。目前，一些基于机器学习的后端优化算法也涌现出来。2018 年，Tim Y. Tang 等从真实环境中的采集数据训练高斯过程回归模型，训练结束后，将从点云中提取的高级几何特征输出到模型中，模型就会输出激光里程计的位姿估计与真实情况之间偏差的估计值，将偏差估计值用于对激光里程计的位姿估计值进行修正。

下面章节将结合激光雷达 SLAM 在智能车辆上的具体应用，分别介绍前端激光里程计和后端优化的具体技术细节，包括激光里程计是如何实现使用激光雷达点云进行车辆位姿的更新，以及后端优化如何使得这些车辆位姿更加精确。

4.3.2　基于特征概率栅格地图的激光雷达里程计

从位姿估计方法来看，目前三维激光雷达里程计算法总体分为两种：基于帧间匹配和基于地图的匹配。基于帧间匹配的方法，是通过在相邻帧之间进行数据关联和位姿估计来实现，例如 LOAM 的第一层高频输出的里程计，是通过后一帧与前一帧的线、面特征关联后，建立优化方程来进行帧间位姿估计的。基于地图的方法则需要不断更新地图，并在当前帧与地图之间建立关联进行匹配定位，例如 Cartographer、LOAM 的第二层高精度输出的里程计等。

1. 算法总体架构

如图 4-32 所示，本节主要介绍 CPFG（Closet Probability and Feature Grid，最近邻概率特征栅格）算法，一种基于特征概率栅格地图的激光雷达里程计算法。特征概率栅格地图是在三维空间中划分的栅格地图，地图内的信息包括特征描述（线、面、点云分布特征）和概率两部分。该算法可以实时构建和更新特征概率栅格地图，并利用点云与最近邻特征栅格之间建立约束条件，进行点云与地图的匹配，从而进行位姿估计。

算法主要分为三步：数据预处理、特征概率地图更新、点云匹配及位姿更新。数据预处理是对激光雷达点云进行初步处理、降采样及分类等；特征概率地图更新部分的主要作用是进行地图的管理以及点云分布特征的提取、栅格的更新等；点云匹配及位姿更新是通过每帧点云与特征地图之间进行数据关联，然后利用匹配算法，估计当前位姿。为提高算法实时性，使用两个线程分别进行特征地图更新和位姿估计。

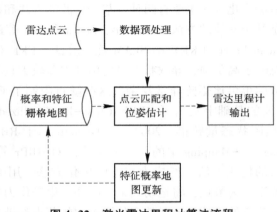

图 4-32　激光雷达里程计算法流程

2. 点云预处理

从三维激光雷达获取数据并进行解析后的原始点云，一般不能直接用于位姿估计。首先三维激光雷达点云数量太大，将所有点云都用于位姿估计需要消耗太多时间，无法满足实时性要求，因此需要先对点云进行下采样。另外，算法还需对从属不同激光发射器的点云进行区分、编号。

常见的三维雷达点云的测量模型都是基于车辆静止这一理想条件。实际应用中，车辆往往也会处于运动状态，理想情况下每个点云的坐标只是相对于自己所在时刻雷达的坐标系而言的。而该时刻坐标系与一整帧点云的参考时刻戳（一般为本帧点云起始、中点或结束时刻）所在的坐标系会因运动产生一定偏差，因此在正式进行点云匹配及位姿估计之前需要对这一偏差进行校正。

1）点云下采样和分类

由于点云数量较大，在匹配和地图更新之前均需进行点云的下采样，减少点云数目，降低运算成本。为了适应无人驾驶环境的各种不同场景，可以使用自适应分辨率下采样的方法。同时预先设置一个最低分辨率和一个下采样后的点云最低数量限制，如果利用初始分辨率下采样后满足最低点云数量限制，则下采样完成；否则提高分辨率，重新进行下采样操作，直到满足最低数量限制为止。每次调整完下采样分辨率后，按照该分辨率建立一个空的三维栅格地图，然后将点云顺序投影到栅格内，同一个栅格内的点云只保留一个点，以此来降低点云数量（下采样）。

因为本节介绍的算法需要将每帧雷达点云来自不同激光发射器的点区分开，因此需要给不同的激光发射器产生的点分配不同的线（laser）编号。图4-33所示为多线激光雷达数据获取及点云分类示意图，C为车辆，O为激光雷达，a、b、c分别为同一时刻激光雷达的不同激光发射器产生的激光，则1、2、3为获得的对应反射点的线编号（lasernum）。同时为区分来自不同帧的点云，在时间上给不同帧的点云也分配不同的帧编号（scannum）。

2）车辆运动导致的点云畸变矫正

机械式旋转雷达由于其旋转一周需要一段时间，而此类雷达相关的研究一般会将旋转一周的点云当作一帧点云来处理。而此时如果仍然通过普通的雷达模型来计算点云位置，由于

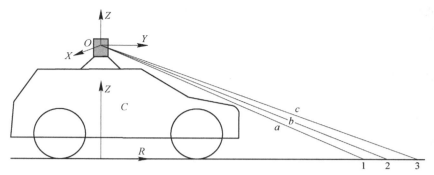

图 4-33　多线激光雷达数据获取及点云分类示意图

车辆运动，将会导致激光雷达坐标系的原点一直在改变，从而导致计算得到的点云与真实值存在偏差，即产生畸变。在车辆高速行驶时的点云畸变尤其明显。

为了校正车辆运动导致的点云畸变，首先要获取此时的车辆运动速度和角速度，然后根据已知的车辆运动来估计点云畸变的偏差，从而对其进行校正。车辆速度（和角速度）的获取方式主要有两种：一种是通过外部传感器来获取，如惯导、车辆轮速计等；另一种是用激光雷达里程计的位姿来估计当前车辆的速度（和角速度）。因为本章主要介绍的是纯激光雷达里程计，因此这里选用第二种方法获取当前车辆的速度（和角速度）。而使用激光雷达里程计的位姿来估计速度又可衍生出两种：一种是利用前几帧的位姿来估计当前车辆速度（和角速度）；另一种是在迭代优化位姿的过程中也迭代地不断更新用于点云畸变校正的车辆速度（和角速度）。经试验，这两种方式的定位精度相差不大，但第二种会导致位姿波动较大，因此最终选择了利用前几帧的位姿来估计当前车辆速度（和角速度）。

获得车速 v、角速度 ω 之后，即可通过以下公式来对点云进行校正，将点云都转换到该帧点云参考时间戳 t 时刻下的车辆坐标系。设原始点为 $P_{s,k}$，时间为 t_k，畸变校正后为 $P_{d,k}$。

$$\begin{cases} \boldsymbol{R}_k = \mathrm{AngletoMatrix}(\boldsymbol{\omega}(t_k - t)) \\ \boldsymbol{T}_k = \boldsymbol{v}(t_k - t) \\ \boldsymbol{P}_{d,k} = \boldsymbol{R}_k \boldsymbol{P}_{s,k} + \boldsymbol{T}_k \end{cases} \tag{4-34}$$

式中，$\boldsymbol{R}_k$ 表示旋转矩阵，$\boldsymbol{T}_k$ 表示平移向量，函数 AngletoMatrix( ) 代表欧拉角到旋转矩阵的转换函数。

对点云中每个点都经过上述几步计算后，即可将当前帧所有非参考时间的点云转换到参考时间下的坐标系中，即实现了点云畸变的校正。校正效果如图 4-34 所示。

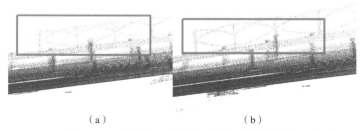

（a）　　　　　　　　　　　　　（b）

图 4-34　畸变校正前后构建的点云地图对比

（a）畸变校正前；（b）畸变校正后

3. 特征概率栅格地图的构建和更新

1）栅格地图数据结构

三维点云地图记录了所有感兴趣的三维激光点，如图4-35所示。而三维栅格地图是将一定范围内的空间分成很多固定大小的体素，用于存放该位置的点云或提取的点云高层次信息。用怎样的数据结构可以消耗较低的时间复杂度和空间复杂度来存储三维栅格地图是一个很重要的问题。目前管理三维栅格地图比较常用的数据结构是八叉树。

八叉树是用于描述和管理三维空间数据的一种树状数据结构，是二叉搜索树和2D四元树在三维空间上的扩展。如图4-36所示，八叉树的父节点是一个较大的立方体，而每下一层的子节点，相当于上一次父节点空间以其中心为分叉中心，均匀切分成8块大小相同的立方体，如此不断循环直到指定最大深度或子节点体素的分辨率达到最低阈值为止。

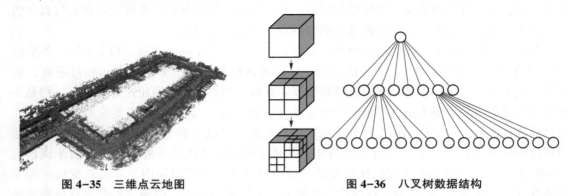

图4-35　三维点云地图　　　　　　　　图4-36　八叉树数据结构

八叉树的每个节点主要分三个状态：空节点、被占据节点、非空但未被占据的节点。空节点是指该节点为空指针，未开辟存储空间，这类节点出现在非最深层的节点中；被占据节点是指该节点的空间已经被开辟且已经被点云占据；非空但未被占据的节点是指存储空间已经开辟，但未被点云占据，这类节点出现在最深层的叶节点中。

在SLAM应用中，位姿估计的同时，需要进行栅格地图的创建和更新，由于随着车辆行驶，地图会逐渐增大，因此需要使用可以不断扩展其空间范围的八叉树来管理。给定一个点云，构建八叉树的步骤如下：

（1）设定最深层节点分辨率、根节点初始大小和位置。

（2）将每个点放入栅格地图中。

（3）判断点是否超出根节点所限定的范围，如果超出，需要在当前根节点上层扩展更大的立方体体素节点作为新的根节点，重复验证根节点的范围，并扩展根节点，直到该点满足根节点的范围限制。

（4）利用点的坐标，逐层索引，遇到没达到最大递归深度的空节点则开辟新的空间，并对该节点代表的立方体体素进行8等分，建立8个新的子节点，如此递归索引，直到最大深度（体积最小）的节点将点插入到该节点中。

用八叉树来管理栅格地图，主要有两个优势：一是八叉树只会在被占据的栅格处开辟空间，因此可以很大程度上降低计算机内存占用；二是树状的数据结构搜索时间只与最大深度

D 呈线性关系，具有较低的时间复杂度。

传统的八叉树虽然有较高的空间利用率和相对较低的时间复杂度，但是在实际计算机运行时，因为需要在堆上频繁地分配很多小存储空间来存储各个节点，这对计算机来说需要消耗较多时间。同时考虑到实际智能车辆场景中可占据状态的栅格大多聚集在相邻区域，这里在传统八叉树的基础上进行扩展，由原先每次分割为 8 个体素空间扩展为分割为 8×8×8 个体素，这样相邻节点内存分配时由多次创建 8 单元的小空间变成一次创建 512 单元的大空间，避免了内存的零散化和频繁的内存分配操作，从而提高了地图的创建效率，这是一种空间换时间的方法，可以在内存充足而又有较强实时性要求的场景下使用。

2）特征概率栅格的更新

这里提出的特征概率栅格由特征描述和占据栅格概率两部分组成。在每帧点云匹配结束后，进行点云的插入和特征地图的更新，即

$$M_t = M_{t-1} \cup X^t \tag{4-35}$$

式中，M_t 代表融合后的特征概率地图，M_{t-1} 代表上一时刻的特征概率地图，X^t 则表示当前帧的点云数据。

特征描述部分将栅格特征分为点云分布特征、线特征、面特征。这里的点云分布特征是用高斯分布来近似点云分布，即 $X \sim N(\pmb{\mu}, \pmb{\Sigma})$，其中 $\pmb{\mu}$ 代表栅格内点云的均值，$\pmb{\Sigma}$ 代表点云的协方差矩阵。

相比相机获取的图像数据，激光雷达点云具有较强的稀疏性，尤其是在垂直方向上每个激光放射器之间都有较大的角度间隔。而且由于雷达光束呈放射状射出，会导致距离雷达越远的点云越稀疏。因此每次进行栅格更新时，有些栅格内的点云数量较少，无法真实地反映该栅格内物体的表面形状。如果仍然用点云分布来表示物体表面形状，可能会获得错误的结果。

图 4-37 所示为特征地图的更新过程示意图，其中上半部分是采集的真实路面上反射的激光雷达点云。为了更清晰地显示投影到每个栅格内的点云详情，将上半部分取一个小立方体（栅格）中的点云进行放大，在图下半部分中提供特写。图中从左到右则代表随着时间推移，获取到更多帧的点云，并逐渐累加到特征栅格地图中，进行特征更新的过程。如图 4-37（a）所示，该栅格内的多个点都由同一帧点云的同一对激光收发器获得，可以看出此时如果计算点云分布，将会获得近似直线的分布，这与道路地表实际情况（平面）不一致，故此时不应该进行特征提取。而随着车辆行驶，等到来自不同发射器的越来越多帧的点云不断地被填充到栅格内，此时再开始进行特征提取及更新。分别如图 4-37（a）、图 4-37（b）、图 4-37（c）所示，随着栅格内的点云越来越多，提取到的点云特征由直线 [图 4-37（a）] 变成点云分布 [图 4-37（b）]，再变成平面 [图 4-37（c）]，也越来越真实地反映路面的表面形状。

因此在进行点云特征提取时，为了避免因栅格内点云数目过少以及点云的稀疏性而导致的提取特征与真实环境相比存在较大偏差，需要保证栅格内的点云数目达到一定的阈值。

即点云的编号（线编号及帧编号）种类数需要达到预设的最低阈值，才开始进行特征的更新。如式（4-36）：

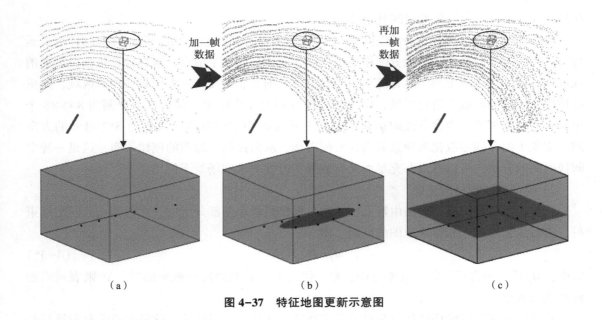

图 4-37　特征地图更新示意图

$$\begin{cases} \sum\limits_{i=1}^{N_s} N_l^i \geqslant N_t \\ \max\limits_{i=1}^{N_s} N_l^i \geqslant N_m \end{cases} \tag{4-36}$$

式中，N_l^i 代表栅格内第 i 帧点云包含的线编号的种类，N_s 代表栅格内包含的点云帧数，N_m 代表单帧最大线编号种类数阈值，N_t 代表总计线编号种类数阈值。

栅格内提取的点云特征分为点云分布特征、线特征和面特征。其中线特征和面特征均来自对点云分布特征的进一步优化，因此这里首先对点云分布特征的提取进行详细介绍。

式（4-37）、式（4-38）为栅格内点云分布特征的计算方法。

$$\boldsymbol{\mu} = \frac{1}{n} \sum_{i=1}^{n} \boldsymbol{P}_i \tag{4-37}$$

$$\boldsymbol{\Sigma} = \frac{\sum\limits_{i=1}^{n} (\boldsymbol{P}_i - \boldsymbol{\mu})^2}{n-1} \tag{4-38}$$

式中，n 代表点的数量，$\boldsymbol{P}_i$ 代表第 i 个点的坐标，$\boldsymbol{\mu}$ 代表栅格内所有点云坐标的平均值，$\boldsymbol{\Sigma}$ 代表点云分布的协方差矩阵。如果直接应用上述公式来计算点云分布，会因为每次更新都需要重新计算点云坐标的和，以及每个点坐标与均值差的平方和而极大地影响算法的效率。因此在实际应用中，需要单独的空间来存储点云坐标值的和，后续每次更新只需加一次当前帧点云的坐标值，避免重复累加，从而保证了算法的实时性。首先协方差矩阵的每一个元素都可以单独计算，其组成如下：

$$\Sigma = \begin{vmatrix} \mathrm{cov}(x,x) & \mathrm{cov}(x,y) & \mathrm{cov}(x,z) \\ \mathrm{cov}(x,y) & \mathrm{cov}(y,y) & \mathrm{cov}(x,x) \\ \mathrm{cov}(x,z) & \mathrm{cov}(y,z) & \mathrm{cov}(z,z) \end{vmatrix} \quad (4-39)$$

式中，$\mathrm{cov}(a,b)$ 代表协方差的计算函数：

$$\mathrm{cov}(a,b) = E(ab) - E(a)E(b)$$
$$= \frac{1}{n-1}(\mathrm{sum}(ab) - \mathrm{sum}(a) \cdot \mathrm{sum}(b)) \quad (4-40)$$

式中，$E(x)$ 代表求平均值，$\mathrm{sum}(x)$ 代表求和函数，$\mathrm{sum}(ab)$，$\mathrm{sum}(a)$，$\mathrm{sum}(b)$ 都可以通过单独的存储空间存储。每融合一帧点云只需更新累加一次坐标值，避免了点云坐标的重复求和，从而很大程度上提高了算法效率。

Σ 为实对称矩阵，可以进行特征值分解，如下式：

$$\Sigma = V^{\mathrm{T}} \Lambda V \quad (4-41)$$

$$\Lambda = \begin{vmatrix} \lambda_1 & 0 & 0 \\ 0 & \lambda_2 & 0 \\ 0 & 0 & \lambda_3 \end{vmatrix} (\lambda_1 \quad \lambda_2 \quad \lambda_3) \quad (4-42)$$

式中，Λ 代表特征值矩阵，它是斜对角矩阵；V 为特征值对应的特征向量矩阵，其中 λ_1，λ_2，λ_2 为特征值。该协方差矩阵的特征值可以代表点云在各自所对应特征向量方向上的方差。

通过计算点云的均值、协方差即可得到点云分布特征，点云分布特征的本质是用高斯分布来表示栅格内的点云，该特征描述与 NDT（Normal Distributions Transform，正态分布变换）对点云的特征描述相同，使用高斯分布来描述。三维空间下，高斯分布的协方差可以分解出三个方向（特征向量）的方差（特征值）。方差越小，表示该方向上点云在该方向均值附近的分布概率越高，因此建立误差函数时在该方向上就会分配更高的权重；反之，方差越大代表点云在该方向上均值附近的分布概率越小，因此在建立误差函数时分配更低的权重。

如图 4-38 所示，有 8 个三维栅格（体素）相邻排布，下方靠前的栅格内是目标点云，模拟的是在平整地面上采集到的点云。Q 点代表该点云栅格内点云分布的均值，椭球形状即通过点云分布进行的特征表示，椭球的三个轴分别代表三个方向（协方差矩阵的三个特征向量方向）上的约束，轴的长短（协方差矩阵的三个特征向量方向对应的三个特征值大小）则代表不同方向上约束的强弱，轴越短说明该方向上点云的分布越密集，约束也越强。图中上方靠后的栅格内有一点 P，代表源点云中一点。对于该点云分布特征，在建立误差函数时需要将欧氏距离误差（$\overrightarrow{PQ}$）沿着三个正交方向（点云分布特征的三个特征向量方向）分解出三个方向 $\overrightarrow{PX}$，$\overrightarrow{PY}$，$\overrightarrow{PZ}$ 的误差，并根据这三个方向（特征向量）上特征值（方差）的大小在不同方向上分配不同的权重，最终可以建立如下形式的误差函数：

$$e = \alpha_x |\overrightarrow{PX}|^2 + \alpha_y |\overrightarrow{PY}|^2 + \alpha_z |\overrightarrow{PZ}|^2 \quad (4-43)$$

其中，α_x，α_y，α_z 分别代表目标点云在栅格内分布与源点云中点 P 在不同方向（$\overrightarrow{PX}$，$\overrightarrow{PY}$，$\overrightarrow{PZ}$）上的约束，它们的大小与点云分布在三个特征向量方向上所对应的方差有关。

虽然点云分布可以表示大多数情况下点云的特征，但因为点云分布一定会存在三个不同方向的约束（协方差特征值分解后的三对特征向量及特征值），因此在匹配时也总是需要都用到这三个不同方向的约束。但是因为线、面特征分别只有在两个（直线截面上的两个方向）、一个（面的法线方向）方向上有约束，如果用具有三个方向约束的点云分布来表示线、面特征，必然会引入多余方向的约束。对于线特征引入了沿直线方向上的多余约束，对于面特征引入了平面法向方向上的多余约束，这些冗余约束本质上都是错误约束，将会对优化产生不利影响。因此这里在特征提取时会对点云分布特征进行进一步处理，得到线、面特征。

实际上，图 4-38 栅格内的点云来自模拟平面，这里用面特征代替点云分布特征来进行对比分析。对于平面来说，只有法线方向上的约束，而另外两个方向上是自由的。如图 4-39 所示，面特征只有法线方向的约束（$\overrightarrow{PZ}$ 方向）。而图 4-38 中，则还存在另外两个自由方向上的错误约束（$\overrightarrow{PX}$，$\overrightarrow{PY}$ 方向），这相当于在优化中引入了噪声，将会降低位姿估计的精度和稳定性。因此针对提取到的点云分布特征，为排除其在错误方向上的约束，仍需进一步判断是否为线、面特征。因为点云分布协方差矩阵的特征值代表了不同方向上点云分布的方差，因此 λ_1，λ_2 远大于 λ_3，可以认为是面特征，此时令 $1/\lambda_1$，$1/\lambda_2$ 等于 0，即可消除多余方向的约束；同样，如果 λ_1 远大于 λ_2，λ_3，则可以认为是线特征，令 $1/\lambda_1$ 等于 0，即可消除沿直线方向上的多余约束。图 4-39 与图 4-38 相比，P（源点云）和 Q（点云分布）之间只保留了 $\overrightarrow{PZ}$ 方向（平面法向方向）上的约束，其误差函数如下：

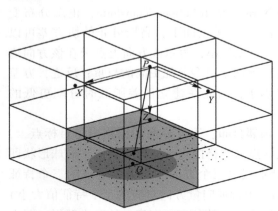

图 4-38　点云分布特征提取示意图

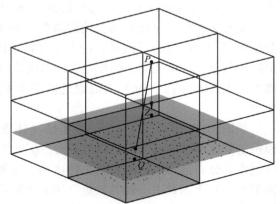

图 4-39　面特征提取示意图

$$e = \alpha_z \, |\overrightarrow{PZ}|^2 \tag{4-44}$$

对比式（4-43）可以看出，相比点云分布特征，面特征在建立误差函数时，只保留了平面法向方向（$\overrightarrow{PZ}$）上的约束，而丢弃了另外两个方向（$\overrightarrow{PX}$，$\overrightarrow{PY}$）上的多余错误约束，这样既提高了匹配精度，也加快了算法的收敛速度。

占据栅格概率部分利用贝叶斯理论进行栅格的概率更新。

$$p(m_t \,|\, \boldsymbol{x}_{1:t}, \boldsymbol{z}_{1:t}) = \frac{S}{1+S} \tag{4-45}$$

$$S = \frac{p(m_t|\boldsymbol{x}_t,\boldsymbol{z}_t)}{1-p(m_t|\boldsymbol{x}_t,\boldsymbol{z}_t)} \cdot \frac{p(m_{t-1}|\boldsymbol{x}_{1:t-1},\boldsymbol{z}_{1:t-1})}{1-p(m_{t-1}|\boldsymbol{x}_{1:t-1},\boldsymbol{z}_{1:t-1})} \tag{4-46}$$

式中，$p(m_t|\boldsymbol{x}_{1:t},\boldsymbol{z}_{1:t})$ 代表 t 时刻地图更新后的占据概率，$p(m_{t-1}|\boldsymbol{x}_{1:t-1},\boldsymbol{z}_{1:t-1})$ 则表示 $t-1$ 时刻地图的占据概率，$p(m_t|\boldsymbol{x}_t,\boldsymbol{z}_t)$ 代表用 t 时刻这一帧激光雷达的测量数据 $\boldsymbol{z}_t$ 估计的地图占据状态。

4. 点云匹配与位姿估计

激光扫描匹配算法将一组点云关联到另一组点云（或地图）上，并估计这两组点云（或点云与地图）之间的位姿关系（帧图匹配），其在物体重建、检测、定位等方面都得到了较为广泛的应用。其中应用最广泛的算法是 ICP（Iterative Closest Point，迭代最近邻）及其衍生算法以及 NDT 算法，本节将介绍传统方法的拓展——基于 CPFG 的点云匹配与位姿估计。这种方法相比 ICP 算法及相关衍生算法，避免了多次搜索最近邻点所带来的大量时间花费，因此有更高的运算效率，在大多数常用运算平台下都能实现实时运行。相比 NDT 算法，在点云分布特征基础上融合了栅格的占据概率信息，并进一步提取线特征、面特征，减少了优化过程中的冗余和错误约束，加快了收敛速度，提高了位姿估计的精度和稳定性。

基于 CPFG 地图的点云匹配的第一步是进行数据关联，这里通过计算当帧点云的每个采样点与周围最近 8 个特征栅格的点云分布均值的距离，从而找到最近邻特征栅格。前面提到的线、面及点云分布特征都可以统一用高斯分布的形式来表示，可以表达该栅格内点云所在位置的概率分布。点云分布的方向性及方差（高斯分布协方差矩阵的特征值）的差异代表不同方向上栅格对点云有不同的约束，如对直线来说，其沿直线方向无约束；对平面来说，其只有平面法向方向的约束。为统一这种具有方向异性的约束，可以用马氏距离来建立优化函数，即不同方向有不同的优化权重。为了提高优化的稳定性，需要对特征矩阵使用非线性函数 $\varphi(x)$ 进行映射并进行相关归一化操作。

对该特征值矩阵的逆进行归一化如下：

$$\boldsymbol{\Lambda}_{\text{normalized}}^{-1} = \text{norm}(\varphi(\boldsymbol{\Lambda}^{-1})) \tag{4-47}$$

式中，$\varphi(x)$ 是一个非线性映射函数，目的是调节三个方向特征值对优化的影响强弱，这里使用的是平方根函数。

然后以马氏距离作为误差函数，得到式（4-48）所示的代价函数。

$$J(\boldsymbol{T}) = \frac{1}{2}\sum_{i=1}^{N}(\boldsymbol{T}\boldsymbol{X}_i - \boldsymbol{\mu})^{\mathrm{T}}\boldsymbol{V}\boldsymbol{\Lambda}_{\text{normalized}}^{-1}\boldsymbol{V}^{\mathrm{T}}(\boldsymbol{T}\boldsymbol{X}_i - \boldsymbol{\mu}) \tag{4-48}$$

式中，N 为当前帧待匹配点的数量；$\boldsymbol{X}_i$ 为待匹配点坐标；$\boldsymbol{T}$ 为优化目标，是当前车辆相对于地图坐标系的位姿。

马氏距离相比欧氏距离多一个协方差矩阵，在这里其作用是对代价函数在点云分布特征的不同方向（协方差矩阵的三个特征向量方向）的约束分配不同的权重。在方差（特征值）较小的方向分配较大的权重，反之在方差较大的方向分配较小的权重，这与假设点云分布为高斯分布的极大似然估计问题等价，如式（4-49）、式（4-50）。

$$p(\boldsymbol{T}) = \prod_{i=1}^{N}\frac{1}{(2\pi)^{D/2}\sqrt{|\boldsymbol{\Sigma}|}}\exp\left(-\frac{(\boldsymbol{T}\boldsymbol{X}_i - \boldsymbol{\mu})^{\mathrm{T}}\boldsymbol{V}\boldsymbol{\Lambda}_{\text{normalized}}^{-1}\boldsymbol{V}^{\mathrm{T}}(\boldsymbol{T}\boldsymbol{X}_i - \boldsymbol{\mu})}{2}\right) \tag{4-49}$$

$$f(\boldsymbol{T}) = -\log(p(\boldsymbol{T}))$$

$$\propto \frac{1}{2} \sum_{i=1}^{N} (\boldsymbol{TX}_i - \boldsymbol{\mu})^{\mathrm{T}} \boldsymbol{V} \boldsymbol{\Lambda}_{\mathrm{normalized}}^{-1} \boldsymbol{V}^{\mathrm{T}} (\boldsymbol{TX}_i - \boldsymbol{\mu}) \tag{4-50}$$

$$= J(\boldsymbol{T})$$

为了进一步提高算法的稳定性，降低外点对优化结果的影响，这里采用柯西鲁棒代价函数（4-51）：

$$\rho(u) = \frac{1}{2}\ln(1+u^2) \tag{4-51}$$

在这里每个采样点对应的误差函数 $u_i(\boldsymbol{T})$ 为

$$u_i(\boldsymbol{T}) = \sqrt{(\boldsymbol{TX}_i - \boldsymbol{\mu})^{\mathrm{T}} \boldsymbol{V} \boldsymbol{\Lambda}_{\mathrm{normalized}}^{-1} \boldsymbol{V}^{\mathrm{T}} (\boldsymbol{TX}_i - \boldsymbol{\mu})} \tag{4-52}$$

同时，因为占据概率高的栅格说明被点云击中的概率更高，其点云分布也将有更高的置信度，因此将概率作为附加标量权重值：

$$J'(\boldsymbol{T}) = \sum_{i=1}^{N} \omega_{c_i} \rho(u_i(\boldsymbol{T})) \tag{4-53}$$

式中，c_i 为第 i 个点所对应的栅格，ω_{c_i} 为该栅格的优化权重，是与原始特征值 λ 及栅格概率 p_{c_i} 有关的量，即

$$\omega_{c_i} = f(\lambda, p_{c_i}) \tag{4-54}$$

最终获得新的代价函数如下：

$$J(\boldsymbol{T}) = \frac{1}{2} \sum_{i=1}^{N} \omega_{c_i} \ln(1 + (\boldsymbol{TX}_i - \boldsymbol{\mu})^{\mathrm{T}} \boldsymbol{V} \boldsymbol{\Lambda}_{\mathrm{normalized}}^{-1} \boldsymbol{V}^{\mathrm{T}} (\boldsymbol{TX}_i - \boldsymbol{\mu})) \tag{4-55}$$

最终问题转换为求解上述代价函数的最小值，可以使用非线性优化算法来求解，如 Levenberg-Marquard 算法。优化函数的初始化位姿可以由匀速运动模型或者利用其他传感器数据估计得到。通过对代价函数的优化，最终得到激光里程计的输出结果，即前端输出的车辆位姿。

4.3.3　基于图优化的激光雷达 SLAM 后端

如图 4-40 所示，SLAM 后端优化得到的各个车辆节点的最优位姿值就是激光雷达 SLAM 系统的最终输出。前面章节介绍的激光里程计将车辆位姿估计结果输入到 SLAM 后端作为车辆位姿节点的优化初值，将帧图匹配结果输入到 SLAM 后端作为约束。ROS 数据包中的 GNSS 信息、INS 信息、轮速计的信息被输入到 SLAM 后端作为量测约束。同时检测是否存在闭环约束，通过这些约束对车辆位姿节点的值进行优化。

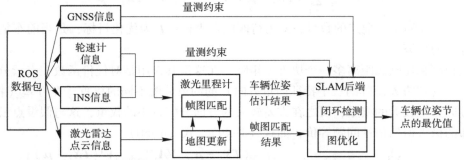

图 4-40　后端采用图优化融合多传感器信息的三维 SLAM 的整体框架

4.3.2 节介绍的帧图匹配中的"图"可以是由一系列子地图组合而成，智能车辆的 SLAM 运行过程的不同阶段可以生成不同的子地图，用于减少帧图匹配的计算量，提高匹配精度。根据帧图匹配得到的最优估计值 $\boldsymbol{P}_s^v$ 和子地图坐标系在全局地图坐标系中的位姿值 $\boldsymbol{P}_g^s$，可以得到车辆坐标系在全局地图坐标系中位姿的最优估计值 $\boldsymbol{P}_g^v\{\boldsymbol{Q}_g^v, \boldsymbol{T}_g^v\}$：

$$\begin{cases} \boldsymbol{Q}_g^v = \boldsymbol{Q}_g^s \otimes \boldsymbol{Q}_s^v \\ \boldsymbol{T}_g^v = \boldsymbol{T}_g^s + \boldsymbol{T}_s^v \end{cases} \tag{4-56}$$

但是，由于帧图匹配每次得到的最优估计值 $\boldsymbol{P}_s^v$ 都存在误差，导致 $\boldsymbol{P}_g^v$ 和 $\boldsymbol{P}_g^s$ 存在随时间增大的累计误差。为了减小 $\boldsymbol{P}_g^v$ 和 $\boldsymbol{P}_g^s$ 的累计误差，这里采用基于位姿图（Pose Graph）图优化的优化方法。如图 4-41 所示，位姿图中包含两种节点：车辆位姿节点和子地图位姿节点。

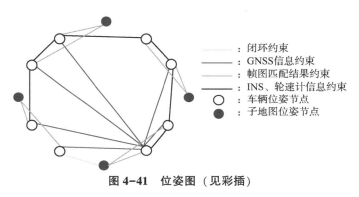

图 4-41　位姿图（见彩插）

每个车辆位姿节点都对应着一帧插入子地图的点云，其对应帧点云初始时刻的车辆坐标系在全局地图坐标系中的位姿即车辆位姿节点的值。每个子地图节点都对应着匹配地图中的一个子地图，其对应的子地图在全局地图坐标系中的位姿即子地图位姿节点的值。将图中所有车辆位姿节点和子地图位姿节点分别记为 $\{Node\_V_i\}_{i=1,2,\cdots,I}$ 和 $\{Node\_S_j\}_{j=1,2,\cdots,J}$，其值分别记为 $\{_g^v\boldsymbol{P}_i\}_{i=1,2,\cdots,I}$ 和 $\{_g^s\boldsymbol{P}_j\}_{j=1,2,\cdots,J}$。将激光里程计得到的 $\{_g^v\boldsymbol{P}_i\}_{i=1,2,\cdots,I}$ 和 $\{_g^s\boldsymbol{P}_j\}_{j=1,2,\cdots,J}$ 分别作为车辆位姿节点和子地图位姿节点的初始值，将 GNSS 经纬高信息、INS 姿态信息、轮速计信息、帧图匹配结果和闭环约束都作为图中节点间的约束。每个约束都有对应的残差 E_i，将各个约束对应残差的加权和作为代价函数 E，通过优化车辆位姿节点和子地图位姿节点的值来使 E 取最小值：

$$\underset{\boldsymbol{P}_g^v, \boldsymbol{P}_g^s}{\arg\min} E = \sum_{i=1}^5 \alpha_i \cdot E_i \tag{4-57}$$

式中，α_i 表示各个约束的权重系数。GNSS 经纬高信息、INS 姿态信息、轮速计信息的约束权重系数与传感器的量测精度相关，量测精度越高，约束权重越大。帧图匹配结果和闭环约束的约束权重系数与匹配结果的精度相关，匹配结果的精度越高，约束权重越大。

1. GNSS 经纬高信息的约束

SLAM 初始化之后，假设在 t_0 时刻第一次收到卫星定位结果。此时天线中心在 A 点，得到 A 点的经纬高坐标为 (lon_a, lat_a, h_a)，根据 WGS-84 坐标系和 ECEF 地心地固直角坐标系之间的

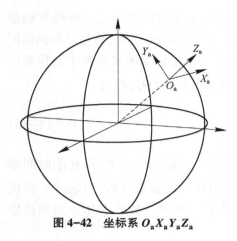

图 4-42　坐标系 $O_aX_aY_aZ_a$

坐标变换关系，转化(lon_a,lat_a,h_a)得到 A 点在地心地固直角坐标系中的坐标(x_e^a,y_e^a,z_e^a)。以 A 为原点建立如图 4-42 所示的坐标系 $O_aX_aY_aZ_a$。

图中，O_aX_a 在大地水平面内指向东，O_aY_a 在大地水平面内指北，O_aZ_a 垂直于大地水平面与重力方向相反。

卫星定位系统定位的是天线中心的位置，要想利用卫星定位结果对车辆位姿节点的位置值进行优化，就必须根据卫星定位结果计算出车辆坐标系原点的位置。根据 GNSS 天线和 INS 联合标定结果(x_A^I,y_A^I,z_A^I)和 INS 的输出姿态值计算出 t_0 时刻车辆坐标系原点在 $O_aX_aY_aZ_a$ 中的坐标值 $({}_a^vx_0,{}_a^vy_0,{}_a^vz_0)$：

$$({}_a^vx_0,{}_a^vy_0,{}_a^vz_0) = -{}_a^vQ_0 \otimes (x_A^I,y_A^I,z_A^I) \otimes {}_a^vQ_0^{-1} \tag{4-58}$$

式中，${}_a^vQ_0$ 等于 t_0 时刻 INS 输出的姿态值。记接收到的卫星定位结果的时刻为 t_k，$k=1$，2，$\cdots$，K，通过将 t_k 时刻卫星定位结果中的经纬高坐标(lon_k,lat_k,h_k)进行坐标转换，得到(x_k^a,y_k^a,z_k^a)，再由式（4-59）得到 t_k 时刻车辆坐标系原点在 $O_aX_aY_aZ_a$ 中的坐标$({}_a^vx_k,{}_a^vy_k,{}_a^vz_k)$：

$$({}_a^vx_k,{}_a^vy_k,{}_a^vz_k) = (x_k^a,y_k^a,z_k^a) -{}_a^vQ_k \otimes (x_A^I,y_A^I,z_A^I) \otimes {}_a^vQ_k^{-1} \tag{4-59}$$

式中，${}_a^vQ_k$ 等于 t_k 时刻 INS 输出的姿态值，从 t_0 时刻到 t_k 时刻车辆坐标系原点在 $O_aX_aY_aZ_a$ 中的位移量为

$$(\Delta x_0^k,\Delta y_0^k,\Delta z_0^k) = ({}_a^vx_k,{}_a^vy_k,{}_a^vz_k) - ({}_a^vx_0,{}_a^vy_0,{}_a^vz_0) \tag{4-60}$$

则 GNSS 的量测约束对应的残差 E_1 的表达式为

$$E_1 = \sum_{k=1}^{K} |Q_g^a \otimes (\Delta x_0^k,\Delta y_0^k,\Delta z_0^k) \otimes (Q_g^a)^{-1} - ({}_g^vT_k -{}_g^vT_0)^T|^2 \tag{4-61}$$

式中，Q_g^a 表示 $O_aX_aY_aZ_a$ 在全局地图坐标系中的姿态，为待优化量，其优化初始值为$Q_g^v \otimes ({}_a^vQ_0)^{-1}$；${}_g^vT_k$，$k=0,1,2,\cdots,K$ 表示 t_k 时刻车辆位姿节点的位置值，为待优化量，其优化初始值为${}_g^vT_k$。

2. INS 信息和轮速计信息的约束

虽然 INS 输出的姿态存在累计误差，但在短时间内的姿态变换量的误差却很小。因此这里利用 INS 姿态信息对两个相邻车辆位姿节点间的姿态变换量进行约束，利用轮速计的信息对两个相邻车辆位姿节点间的相对位移进行约束。车辆位姿节点 $Node\_V_i$ 和 $Node\_V_{i+1}$ 间的姿态变化量表达式如下：

$$\Delta_g^vQ_i^{i+1} = ({}_g^vQ_{i+1})^{-1} \otimes {}_g^vQ_i \tag{4-62}$$

t_i 和 t_{i+1} 分别为车辆位姿节点 $Node\_V_i$ 和 $Node\_V_{i+1}$ 所对应的时刻，INS 在 t_i 和 t_{i+1} 输出的姿态值分别为${}_n^IQ_i$ 和${}_n^IQ_{i+1}$，由式（4-45）可得 INS 坐标系从 t_i 到 t_{i+1} 在地理坐标系中的姿态变换量：

$$\Delta_n^IQ_i^{i+1} = ({}_n^IQ_{i+1})^{-1} \otimes ({}_n^IQ_i) \tag{4-63}$$

$\Delta_n^IQ_i^{i+1}$ 也等于车辆坐标系从 t_i 到 t_{i+1} 在全局地图坐标系中的姿态变化量，则残差 E_2 的表达式为

$$\Delta \boldsymbol{Q}_i(\Delta q_0^i, \Delta q_1^i, \Delta q_2^i, \Delta q_3^i) = \Delta_g^v \boldsymbol{Q}_i^{i+1} \otimes (\Delta_n^I \boldsymbol{Q}_i^{i+1})^{-1}$$

$$E_2 = \sum_{i=1}^{I-1} |2\arccos(\Delta q_0^i)| \tag{4-64}$$

车辆位姿节点 $Node\_V_i$ 和 $Node\_V_{i+1}$ 之间的平均速度 $\mathrm{V}_{i/i+1}$ 的表达式如下：

$$\boldsymbol{V}_{i/i+1} = \frac{_g^v\boldsymbol{T}_{i+1} - _g^v\boldsymbol{T}_i}{t_{i+1} - t_i} \tag{4-65}$$

根据 $(t_i + t_{i+1})/2$ 时刻车辆后轴中心的线速度 $\boldsymbol{V}_{i/i+1}$，得到残差 E_3 的表达式为

$$E_3 = \sum_{i=1}^{I-1} |\boldsymbol{V}_{i/i+1} - \boldsymbol{V}_{i/i+1}|^2 \tag{4-66}$$

3. 帧图匹配结果的约束

通过帧图匹配得到的最优估计值 $\boldsymbol{P}_s^v$ 来约束车辆位姿节点和子地图位姿节点间的相对位姿值。如果一个车辆位姿节点对应的点云插入到某个子地图位姿节点对应的子地图中，则称该子地图位姿节点包含该车辆位姿节点。假设子地图位姿节点 $Node\_S_j$ 包含 N_j 个车辆位姿节点，由式（4-67）可得其中第 $n(n = 1, 2, \cdots, N_j)$ 个车辆位姿节点相对于子地图位姿节点 $Node\_S_j$ 的位姿 $\{\boldsymbol{Q}_j^n, \boldsymbol{T}_j^n\}$：

$$\begin{cases} \boldsymbol{Q}_j^n = (_g^s\boldsymbol{Q}_j)^{-1} \otimes _g^v\boldsymbol{Q}_n \\ \boldsymbol{T}_j^n = _g^v\boldsymbol{T}_n - _g^s\boldsymbol{T}_j \end{cases} \tag{4-67}$$

第 n 个车辆位姿节点 $(n = 1, 2, \cdots, N_j)$ 对应的点云与子地图位姿节点 $Node\_S_j$ 对应的子地图间的帧图匹配结果为 $\boldsymbol{P}_j^n(\boldsymbol{Q}_j^n, \boldsymbol{T}_j^n)$，则帧图匹配结果约束对应的残差 E_4 的表达式为

$$\begin{cases} \Delta \boldsymbol{Q}_j^n(\Delta_j^n q_0, \Delta_j^n q_1, \Delta_j^n q_2, \Delta_j^n q_3) = \boldsymbol{Q}_j^n \otimes (\boldsymbol{Q}_j^n)^{-1} \\ E_4 = \sum_{j=1}^J \sum_{n=1}^{N_j} |2\arccos(\Delta_j^n q_0)| + |\boldsymbol{T}_j^n - \boldsymbol{T}_j^n|^2 \end{cases} \tag{4-68}$$

4. 闭环约束

当车辆运动轨迹中出现封闭图形时，称轨迹中存在闭环约束，闭环约束可以有效消除车辆位姿节点值的累计误差。因此，如何能正确且高效地检测闭环成为 SLAM 后端优化研究的重点。这里首先根据激光里程计估计的 $\boldsymbol{T}_g^v$ 和 $\boldsymbol{T}_g^s$，对待检测的车辆位姿节点和所有不包含该车辆位姿节点的子地图位姿节点之间的距离 d 做一个近似的估算：

$$d = |\boldsymbol{T}_g^v - \boldsymbol{T}_g^s|^2 \tag{4-69}$$

若待检测的车辆位姿节点和某个不包含该车辆位姿节点的子地图位姿节点之间的距离 d 小于设定的阈值 $d_{\text{threshold}}$，则对待检测的车辆位姿节点和该子地图位姿节点进行"闭环检测"；否则，则认为待检测的车辆位姿节点距离该子地图位姿节点较远，之间不可能存在闭环约束，不再进行"闭环检测"。如果车辆位姿节点和子地图位姿节点之间存在闭环约束，那么子地图位姿节点对应的子地图中存储的环境信息应该包含了车辆位姿节点对应的点云描述的环境信息，两者应该具有较高的相似度。因此，根据车辆位姿节点对应的点云和子地图位姿节点对应的子地图的相似度大小，来判断车辆位姿节点和子地图位姿节点之间是否存在闭环约束。如果两者的相似度大于设定的阈值，则判定车辆位姿节点和子地图位姿节点之间存在闭

环约束；反之，不存在闭环约束。下面介绍如何具体判断车辆位姿节点 $Node\_V_i$ 和子地图位姿节点 $Node\_S_j$ 之间是否存在闭环约束，以及存在的情况下如何求解 $Node\_V_i$ 和 $Node\_S_j$ 的闭环约束 $\boldsymbol{P}_j^i\{\boldsymbol{Q}_j^i, \boldsymbol{T}_j^i\}$ 的最优估计值。

先假设车辆位姿节点 $Node\_V_i$ 和子地图位姿节点 $Node\_S_j$ 之间存在闭环约束，求解闭环约束 $\boldsymbol{P}_j^i\{\boldsymbol{Q}_j^i, \boldsymbol{T}_j^i\}$ 的最优估计值前，需要一个初始估计值。如果将 $Node\_V_i$ 的初始值 $_g^v\boldsymbol{P}_i$ 和 $Node\_S_j$ 的初始值 $_g^s\boldsymbol{P}_j$ 间的相对位姿量 $(_g^s\boldsymbol{P}_j)^{-1}\otimes_g^v\boldsymbol{P}_i$ 作为初始估计值，会由于 $_g^v\boldsymbol{P}_i$ 和 $_g^s\boldsymbol{P}_j$ 都存在累计误差，从而导致初始估计值与最优值间相差较大。在这种情况下，优化过程容易落入局部最优值，无法得到全局最优值。因此，必须找到一个更加接近最优值的初始估计值。通常采用建立离散解空间并在空间中搜索最佳离散解的方法，来得到一个理想的初始估计值。即以 $(_g^s\boldsymbol{P}_j)^{-1}\otimes_g^v\boldsymbol{P}_i$ 的结果 $(\Delta\theta_{mid}, \Delta\varphi_{mid}, \Delta\psi_{mid}, \Delta x_{mid}, \Delta y_{mid}, \Delta z_{mid})$ 为中心，建立六维离散解空间 W_6：

$$W_6 = \begin{cases} \Delta\theta : \Delta\theta_{mid} \pm m \cdot \Delta\alpha \\ \Delta\varphi : \Delta\varphi_{mid} \pm m \cdot \Delta\alpha \\ \Delta\psi : \Delta\psi_{mid} \pm m \cdot \Delta\alpha \\ \Delta x : \Delta x_{mid} \pm n \cdot \Delta d \\ \Delta y : \Delta y_{mid} \pm n \cdot \Delta d \\ \Delta z : \Delta z_{mid} \pm n \cdot \Delta d \end{cases}_{m=1,2,\cdots,M; n=1,2,\cdots,N} \tag{4-70}$$

其中，$\Delta\theta$、$\Delta\varphi$、$\Delta\psi$ 表示 $Node\_V_i$ 相对于 $Node\_S_j$ 的姿态的三个欧拉角，Δx、Δy、Δz 表示 $Node\_V_i$ 相对于 $Node\_S_j$ 的位置在全局地图坐标系三轴上的分量。$\Delta\alpha$ 和 Δd 表示间隔步长，M 和 N 由离散解空间的范围决定。$\boldsymbol{P}_j^i$ 依次取离散解空间中的各个离散解，根据 $\boldsymbol{P}_j^i$ 的取值，将 $Node\_V_i$ 对应的点云的坐标集 $\boldsymbol{H}_v$ 转换到 $Node\_S_j$ 对应子地图坐标系中得到坐标集 $\boldsymbol{H}_s$，由 $\boldsymbol{H}_s$ 得到各个激光点所在栅格的概率值之和 p_{sum}。p_{sum} 的最大值 p_{sum}^{max} 就是 $Node\_V_i$ 对应的点云和 $Node\_S_j$ 对应的子地图之间的相似度。如果 p_{sum}^{max} 小于设定的阈值 $p_{sum}^{threshold}$，则认为假设不成立，两者之间不存在闭环约束；反之，假设成立，两者之间存在闭环约束，并将使 p_{sum} 取 p_{sum}^{max} 的离散解作为 $\boldsymbol{P}_j^i$ 的初始估计值。但该方法中，离散解空间 W_6 中离散解的总数等于 $(2n+1)^3 \cdot (2m+1)^3$，如果遍历离散解空间中的每一个离散解，计算量将非常大。

这里使用通过零速重力校正的高精度 INS 姿态值。INS 在车辆位姿节点 $Node\_V_i$ 所对应的时刻输出的姿态值为 $_n^I\boldsymbol{Q}_i$，在子地图位姿节点 $Node\_S_j$ 所对应的时刻输出的姿态值为 $_n^I\boldsymbol{Q}_j$。$(_n^I\boldsymbol{Q}_j)^{-1}\otimes_n^I\boldsymbol{Q}_i$ 等于两个时刻间车辆坐标系在全局地图坐标系中的姿态变换量。由于 $(_n^I\boldsymbol{Q}_j)^{-1}\otimes_n^I\boldsymbol{Q}_i$ 的误差较小，所以可以作为 $\boldsymbol{Q}_j^i$ 的初始估计值。因此，只需要以 $_g^v\boldsymbol{T}_i - _g^s\boldsymbol{T}_j$ 的结果 $(\Delta x_{mid}, \Delta y_{mid}, \Delta z_{mid})$ 作为中心，建立三维离散解空间 W_3，为了提高搜索最优离散解的效率，采用深度优先的分支定界算法来对三维搜索空间进行变步长搜索。

$$W_3 = \begin{cases} \Delta x : \Delta x_{mid} \pm n \cdot \Delta d \\ \Delta y : \Delta y_{mid} \pm n \cdot \Delta d \\ \Delta z : \Delta z_{mid} \pm n \cdot \Delta d \end{cases} \tag{4-71}$$

每个维度的搜索范围都设定为常数 L，L 的大小与车辆位姿节点 $Node\_V_i$ 和子地图位姿

节点 $Node\_S_j$ 间的相隔时间成正比，Δd 为最小搜索步长，和 $Node\_S_j$ 对应的栅格子地图的栅格边长相等，$n=[L/(2\cdot\Delta d)]$（$[\ ]$ 表示向下取整）。假设分支定界算法的层数为 D，先对 $Node\_S_j$ 对应的栅格子地图进行预处理，生成 D 个衍生栅格子地图集 $\{S_j^d, d=0,1,2,\cdots,D-1\}$。每个衍生栅格子地图的分辨率和 $Node\_S_j$ 对应的栅格子地图的分辨率相同，衍生栅格子地图 S_j^d 中栅格坐标为 (x,y,z) 的栅格中概率值为 $Node\_S_j$ 对应的栅格子地图中栅格坐标在 $\{x\sim(x+2^d-1),y\sim(y+2^d-1),z\sim(z+2^d-1)\}$ 范围内栅格概率值的最大值。深度优先的分支定界的搜索策略如图 4-43 所示。

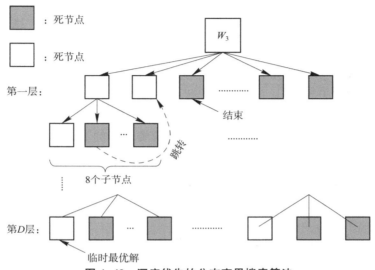

图 4-43　深度优先的分支定界搜索算法

（1）先将 W_3 中每个维度上的搜索步长 Δl 设定为 $2^{D-1}\cdot\Delta d$，在 W_3 中生成 K 个离散解，$K=[L/\Delta l]^3$，得到分支定界第一层中的离散解节点集合 $\{w_1^k\}_{k=1,2,\cdots,K}$。将集合中的每个离散解和姿态初始估计值 $\overline{Q}_j^i$ 组合后，对 $Node\_V_i$ 对应的点云的坐标集 H_v 进行转化，得到在 $Node\_S_j$ 对应的子地图坐标系中的坐标集合 H_s。根据 H_s 找到各个激光点落在衍生栅格子地图 S_j^{D-1} 的哪些栅格中，并计算这些栅格中概率值的总和，称概率值的总和为离散解的分数。根据分数对离散解节点集合 $\{w_1^k\}_{k=1,2,\cdots,K}$ 进行从大到小的排序，再将排序后的 $\{w_1^k\}_{k=1,2,\cdots,K}$ 中第一个离散解的分数与初始设定分数阈值 $p_{\text{sum}}^{\text{threshold}}$ 进行比较，进入第（2）步。

（2）若离散解节点的分数大于 $p_{\text{sum}}^{\text{threshold}}$，则以该离散解节点的值为中心，生成 8 个离散解子节点，然后进入第（3）步；若离散解节点的分数小于 $p_{\text{threshold}}$，则该离散解节点和其之后的离散解节点都为死节点，搜索结束。

（3）根据衍生栅格子地图 S_j^{D-c}（c 为子节点所在的层数），计算 8 个离散解子节点的分数，并根据分数对 8 个离散解子节点从大到小排序，再依次将排序后的离散解子节点的分数与 $p_{\text{sum}}^{\text{threshold}}$ 进行比较，进入第（4）步。

（4）若离散解子节点的分数大于 $p_{\text{sum}}^{\text{threshold}}$ 且该节点为第 D 层的叶节点，则该离散解子节点为临时最优离散解，$p_{\text{sum}}^{\text{threshold}}$ 的值更新为该离散解节点的分数，进入第（5）步；若离散解

子节点的分数大于 $p_{\text{sum}}^{\text{threshold}}$ 但该离散解节点不是叶节点，则以该离散解子节点的值为中心生成 8 个新的离散解子节点，转入第 （3） 步；若离散解子节点的分数小于 $p_{\text{sum}}^{\text{threshold}}$，则进入第 （5） 步。

（5） 转到与其父节点同层的下一个离散解节点，若该离散解节点在第一层，则转入第 （2） 步；若该离散解节点不在第一层，则转入第 （4） 步。

上述过程中以离散解节点的值为中心生成 8 个离散解子节点的过程为：以离散解节点的值 （x，y，z） 为中心，以 $2^{D-c} \cdot \Delta d$ （c 为离散解子节点所在层数） 为每个方向上的偏移量，生成 8 个值为 $(x\pm\Delta l/2^c , y\pm\Delta l/2^c , z\pm\Delta l/2^c)$ 的离散解子节点。

若在离散空间中搜索出最优离散解的分数比初始设定的 $p_{\text{sum}}^{\text{threshold}}$ 大，则表明车辆位姿节点 $Node\_V_i$ 和子地图位姿节点之间 $Node\_S_j$ 存在闭环约束。将最优离散解和姿态初始值 $\overline{Q}_j^i$ 作为 $Node\_V_i$ 相对于 $Node\_S_j$ 的位姿的初始估计值 $\overline{P}_j^i$。再通过 4.2.4 节中的帧图匹配算法来进一步确定 $Node\_V_i$ 相对于 $Node\_S_j$ 的位姿的最优估计值 $_j^i P_{\text{loop}}$（$_j^i Q_{\text{loop}}$，$_j^i T_{\text{loop}}$）。如果共检测到 M 对车辆位姿节点和子地图位姿节点存在闭环约束，其中第 m 对闭环约束对应的车辆位姿节点的下标为 $m1$，第 m 对闭环约束对应的子地图位姿节点的下标为 $m2$，则 M 对闭环约束对应的残差 E_5 的表达式为

$$\Delta_{m2}^{m1}Q(\Delta_{m2}^{m1}q^0 , \Delta_{m2}^{m1}q^1 , \Delta_{m2}^{m1}q^2 , \Delta_{m2}^{m1}q^3) = (_g^s Q_{m2})^{-1} \otimes _g^v Q_{m1} \otimes _{m2}^{m1}Q_{\text{loop}}$$
$$T_{m2}^{m1} = _g^v T_{m1} - _g^s T_{m2} \tag{4-72}$$
$$E_5 = \sum_{m=1}^{M} |2\arccos(_{m2}^{m1}\Delta q^0)| + |_{m2}^{m1}T_{\text{loop}} - T_{m2}^{m1}|^2$$

考虑上述 4 种不同的情况建立的残差，建立具备丰富约束的位姿图优化问题，求解车辆位姿最优解，作为激光雷达 SLAM 后端的输出。

第 5 章
智能车辆行为决策

行为决策是体现智能车辆智能水平的重要环节，它使车辆能够适应复杂的真实交通场景，并且做出合理的行驶决定。由于真实交通场景的复杂性以及无法预测的突发状况，使建立行为决策系统具有很大的挑战性。为了建立智能行为决策系统，充分借鉴了人类驾驶员的决策过程。一方面，人类的驾驶决策为智能车辆提供了模型，是一种很好的思路；另一方面，智能车辆决策系统需要具备类人性，其行为要能够被人类驾驶员所理解，才能够真正融入交通流里安全行驶。类人性也使车内驾乘人员对决策结果感到满意，带来良好舒适的乘坐体验。

本章以高速道路环境下智能车辆超车行为决策、无信号灯十字交叉口智能车辆行为决策等为例，通过分析、学习不同交通场景下人类驾驶员不同的决策过程，借鉴学习人类驾驶员的决策方法，从而建立相应场景、相应行为的决策框架。此外，针对车辆跟驰问题，介绍利用强化学习方法的类人驾驶学习系统，以此来提高智能车辆驾驶的安全性和舒适性等性能。

5.1 高速道路环境下智能车辆超车行为决策

基于规则的方法是一种常用的行为决策方法。该方法具有应用简单的优点。但这种方法有时不能充分考虑环境的不确定性，在复杂的环境中，许多因素往往不能提前精确建模，这会影响基于规则方法的效率。而基于统计的决策方法在许多驾驶任务中是一种考虑不确定性的决策方法，得到了广泛的应用。

图 5-1 所示为智能车辆行为决策系统建立。首先分析真实交通环境中存在的人、车、路等多个因素，研究它们之间的相互联系与交互机理。采集人类驾驶员的行为数据，按照场景的不同分类存储，形成行为库。通过基于信息论等方法的知识获取表达，形成相应的知识库。这里的知识既包括数据统计分析得到的数学模型，也包括通过机器学习得到的"黑箱"。根据感知系统获得实时信息，利用知识库进行行为决策。通过不同的仿真场景和实车试验对知识库进行反复验证，迭代更新，逐渐完善。

针对高速公路环境，可以提出图 5-2 所示的超车行为决策系统框架，框架以层次状态机为基础，层次状态机将高速公路上的驾驶行为离散成不同的驾驶状态，不同状态下执行相应的驾驶任务。状态的转换对应了驾驶任务的改变，这样对连续的驾驶行为进行离散解耦，

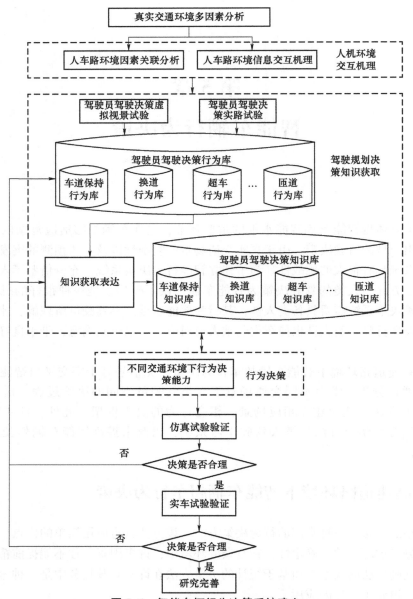

图 5-1 智能车辆行为决策系统建立

降低了决策的复杂度。针对驾驶状态的转换采取分层决策：使用人工神经网络算法来产生超车意图，然后采用基于规则的安全性、舒适性等条件判定。超车意图产生是超车行为研究的重要内容，它解决了是否有必要进行超车的问题。超车意图产生具有较强的主观性，而超车安全等指标又具有较强的客观性。由于训练人工神经网络的驾驶数据来自特定的驾驶员，所以训练结果可以充分体现驾驶员的主观特殊性。采用基于规则的超车条件判定，解决了能不能进行超车的问题，既反映了超车过程的客观性规律，又能够避免神经网络算法错误的分类结果带来的危险。这种分层的决策方法，充分考虑超车行为的主观方面与客观方面的因素，在保证超车安全、舒适等条件下，使自动驾驶体现了人类的驾驶习惯。这种人类驾驶行为习惯的体现有利于自动驾驶技术的普及，一方面使智能车辆行为决策能够被其他交通参与者所理解，增加整个交通通行的安全性，使智能车辆融入真实的交通流中；另一方面也符合车内驾驶员的驾驶行为习惯，良好的用户体验是智能车辆被认可的前提。

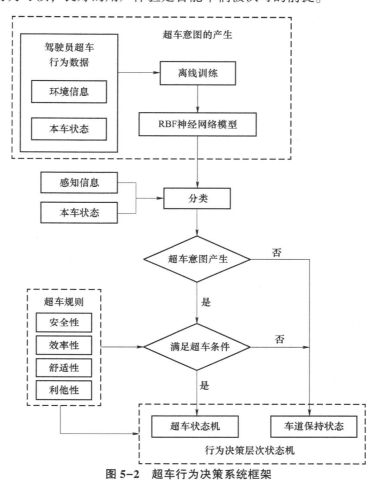

图 5-2　超车行为决策系统框架

5.1.1　基于层次状态机的超车行为建模

智能车辆要理解其他交通参与者的行为意图，也要使自己的行为能够被理解，这样才能保证整个交通的安全通行。为了使智能车辆的行为决策被正确理解，决策系统是在模仿人类驾驶员的决策过程的基础上建立的。人类超车行为由一系列连续的驾驶阶段组成，比如超车准备、向左换道、实施超越等。当一个阶段任务完成并满足特定条件后才能进入下一个阶段，不同阶段之间的转换有着固定的逻辑关系。基于上述基本特征，有限状态机能够对超车行为进行离散化建模。首先将超车行为离散成不同的超车阶段，建立与之对应的状态，状态之间的转移对应了超车阶段的变化。

1. 层次状态机原理

有限状态机（Finite State Machine，FSM），简称状态机，是一种广泛应用的软件设计方

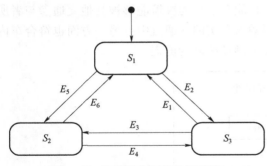

图 5-3　简单的有限状态机系统

法，图 5-3 展示了简单的有限状态机系统。有限状态机主要用来描述对象在生命周期内所经历的状态序列和引起状态转换的事件，是表示有限状态以及状态之间转移关系的数学模型。有限状态机可以由六元组 $(\Psi, \Sigma, S, s_0, H, \omega)$ 表示，其中，Ψ 为输入集，Σ 为输出集，S 为状态集，s_0 为系统的初始状态，是 S 中的元素，H 是状态转移函数，ω 为输出函数。有限状态机存在两个基本的假设：对象的状态是有限的，可列出的；状态的转移是瞬时完成的。

有限状态机通常包含以下 4 个要素。

（1）状态（state）：指的是对象的一种状况，存储关于过去的信息。处于某个特定状态中的对象必然会满足某些条件、执行某些动作或者是等待某些事件。

（2）事件（event）：指的是对状态机有意义的事情，通常会引起状态的变迁，促使状态机从一种状态转移到另一种状态。

（3）转移（transition）：指的是满足转移条件后，对象状态发生变化，由当前状态转换成另一状态。

（4）动作（action）：指的是状态机中满足特定条件时能够执行的操作。动作在执行过程中不能被其他消息所中断。动作包括进入动作、退出动作、输入动作、转移动作等。

层次状态机在有限状态机的基础上发展而来，通过在单个状态内建立子状态逐渐形成。层次化建模能够实现状态系统的模块化，每个模块都是相对独立的有限状态机，当然，不同模块之间也能够实现状态的转移。对于复杂的有限状态系统，层次状态机更能反映真实系统结构，使模型逻辑合理清晰，降低模型复杂度，便于维护。本节采用层次状态机对高速公路上的驾驶行为进行建模，主要介绍与超车相关的状态转移关系。

2. 超车行为离散化与建模

为了实现高速公路环境下的自主决策，采取了层次状态机对整个高速道路环境下的驾驶行为进行建模。层次状态机分为两层：顶层状态机与相应的子状态机，如图 5-4 所示。图中矩形框表示相应的状态，超车矩形框的状态表示超车顶层状态下的子状态机，实线表示同层状态之间的转移，虚线表示跨越层次间的状态转移。下面对顶层状态机和超车子状态机分别进行介绍。

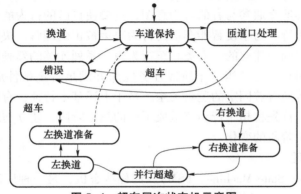

图 5-4　超车层次状态机示意图

1）顶层状态机

为了降低决策的复杂程度，将高速驾驶行为离散成车道保持、换道、超车和匝道口处理多个不同的驾驶子行为，并建立相应的顶层状态。另外，增加一个错误异常处理状态，以便切换规划模式，避免危险。其中，车道保持状态为初始默认状态，自动驾驶汽车横向规划为跟踪本车道线中心，纵向规划根据前车行驶状态进行自适应巡航。

这里将超车与换道并列出来，主要考虑两种驾驶行为在意图产生和路径规划方面的要求不同。产生换道意图的情形有多种，如当前车速与车道限速不匹配，准备进入匝道时提前换入相应车道，甚至需要采取强制换道等。产生超车意图的情形相对单一，即前车行驶速度低于自动驾驶汽车认定的合理速度。由于意图产生的原因不同，会导致换道和超车意图产生时机（包含车辆距离、速度、限速等因素）不同。另外，决策层作为规划的中间环节，是用来指导路径生成的。而换道和超车对车辆的局部路径规划和速度规划的要求是不同的，如超车希望能够舒适高效地超越前方行驶缓慢的车辆，而换道往往期望能够在特定的距离内完成换道。如果将两种行为混在一起，就会导致意图产生条件与状态转移变得复杂混乱，无法很好地指导路径生成，也使得状态机系统难以维护。由于上述原因，可以考虑将超车行为独立出来进行研究。

当本车在主路行驶并且有匝道车辆并入本车道时，状态机进入匝道口处理状态。匝道口是高速公路特殊的交通场景，尤其当匝道车辆并入主车道时，可能需要实施强制换道，前后车辆车距与相对速度不匹配容易导致危险。智能车辆需要判断匝道口车辆行驶意图，从而避免碰撞或进行利他行为决策。

2）超车子状态机

在超车顶层状态下，设置了超车子状态机，对超车过程中不同的驾驶阶段的转换进行逻辑建模。与人类驾驶员超车过程相似，超车子状态包括左换道准备、左换道、并行超越、右换道准备和右换道。其中，左换道准备是超车子状态机的初始默认状态。

左、右换道准备状态下，智能车辆将开启相应的转向信号灯，产生适量的横向偏驶，但是不会跨越车道线，以此作为交互行为提示后车。同时，智能车辆将根据左后或右后车辆的状态信息识别其是否进行避让，作为是否进入下一状态的重要信息。换道准备状态符合交通规范，提示周围车辆注意场景变化，增强了换道安全性。当场景变化导致不需要超车时，当前状态转移到车道保持。当场景满足换道条件持续 2 s 时间，当前状态转移到左、右换道状态。

左换道和右换道状态下，智能车辆实施换道动作。换道时的方向盘转角限制与换道持续时间与人类驾驶行为相似，以便换道动作合乎日常习惯，能够被其他交通参与者所理解，也使车内驾乘人员感到安全舒适。在车辆中心跨越车道线之前，若场景变化导致换道条件不满足，取消换道，返回原车道，状态机进行相应的状态转移。在车辆中心跨越车道线之后，状态机进入相应的并行超越或车道保持状态，跟踪车道中心线，即换道行为结束。

并行超越状态主要用于记录车辆超车阶段，指导车辆进行合理速度规划。尤其当占用超车道超车时，应当及时完成超车并返回原车道。为了避免长时间占用超车道的违规行为，在并行超越状态，智能车辆在保证安全舒适的前提下，要及时提高车速完成超越，并适当调整车速并入原车道。

5.1.2 基于人工神经网络的超车意图产生

当前方车辆的行驶速度不满足智能车辆期望速度时，超车意图就会产生。对于人类驾驶员来讲，该期望速度与驾驶员自身驾驶特性、车辆的机械性能、周围交通参与者的实时信息（车速、位置等）以及道路环境信息（限速、交通管制等）有关。当超车意图产生后，智能车辆将判断超车可行性。若超车条件满足，则实施超车；否则，放弃超车意图继续在原车道行驶。智能车辆在路上行驶时经常会有乘客乘坐，短时间内来看，还会有人类驾驶员监控其运行，即"人机共驾"。在这种情况下，智能车辆决策过程中，不仅要考虑法规、安全、效率等因素，还必须考虑驾乘人员的感受。一般来讲，当智能车辆的决策结果与驾乘人员决策结果相同或相似时，会给人一种安全舒适的驾乘体验。

但是，驾乘人员的决策结果都与自身驾驶习惯、驾驶经验等因素有关，带有明显的主观倾向。具体来讲，考虑道路限速，当前车速度与期望行驶速度相差多大、左侧车道交通流通行速度与本车道相差多大、本车速度与前车速度相差多大、本车与前车距离是多少时，人类驾驶员会产生超车意图都需要具体研究。超车影响因素与超车时机都是超车意图产生的研究内容，也影响了超车行驶（减速超车、匀速超车、加速超车）的选择。

由于超车意图产生的考虑因素众多，决策结果与各个因素之间难以建立常规的函数关系。此处利用机器学习的算法解决超车意图产生的分类问题，以逼近特定驾驶员的主观决策，带来良好的驾乘体验。如图 5-5 所示，超车意图产生主要分为数据采集与预处理、特征选取与模型训练和在线识别三大过程。

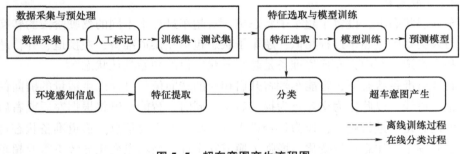

图 5-5 超车意图产生流程图

1. RBF 人工神经网络模型原理

智能车辆决策中超车意图产生实质上是分类问题，常用的机器学习分类算法包括人工神经网络、支持向量机、深度学习等。此处采用径向基函数（Radial Basis Function，RBF）人工神经网络来解决超车意图产生的分类问题，它已经被证明为通用的逼近器。

1）RBF 神经网络结构

RBF 神经网络是一种前馈神经网络，包含一个具有径向基函数的隐层和一个具有线性神经元的输出层。图 5-6 表示了 RBF 人工神经网络的通用结构。其中，输入单元到隐层单元的权值由 $\boldsymbol{\mu}_{i,j}$ 表示，径向基函数的宽度由 σ_j 表示。隐层单元实现了一个径向基函数 $\boldsymbol{\Phi}$，每一个隐层单元的输出为

$$y_{j,p} = \boldsymbol{\Phi}(\|z_p - \boldsymbol{\mu}_j\|_2) \tag{5-1}$$

式中，z_p 为输入向量；$\boldsymbol{\mu}_j$ 为基函数的中心；$\| * \|_2$ 为欧几里得范数。

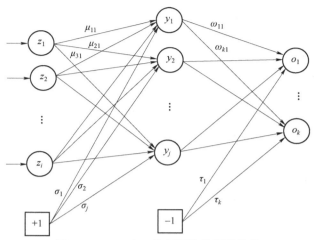

图 5-6　RBF 人工神经网络的通用结构

径向基网络的输出单元实现了线性激励函数，即为基函数的线性组合，被计算为

$$o_{k,p} = \sum_{k=1}^{j+1} \omega_{kj} y_{j,p} \tag{5-2}$$

2）径向基函数

RBF 神经网络中每一个隐层单元都实现了一个径向基函数，都是严格正、径向对称的函数。一个径向基函数在其中心 $\boldsymbol{\mu}_j$ 处，函数取得唯一最大值，并且当输入远离中心时，函数通常迅速趋近于 0。隐层单元的输出反映了输入向量 z_p 与基函数中心的接近程度。除了函数的中心外，有些径向基函数还由宽度 σ_j 描述，反映了径向基函数的接受域的大小。下面列出部分常用的径向基函数：

（1）线性函数：

$$\boldsymbol{\Phi}(\|z_p - \boldsymbol{\mu}_j\|_2) = \|z_p - \boldsymbol{\mu}_j\|_2 \tag{5-3}$$

（2）立方体函数：

$$\boldsymbol{\Phi}(\|z_p - \boldsymbol{\mu}_j\|_2) = \|z_p - \boldsymbol{\mu}_j\|_2^3 \tag{5-4}$$

（3）薄板样条函数：

$$\boldsymbol{\Phi}(\|z_p - \boldsymbol{\mu}_j\|_2) = \|z_p - \boldsymbol{\mu}_j\|_2^2 \ln \|z_p - \boldsymbol{\mu}_j\|_2 \tag{5-5}$$

（4）高斯函数：

$$\boldsymbol{\Phi}(\|z_p - \boldsymbol{\mu}_j\|_2) = \mathrm{e}^{\|z_p - \boldsymbol{\mu}_j\|_2^2 / (2\sigma_j^2)} \tag{5-6}$$

（5）Logistic 函数：

$$\boldsymbol{\Phi}(\|z_p - \boldsymbol{\mu}_j\|_2) = \frac{1}{1 + \mathrm{e}^{\|z_p - \boldsymbol{\mu}_j\|_2^2 / \sigma_j^2 - \theta_j}} \tag{5-7}$$

其中，θ_j 是用于调整的偏置。

RBF 神经网络的输出结果受到基函数的影响：基函数的数目越多，对目标的逼近就越好，但是，计算复杂度会增加。中心向量 $\boldsymbol{\mu}_j$ 定义了函数中心，基函数应当均匀分布并且覆盖整个输入空间。接受域的宽度 σ_j 越大，基函数表示的输入空间越大。神经网络的训练就是考虑找出这些参数最佳值的方法，此处采用高斯函数作为神经网络的径向基函数。

2. 数据采集与特征选取

为了训练 RBF 神经网络，需要人类的驾驶员数据。由于数据量需求较大，为了降低人力物力的耗费，采用仿真平台采集驾驶员数据。使用 PreScan 软件设计了超车场景，通过罗技 G27 驾驶仪对驾驶员行为进行采集，在 MATLAB/Simulink 中保存了仿真数据。采集的数据主要包括车辆的位置、速度信息，这些信息在真实道路自动驾驶中均可以获取。

在人类驾驶员超车过程中，首先会产生超车意图，然后打开转向灯，持续观察至少 3 s，若在这段时间内超车意图持续存在并且周围环境允许，则会实施超车行为，否则，放弃超车意图。在数据采集过程中，驾驶员选用具有丰富驾驶经验的试验室成员，每个场景重复 50 次获取相应的决策数据。在仿真平台采集数据时，要求驾驶员严格遵守交通法律法规，按照相应的真实场景需求进行驾驶操作。一般认为在驾驶员实施超车实际动作前 3 s 内的数据，都表示了产生超车意图的有效数据。同时，选取等量的其他时段数据作为对比数据。在意图产生阶段主要依靠视野前方的场景信息，因此采集的数据为本车、前车、左前车的状态数据以及道路限速等。经过人工标定后得到样本集 $Data = \{S_i, L_i\}$，驾驶员行为仿真数据集为 $S_i = \{x_{hosti}, y_{hosti}, v_{hosti}, x_{fronti}, y_{fronti}, v_{fronti}, x_{lefti}, y_{lefti}, v_{lefti}, v_{limiti}, t_i\}$，对应的人工标签 $L_i \in \{Y, N\}$，其中，$i \in \{1, 2, 3, \cdots\}$，$v_{limiti}$ 为道路限速，t_i 为数据产生的时间，Y(Yes) 表示产生换道意图，N(No) 表示未产生换道意图。

学习算法的性能会受到不相关或者冗余特征的负面影响，模型所需要的训练样本数量随着不相关特征的增加而急剧增加。因此选取好的特征可以减少计算复杂度，提高预测精度，而且有利于寻找到更精简的算法模型。为了避免"暴力"输入导致模型计算复杂度增加，可以考虑选取与模型输出相关性较高的特征作为模型输入。此处选取 5 个特征组成特征向量：

$$EigenVector = \left(\frac{v_{host}}{v_{front}}, \frac{v_{front}}{v_{limit}}, \frac{v_{left} - v_{front}}{v_{limit}}, \frac{v_{front} - v_{host}}{v_{limit}}, \frac{y_{front} - y_{host}}{v_{host}} \right)^T \tag{5-8}$$

3. 模型训练与评价

对于 RBF 神经网络模型训练已经开发了多种方法，主要区别在于学习参数的个数，包括固定中心算法和自适应中心算法。其中，固定中心算法仅调整隐层单元和输出层之间的权值，自适应中心训练算法对权值、中心和偏差均进行调整。固定中心算法一般采用高斯函数作为 RBF，宽度为

$$\sigma_j = \sigma = \frac{d_{max}}{\sqrt{J}}, j = 1, 2, \cdots, J \tag{5-9}$$

式中，J 为中心（隐层单元）的个数；d_{max} 为中心间的最大欧氏距离。

隐层和输出层之间的连接权值，求解如下：

$$w_k = (\boldsymbol{\Phi}^T \boldsymbol{\Phi})^{-1} \boldsymbol{\Phi}^T \boldsymbol{t}_k \tag{5-10}$$

式中，w_k 为输出单元 k 的权值向量；t_k 为目标输出向量；$\boldsymbol{\Phi}$ 为隐层单元所执行的 RBF 非线性映射的矩阵。

RBF 神经网络采用 MATLAB 中 newrb( ) 函数设计，函数自动增加网络中隐层的神经元数

目，直到均方差满足精度或者神经元数目达到最大为止，其调用方式如下：

$$net = newrb(\boldsymbol{P}, \boldsymbol{T}, GOAL, spread) \tag{5-11}$$

式中：$\boldsymbol{P}$ 为输入向量；$\boldsymbol{T}$ 为期望输出向量；GOAL 为训练精度；spread 为径向基层的散布常数。

采用 80% 的样本数据对 RBF 神经网络模型进行训练，20% 的样本数据对模型进行测试。为了评价 RBF 神经网络的分类性能，通常采用混淆矩阵和 ROC 曲线进行判断，混淆矩阵和 ROC 曲线是基本并且被广泛应用的评价方法。在混淆矩阵中，每一个实例可以划分为以下四种类型之一：被模型预测为正的正样本（TP），被模型预测为负的负样本（TN），被模型预测为正的负样本（FP），被模型预测为负的正样本（FN）。采用灵敏度与准确率作为具体的评价标准。

灵敏度定义为

$$Sensitivity = TP/(TP+FN) \tag{5-12}$$

准确率定义为

$$Accuracy = (TP+TN)/(TP+FP+TN+FN) \tag{5-13}$$

表 5-1 为 RBF 神经网络模型对测试样本预测结果的混淆矩阵，预测的准确率为 95.22%，而超车意图产生和超车意图未产生两种分类的灵敏度分别为 95.79% 和 94.67%。

表 5-1　RBF 神经网络预测结果

预测意图 实际意图	Y	N	灵敏度
Y	296	13	95.79%
N	17	302	94.67%

受试者工作特征（Receiver Operating Characteristic，ROC）曲线各点反映着相同的感受性，是对同一信号刺激的反应，在几种不同的判定标准下所得的结果。受试者工作特性曲线以假正类率（False Positive Rate，FPR）为横轴，真正类率（True Positive Rate，TPR）为纵轴组成坐标图，受试者在特定刺激条件下采用不同的判断标准得出不同结果的曲线。其中，真正类率的定义为 $TPR = TP/(TP+FN)$，刻画的是分类器所识别出的正实例占所有正实例的比例。假正类率的定义为 $FPR = FP/(FP+TN)$，刻画的是分类器识别为正类的负实例占所有负实例的比例。

良好的分类器的 ROC 曲线应该尽量靠近图形的左上角（$TPR = 1$，$FPR = 0$），而一个随机猜测模型应位于连接点（$TPR = 0$，$FPR = 0$）和（$TPR = 1$，$FPR = 1$）的主对角线上（图 5-7 中虚线）。ROC 曲线下方的面

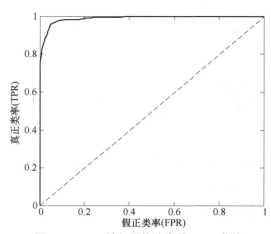

图 5-7　RBF 神经网络分类的 ROC 曲线

积（Area Under the ROC Curve，AUC）提供了评价模型平均性能的方法。如果分类器是完美的，那么它的 AUC=1；如果分类器是随机猜测模型，那么它的 AUC=0.5；如果一个模型优于另一个，则它的曲线下方面积相对较大。根据 RBF 神经网络模型对测试样本分类结果，绘制 ROC 曲线，如图 5-7 所示。RBF 神经网络模型分类结果的 ROC 曲线靠近左上角点，并且 AUC 接近 1，模型分类效果良好，可以应用于超车意图产生。

5.1.3 基于规则的超车条件判定

在层次状态机框架下的超车决策采用了分层决策的方法，其中超车意图产生是分层决策的第一层。超车意图是否产生实质上解决了是否有必要进行超车的问题，假若有必要进行超车，则继续判断是否满足超车条件，这一步解决能不能超车。在是否有必要超车的问题上，驾驶员个体驾驶特性差异明显，具有明显的主观性，采用机器学习的方法去逼近特定驾驶员的驾驶特性。但是，机器学习的方法并不能保证超车意图产生的绝对正确性，只能实现相对较高的准确率。而在能不能超车的问题上，超车则必须满足合法性、安全性等基本原则，而这些原则具有明显的客观性。本节制定了超车行为必须满足的条件，以保证智能车辆正确地进行超车决策。

超车决策过程借鉴了 Hidas 换道模型，将超车行为细分为超车意图的产生、超车条件的判断和超车行为的实施。图 5-8 为由车道保持状态转移到左换道准备的分层决策流程图。通过车载传感器获取环境信息，进行特征提取，使用训练好的 RBF 神经网络进行分类。若未产生超车意图，继续车道保持状态；若产生超车意图，则继续向下判断。合法性与安全性作为第一规则进行判断，具有一票否决权。然后综合根据安全性、舒适性、效率性及利他性等因素计算超车收益性与消耗性。其中，收益性用来表征超车行为对整体行驶目标有益的一面，消耗性用来表征超车行为对整体行驶目标有害的一面。当超车收益性大于消耗性一定量（阈值）时，行驶状态由车道保持转移到左换道准备状态。

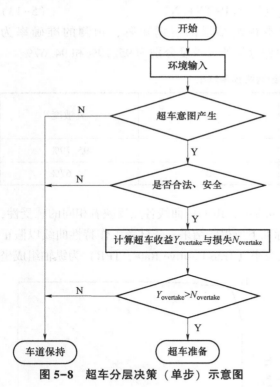

图 5-8 超车分层决策（单步）示意图

1. 评价指标选取

评价指标可以定量地分析自动驾驶汽车超车决策的合理性。此处着重考虑了安全性、舒适性、效率性以及利他性 4 个评价指标。

1）安全性
安全性主要考虑智能车辆避免与其他车辆发生碰撞，由于车辆的横向距离受车道线约束，这里主要考虑纵向安全。安全性评价指标主要包括两个内容：安全距离 d_{safe} 与碰撞时间 TTC。其中，安全距离模型采用 Pitt 模型：

$$d_{safe} = \mu_{safe}v + L_{vehicle} + 10 \qquad (5-14)$$

式中，μ_{safe} 为驾驶员敏感系数；$L_{vehicle}$ 为车辆长度；10 m 为附加缓冲距离。

碰撞时间 TTC：

$$TTC = \frac{y_{front} - y_{host}}{v_{host} - v_{front}} \qquad (5-15)$$

式中，y_{front}，y_{host} 分别为前车与本车纵向坐标；v_{front}，v_{host} 分别为前车与本车速度。

2）舒适性

评价车辆舒适性通常根据其噪声、振动与声振粗糙度（Noise，Vibration，Harshness，NVH）特性判断，但是 NVH 特性主要用来衡量车辆本身机械结构及装配制造水平，而不是针对智能车辆决策结果的评价。这里舒适性主要是衡量智能决策结果对驾乘人员乘坐感受的影响，采用反映车辆加速度变化的指标冲击度 j，即整体加速度的变化率：

$$j = \frac{da}{dt} \qquad (5-16)$$

由于横向加速度变化与纵向加速度的冲击度往往给驾乘人员带来程度不同的舒适性影响，可以分别求解横向与纵向加速度的冲击度，线性加权得到整体冲击度。横向加速度求解：忽略两前轮转向角差异，将四轮车辆模型简化成两轮车辆模型（自行车模型），采用阿克曼理想转向假设。阿克曼转向基本原理是汽车在行驶过程中，每个车轮的运动轨迹都完全符合它的自然运动轨迹，保证每个车轮相对地面的运动为纯滚动而无相对滑动。如图 5-9 所示，Q 为车辆瞬时转向中心，车轮中心与瞬时转向中心的连线与车轮前进方向垂直。

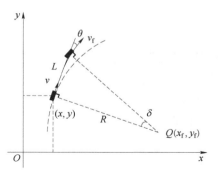

图 5-9　阿克曼转向模型示意图

根据圆周运动横向加速度求解公式与阿克曼转向模型的几何关系，简化求解，以后轴中心点处的横向加速度代表车内驾乘人员的横向加速度，得到驾乘人员的横向加速度：

$$a_{lat} = \frac{v_{host}^2 \tan\theta}{L_{wheelbase}} \qquad (5-17)$$

式中，θ 为前轮转角；$L_{wheelbase}$ 为轴距；v_{host} 为车辆后轴中心运动速度。

舒适性评价指标：

$$C_{comfort} = \mu_{lat}j_{lat} + \mu_{lon}j_{lon} \qquad (5-18)$$

式中，j_{lat} 为横向加速度冲击度；j_{lon} 为纵向加速度冲击度；μ_{lat}，μ_{lon} 为权重系数。

3）效率性

智能车辆在高速公路上行驶时，高效率或者高速通行是驾乘人员重要的行驶目标。效率性主要用来描述超车行为所获得的通行速度上的提升程度，考虑了目标车道与本车道通行速度的不同以及左前车与前车行为的影响。超车行为效率性指标通过下式计算：

$$C_{\text{efficiency}} = \mu_v (v_{\text{leftlane}} - v_{\text{currentlane}}) + \mu_{\text{leftfront}} B_{\text{leftfront}} + \mu_{\text{front}} B_{\text{front}} \tag{5-19}$$

式中，v_{leftlane} 为左侧车道通行速度；$v_{\text{currentlane}}$ 为本车道通行速度；$B_{\text{leftfront}}$ 为左前车行为属性；B_{front} 为前车行为属性；μ_v，$\mu_{\text{leftfront}}$，μ_{front} 为权重系数。

4）利他性

超车行为会引起交通扰动，对交通流的动态特性产生影响，影响道路的通行能力和交通流稳定性及通畅性。智能车辆在真实交通环境行驶过程中，行为决策会对整个交通流产生有利或有弊影响，利他性主要衡量超车行为对交通流或者其他车辆的影响。分析具体的超车行为，当智能车辆进行超车时，干扰主要发生在两次换道时，对左后车或者右后车可能会产生明显的影响。这种影响主要是指速度的降低或者加速行驶的中断，智能车辆超车决策在利他性上的基本原则是：对其他行驶车辆不产生或者轻微产生消极影响，尽量产生积极影响。下面，通过是否造成其他车辆速度下降来量化对其的影响，假设左换道时的左后车与右换道时的右后车均在执行正常车道保持行驶。在换道准备过程中，利他性会充分考虑车辆避让意图。假设车辆执行下列自适应巡航（Adaptive Cruise Control，ACC）模型：

$$\begin{cases} d_{\text{desired}} = d_{\min} + h_{\text{desired}} v_{\text{target}} \\ \Delta d = d_{\text{target}} - d_{\text{desired}} \\ \Delta v = v_{\text{target}} - v_{\text{host}} \\ \text{acc} = \mu_d \Delta d + \mu_v \Delta v \end{cases} \tag{5-20}$$

式中，$d_{\min}$ 为本车与目标车辆最小间隔距离；h_{desired} 为本车与目标车辆时距；v_{target} 为目标车辆速度；d_{target} 为本车与目标车辆距离；v_{host} 为本车速度；acc 为本车目标加速度；μ_d，μ_v 为权重系数。

根据换道时是否对左后车或右后车造成减速影响，考虑其避让意图来计算利他性：

$$C_{\text{altruistic}} = \mu_{\text{acc}} \text{acc} + \mu_{\text{int}} \text{int} \tag{5-21}$$

式中，acc 为通过 ACC 模型计算得到的加速度；int 为车辆避让意图；μ_{acc}，μ_{int} 为权重系数。

2. 超车规则制定

在超车意图产生之后，需要根据超车规则来判断在当前交通环境下智能车辆能否超车。人类驾驶员产生超车意图时，具有很大程度上的主观性。为了使驾乘人员感到安全舒适，智能车辆在超车意图产生的过程中，既不能冒进也不能过于保守，应该与人类驾驶员的决策结果类似。可以考虑采用 RBF 神经网络来拟合特定人类驾驶员的驾驶习惯，充分考虑超车意图产生过程中人类驾驶员主观性的规律。超车意图产生主要考虑车辆前方的交通环境来判断是否有必要超车，而超车规则要以安全为基本前提，综合考虑舒适性、效率性等判断能否超车。超车规则是所有驾驶员都要遵守的一般性的准则，是反映超车决策过程中客观性的规律。因此，超车规则以安全性等指标为基础，建立智能车辆超车的条件。

1）合法性与安全性

合法性与安全性是超车规则首要满足的条件，是超车规则判断的第一层。合法性是指超车过程中必须遵循交通法律法规约束，如左侧超车原则、匝道禁止超车等。安全性主要是指

满足前一小节提出的安全指标，其判断规则为

$$\begin{cases} d > d_{safe} \\ TTC > TTC_{safe} \end{cases} \tag{5-22}$$

式中，d 为与目标车辆的实际距离；d_{safe} 为安全距离；TTC 为与目标车辆的碰撞时间；TTC_{safe} 为安全碰撞时间。

2）超车收益与超车损失

超车收益与超车损失是在满足超车合法性与安全性后的判断准则，主要考虑效率性、舒适性与利他性。其中超车收益主要包含效率性收益：

$$Y_{overtake} = \mu_{efficiency} C_{efficiency} \tag{5-23}$$

超车损失主要包含舒适性与利他性损失：

$$N_{overtake} = \mu_{comfort} C_{comfort} + \mu_{altruistic} C_{altruistic} \tag{5-24}$$

超车判断规则为

$$Y_{overtake} > N_{overtake} \tag{5-25}$$

在超车条件判定需要考虑多个影响因素时，采用线性加权的方式进行计算。在超车意图产生时，当超车规则满足，则进入左换道准备状态。在换道准备状态，连续 2 s 内均满足超车条件，则实施换道。层次状态机中其他状态转移条件与此类似，不作一一介绍。

5.2　无信号灯十字交叉口智能车辆行为决策

5.2.1　无信号灯十字交叉口场景分析

对于无信号灯十字交叉口场景，多个车辆同时通过路口时，交互行为较为复杂，本小节重点讨论两车在无信号灯十字交叉口时的交互行为生成问题。

如图 5-10 所示，两车的初始位置有 1，2，3，4 四个方向，对于车辆来自任意两个不同方向的情形，冲突状况如表 5-2 所示。

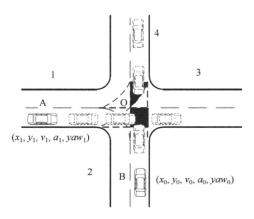

图 5-10　无信号灯十字交叉口场景

表 5-2   无信号灯十字交叉路口冲突情况分析

其他车辆	左侧				右侧				对侧				同侧			
行驶方向	TL	LK	TR	S	TL	LK	TR	S	TL	LK	TR	S	TL	S	TR	S
左转	★	★	○	○	★	★	○	○	★	★	★	○	○	○	○	○
直线行驶	★	★	○	○	★	★	★	○	★	○	○	○	○	○	○	○
右转	○	★	○	○	○	○	○	○	★	○	○	○	○	○	○	○
停车	○	○	○	○	○	○	○	○	○	○	○	○	○	○	○	○

注：TL 代表左转，TR 代表右转，LK 代表沿当前车道行驶，S 代表停车。★代表存在冲突，○代表不存在冲突。

根据宏观驾驶行为预测结果，两车没有冲突的情况下，可以顺利通过路口，而如果两车存在冲突，那么需要判定两者的交互行为，以判定让行情况，防止其他车辆违反交通规则而带来的安全问题，以及其他车辆不能及时通行带来的效率问题。

5.2.2　基于模糊逻辑的驾驶员激进程度识别

交通场景中其他车辆驾驶行为识别是智能车辆进行有效行为决策的基础。可以将其他车辆的驾驶行为划分为两类，一类为车辆自身所表现出来的横向驾驶行为，如车辆换道、车道保持以及车辆路口通行时的左转、右转、直行等行为；另一类为车辆的纵向驾驶行为，即车与车之间协作行驶所产生的相对驾驶行为，如两车之间面临行驶冲突时是否让行的问题。考虑到人类驾驶员可以分为激进型、保守型、普通型等多种类型，在此选用基于模糊逻辑的方法对交叉口其他车辆的驾驶行为进行预测。

为实现驾驶员类型划分的模糊逻辑推理，首先将速度、加速度离散为语言变量，然后构建模糊逻辑规则，最后将模糊推理的结果经过解模糊得到驾驶员激进程度值。对于加速度的选择，只保留加速度值大于 0.4 m/s² 或小于 -0.4 m/s² 并且加速时间达到 0.5 s 的阶段进行计算，速度、加速度输入值由下面两式得到：

$$v = \frac{1}{N_v}\sum_{i=1}^{N_v}|v_i| \tag{5-26}$$

$$a = \frac{1}{N}\sum_{i=1}^{N}|a_i| \tag{5-27}$$

式中，v_i，a_i 分别为 i 时刻的速度、加速度值；N_v，N 分别为接收速度、加速度信息所对应的时刻次数。

假定城市道路车道行驶时限速为 60 km/h（约等于 16.67 m/s），进而构建速度隶属度函数，将速度值模糊化为语言变量极小（NS）、小（S）、中位（M）、大（H）、极大（PH）。加速度值模糊化为语言变量低（S）、中位（M）、高（H）。输出驾驶员激进程度模糊化为保守（C）、普通（N）、激进（A）。输入/输出隶属度函数图如图 5-11 所示。

针对语言变量，构建模糊逻辑规则表，如表 5-3 所示，表中第一行表示速度语言变量，第一列表示加速度语言变量，每个速度、加速度语言变量相交的位置为所对应的驾驶激进程度语言变量。

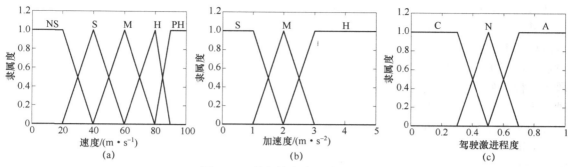

图 5-11 输入输出隶属度函数图

（a）速度隶属度函数；（b）加速度隶属度函数；（c）驾驶激进程度隶属度函数

表 5-3 模糊逻辑规则表

加速度语言变量 ＼ 速度语言变量	PH	H	M	S	NS
H	A	A	A	N	N
M	A	A	N	C	C
S	A	A	N	C	C

该部分模糊推理的模糊蕴含关系采用 Mamdani 法则，输出变量解模糊采用重心法，计算得到不同速度、加速度下驾驶员激进程度输出曲面如图 5-12 所示。由此，就得到了不同速度、加速度输入与驾驶员驾驶激进程度值之间的对应关系。

不同的驾驶激进程度从一个侧面反映了两车之间的交互关系，更激进的驾驶员相对更难以做出让行的动作，而相对保守的驾驶员容易让行其他车辆。通过此种判定，激进程度较低的一方会给激进程度较高的一方让行。

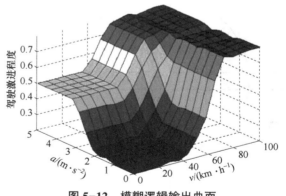

图 5-12 模糊逻辑输出曲面

5.2.3 基于相对驾驶激进程度的无信号灯交叉口决策方法

本小节介绍驾驶激进程度判断方法在无信号灯十字交叉口的应用。针对场景如图 5-13 所示，智能车辆直行通过交叉口，实线圆圈区域代表车辆与基础设施通信（Vehicle-to-Infrastructure，V2I）的通信距离。在通信距离范围之内，智能车辆可以与基础设施通信并获得其他车辆的速度、加速度、位置等信息。虚线圆圈区域为驾驶意图识别算法生效区域，当其他车辆进入该区域后，智能车辆能够通过基于隐马尔可夫模型或者随机森林的识别方法有效判断其他车辆驾驶意图（左转、右转、直行、停车），并以此判断两车行驶路线是否存在潜在的冲突，进而可以测试两车冲突时智能车辆的决策问题。

基于 V2I 技术，智能车辆可以获知其他车辆的位置、速度、加速度等车辆状态信息，基于该信息、本车状态信息以及路口的几何信息，将智能车辆交叉口行为决策问题分解为两阶段决策过程：其他车辆驾驶员类型判断阶段与智能车辆行为决策阶段。其他车辆驾驶员类型判断阶段为从智能车辆与其他车辆进入有效通信范围（图 5-13 中实线圆圈区域）到其他车辆进入驾驶意图识别算法生效区域（图 5-13 中虚线圆圈区域）之间的交互过程。该阶段根据其他车辆的行驶速度与纵向加速度，通过模糊逻辑设计了其他车辆驾驶员激进程度判别方法。智能车辆行为决策阶段为从其他车辆进入驾驶意图识别算法生效区域到路口交互结束的整个过程。当智能车辆到达交叉口区域后，通过有限状态机判别其他车辆的行驶方向，对于潜在的冲突区域，基于 TTC 和驾驶员相对激进程度，设计了相应的行为决策规则，将加速、减速、匀速行驶的指令发给智能车辆控制系统，以控制智能车辆安全、有效地通过十字交叉口。

交叉口冲突区域的选择主要有两种方式：一是将车辆假设为质点求得不同车辆行驶曲线的交叉点，二是在此基础上考虑车辆尺寸的冲突。然而车辆在车道内的行驶轨迹并不确定，这使得所选定的冲突点可能会随时间变化。将车道线约束考虑在内，如图 5-14 所示（根据有限状态机方法已判别其他车辆要左转通过路口），区域 A 即为两车的潜在冲突区域，而点 O（十字交叉口中心点）即为潜在冲突的起点，故将 O 点选取为 TTC 计算的参考点。其他车辆以及智能车辆距离 O 点 TTC 计算公式如下：

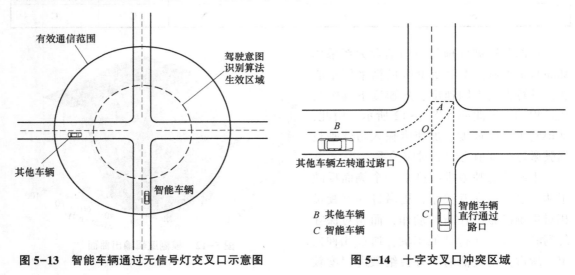

图 5-13　智能车辆通过无信号灯交叉口示意图　　　　图 5-14　十字交叉口冲突区域

$$T_{Oi} = \frac{d_i}{v_i} \tag{5-28}$$

式中，d_i（$i=1,\ 2$）分别为智能车辆与其他车辆距离参考点 O 的距离；v_i（$i=1,\ 2$）分别为两者速度；T_{Oi}（$i=1,\ 2$）分别为智能车辆与其他车辆距离参考点 O 的 TTC。

若两辆车存在潜在冲突，则需要满足

$$|T_{O1} - T_{O2}| < T_{\text{threshold}} \tag{5-29}$$

$$T_{\text{threshold}} = \min_{i=1,2} \frac{2L_i}{v_i} \tag{5-30}$$

其中，L_i 为车辆长度，为保证安全，选取两倍车辆长度计算时间阈值 $T_{threshold}$。

根据式（5-29）和式（5-30），可以判定智能车辆与其他车辆是否存在潜在冲突。当存在潜在冲突时智能车辆行为决策流程如图 5-15 所示，首先计算其他车辆与智能车辆到达冲突区域的时间，若时间差小于安全阈值，则进一步根据第一阶段的驾驶历史数据判定其他车辆与智能车辆的驾驶激进程度差值。若该值大于激进判定启发值，则根据行为决策规则表选取当前决策方案，进一步进行智能车辆的速度控制，最终安全通过交叉口。若两者激进程度基本相同，则通过调整智能车辆自身速度，改变两者激进程度差，通过决策规则表得到适当决策结果，进而控制智能车辆通过交叉口。

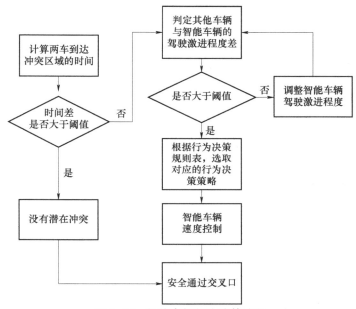

图 5-15　智能车辆行为决策流程

智能车辆与其他车辆之间的相对驾驶激进程度大小为 ΔA，即

$$\Delta A = A_{IV} - A_{TV} \tag{5-31}$$

对于不同的 ΔA，本部分将其分为三段，即小于 -0.05，大于 0.05 以及两者之间的部分。若两者差值小于 -0.05，则认为前者相对后者为保守类型；若差值在 $-0.05 \sim 0.05$，则为普通类型；若差值大于 0.05，则为激进类型。

为了保证驾驶安全性，智能车辆需要满足使用最大减速度情况下在冲突区域前能够停车这一先验要求。故存在潜在冲突情况下智能车辆的运动需要满足以下约束：

$$v_1 \leqslant a_{decmax} T_{O1} \tag{5-32}$$

$$d_1 \geqslant v_1 T_{O1} - \frac{1}{2} a_{decmax} T_{O1}^2 \tag{5-33}$$

车辆的最大减速度 a_{decmax} 可由车辆模型得到。由于式（5-32）和式（5-33）中 v_1 为智能车辆的速度控制量，故选取另两个参数 T_{O1} 以及 d_1 作为行为决策的输入。根据模糊逻辑的速度划分情况，求得决策临界值，将参数离散化为表 5-3 中的几个区间，并以此构建行为决策规则表，得到其他车辆相对驾驶员类型为激进和保守时的驾驶规则，如表 5-4 和表 5-5

所示。在相对冲突区域不同距离以及不同 TTC 的情况下，智能车辆将分别作出不同的行为决策以与其他车辆进行交互。

表 5-4　其他车辆相对类型为激进时的驾驶规则表（$\Delta A < -0.05$）

T_{O1} / d_1	$0 < T_{O1} \leqslant 1$ s	1 s $< T_{O1} \leqslant 2$ s	2 s $< T_{O1}$
0 m $< d_1 \leqslant 10$ m	Dec	Dec	Dec
10 m $< d_1 \leqslant 20$ m	Dec	Dec	LK
$d_1 > 20$ m	Dec	Dec	LK

表 5-5　其他车辆相对类型为保守时的驾驶规则表（$\Delta A > 0.05$）

T_{O1} / d_1	$0 < T_{O1} \leqslant 1$s	1s $< T_{O1} \leqslant 2$s	2s $< T_{O1}$
0 m $< d_1 \leqslant 10$ m	Acc	Acc	LK
10 m $< d_1 \leqslant 20$ m	Acc	LK	LK
$d_1 > 20$ m	Acc	LK	LK

表 5-4 和表 5-5 中 LK 表示匀速指令，Dec 表示减速指令，Acc 表示加速指令。

当 $-0.05 \leqslant \Delta A \leqslant 0.05$ 时，智能车辆与其他车辆的驾驶激进程度基本相同，调节智能车辆自身的驾驶激进程度等级，使 ΔA 处于表 5-4 或表 5-5 的范围，进而可以根据表中相应规则进行行为决策生成。

5.3　车辆跟驰类人驾驶学习系统

5.3.1　类人驾驶学习系统设计

针对车辆跟驰问题，类人驾驶学习系统主要包括人类驾驶策略学习模块和纵向速度控制模块。

1. 人类驾驶策略学习模块

人类驾驶策略学习模块是类人驾驶学习系统的核心部分，旨在在线学习人类驾驶员的行车数据与经验，用以指导智能驾驶系统在复杂工况下高效舒适地行驶，以提高行驶效率，进一步保障驾驶安全。

强化学习作为一种可以实现在线学习并通过不断学习来优化算法性能的学习方法适用于本节的类人学习研究，考虑选择连续化的强化学习方法 Neural Q Learning 用以搭建人类驾驶策略学习模块。如图 5-16 所示，该方法采用一个人工神经网络来近似传统 Q Learning 中的价值函数（Q 函数），结合状态量信息和 Q 函数计算出期望速度，并将其传递给纵向速度控制模块。

2. 纵向速度控制模块

纵向速度控制模块是类人驾驶学习系统的关键，是将人类驾驶策略学习模块学习所得的

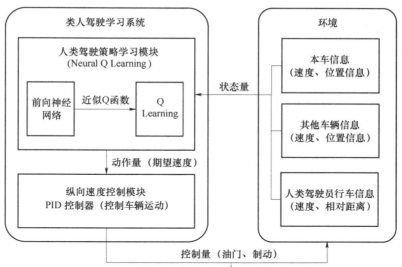

图 5-16　类人驾驶学习系统与环境交互过程

驾驶策略转换为车辆运动的必经过程。该模块可以与人类驾驶策略学习模块连接起来，并结合车辆特性将期望速度转换为具体的油门或制动踏板控制量，从而控制车辆运动。此处不考虑各种不同控制方法对控制性能的影响，选取最常用的 PID 作为纵向速度规划模块的控制器，其公式如下：

$$Y(t) = K_{\mathrm{p}} \left[e(t) + \frac{1}{T_{\mathrm{I}}} \int e(t)\,\mathrm{d}t + T_{\mathrm{D}} \frac{\mathrm{d}e(t)}{\mathrm{d}t} \right] \tag{5-34}$$

式中，$e(t)$ 表示控制偏差；t 为时间；$\mathrm{d}t$ 为单位时间，$Y(t)$ 为输出量，此处为油门和制动踏板等具体车辆运动控制量；K_{p} 为比例系数；T_{I} 和 T_{D} 分别表示积分时间和微分时间。针对纵向速度控制问题，此处控制偏差可以表示为期望速度 v_{E_k} 与实际速度的差值 v_k，即 $e(t) = v_{E_k} - v_k$。通过人类驾驶策略学习模块计算出的期望加速度 a_{E_k} 和前一时刻实际速度 v_{k-1}，可以进一步计算获得当前时刻期望速度 $v_{E_k} = v_{k-1} + a_{E_k}\mathrm{d}t$。

5.3.2　强化学习与马尔可夫决策过程

强化学习（又称再励学习，评价学习）是一种重要的机器学习方法。强化学习虽然没有直接对训练例进行概念标记，但其内部存在对正确、错误学习方向的奖惩机制，通过定义相应的价值函数来暗示学习的方向。由于当前时刻学习的奖励（或称收益）或惩罚不能即时获取，而需要在下一时刻的学习过程中获取，因此可以将强化学习看作一种具有延迟性概念标记的学习方法。

强化学习可以用来模仿人类和动物的学习机制，算法原理为以最大化累计收益（或者最小化代价函数）为目的来寻找最优的状态量到动作量的映射，即最优策略。其工作过程如图 5-17 所示，环境提供给学习者当前的状态量 S_k 和上一时刻对当前时刻（k 时刻）产生的影响，即收益 R_k（初始时刻可以假设 $R_0 = 0$）。学习者

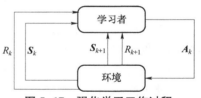

图 5-17　强化学习工作过程

根据当前环境所给予的状态量 S_k 和收益 R_k 来选取动作量 A_k，动作量影响了环境的状态，下一时刻（$k+1$ 时刻）状态转移为 S_{k+1}。

强化学习作为一种试错型学习方法，通过学习者和环境之间不断重复上述交互过程，最终找到使得收益 R_k 随时间累计之和 G_k 最大化的状态到动作的映射，即最优控制策略。

$$G_k = \sum_{i=0}^{K-i-1} \gamma^i R_{k+i+1} \tag{5-35}$$

式中，K 为总时间长度；γ 为折扣系数。然而，累计收益之和的真值 G_k 不易获取，为了解决上述问题，有学者提出估计累计收益之和的两种价值函数：状态值函数 $v_\pi(s)$ 和动作值函数 $q_\pi(s,a)$，分别代表 π 策略 s 状态下的收益函数之和的期望值以及 π 策略 s 状态下采用动作量 a 的收益函数之和的期望值。

$$v_\pi(s) = E_\pi(G_k \mid S_k = s) = E_\pi\Big(\sum_{i=0}^{\infty} \gamma^i R_{k+i+1} \mid S_k = s\Big) \tag{5-36}$$

$$q_\pi(s,a) = E_\pi(G_k \mid S_k = s, A_k = a) = E_\pi\Big(\sum_{i=0}^{\infty} \gamma^i R_{k+i+1} \mid S_k = s, A_k = a\Big) \tag{5-37}$$

为了求解状态值函数（State Value Function）$v_\pi(s)$ 和动作值函数（Action Value Function）$q_\pi(s,a)$，假设系统满足马尔可夫决策过程（Markov Decision Process，MDP），该过程具有无后效性，即系统下一时刻的状态仅和当前时刻的状态与动作有关，而与当前时刻更早之前的状态与动作无关。当状态量和动作量空间为有限空间时，MDP 为有限马尔可夫决策过程（有限MDP）。在典型的有限 MDP 中，下一时刻可能转移的状态量 s' 与收益 r 组合概率，有

$$p(s',r|s,a) = P_r\{S_{k+1}=s', R_{k+1}=r \mid S_k=s, A_k=a\} \tag{5-38}$$

只要获取了当前时刻状态量和动作量的值以及式（5-38）所表示的转移概率即可根据式（5-36）与式（5-37）得出状态值函数和动作值函数的递归公式（Bellman Equation，贝尔曼方程）：

$$v_\pi(s) = \sum_a \pi(a|s) \sum_{s',r} p(s',r|s,a)\big[r+\gamma v_\pi(s')\big] \tag{5-39}$$

$$q_\pi(s,a) = \sum_{s',r} p(s',r|s,a)\big[r+\gamma v_\pi(s')\big] \tag{5-40}$$

式中，$\sum_a \pi(a \mid s)$ 为在某策略 $\pi(s)$ 下选取动作 a 的概率。

求解 MDP 的最优策略，使其在任意初始状态下，都能获取最大的 $v_\pi(s)$ 或 $q_\pi(s,a)$ 值。将最优策略 π^* 对应的状态值函数和动作值函数记作 $v_*(s)$ 和 $q_*(s,a)$，根据式（5-39）和式（5-40），可以获得贝尔曼最优方程：

$$v_*(s) = \max_\pi v_\pi(s) = \max_a \sum_{s',r} p(s',r|s,a)\big[r+\gamma v_*(s')\big] \tag{5-41}$$

$$q_*(s,a) = \max_\pi q_\pi(s,a) = \sum_{s',r} p(s',r|s,a)\big[r+\gamma \max_{a'} q_*(s',a')\big] \tag{5-42}$$

当求解出满足贝尔曼最优方程的一系列值函数的值时即可获得最优策略。求解 MDP 一般采用三种基本方法：动态规划、蒙特卡洛方法和时间差分算法。

动态规划方法的特点：在数学角度易于理解，但其实现前提需要有一个完全已知的环境模型。就本问题而言，车辆行驶环境是可变的，因此无法获得完全已知的环境模型。另外，当状态量包含的数据集较多时，动态规划法的效率将受到严重的影响。而蒙特卡洛方法不需

要完整的环境模型，可以直接从经验中学到策略，即可以在多变环境下使用；且该方法对所有状态量的估计值都是独立的，不依赖于其他状态量的价值函数。但蒙特卡洛方法由于方法本身局限只适用于状态量有限的问题，无法解决无限状态量问题。

由于车辆的行驶时间长度是不确定的，因此不能假定其存在有限个状态量，理论上可以是无限状态量问题。时间差分算法结合了动态规划和蒙特卡洛算法的优点，能够应用于无模型、持续进行的任务。Q Learning 作为应用最为广泛的时间差分算法，下面将对其求解过程进行阐述，以便于加深对后续 NQL 推导的理解。

5.3.3　Q Learning 与 NQL（Neural-Q Learning）

1. Q Learning 概述

Q Learning 作为一种离策略（Off Policy）的在线学习算法，使用一个合理的策略来产生动作，根据该动作与环境交互所得到的下一个状态以及奖赏来学习得到另一个最优 Q 函数。Q Learning 定义了 Q 函数 $Q(S_k, A_k)$，用以估计采取策略 π 时，任意状态 s 下，所有可执行的动作 a 的动作值函数 $q_\pi(s,a)$，并采用使得 $Q(S_{k+1},a)$ 值最大的动作量来更新 $Q(S_k, A_k)$，更新公式如下：

$$Q(S_k, A_k) \leftarrow Q(S_k, A_k) + \beta[R_{k+1} + \gamma \max_a Q(S_{k+1}, a) - Q(S_k, A_k)] \tag{5-43}$$

Q 函数的值以 Q 值表形式离散存储，表示为在何种状态下选择何种动作的概率矩阵，也可以理解为 Q Learning 中学习者学习后的记忆。Q Learning 算法流程如表 5-6 所示。

表 5-6　Q Learning 算法流程

初始化 Q (S, A) = 0,
重复以下操作（每个进程）：
初始化状态 S；
重复以下操作（每一时刻 k）：
根据 Q 函数在状态 S_k 下选择动作量 A_k（如 ε-greedy 算法）；
并观测收益 R_k 和下一时刻的状态 S_{k+1}；
更新 Q 值和状态量：
$Q(S_k,A_k) \leftarrow Q(S_k,A_k) + \beta[R_{k+1} + \gamma \max_a Q(S_{k+1},a) - Q(S_k,A_k)]$；
$S_{k+1} \leftarrow S_k$；$k \leftarrow k+1$
直到状态 S 达到最终状态

其中，ε-greedy 算法体现了 Q Learning 算法选择动作量基本思想：动作量的选取需要依靠贪婪策略，即选取使得当前收益最大的动作量。但是如果每一时刻都依据贪婪策略来选择动作量，不一定会获得全局最优策略，因为全局最优策略有一定的概率包含某几个不是当前最优解的量。所以动作量的选择需要平衡探索与选择的关系：探索非当前最优解的其他解是否可能是最优策略的组成量，以及依据贪婪策略选择当前最优解。因此，衍生出 ε-greedy 算法。

$$a_k = \begin{cases} u \in \arg\max_a Q(S_{k+1}, a), & r < \varepsilon_k \\ \text{random from } \mathbf{A}, & r \geq \varepsilon_k \end{cases} \tag{5-44}$$

式中，r 表示每一步操作时产生的 0~1 之间的随机数。

其中 $\varepsilon(0<\varepsilon<1)$ 为探索率，表示随机选择动作的概率为 ε，而根据最大的 Q 函数来选择

动作量的概率为 $1-\varepsilon$。过大的探索率将导致算法收敛速度减缓，或者发散；过小的探索率则不利于获得最优策略。

Q Learning 常用于处理离散状态空间和动作空间问题，也可以处理连续状态空间和动作空间问题，但需要将连续的状态空间与动作空间先进行离散化处理。离散化程度对算法使用效果有较大的影响，离散化程度过小会导致算法无法找到最优动作量，从而在收敛值附近波动。为了简单便捷地处理连续问题，下面将介绍一种基于 Q Learning 改进的连续强化学习算法 NQL。

2. NQL 工作原理

针对 Q Learning 方法处理连续问题时因离散化不当而造成的算法收敛值波动问题，可以通过细化离散化区间来解决，但存在两个问题：首先，最优动作量的有效位数不能直接获得，需要通过不断尝试离散化基本单位来估计最优动作量的有效位数；其次，假设经过不断地尝试估计出了最有效的离散化基本单位，Q 值表的维度为所有状态量和动作量维度之积，越来越细化的离散化区间带来更加精确结果的同时也带来了维度灾难，将会使得算法运算成本升高，从而影响算法效率，甚至出现不能及时计算出动作量的情况，不能很好地满足车辆行驶的实时性和安全性需求。

常用的连续化学习方法除了细化 Q Learning 的区间之外，还包括 NQL 方法和 Actor-Critic 方法。

图 5-18（a）所示为 Q Learning 算法工作原理示意图，结合 Q Learning 工作过程可知，该算法根据离散化的 Q 值表 [所有状态量和动作量对应的 Q 值关系 $Q(S,A)$] 选取动作量 A_k，其中 $Q(S,A)$ 与 A_k 均为离散的量。图 5-18（b）所示为 Actor-Critic 方法的工作原理，该方法包括两个神经网络：Critic 和 Actor 神经网络，分别用于近似 Q 值 $Q(S,A)$ 和动作量 A_k，使之变为连续的函数，然后根据所近似的 Q 值对所近似的动作量进行选择。

NQL 的工作原理如图 5-18（c）所示，采用一个神经网络近似 Q 值 $Q(S,A)$，并通过公式推导计算出动作量。NQL 方法相较于 Actor-Critic 方法而言，一方面减少了神经网络数目，从而减少了试验中调节参数的工作量；另一方面避免了 Actor-Critic 方法因参数选取不恰当导致算法不收敛时纠错的复杂性。下面将从 NQL 需要满足的条件和三要素角度对 NQL 的工作原理进行具体阐述。

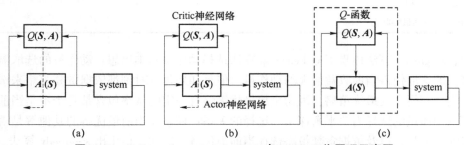

图 5-18　Q Learning、Actor-Critic 与 NQL 工作原理示意图

根据 NQL 的定义可知，NQL 问题需要满足一个条件和三个基本要素。首先，NQL 需要满足线性二次型条件（Linear Quadratic Regulator，LQR），即 k 时刻的状态量 S_k，动作量 A_k 和收益 R_k 需满足如下形式：

$$S_{k+1} = MS_k + NA_k \tag{5-45}$$

$$R_k = S_k^{\mathrm{T}}CS_k + A_k^{\mathrm{T}}DA_k \tag{5-46}$$

其中，M 和 N 为用于近似线性系统动力学的相关矩阵；C 和 D 是正定矩阵，分别表示状态量和动作量对 R_k 的权重。假设纵向速度规划控制问题是一个近似 LQR 问题，那么相关的状态量 S_k 和收益 R_k 需要满足 LQR 的表达形式。与传统强化学习不同，此处的收益 R_k 表示的是该系统的损失，在学习过程中需要最小化 R_k 的累计和。

NQL 的三个要素包括状态量、动作量和 Q 函数。状态量 S_k 和动作量 A_k 的具体定义根据学习目的的不同而有所不同，将在下文中针对纵向定距离跟驰模型和人类驾驶策略学习模型分别进行讨论。在传统 Q Learning 中，动作量 A_k 需要根据当前状态量和 Q 值表从离散化的动作空间中进行选择。在 NQL 中，用一个人工神经网络近似 Q Learning 中的值函数（Q 函数）以取代 Q 值表，动作量 A_k 可以直接根据 Q 函数和状态量直接计算获得。

Q 函数的真值为随着时间推移不断累积的损失 R_k 之和，可由式（5-45）与式（5-46）推导获得：

$$Q(S_k, A_k) = \begin{bmatrix} S_k^{\mathrm{T}} & A_k^{\mathrm{T}} \end{bmatrix} \begin{bmatrix} H_{xx} & H_{xu} \\ H_{ux} & H_{uu} \end{bmatrix} \begin{bmatrix} S_k \\ A_k \end{bmatrix} \tag{5-47}$$

其中，H_{xx}，H_{xu}，H_{ux} 和 H_{uu} 为与系统损失相关的二次型矩阵。而后，可根据式（5-47）推出 k 时刻的最优动作量：

$$A_k = -(H_{uu})^{-1}H_{ux}S_k = LS_k \tag{5-48}$$

Q 函数的真值不易获取，一般采用合适的函数来近似 Q 函数。通过上述 NQL 的工作原理可知，针对具体问题求解 NQL 时，首先需要定义状态量 S_k 和动作量 A_k，再选取函数近似 Q Learning 中的 Q 函数，最后根据式（5-48）求解出最优动作量 A_k。

3. Q Learning 与 NQL 对比

上面介绍了 Q Learning 和 NQL 的工作原理，下面对二者的区别和联系进行总结与归纳。

Q Learning 常用于解决离散化状态空间和动作空间问题，如图 5-19（a）所示，该算法采用 Q 函数 $Q(S, A)$ 估计动作量值函数，并将估计值 Q 值存储在 Q 值表 [所有状态量和动作量对应的 Q 值关系 $Q(S, A)$]，根据 Q 值表采用 ε-greedy 等算法选取动作量 A，其中 $Q(S, A)$ 与 A 均为离散量。

如图 5-19（b）所示，NQL 采用一个人工神经网络近似 Q Learning 中的 Q 函数，不需要存储为离散 Q 值表形式，并通过公式推导可以直接计算出只与状态量有关的动作量 $A(S)$，同时省略了动作区间离散过程，将动作量变为连续量。

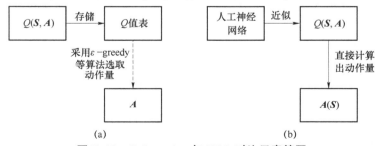

图 5-19　Q Learning 与 NQL 对比示意简图

5.3.4　NQL 求解过程

首先介绍所选取的基本跟驰场景，该场景为双车道长直路单一前车跟驰场景。为了简化问题的研究，将车辆的横向控制与纵向控制解耦，仅研究直行时的跟驰问题，不考虑车辆横向控制，即前车一直保持直线行驶，不进行换道、转弯等行为。

对基本跟驰场景下的纵向速度规划控制问题进行分析可知，影响车辆跟驰的因素主要包括前车速度、本车速度、本车与前车的相对距离，即两车的相对速度和相对距离，因此 k 时刻的状态量 $\boldsymbol{S}_k$ 的通用形式可以表示为一个包含两个要素 s_1 和 s_2 的向量，针对纵向速度规划控制问题的动作量 $\boldsymbol{A}_k$ 可以用本车的期望加速度 a_{E_k} 表示：

$$\boldsymbol{S}_k^{\mathrm{T}} = \begin{bmatrix} s_1 & s_2 \end{bmatrix} \tag{5-49}$$

$$\boldsymbol{A}_k = a_k = a_{E_k} \tag{5-50}$$

为了使得神经网络能够正常工作，需要在试验前将状态量和动作量归一化到 $[-1, 1]$ 区间，归一化公式如下：

$$\boldsymbol{S}_k^{\mathrm{T}} = \begin{bmatrix} \dfrac{2\times(s_1-\Delta v_{\min})}{\Delta v_{\max}-\Delta v_{\min}}-1 & \dfrac{2\times(s_2-\Delta d_{\min})}{\Delta d_{\max}-\Delta d_{\min}}-1 \end{bmatrix} \tag{5-51}$$

$$\boldsymbol{A}_k = \dfrac{2\times(a_{E_k}-a_{\min})}{a_{\max}-a_{\min}}-1 \tag{5-52}$$

式中，$\Delta d_{\max}$，$\Delta v_{\max}$ 和 $a_{\max}$ 分别为 s_1，s_2 和 a_{E_k} 的最大值。相对而言，$\Delta d_{\min}$，$\Delta v_{\min}$ 和 $a_{\min}$ 分别为 s_1，s_2 和 a_{E_k} 的最小值，这些统称为归一化参数，是 NQL 所需参数的一部分。为了便于计算，此处假设 $\Delta v_{\min}=-\Delta v_{\max}$，$\Delta d_{\min}=-\Delta d_{\max}$，$a_{\min}=-a_{\max}$。为了保证传感器在有效工作范围内工作，选取 $\Delta d_{\max}=80$ m。

定义了状态量 $\boldsymbol{S}_k$ 和动作量 $\boldsymbol{A}_k$ 之后，需要定义损失函数 $\boldsymbol{R}_k$ 用以更新 Q 函数，在选取状态量与动作量后，只需要设定相应的参数矩阵 $\boldsymbol{C}$ 与 $\boldsymbol{D}$ 的值，就可以获得损失函数值。根据状态量和动作量的维度，可知 $\boldsymbol{C}=[C_1 0;0 C_2]$，$\boldsymbol{D}=D$。为了方便调试参数，假设速度和加速度对损失函数的影响是相同的，即权重系数相等 $C_1=D$，且距离、速度和加速度对损失函数的影响系数之和为 1，即 $C_1+C_2+D=1$。Q 函数的真值不易获取，一般采用合适的函数来近似 Q 函数，下面将选取 Q 函数的估计函数。

现定义式（5-47）中的 $\boldsymbol{H}_{xx}$，$\boldsymbol{H}_{xu}$，$\boldsymbol{H}_{ux}$ 和 $\boldsymbol{H}_{uu}$ 为相应维度的矩阵 $\boldsymbol{H}_{xx}=[w_1\ 0;0\ w_2]$，$\boldsymbol{H}_{ux}=[w_3\ w_4]$，$\boldsymbol{H}_{xu}=[w_5\ w_6]$，$\boldsymbol{H}_{uu}=[w_7]$，则式（5-47）可以表示为一个参数向量 $\boldsymbol{w}^{\mathrm{T}}$（$\boldsymbol{w}^{\mathrm{T}}=[w_1\ w_2\ w_3\ w_4\ w_7]$）与神经网络输入向量 $\boldsymbol{x}_k$（$\boldsymbol{x}_k=[s_1^2\ s_2^2\ 2s_1a\ 2s_2a\ a^2]^{\mathrm{T}}$）的线性乘积：

$$Q(\boldsymbol{x}_k) = \boldsymbol{w}^{\mathrm{T}}\boldsymbol{x}_k \tag{5-53}$$

可以通过求解 Q 函数对 $\boldsymbol{x}_k$ 的偏导获得 $\boldsymbol{w}^{\mathrm{T}}$，但是 Q 函数的真值不易直接获得，因此问题的关键在于如何近似 Q 函数。人工神经网络常用于模拟人类或动物神经元之间信息传播的过程，前馈神经网络是人工神经网络的一种，特点是每层神经元只接收其上一层的输入并输出到下一层，该层神经网络之间的神经元没有信息传播，也没有跨两层或以上的神经元信息传播，更没有信息逆向传播。

采用一个如图 5-20 所示的前馈人工神经网络来近似 Q 函数，包含三层网络结构：5 节点（$\boldsymbol{x}=[x_1,\ x_2,\ \cdots,\ x_5]^{\mathrm{T}}$）的输入层、3 节点的隐含层和仅有一个节点 $Q(\boldsymbol{x})$ 的输出层。

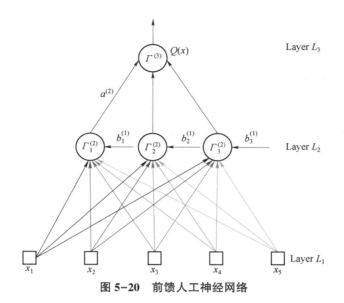

图 5-20　前馈人工神经网络

首先，介绍神经网络工作所需参数的表达形式。用 n_l 表示神经网络的层数，用 s_l 表示第 l 层的节点数，上述神经网络中 $n_l = 3$。同时，将第 l 层记作 L_l，则输入层和输出层可分别记作 L_1 和 L_{n_l}。图 5-20 中的神经网络参数有权重参数 $\boldsymbol{W} = (\boldsymbol{W}^{(1)}, \boldsymbol{W}^{(2)})$ 和偏置参数 $\boldsymbol{b} = (\boldsymbol{b}^{(1)}, \boldsymbol{b}^{(2)})$，其中 $W_{ij}^{(l)}$ 表示第 l 层的第 j 个节点与第 $l+1$ 层的第 i 个节点间的权重参数，$b_i^{(l)}$ 表示第 $l+1$ 层的第 i 个节点的偏置项。$a_i^{(l)}$ 表示第 l 层的第 i 个节点的输出值，也称为激活值，针对输入层而言 $\boldsymbol{a}^{(1)} = \boldsymbol{x}$。用 $z_i^{(l)}$ 表示第 l 层的第 i 个节点输入的加权和，如 $z_i^{(2)} = \sum_{j=1}^{n} W_{ij}^{(1)} x_j + b_i^{(1)}$，则

$$a_i^{(2)} = \Gamma^{(2)} (z_i^{(l)})$$

其中，$\Gamma(\cdot)$ 表示激活函数。神经网络的计算步骤可用矩阵表示如下：

$$\boldsymbol{z}^{(l+1)} = \boldsymbol{W}^{(l)} \boldsymbol{a}^{(l)} + \boldsymbol{b}^{(l)} \tag{5-54}$$

$$\boldsymbol{a}^{(l+1)} = \Gamma(\boldsymbol{z}^{(l+1)}) \tag{5-55}$$

那么，Q 函数作为该神经网络的输出量，可以表示为

$$Q(x) = \Gamma^{(3)} ((\boldsymbol{W}^{(2)})^{\mathrm{T}} \Gamma^{(2)} (\boldsymbol{W}^{(1)} \boldsymbol{x}_k^{\mathrm{T}} + \boldsymbol{b}^{(1)})) + \boldsymbol{b}^{(2)} \tag{5-56}$$

$$= (\boldsymbol{W}^{(2)}) \mathrm{Ttanh}(\boldsymbol{W}^{(1)} \boldsymbol{x}_k^{\mathrm{T}} + \boldsymbol{b}^{(1)})$$

其中，令输出层的激活函数为线性函数，即 $\Gamma^{(3)}(\cdot) = \cdot$，输出层偏置为 0，即 $\boldsymbol{b}^{(2)} = \boldsymbol{0}$。选取隐含层的激活函数为 tanh 函数，即 $\Gamma^{(2)}(\cdot) = \tanh(\cdot)$，可以推导出 w 的值：

$$w_j(x) = \frac{\partial Q(x)}{\partial x_j} = \sum_{i=1}^{s_2} W_{1i}^{(2)} W_{ij}^{(1)} \left[1 - \tanh^2 \left(\sum_{j=1}^{s_1} W_{ij}^{(1)} x_j + b_i^{(1)} \right) \right]$$

$$= \sum_{i=1}^{s_2} W_{1i}^{(2)} W_{ij}^{(1)} - \sum_{i=1}^{s_2} W_{1i}^{(2)} W_{ij}^{(1)} \tanh^2 \left(\sum_{j=1}^{s_1} W_{ij}^{(1)} x_j + b_i^{(1)} \right) \tag{5-57}$$

$$= \hat{w}_j - \tilde{w}_j$$

然而，根据式（5-57）可以看出，w 中包含了 x_k，因此，w 与 x_k 之间存在着复杂的非线性关系，不能直接进行求导运算。为了简化计算，将 $w_i(x)$ 分为两部分：线性部分 $\hat{w}_j = \sum_{i=1}^{s_2} W_{1i}^{(2)} W_{ij}^{(1)}$ 和非线性部分 $\tilde{w}_j = \sum_{i=1}^{s_2} W_{1i}^{(2)} W_{ij}^{(1)} \tanh^2\left(\sum_{j=1}^{s_1} W_{ij}^{(1)} x_j + b_i^{(1)}\right)$。

若求出 w 的值，则可以通过矩阵重组计算出 H_{ux} 和 H_{uu}，从而求出 $L(x)$，然后通过式（5-52）可以计算出动作量 A_k。为了完成上述过程，首先需要计算上述参数的线性部分 $\hat{w}_j = \sum_{i=1}^{s_2} W_{1i}^{(2)} W_{ij}^{(1)}$，而后可以通过以下步骤获得动作量 A_k。

首先计算出线性部分参数 $\hat{w}$，再利用矩阵重组计算出 $\hat{L} = -(\hat{H}_{uu})^{-1} \hat{H}_{ux}$，然后根据 $\hat{A}_k = \hat{L} S_k$ 可以计算出 $\hat{A}_k$，再根据 $\hat{A}_k$ 和 S_k 推导出相应的神经网络输入层的值 $\hat{x}_k$，并用该值，参照式（5-57）获得 w 的近似值 $w(\hat{x}_k)$。重复上述矩阵重组过程，获得 $L(\hat{x}_k)$，最后根据式（5-52）计算出动作量 A_k。

那么问题的重点转移到如何求出 w 的线性部分，根据式（5-57）可知，该部分由神经网络权重参数的乘积组成，因此求解的关键在于如何更新神经网络的参数。

神经网络参数的更新方式直接决定了 NQL 的在线性能，原始的 NQL 算法采用一个离线更新的人工神经网络来近似 Q Learning 的 Q 函数，即采用一组数据放入 NQL 的神经网络中训练至神经网络收敛，再采用收敛后的神经网络参数计算 Q 函数，最终计算出动作量。原始的 NQL 不能满足车辆纵向速度规划控制的实时性要求，因此考虑对 NQL 进行调整，将其设计为可在线批量学习的 NQL，以适应车辆控制的实时性需求。

5.3.5　NQL 算法流程

为了将原始的 NQL 变为可在线批量学习的 NQL 算法，采用批量梯度下降法来求解神经网络，此时需要考虑将 NQL 问题与批量梯度下降法结合起来，两者的结合点在于批量梯度下降法中的损失函数可以用 NQL 中的时间差分偏差表示。参考 Q Learning 算法，时间差分偏差 e_k 指的是当前时刻的 Q 函数和上一时刻 Q 函数的偏差值，表达形式如下：

$$e_k = R_k + Q(S_{k+1}, A_{k+1}) - Q(S_k, A_k) \tag{5-58}$$

将 m 个样本集中的代价函数累加起来，并加入一个权重衰减项，可以定义整体代价函数如下。其中 λ 为权重衰减系数，用于防止神经网络训练过程中过拟合的发生。

$$E_k = \frac{1}{m} \sum_{k=0}^{m} \frac{1}{2} e_k^2 + \frac{\lambda}{2} \sum_{l=1}^{n_l-1} \sum_{i=1}^{s_{l+1}} \sum_{j=1}^{s_l} (W_{ij}^{(l)})^2 \tag{5-59}$$

传统的整体代价函数累加了全部 N 个样本，然后对神经网络进行离线更新。此处对代价函数进行修改，使得每 m 个仿真步长累加计算一次整体代价函数，并更新一次神经网络参数，使得纯离线的神经网络训练变成了可在线实时更新的批量学习算法，克服传统批量学习的在线自适应性差的弱点，可用于在线实时更新车辆状态。

此处采用批量梯度下降法来更新每个步长下的神经网络的权重参数 W 和偏置参数 b，其中 α 为学习率，代入式（5-59）可得式（5-60）与式（5-61）。

$$W_{ij}^{(l)} = W_{ij}^{(l)} - \alpha \frac{\partial}{\partial W_{ij}^{(l)}} E(W,b) = W_{ij}^{(l)} - \alpha \left(\frac{1}{m} \sum_{k=1}^{N} \frac{\partial}{\partial W_{ij}^{(l)}} E_k(W,b) + \lambda W_{ij}^{(l)} \right) \tag{5-60}$$

$$b_{ij}^{(l)} = b_{ij}^{(l)} - \alpha \frac{\partial}{\partial b_{ij}^{(l)}} E(\boldsymbol{W},\boldsymbol{b}) = b_{ij}^{(l)} - \alpha \frac{1}{m} \sum_{k=1}^{m} \frac{\partial}{\partial b_{ij}^{(l)}} E_k(\boldsymbol{W},\boldsymbol{b}) \tag{5-61}$$

根据式（5-60）和式（5-61）可知，上述神经网络权重参数和偏置参数更新的关键在于求代价函数对权重系数与偏置的偏导。反向传播算法（Backpropagation Algorithm，BP）是计算偏导数的一种有效方法，具体工作过程体现在 NQL 算法流程表 5-7 中。

表 5-7　Neural Q Learning 算法流程

初始化

（1）初始化神经网络权重 $\boldsymbol{W}$，$\boldsymbol{b}$ 和其他相关参数。

（2）初始化 $Q=0$，状态量 $\boldsymbol{S}_0$ 和动作量 $\boldsymbol{A}_0$。

（3）对每个步数 k，执行：

动作选取

①观察当前时刻状态 $\boldsymbol{S}_{k+1}$，获取上一时刻状态 $\boldsymbol{S}_k$ 和动作 $\boldsymbol{A}_k$。

②计算损失 R_k。

③计算当前时刻动作量 $\boldsymbol{A}_{k+1}$。

④计算神经网络相关参数（反向传播算法）：

前向传播，计算每一层的激活函数：

$a_j^{(2)} \leftarrow \Gamma^{(2)}(z_j^{(2)})$；$Q \leftarrow a^{(3)} \leftarrow \Gamma^{(3)}(z^{(3)})$；

计算残差：

对输出层（第 $n_l = 3$ 层）的每个输出单元 i 的残差：

$$\delta^{(n_l)} \leftarrow \frac{\partial}{\partial z_i^{(n_l)}} E_k(\boldsymbol{W},\boldsymbol{b}) \leftarrow e_k \cdot \Gamma^{(n_l)}{}'(z_i^{(n_l)}) \leftarrow e_k$$

对第 $l = n_l-1, \cdots, 2$ 层，第 i 个节点的残差：

$$\delta_i^{(l)} \leftarrow \left(\sum_{j=1}^{s_{l+1}} W_{ji}^{(l)} \delta_j^{(l+1)}\right) \Gamma'(z_i^{(l)})$$；

计算偏导数：

$$\frac{\partial}{\partial W_{ij}^{(l)}} E_k(\boldsymbol{W},\boldsymbol{b}) = a_j^{(l)} \delta_i^{(l+1)}$$；$$\frac{\partial}{\partial b_i^{(l)}} E_k(\boldsymbol{W},\boldsymbol{b}) = \delta_i^{(l+1)}$$；

令 $\Delta \boldsymbol{W}^{(l)} \leftarrow \Delta \boldsymbol{W}^{(l)} + \nabla_{\boldsymbol{W}^{(l)}} E_k(\boldsymbol{W},\boldsymbol{b})$；$\Delta \boldsymbol{b}^{(l)} \leftarrow \Delta \boldsymbol{b}^{(l)} + \nabla_{\boldsymbol{b}^{(l)}} E_k(\boldsymbol{W},\boldsymbol{b})$；

权重更新

更新神经网络参数（批量梯度下降法）：

当步数 k 可以被 m 整除时（表示神经网络参数每 m 次更新一次），执行：

$$\boldsymbol{W}^{(l)} \leftarrow \boldsymbol{W}^{(l)} - \alpha \left[\frac{1}{m} \Delta \boldsymbol{W}^{(l)} + c \boldsymbol{W}^{(l)}\right]$$；

$$b^{(l)} \leftarrow b^{(l)} - \alpha \frac{1}{m} \Delta b^{(l)}$$；

更新步数 $k \leftarrow k+1$，直到步数大于等于全部样本个数 $k \geqslant N$。

其中，$\Delta \boldsymbol{W}^{(l)} = \sum\limits_{k=1}^{m} \frac{\partial}{\partial W_{ij}^{(l)}} E_k(\boldsymbol{W},\boldsymbol{b})$ 和 $\Delta \boldsymbol{b}^{(l)} = \sum\limits_{k=1}^{m} \frac{\partial}{\partial b_{ij}^{(l)}} E_k(\boldsymbol{W},\boldsymbol{b})$。

算法包含三个部分：初始化、动作选取、权重更新。从权重更新部分可以看出对原始

NQL 算法的调整，将批量在线更新的神经网络与 NQL 有机结合，使得该算法每 m 个时间步长更新一次神经网络参数，既满足了车辆控制的实时性要求，又避免了神经网络的跳变，从而增加了系统的稳定性。

5.4 定距离跟驰仿真试验

5.4.1 仿真系统设计

类人驾驶学习系统主要包括人类驾驶策略学习模块和纵向速度控制模块。其中，人类驾驶策略学习模块的仿真模型在 MATLAB/Simulink 中建立并与 PreScan 中的交通场景进行联合仿真，用以完成模型测试。类人驾驶系统的仿真模型包括人类驾驶数据处理模块、外部环境信息计算模块、状态量转换模块、人类驾驶策略学习模块、纵向速度控制模块和显示模块。

外部环境信息计算模块提取环境信息特征，将其传递给各个所需模块；人类驾驶数据处理模块将从外部环境获取的人类驾驶数据转换为一个可以在线单步更新的变量，其中一部分与前车信息、本车信息一起传递给状态转换模块，通过状态转换模块将环境信息转换为学习系统所需状态量信息；另一部分用于初始化人类驾驶策略学习模块中的相应量。人类驾驶策略学习模块的输入为状态信息，包括无人驾驶时的本车速度、本车与前车相对距离以及人类驾驶时本车速度、本车初速度和两车初始相对距离，输出量为本车期望速度。

人类驾驶策略学习模块规划出的期望速度传递给纵向速度控制模块，由于此处仅考虑纵向速度规划控制，所设置的试验场景不考虑弯道情况下的跟驰，故选择 PreScan 驾驶模式中的 PathFollow 模式，该模块提供 PID 控制器，并负责将期望速度转换为油门和制动控制量，并通过动力学模型控制车辆运动。显示模块模拟真实车辆的码数表，用于显示速度、油门量和制动量。

为了验证 NQL 方法对于纵向速度规划控制问题的适用性，并演示其作为连续化强化学习在解决连续问题时的优势，设计了 NQL 与 Q Learning 的定距离跟驰仿真对比试验。

5.4.2 定距离跟驰模型

为了更好地从功能上区分 Q Learning 与 NQL 算法，针对纵向速度规划控制问题，分别采用两种算法搭建纵向定距离跟驰模型，试验设计过程包括试验场景选取、基于 Q Learning 与 NQL 的定距离跟驰模型建立。

1. 试验场景选取

选取纵向定距离跟驰场景为双车道长直路单一前车跟驰场景。设定前车以 10 m/s 的速度匀速行驶，本车初速度为 10 m/s，与前车初始距离为 20 m 跟随前车行驶。该模型需要满足在一段时间后使得两车的距离达到设定跟驰距离（为了避免试验的随机性，分别选取设定距离为 10 m、20 m 和 50 m 进行测试）。为了提高信息获取的精确度，在本车和前车上均搭载 GPS 和 V2V 系统。

2. 基于 Q Learning 的定距离跟驰模型

在使用 Q Learning 时，首先需要定义该问题的状态空间和动作空间，再定义收益函数，最后选取相关参数。将期望加速度 a_{E_k} 作为动作量 $\boldsymbol{A}_k$，并采用前车速度 $\boldsymbol{v}_{fk}$、本车速度 $\boldsymbol{v}_k$、本

车与前车的相对距离 d_k 定义 k 时刻状态量 $\boldsymbol{S}_k$:

$$\boldsymbol{S}_k = \begin{bmatrix} v_{fk} & v_k & d_k \end{bmatrix} \tag{5-62}$$

建立的纵向定距离跟驰模型是一个通用的模型，为了保证行车安全性限定速度的取值区间设为 $[0, 25\text{ m/s}]$ ，两车间距离的取值区间设为 $[0, 80\text{ m}]$ 。考虑到驾驶舒适性的需求，对动作区间（加速度区间）进行限制， $a_k \in [-3, 3]$ 。在使用 Q Learning 之前需要对状态空间和动作空间进行离散化处理，分别以 1 m/s、1 m、1 m/s^2 为基本单位离散速度、距离和加速度区间。

首先，需要保证两车间距离不能过大或过小，当超出安全距离 $d_{\text{safe}} = 2\text{m}$ 和最远距离 $d_{\max} = 100\text{m}$ 时，收益 R_k 的值达到最小，设定为 $-1\ 000$ ；同时，当两车距离 d_k 越接近期望定距离 d_E 时，收益 R_k 越大。为了加快算法的收敛速度，当 $d_k = d_E$ 时，给收益函数一个很大的正向反馈，此处设定 $R_k = 10$ 。综上所述，收益函数 R_k 定义如下：

$$R_k = \begin{cases} -1000, & d_k \geqslant d_{\max} \text{ 或 } d_k \leqslant d_{\text{safe}} \\ -|d_k - d_E|, & d_{\text{safe}} < d_k < d_E \text{ 和 } d_E < d_k < d_{\max} \\ 10, & d_k = d_E \end{cases} \tag{5-63}$$

定义完 Q Learning 三要素（状态量、动作量和收益函数）之后，在运行算法前，需要对 Q Learning 中 Q 值更新所涉及的相关参数进行选择。

为了减少或避免不安全的行车工况，需要考虑到 Q Learning 在使用 ε-greedy 算法进行动作量探索时的随机性问题，并对这种随机性加以校正，在保证安全的情况下加速算法的收敛。即需要对不符合逻辑的策略（比如两车距离十分接近时仍然采取大加速度的策略）进行剔除，提出加速度限制逻辑，如图 5-21 所示。

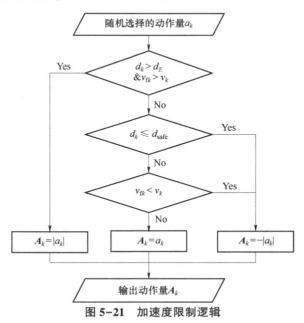

图 5-21　加速度限制逻辑

当行车距离 d_k 大于设定期望距离 d_E 且前车速度 v_{fk} 大于本车速度 v_k 时，根据驾驶经验，此时应该选取正向加速度。当行车距离小于安全距离时，理应采取反向加速度减速行驶。当行车距离大于安全距离且前车速度小于本车速度时，保守选择减速行驶。当行车距离大于安全距离且前车速度大于本车速度时，加速度可以随机选取动作量空间中的任意值。

3. 基于 NQL 的定距离跟驰模型

正如前文所述，NQL 包含三个要素：状态量 S_k、动作量 A_k 和 Q 函数，针对不同问题所选取的状态量 S_k 也不同。对于纵向定距离跟驰问题，定义 NQL 的状态量 S_k 为包括本车速度 v_k、前车速度 v_{fk} 和两车间相对距离 d_k 的二维矩阵：

$$S_k^{\mathrm{T}} = [\,s_1 \quad s_2\,] = [\,v_{fk}-v_k \quad d_k-d_E\,] \tag{5-64}$$

值得注意的是，为了保证学习过程的可连续性，在学习过程中关闭碰撞检测功能，即 d_k 可以为 0。定义了状态量 S_k 和动作量 A_k 之后，根据 $R_k = S_k^{\mathrm{T}} C S_k + A_k^{\mathrm{T}} D A_k$ 可知，只需要设定相应的参数矩阵 C 与 D 的值，就可以获得损失函数值。其中，$C = [\,C_1;0C_2\,]$，$D=D$，C_1、C_2、D 分别为速度、距离以及加速度对损失函数的影响权重。

测试前需设定 NQL 的相关参数，其中一部分通过经验值获得，另一部分为多次试验反复测试所得。选取完相关系数后，需要选取状态量和动作量归一化参数，对于纵向定距离跟驰问题，为了保证传感器在有效工作范围内，选取 $\Delta d_{max}=80$ m，为了保证行车舒适性，假设加速度的绝对值不超过 2 m/s^2，则选取加速度最大值为 $a_{max}=2$ m/s^2。为了保证行车安全性，选取车辆行驶速度最大值为 $\Delta v_{max}=25$ m/s。

5.4.3 试验结果与分析

试验结果主要包括两方面：基于 Q Learning 的定距离跟驰仿真试验结果和基于 NQL 的定距离跟驰仿真试验结果，下面将分别对两者进行分析。

1. 基于 Q Learning 的定距离跟驰仿真试验结果

通过仿真，获得三种不同设定距离下（10 m、20 m 和 50 m）的 Q Learning 纵向定距离跟随的试验结果，如图 5-22 所示。

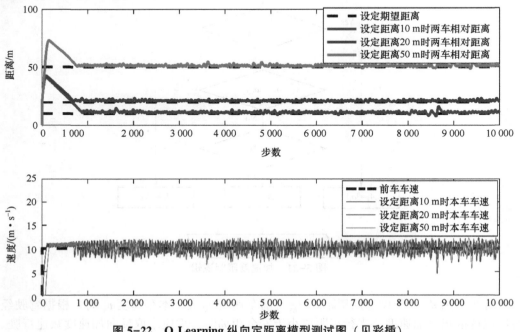

图 5-22 Q Learning 纵向定距离模型测试图（见彩插）

　　观察图 5-22 的距离曲线可知，该算法在不同设定距离（10 m、20 m、50 m）下均会收敛，当 $d_E=10m$ 或 $d_E=20m$ 时，由于该设定距离与初始距离 20 m 接近或相等，故两者的速度曲线前期变化较为相似，而 $d_E=50m$ 时，由于该设定距离与初始距离 20 m 相差较大，因此速度曲线首先在一段时间内减速并拉开距离。然而，当距离趋于收敛时（约 1 000 个仿真步长），可以观察到速度曲线一直在 10 m/s 附近来回震荡。

　　图 5-22 中曲线震荡的原因在于状态区间和动作区间的离散化程度不够细致，导致算法在当前状态下无法选取实际最优的动作量。假设当前维持稳定所需的最优动作量（加速度）为 2.5 m/s²，由于本算法划分的动作量区间最小单位为 1 m/s²，因此，在当前划分的动作量中，学习者（车辆）会选取最优动作量附近的值，然而 3 m/s² 与 2 m/s² 的加速度是所设定的最接近 2.5 m/s² 的量，因此会出现速度曲线来回震荡的现象。

2. 基于 NQL 的定距离跟驰仿真试验结果

　　通过仿真，获得三种不同设定距离下（10 m、20 m 和 50 m）的 NQL 纵向跟驰试验结果如图 5-23 所示。考虑到学习率对 NQL 和 Q Learning 收敛速度的影响，此处主要观察两个模型收敛后的状态，不对收敛速度进行进一步讨论。

　　通过观察图 5-22 和图 5-23 可知，两种算法都能够收敛，但基于 Q Learning 的纵向定距离跟驰模型收敛后仍然没有达到上文所设定的期望跟驰距离，仅在期望跟驰距离附近来回波动。通过观察图 5-23 可知，基于 NQL 的纵向定距离跟驰模型收敛后很好地保持了设定的期望跟驰距离，没有来回波动震荡的情况发生。因此，可以证明 NQL 更加适用于连续状态空间和动作空间问题，且 NQL 具有完成定距离跟驰的能力。

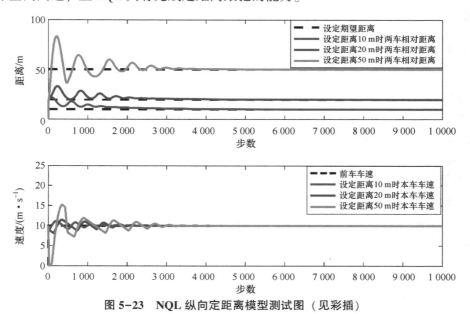

图 5-23　NQL 纵向定距离模型测试图（见彩插）

第6章
智能车辆运动规划

6.1 概述

通常来讲，智能车辆的运动规划问题指的是通过最优化某些目标函数（如最短路径、最小燃油消耗、最短到达时间、最平顺），同时满足环境几何约束（路径必须位于自由空间）、任务约束（需要访问中间目标点）、车辆运动学和动力学约束，生成一条从当前状态到达目标状态无碰撞的、平滑舒适的、车辆运动学动力学可行的最优轨迹。

智能车辆所采用的运动规划算法大致可以分为以下三大类：基于采样的运动规划算法、基于搜索的运动规划算法、基于优化的运动规划算法。

6.1.1 基于采样的运动规划算法

基于采样的运动规划算法可进一步分为随机性采样方法和确定性采样方法。

1. 随机性采样方法

随机路径图法（Probabilistic Roadmap，PRM）和快速探索随机树法（Rapidly-exploring Random Tree，RRT）是两种代表性的随机性采样方法。

随机路径图法不需要显性构建环境的数学模型，而是通过碰撞检测结果在自由空间里选取无碰撞的可行采样点，构建一个包含丰富可行路径的道路图，然后在该图中搜索出一个可行路径。随着用于构建路图的点数增加，搜索路径失败的概率以指数速率衰减为零。PRM 方法并不能保证渐近最优，在构建路图时采用固定半径连接节点，导致计算效率不高。Karaman 等人提出了 PRM＊方法，其算法整体流程与 PRM 类似，只是在构建路图时，连接半径是一个关于当前采样点数量的函数。该策略被证明是渐近最优。图 6-1 所示为 PRM 和 PRM＊算法规划结果示意图。

快速探索随机树法由于不需要提前设定采样点数量，只需不断在线生成随机采样点，构建树状路径，当路径足够丰富并且有分支到达目标位置时，返回规划路径。该方法不需要准确连接两状态，因此有足够的自由度处理有微分约束的系统。尽管不同的采样策略和措施被用来提高 RRT 方法的性能，但是其生成的路径仍然不能保证是最优解。Karaman 等人在典型的 RRT 算法中引入重连接操作，开发一种能逐渐收敛到最优解的 RRT＊算法。虽然重连接导致规划消耗的时间变长，但是该方法能够快速给出到达目标点的次优解。该算法能持续

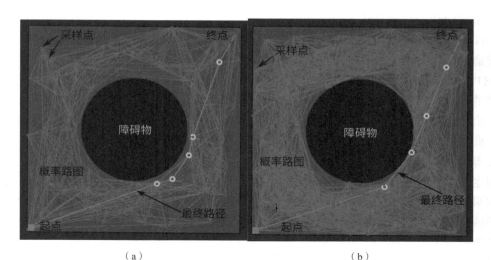

（a）　　　　　　　　　　　　　（b）

图 6-1　随机路径图法的规划结果

（a）PRM；（b）PRM ∗

改进规划结果直至达到最优解或是时间耗尽。与 RRT 相比，RRT ∗ 方法需要更多的迭代步数来避免局部极值得到最终解，并且需要消耗更多的内存。图 6-2 展示了 RRT 和 RRT ∗ 两种不同方法的规划结果。

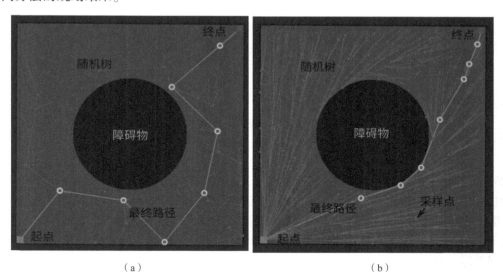

（a）　　　　　　　　　　　　　（b）

图 6-2　不同类型的快速探索随机树法的规划结果

（a）RRT；（b）RRT ∗

Karaman 等在该算法中引入分支定界法和 Dubin 运动单元以更有效地构建满足车辆运动学动力学约束的随机树，以解决包含车辆非完整性约束的叉车运动规划问题。Hwan 等结合基于动力学半车模型的快速局部转向算法和 RRT ∗ 算法开发一个可生成动力学可行，用于快速通过弯道场景的路径规划算法。基于随机采样的规划算法通常情况下采用控制空间路径随机采样工作空间，然后通过快速碰撞检测生成可行路径的方式，体现了其善于探索复杂环境下自由空间到达性的特性。

RRT方法及其变种通过采用随机策略生成的运动单元的树状结构很好地近似了自由空间的连通性，而不用显性地描述自由空间的几何模型。部分基于随机性采样的运动规划算法（如RRT、PRM*、RRT*等）具有概率完备性，如果最优路径存在并且给予足够的时间和足够多的采样点，该类方法失败的概率以指数速率退化为零，该类方法最终能够找到解或最优解。由于随机选择中间状态或控制量，该类方法生成的路径通常情况下不平滑、不稳定、冗余、曲率不连续。同时，该类方法的求解时间无上界和不可预测。

2. 确定性采样方法

确定性采样方法，其采样策略根据应用提前给定。这类方法主要包含控制空间采样和状态空间采样方法两类，如图6-3所示。该类方法的基本思想是从当前车辆状态向不同的目标点生成一簇参考路径采样车辆周围空间，然后通过不同因素（如碰撞检测结果、目标点到参考路径或是车道中心线的距离）选择最终路径。控制空间采样方法通常按照某个转向控制量运行一定周期，生成不同圆弧采样工作空间。而状态空间采样方法则是根据规划窗口从参考路径或是道路中心线选取目标状态，然后通过求解用预先定义的曲线模型连接当前车辆状态和目标状态的两点边界值问题生成参考路径。用于采样不同空间的曲线模型可以是圆弧（根据控制空间离散控制量生成）、螺旋线、样条曲线、多项式曲线。除了圆弧，其他曲线模型都需要来自参考路径上的目标状态信息（如位置、航向、曲率），进而构建候选路径。目标状态对生成路径的形状有着不可忽略的影响。

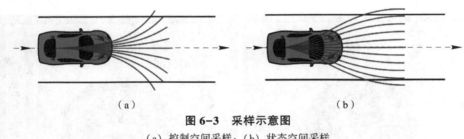

（a）　　　　　　　　　　　　　（b）

图6-3　采样示意图

（a）控制空间采样；（b）状态空间采样

Fox等提出了基于控制空间采样的动态窗口法，该方法通过采用多个固定的平移速度和横摆角速度控制量组合，并进行前向仿真生成多个候选圆弧轨迹，对车辆周围空间进行采样，考虑与目标位置航向偏差、离障碍物的距离及车辆的速度等目标函数，选择代价最小的轨迹。Hundelshausen等提出了触须路径规划算法，该算法采用不同给定速度下预先计算的81个圆弧运动单元对周围二值地图进行采样，以运动单元离障碍物的距离、运动单元所占据区域的平坦程度及候选路径与全局路径的偏差的线性组合目标函数选择代价最小的轨迹。Broggi等根据当前车辆前轮偏角所对应的曲率和动力学约束计算轨迹终点处最大曲率变化范围，然后以回旋曲线（Clothoid，即线性变化曲率曲线）连接当前曲率和终点曲率生成若干候选轨迹采样周围空间，以离障碍物的间隙距离作为目标函数选取最优轨迹。

前述基于控制空间采样的方法没有引入终点状态，只是单纯采用给定固定控制量结合车辆模型前向仿真一段时间生成候选路径，其方法本身并不能控制终点状态采样点的分布。而状态空间采样方法则引入全局路径信息以引导路径生成方向，使得生成路径最终与全局路径或道路方向一致，其采样更有目的性，更有效率。Piazzi等提出了笛卡儿坐标系求解五次多项式曲线的两点边界值求解方法用于生成满足终点位置、航向和曲率约束的采样路径，该方法能够提供解析解。Resende 等采用五次多项式曲线对不同的车道进行采样和碰撞检测，用于生成高速公路场景换道和车道保持的轨迹。在美国 2007 年举办的城市挑战赛中，Urmson 和 Howard 等采用更平坦的、对运动描述更丰富的三次或五次螺旋线表示路径，对处于道路中心或全局路径上的终点状态进行等距横偏生成终点状态集；然后结合车辆运动学模型，采用梯度下降法生成连接终点状态集的候选路径；最后根据时间最优性、与原终点状态的距离以及离障碍物的距离等目标函数选取最终轨迹。前述两类方法都是在笛卡儿坐标系下进行路径生成，并未利用道路形状的全部信息。Chu 等在全局路径定义的 Frenet 坐标系（也叫曲线坐标系、Curvilinear 坐标系）下，以事先给定的全局路径作为 Frenet 坐标系的纵轴，对横向距采用多项式参数化表示，以定义车辆回归全局路径或道路中心线的平滑运动。采样策略上，该方法与前述方法类似，对终点状态进行等距横偏生成候选路径，根据安全性、平滑性及前后规划结果一致性评价指标选择最优路径用于越野环境下的无人驾驶。

6.1.2 基于搜索的运动规划算法

基于搜索的运动规划算法指的是图搜索方法。这类方法通常通过构建有向图的方式均匀采样整个构型空间，然后根据不同搜索策略搜索该有向图。与基于随机性采样的运动规划方法通过在运行时探索自由空间特性不同的是，基于图搜索的方法通常使用固定数量的运动单元离散构型空间，在规划之前就已经构建了用于搜索的有向图。针对给定的目标函数，采用不同的搜索策略在给定有向图中搜索全局最优的路径。

Dijkstra 是一种常用的在给定图中搜索最短路径的方法，其扩展节点的原则是根据下一步的消耗 $c(i+1)$ 和当前实际消耗 $m(i)$ 的总代价 $g(i+1)$ 最小选择子节点。

$$g(i+1)=m(i)+c(i+1) , i \geqslant 0 \tag{6-1}$$

A ∗ 算法在 Dijkstra 的基础上引入下一步离目标距离的启发值 $h(i+1)$，以每一步的实际消耗 $g(i+1)$ 与启发值 $h(i+1)$ 的总代价 $f(i+1)$ 选择最佳子节点，而启发值通常采用欧氏距离、曼哈顿距离或是对角线距离。

$$f(i+1)=g(i+1)+h(i+1) \tag{6-2}$$

由于 A ∗ 算法要求启发值不高于到达目标点的实际消耗，当最优解存在时，A ∗ 算法能够保证搜索出最优路径，当无解时，A ∗ 算法返回空集，因此该算法也具备完备性。通过对启发值进行膨胀，即对启发函数乘以 $\eta(\eta>1)$ 比例因子后进行宽松搜索可得权重 A ∗（Weighted A ∗）算法，该算法可以一定程度上减小搜索时间，但是所得解为次优解，且次优解的消耗不多于最优消耗的 η 倍。为了改进 A ∗ 算法的实时性，Likhachev 等提出 Anytime A ∗ 算法，该算法与权重 A ∗ 类似对启发值引入比例因子 $\eta(\eta>1)$，采取宽松搜索，先快速得到一条次优路径，当给定的搜索时间有剩余时，不断缩小 η，以改进搜索出的路径，逼近或是达到最优解，直至时间耗尽。

在动态环境中，环境地图不断更新，地图中的拓扑结构中节点的消耗在不断变化，Lifelong Planning A ∗（LPA ∗）（正向搜索），D ∗，D ∗ Lite（反向搜索）等算法被提出以利用之前的搜索信息进行重规划，当节点之间的消耗改变时，重新建立节点间的连接关系，而不需要从头开始搜索，这样大大节省了动态场景下的重规划时间。给定一个精心设计的搜索空间和可容许的启发函数，在某些特定的无人驾驶场景下，基于搜索的算法能够实时求解出全局最优或是次优路径。

在 2007 年美国举办的城市挑战赛中，卡内基梅隆大学 Boss 车队采用的 AD ∗ 算法已展示了该类方法在非结构化道路场景下（停车场自动泊车）实时求解考虑车辆运动学约束路径规划问题的优势。AD ∗ 算法兼顾 ARA ∗ 和 LPA ∗ 算法的优点，是一种实时、增量式的启发式搜索算法。

传统 A ∗ 算法基本上是在由直线构成的拓扑图中搜索路径，所得路径并不满足运动学约束，为了处理车辆系统的微分约束，Pivtoraiko 等提出了状态网格（state lattices）概念，考虑车辆的运动学约束，生成用于构建拓扑图（状态网格）的边，通过一定的连接关系构建状态网格，然后在状态网格中搜索出一条最优路径。Ziegler 等将状态网格概念扩展到城市道路驾驶环境中，在 Frenet 坐标系下构建时间-空间状态网格，采用五次多项式曲线作为状态网格中连接顶点的曲线模型，采用穷尽搜索得到代价最小的轨迹。McNaughton 等采用类似的思想，使用三次螺旋线作为状态网格的边构建沿道路坐标系的时间-空间状态网格，并采用 GPU 并行加速运算，开发了一个车辆行为与车辆规划集成的实时规划算法。上述算法的部分示意图如图 6-4 所示。

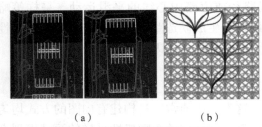

图 6-4　部分图搜索算法示例

（a）AD ∗；（b）均匀状态网格

6.1.3　基于优化的运动规划算法

基于优化的运动规划算法在文献中通常与轨迹规划紧密联系在一起，其本质是考虑车辆的非线性动态系统的状态、控制量，等式约束和不等式约束求解使得性能指标最小的最优控制问题。

该最优控制的本质是求解动态数学优化问题，其采用的求解方法主要分为三大类：动态规划法、间接法和直接法。动态规划法主要是利用贝尔曼最优性原则，采用代价函数的反向搜索，将具有最优子结构的最优控制问题分解成若干子问题，迭代求解最优策略。对于连续空间最优控制问题，动态规划本质是求解非线性偏微分方程（Partial Differential Equation，PDE）和汉密尔顿-雅可比-贝尔曼（Hamilton-Jacobi-Bellman，H-J-B）方程。该方法虽然能够处理离散和连续参数，理论上保证全局最优性，但当问题规模较大时，该方法面临"维度灾难"困境。

间接法主要利用最优控制的极小值原理，即最优化的一阶必要条件，给出到达最优解的系统微分方程需要满足的优化条件，求解该优化条件导出的边界值问题以得到原问题的最优解。其基本思想是"先优化再离散"近似求解。

直接法则采用参数化方法离散近似系统控制量和/或系统状态量，约束和目标函数，将连续空间无限维度的最优控制问题转化成有限维度参数空间的非线性优化问题。其基本思想是"先离散再优化"。这类方法通常采用某种参数化的曲线模型如样条曲线、螺旋线、多项式曲线、分段线性曲线来表示车辆的路径，同时在满足给定的边界约束、路径约束的条件下，针对不同的应用场景，在有限维度的参数向量空间最优化给定的性能指标，进而生成最优路径或轨迹。

6.2　静态环境下的运动规划

智能车辆静态环境下的路径规划是指在只有静态障碍物的驾驶环境中，寻找一条从起始点到目标点的平滑路径，能够在运动过程中实现安全、高效地绕过所有的静态障碍物。

本节介绍的运动规划案例通过传感器、地图和位置等信息，规划出全局和局部路径，再将路径转化为车辆的速度信息，最终使车辆避开障碍物，运动到目标位置，实现静态环境的运动规划。规划系统框架如图 6-5 所示。

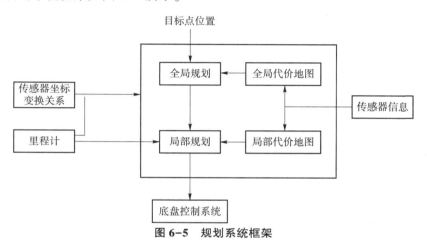

图 6-5　规划系统框架

6.2.1　代价地图

代价地图代表穿越地图不同区域的成本（难度）。代价地图一般表示为一个二维地图，在通行状态良好的地方，代价地图的值较低；在难以通行的地方，代价地图的值较高。代价地图中的值通常是抽象的，不直接表示世界的任何度量，只是用来指导路线规划算法，以找到高效和安全的路线。

代价地图根据车辆的内接半径、外接半径和膨胀半径将栅格地图上各个单元的通行成本分为三个层次，分别为必然碰撞、可能碰撞和必然不会碰撞。当单元与障碍物距离小于内接半径时，此单元属于必然碰撞区域，被赋予最高通行成本。当单元与障碍物距离大于内接半径而小于外接半径时，车辆处于此单元格位置时，是否碰撞取决于车辆的姿态，所以此单元属于可能碰撞区域，被赋予次高通行成本，且成本随着距离增加而下降。当单元与障碍物距离大于外接半径而小于膨胀半径时，此单元属于必然不碰撞区域，被赋予低通行成本。膨胀半径通常被用来指定为车辆与障碍物应该保持的最小距离。当单元与障碍物距离大于膨胀半径时，此单元的通行成本为 0，是规划路径优先选择的区域。

图 6-6 所示为一个代价地图示例。其中，红色单元格表示代价地图中的障碍物；蓝色单元格表示以智能车辆内接半径为尺度膨胀后的障碍物；红色多边形表示智能车辆的正投影；浅灰色单元格表示自由空间，即没有障碍物；深灰色单元格表示未知单元；黑色表示无信息单元。为了避免智能车辆与障碍物碰撞，红色多边形不能与红色单元格相交，也就是智

能车辆的中心点不能越过蓝色单元格。

图 6-6　代价地图（见彩插）

6.2.2　运动规划

在规划过程中，首先会通过全局路径规划计算出智能车辆到目标位置的全局路线。全局路线可以通过 Dijkstra 或者 A * 等路径搜索算法，计算出代价地图上的最小代价路径，作为智能车辆的全局路线。

Dijkstra 和 A * 算法搜索结果如图 6-7 所示。

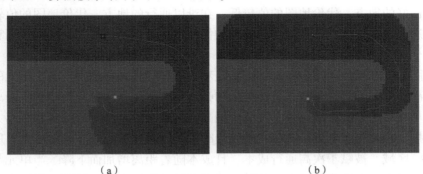

（a）　　　　　　　　　　　　　　（b）

图 6-7　不同规划算法搜索结果

（a）Dijkstra 算法；（b）A * 算法

局部运动规划通过算法搜索到达目标的多条路经，利用一些评价标准（是否会撞击障碍物、所需要的时间等）选取最优路径，并且计算所需要的实时速度和角度。

局部规划是利用动态窗口算法（Dynamic Window Approaches，DWA）计算智能车辆每个周期内应该行驶的速度和角度（dx，dy，dtheta velocities）。

动态窗口算法的主要流程:

(1) 依据一定规则, 对车辆的速度空间(v, ω)进行采样;

(2) 根据采样得到的多个样本, 生成一组预测轨迹;

(3) 删除不符合要求的轨迹, 并利用目标函数评价可行轨迹;

(4) 选择最优轨迹, 下发给控制模块;

(5) 循环步骤(1)~(4), 直到到达目标位置。

接下来, 将对各个步骤进行具体讲解。

首先需要建立车辆模型, 即得到车辆位姿(x, y, θ)与(v, ω)的关系, 为轨迹生成做准备。为了减少计算量, 可采用离散化的阿克曼转向运动学模型。当采样时间间隔Δt比较小时, 可以认为车辆的轨迹是由多段短直线连接起来的。车辆的微分约束可以写成离散化的形式, 如式(6-3)~式(6-5)。

$$x_{t+1} = x_t + v\Delta t * \cos(\theta_t) \tag{6-3}$$

$$y_{t+1} = y_t + v\Delta t * \sin(\theta_t) \tag{6-4}$$

$$\theta_{t+1} = \theta_t + \omega\Delta t \tag{6-5}$$

得到车辆运动学模型后, 就可以在速度空间(v, ω)中进行多次采样, 从而推算出一组轨迹。在二维速度空间(v, ω)中, 存在无穷多组样本, 但是根据车辆本身的限制和环境的约束就可以将其限定在一定范围内, 也就是一个动态窗口中。

所谓动态窗口, 是指在车辆行驶过程中, 这个约束窗口会动态变化。这些约束包括: 速度和角速度不能超过车辆限制, 如式 (6-6) 所示; 速度和角速度变化不能超过车辆加减速能力, 如式 (6-7) 所示。

$$(v, \omega)_i \in \left\{ (v, \omega) \mid v \in [v_{\min}, v_{\max}], \omega \in [\omega_{\min}, \omega_{\max}] \right\} \tag{6-6}$$

$$(v, \omega)_i \in \left\{ (v, \omega) \mid v \in [v_c - a_{\max}^{\mathrm{dec}}\Delta t, v_c + a_{\max}^{\mathrm{acc}}\Delta t], \omega \in [\omega_c - a_{\omega,\max}^{\mathrm{dec}}\Delta t, \omega_c + a_{\omega,\max}^{\mathrm{acc}}\Delta t] \right\} \tag{6-7}$$

在得到的动态窗口中, 可以分别对v和ω进行等间隔采样, 得到$v_1, v_2, \cdots, v_n$和$\omega_1, \omega_2, \cdots, \omega_m$, 再将其两两组合, 得到采样结果。

得到速度空间采样结果后, 根据车辆的初始位置和车辆运动学模型, 按照一个预设的采样时间, 能够得到一组预测轨迹。之后删除有碰撞的轨迹, 就得到一组可行的参考轨迹。图 6-8 展示了车辆在某次采样后得到的多条候选轨迹。

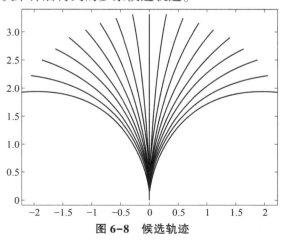

图 6-8　候选轨迹

然后需要构造一个评价函数，选择最优的一条作为最终结果。举例来说，评价函数中可以考虑参考轨迹到全局路径的距离、参考轨迹终点到局部终点的距离、参考轨迹到障碍物的最近距离等。根据重要程度设置不同的权重系数。代价最低的参考轨迹就是最优轨迹，如式（6-8）所示。

$$Cost = \alpha * distance\_to\_path + \beta * distance\_to\_local\_goal + \lambda * obs\_cost \qquad (6-8)$$

其中，distance_to_path 表示参考轨迹到全局路径的距离；distance_to_local_goal 表示参考轨迹终点到局部终点的距离；obs_cost 表示参考轨迹到障碍物的最近距离；不同的项可以设置不同的权重 α、β、λ。Cost 值最小的轨迹即最优轨迹。此外，也可以将车速、航向角偏差等添加进评价函数中。

6.2.3　V-REP 场景构建及仿真展示

如图 6-9 所示，DWA 算法可以用 ROS 与 V-REP 联合仿真实现。由 V-REP 构建仿真环境，其中包含静态障碍、地形等，采用 V-REP 中自带的阿克曼转向车辆 Manta（图 6-10）和单线激光雷达（图 6-11）构建自动驾驶仿真车辆；ROS 负责地图管理、全局规划、局部规划和控制算法。仿真时，V-REP 和 ROS 进行交互，交互信息包括激光雷达数据、里程计信息、方向盘转角、横纵向速度等。

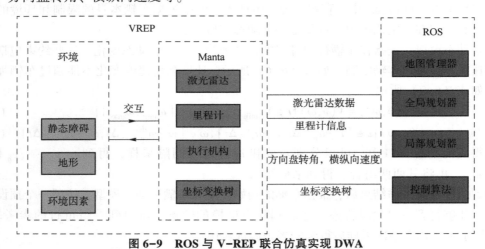

图 6-9　ROS 与 V-REP 联合仿真实现 DWA

图 6-10　V-REP 自带的阿克曼转向车辆 Manta　　**图 6-11　V-REP 自带的激光雷达**

　　模型构建后，还需要为其添加相应的 Lua 语言控制程序，包括车辆和激光雷达的控制程序两部分。

　　车辆控制程序如下：

```lua
-- 获得 V-REP 仿真环境中坐标系之间的变换关系
function getTransformStamped(objHandle,name,relTo,relToName)
    t=sim.getSimulationTime()
    p=sim.getObjectPosition(objHandle,relTo)
    o=sim.getObjectQuaternion(objHandle,relTo)
    return {
        header={
            stamp=t,
            frame_id=relToName
        },
        child_frame_id=name,
        transform={
            translation={x=p[1],y=p[2],z=p[3]},
            rotation={x=o[1],y=o[2],z=o[3],w=o[4]}
        }
    }
end


function vel_callback(msg)
    print("vel callback is triggered")
    print("vel callback is triggered")
    linear_vel = 2.0 * msg.linear.x
    print(linear_vel)
    theta_vel = msg.angular.z
    str = math.atan(theta_vel * 1 / linear_vel)
    if str>steering_limit then
        str=steering_limit
    end
    if str<- steering_limit then
        str=- steering_limit
    end
    sim.setJointTargetVelocity(motor_handle, linear_vel)
    sim.setJointTargetPosition(steer_handle, str)
end

function getOdometryStamped(objHandle,name,relTo,relToName)
    t=sim.getSimulationTime()
    p=sim.getObjectPosition(objHandle,relTo)
```

```
        o＝sim. getObjectQuaternion(objHandle,relTo)
        local linear＝{}
        local rotv＝{}
        local mi＝sim. getObjectMatrix(objHandle,- 1)
        linear,rotv＝sim. getObjectVelocity(objHandle)
        sim. invertMatrix(mi)
        local linear_vel＝sim. multiplyVector(mi,linear)

        linear_vel[1]＝linear_vel[1]- mi[4]
        linear_vel[2]＝linear_vel[2]- mi[8]
        linear_vel[3]＝linear_vel[3]- mi[12]


        return {
                header＝{
                                seq＝seqs,
                              stamp＝t,
                                frame_id＝relToName
                        },
                child_frame_id＝name,
                pose＝{
                        pose＝{
                                position＝{x＝p[1],y＝p[2],z＝p[3]},
                                orientation＝{x＝o[1],y＝o[2],z＝o[3],w＝o[4]}
                            }
                        },

                twist＝{ twist＝{
                                linear＝{x＝linear_vel[1], y＝linear_vel[2], z＝linear_vel[3]},
                                angular＝{x＝rotv[1],y＝rotv[2],z＝rotv[3]}
                            }
                        }
}
end

if (sim_call_type＝＝sim. syscb_init) then
    seqs＝0
    d＝0. 925 -- 2*d＝distance between left and right wheels
    l＝3. 300 -- l＝distance between front and rear wheels
    steering_limit＝30* math. pi/180
```

```
        steer_handle= sim. getObjectHandle(' steer_joint' )
        motor_handle= sim. getObjectHandle(' motor_joint' )
        fl_brake_handle= sim. getObjectHandle(' fl_brake_joint' )
        fr_brake_handle= sim. getObjectHandle(' fr_brake_joint' )
        bl_brake_handle= sim. getObjectHandle(' bl_brake_joint' )
        br_brake_handle= sim. getObjectHandle(' br_brake_joint' )
        basePointHandle=sim. getObjectHandle(' base_point' )
        sim. setJointTargetVelocity(steer_handle,0)
        sim. setJointTargetVelocity(motor_handle,0)
        sim. setJointTargetPosition(steer_handle,0)
        speed_subscriber=simROS. subscribe(' /cmd_vel' ,' geometry_msgs/Twist' ,' vel_callback' )
        -- 定义发布话题的名称和数据类型
        pubOdom=simROS. advertise(' /odom' ,' nav_msgs/Odometry' )
        -- 为了保证 V- REP 和 ROS 进行联合仿真时的时间同步,还需要发布仿真时间话题:/clock。
        -- 首先,定义话题名称和数据类型
        simTimePub=simROS. advertise(' /clock' ,' rosgraph_msgs/Clock' )
        simROS. publisherTreatUInt8ArrayAsString(pubOdom)
        hokuyoHandle=sim. getObjectHandle(' fastHokuyo_ref' )
end

if (sim_call_type==sim. syscb_actuation) then
     if hokuyoHandle ~ = - 1 then
         tranforms = {getTransformStamped(basePointHandle,' base_link' ,- 1,' odom' ),
                     getTransformStamped(hokuyoHandle,' base_laser' ,basePointHandle,' base_link' )}
     else
         tranforms = {getTransformStamped(basePointHandle,' base_link' ,- 1,' odom' )}
     end
    -- 发布里程计、车辆和激光雷达坐标系之间的坐标变换关系话题
    simROS. sendTransforms(tranforms)
    -- 发布里程计信息话题
    simROS. publish(pubOdom, getOdometryStamped(basePointHandle, ' base_link' , - 1, ' odom' ))
    -- 获取仿真时间并发布话题
    simROS. publish(simTimePub,{clock=sim. getSimulationTime()})
    seqs=seqs+1
end

if (sim_call_type==sim. syscb_sensing) then
end

if (sim_call_type==sim. syscb_cleanup) then
end
```

激光雷达控制程序如下：

```
function getTransform(objHandle,relTo)
    -- This function retrieves the stamped transform for a specific object
    p=sim. getObjectPosition(objHandle,relTo)
    o=sim. getObjectQuaternion(objHandle,relTo)
    return {
                trans={x=p[1],y=p[2],z=p[3]},
                rot={x=o[1],y=o[2],z=o[3],w=o[4]}
            }
end
function on_init()
    visionSensor1Handle=sim. getObjectHandle("fastHokuyo_sensor1")
    visionSensor2Handle=sim. getObjectHandle("fastHokuyo_sensor2")
    joint1Handle=sim. getObjectHandle("fastHokuyo_joint1")
    joint2Handle=sim. getObjectHandle("fastHokuyo_joint2")
    sensorRef=sim. getObjectHandle("fastHokuyo_ref")

    basePointHandle=sim. getObjectHandle(' base_point' )
    modelHandle=sim. getObjectAssociatedWithScript(sim. handle_self)
    objName=sim. getObjectName(modelHandle)
    tf=getTransform(modelHandle,basePointHandle)

    seqs=0
    previoustime=0
    maxScanDistance=sim. getScriptSimulationParameter(sim. handle_self,' maxScanDistance' )
    if maxScanDistance>1000 then maxScanDistance=1000 end
    if maxScanDistance<0. 1 then maxScanDistance=0. 1 end
    sim. setObjectFloatParameter(visionSensor1Handle,1001,maxScanDistance)
    sim. setObjectFloatParameter(visionSensor2Handle,1001,maxScanDistance)
    maxScanDistance_=maxScanDistance * 0. 9999

    scanningAngle=sim. getScriptSimulationParameter(sim. handle_self,' scanAngle' )
    if scanningAngle>240 then scanningAngle=240 end
    if scanningAngle<2 then scanningAngle=2 end
    scanningAngle=scanningAngle * math. pi/180
    sim. setObjectFloatParameter(visionSensor1Handle,1004,scanningAngle/2)
    sim. setObjectFloatParameter(visionSensor2Handle,1004,scanningAngle/2)

    sim. setJointPosition(joint1Handle,- scanningAngle/4)
    sim. setJointPosition(joint2Handle,scanningAngle/4)
    red={1,0,0}
```

```
    blue={0,0,1}
    lines=sim. addDrawingObject(sim. drawing_lines,1,0,- 1,10000,nil,nil,nil,blue)

ros_publisher_enabled=sim. getScriptSimulationParameter(sim. handle_self,' ros_publisher_enabled' )

    -- 对话题的名称和发布的数据类型进行定义和声明
    if ros_publisher_enabled then
        ros_lidar_pub=simROS. advertise("/ros_lidar",' sensor_msgs/PointCloud2' )
        simROS. publisherTreatUInt8ArrayAsString(ros_lidar_pub)
    end
end
function on_sensing()
    measuredData={}
    rosData={}
    local point={}
    local ros_point={}
    local test_data={}

    if notFirstHere then
        -- We skip the very first reading
        sim. addDrawingObjectItem(lines,nil)
        showLines=sim. getScriptSimulationParameter(sim. handle_self,' showLaserSegments' )
        r,t1,u1=sim. readVisionSensor(visionSensor1Handle)
        r,t2,u2=sim. readVisionSensor(visionSensor2Handle)

        m1=sim. getObjectMatrix(visionSensor1Handle,- 1)
        m01=simGetInvertedMatrix(sim. getObjectMatrix(sensorRef,- 1))
        m01=sim. multiplyMatrices(m01,m1)
        m2=sim. getObjectMatrix(visionSensor2Handle,- 1)
        m02=simGetInvertedMatrix(sim. getObjectMatrix(sensorRef,- 1))
        m02=sim. multiplyMatrices(m02,m2)
        if u1 then
            p={0,0,0}
            p=sim. multiplyVector(m1,p)
            t={p[1],p[2],p[3],0,0,0}
            for j=0,u1[2]- 1,1 do
                for i=0,u1[1]- 1,1 do
                    w=2+4 * (j * u1[1]+i)
                    v1=u1[w+1]
                    v2=u1[w+2]
                    v3=u1[w+3]
                    v4=u1[w+4]
```

```
                if (v4<maxScanDistance_) then
                    p={v1,v2,v3}
                    p=sim. multiplyVector(m01,p)
                    point={position=p,intensity=0}
                    table. insert(measuredData,point)
                    table. insert(rosData,p[1])
                    table. insert(rosData,p[2])
                    table. insert(rosData,p[3])
                end
                if showLines then
                    p={v1,v2,v3}
                    p=sim. multiplyVector(m1,p)
                    t[4]=p[1]
                    t[5]=p[2]
                    t[6]=p[3]
                    sim. addDrawingObjectItem(lines,t)
                end
            end
        end
    end
end
if u2 then
    p={0,0,0}
    p=sim. multiplyVector(m2,p)
    t={p[1],p[2],p[3],0,0,0}
    for j=0,u2[2]- 1,1 do
        for i=0,u2[1]- 1,1 do
            w=2+4 * (j * u2[1]+i)
            v1=u2[w+1]
            v2=u2[w+2]
            v3=u2[w+3]
            v4=u2[w+4]
            if (v4<maxScanDistance_) then
                p={v1,v2,v3}
                p=sim. multiplyVector(m02,p)
                point={position=p,intensity=0}
                table. insert(measuredData,point)
                table. insert(rosData,p[1])
                table. insert(rosData,p[2])
                table. insert(rosData,p[3])
            end
            if showLines then
                p={v1,v2,v3}
```

```
                        p=sim. multiplyVector(m2,p)
                        t[4]=p[1]
                        t[5]=p[2]
                        t[6]=p[3]
                        sim. addDrawingObjectItem(lines,t)
                    end
                end
            end
        end
    end
    notFirstHere=true

    if #measuredData >0 then
        if ros_publisher_enabled then
            local ros_data={}
            -- 获取仿真时间
            local t=sim. getSimulationTime()
            -- 根据消息格式解析激光雷达数据
            -- 包头
            ros_data['header' ]={
                                 stamp=t,
                                 frame_id="base_laser"
                            }
            ros_data['fields' ]={
                                 {name=' x' , offset=0, datatype=7, count=1},
                                 {name=' y' , offset=4, datatype=7, count=1},
                                 {name=' z' , offset=8, datatype=7, count=1}
                            }
            ros_data[' point_step' ]=12
            ros_data[' is_bigendian' ]=false
            ros_data[' is_dense' ]=true
            ros_data[' width' ]=(#rosData)/3    -- this is very important (x,y,z) point number
            ros_data[' height' ]=1
            ros_data[' row_step' ]=4 * (#rosData)
            -- 点云数据
            ros_data[' data' ]=sim. packFloatTable(rosData)
            -- 发布激光雷达话题
            simROS. publish(ros_lidar_pub,ros_data)
        end
    end
end
```

```
function on_cleanup()
    sim. removeDrawingObject(lines)
    if ros_publisher_enabled then
        simROS. shutdownPublisher(ros_lidar_pub)
    end
end
if (sim_call_type==sim. syscb_init) then
    on_init()
end

if (sim_call_type==sim. syscb_sensing) then
    on_sensing()
end

if (sim_call_type==sim. syscb_cleanup) then
    on_cleanup()
end
```

仿真过程中选择最优轨迹时，可以考虑轨迹到全局路径的距离、到局部终点的距离、到障碍物的距离等。也可以调整与速度相关的参数，以保证行驶安全或行驶效率。

仿真运行效果如图 6-12 和图 6-13 所示。图中右半部分是 V-REP 场景，包括车辆和行驶环境以及激光雷达的实时检测效果；左半部分是 Rviz 界面，显示了建立的栅格地图，并展示了实时规划和运动，其中黑色矩形框表示车辆。给定目标点的位姿（即位置和方向）后，会观察到车辆开始运动。

全局规划程序提供了一条全局路径并输入到局部规划程序中，也就是图 6-13 中的绿色路径。局部规划是在栅格地图上进行的，对激光雷达检测到的障碍物进行了膨胀，避免与车体发生碰撞。图 6-13 中的蓝色轨迹是运行过程中选择的最优轨迹，车辆会沿着这条轨迹行驶。

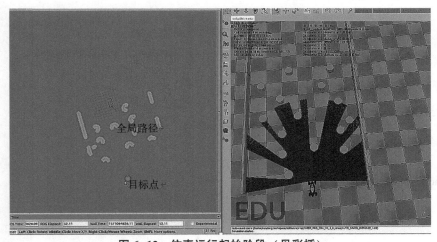

图 6-12　仿真运行起始阶段（见彩插）

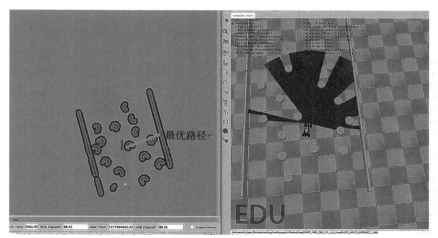

图 6-13　仿真运行中间阶段（见彩插）

6.2.4　ROS 程序

1. 框架

图 6-14 所示为 ROS 程序框架，可以看到，程序中包含三个节点，分别为/vrep_ros_interface，/pcl_conversion 和/move_base。

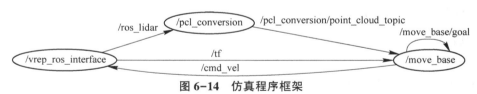

图 6-14　仿真程序框架

其中，/vrep_ros_interface 为 rosinterface 创建的节点，它发布 V-REP 仿真环境中激光雷达点云、坐标系转换关系和里程计信息话题，订阅速度指令话题从而控制仿真车辆运动。rosinterface 是 V-REP 官方推荐用来与 ROS 进行通信的插件，其可以与 ROS 框架中所有其他节点使用话题、服务等方式进行通信。

/pcl_conversion 节点负责激光雷达点云数据格式的转化。/move_base 节点订阅的激光雷达点云话题的数据格式为 sensor_msgs/PointCloud，然而/vrep_ros_interface 节点在 V-REP 仿真环境中获取并发布的激光雷达点云话题的数据格式为 sensor_msgs/PointCloud2，所以需要通过/pcl_conversion 节点将激光雷达点云数据由 sensor_msgs/PointCloud 格式转换为 sensor_msgs/PointCloud2 格式，然后/move_base 节点通过订阅格式转换后的激光雷达点云话题来进行进一步的规划任务。

/move_base 节点是 ROS 下关于路径规划的功能包。它通过订阅激光雷达、里程计等数据，然后规划出全局和局部路径，再将路径转化为速度信息，最终实现导航。move_base 包含了很多功能模块，这些模块用于负责一些更细微的任务，如全局规划、局部规划、全局代价地图和局部代价地图等。

各节点之间通过话题通信，程序中共有 5 种话题，分别为/ros_lidar，/pcl_conversion/

point_cloud_topic，/cmd_vel，/move_base/goal 和/tf。

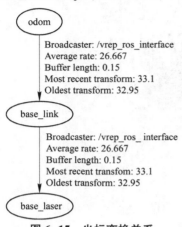

图 6-15 坐标变换关系

其中，/ros_lidar 为/vrep_ros_interface 节点发布的激光雷达点云话题；/pcl_conversion/point_cloud_topic 为经过/pcl_conversion 节点转化数据格式之后激光雷达点云话题；/cmd_vel 为速度控制指令话题，由/move_base 节点发布并由/vrep_ros_interface 节点订阅；/move_base/goal 为终点位置信息话题，由/move_base 节点内部进行发布和订阅；/tf 为坐标变换关系话题，如图 6-15 所示，包括 odom、base_link 和 base_laser 三个坐标系之间的变换关系。odom 坐标系与地面固连，作为世界坐标系，base_link 为车辆坐标系，base_laser 为激光雷达坐标系。

2. 程序解析

move_base 程序包是 ROS 下关于路径规划的核心模块。它通过订阅激光雷达、地图、定位等数据，规划出全局和局部路径，再将路径转化为速度信息，实现导航。其中定位与地图数据为可选输入，目标点信息、传感器坐标变换、里程计和传感器数据来自系统外输入，在这里，这些数据来自 V-REP 仿真环境，为必须输入；系统输出为向 V-REP 中 Manta 车辆发出的控制指令。move_base 源程序为 ROS 开源程序包，下载地址为：

```
https://github. com/ros- planning/navigation.
```

下载后可以存放在 src/Navigation 文件夹下。

/pcl_conversion 源程序存放在 src 文件夹下的 msg_transform 文件夹下，这里命名为 main. cpp。main. cpp 源程序如下：

```cpp
#include <iostream>
#include <ros/ros. h>
#include <ros/time. h>
#include <sensor_msgs/PointCloud. h>
#include <sensor_msgs/PointCloud2. h>
#include <sensor_msgs/point_cloud_conversion. h>

bool point_cloud_rcv = false;
sensor_msgs::PointCloud point_cloud_output;
void pcl2_cb(const sensor_msgs::PointCloud2ConstPtr &point_cloud) {
//在回调函数 pcl2_cb 中利用函数 convertPointCloud2ToPointCloud 转换点云//数据格式,并保存到变量 point_cloud_output 中
 sensor_msgs::convertPointCloud2ToPointCloud( * point_cloud, point_cloud_output);
    point_cloud_rcv = true;
    printf("get pcl2 msg\n");

}
```

```
int main (int argc, char * * argv) {
    ros::init(argc, argv, "pcl_conversion");
    ros::NodeHandle nh("~");
//定义话题名称和数据类型
    ros::Publisher pcl_pub = nh. advertise<sensor_msgs::PointCloud>("point_cloud_topic", 1, true);
//订阅/vrep_ros_interface 发布的激光雷达点云话题
ros::Subscriber pcl2_sub = nh. subscribe("/ros_lidar", 1, pcl2_cb);
    while (ros::ok()) {
        ros::spinOnce();
        if (point_cloud_rcv) {
//发布转换完毕的点云数据话题
            pcl_pub. publish(point_cloud_output);
            point_cloud_rcv = false;
        }}
}
```

6.2.5　参数解析

静态环境运动规划程序在运行时依赖于很多参数，包括车辆外形尺寸、速度、加速度限制等。这些参数的定义都在 src/Navigation/move_base/cfg 下的配置文件 base_local_planner_params. yaml，costmap_common_params. yaml，global_costmap_params. yaml 和 local_costmap_params. yaml 中。

base_local_planner_params. yaml 中参数含义如表 6-1 所示。

表 6-1　局部规划参数表

参数	含义
max_vel_x、min_vel_x	车辆的纵向速度范围
max_vel_theta、min_vel_theta	车辆的角速度范围
acc_lim_theta	角加速度上限
acc_lim_x	纵向加速度上限
sim_time	时间间隔

其中，车辆的纵向速度和角速度范围属于运动学约束，角加速度和纵向加速度上限属于动力学约束。在 DWA 算法中，通过车辆的纵向速度和角速度约束以及角加速度和纵向加速度约束，在每一个仿真步长内形成动态窗口，然后在窗口内进行控制空间采样。所以，动态窗口的大小决定了采样空间的大小，范围更大的动态窗口更有利于规划出最优的通行路径。

起始点和目标点（起始点是网格中间点，终点是绿色箭头）如图 6-16 所示。仿真结果如图 6-17 所示，当车辆的纵向速度范围为 $2.5 \sim 10.0$ m/s，角速度范围为 $-1.0 \sim 1.0$ rad/s，角加速度上限为 3.0 rad/s^2，纵向加速度上限为 2.0 m/s^2，其运动规划仿真结果如图 6-17（a）所示，可以看到车辆最后成功到达目标点；当车辆的纵向速度范围不变，角速度范围也不变，角加速度上限减小为 1.5 rad/s²，纵向加速度上限减小为 1.5 m/s²，其运动规划仿真结果如图 6-17（b）所示，可以看到车辆最后没有到达目标点，停在图中位置，这表明此时采样空间内的所有路径都是不可通行状态；当车辆的纵向速度范围减小为 5.0~7.0 m/s，角速度范围减小为-0.3~0.3 rad/s，角加速度上限不变，纵向加速度上限也不变，其运动规划仿真结果如图 6-17（c）所示，同样地，车辆最后没有到达目标点。

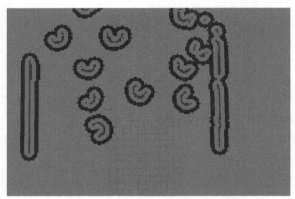

图 6-16　目标点和起始点示例 1（见彩插）

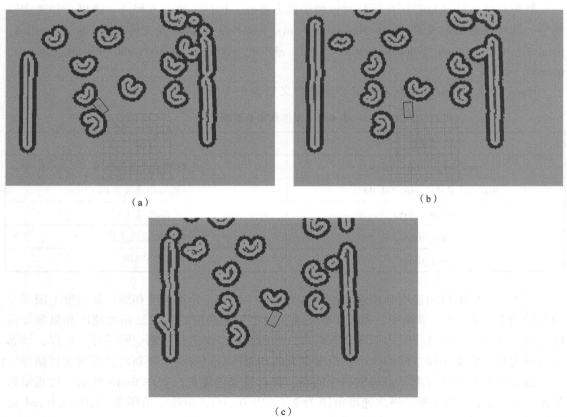

（a）　　　　　　　　　　　　　　　　　（b）

（c）

图 6-17　仿真结果 1（见彩插）

时间间隔指的是 DWA 算法在进行局部规划时两次规划之间的时间间隔。小的时间间隔意味着局部规划次数的增加和每次规划距离的减小，在提高规划精度的同时增加程序的计算时间。

在图 6-18 中的起始点和目标点（起始点是网络中间点，终点是绿色箭头）之间进行运动规划。仿真结果如图 6-19 所示，车辆的纵向速度范围为 2.5~10.0 m/s，角速度范围为 -1.0~1.0 rad/s，角加速度上限为 3.0 rad/s^2，纵向加速度上限为 2.0 m/s^2。当时间间隔为 4.0 s 时，其运动规划仿真过程和结果如图 6-19（a）和图 6-19（b）所示，其中蓝色曲线为局部规划路径，绿色为全局规划路径。从图 6-19（b）可以看到，在规划过程中，局部规划路径和全局规划路径偏离较大，最后也没有到达目标点。当时间间隔减小为 1.0 s 时，其运动规划仿真过程和结果如图 6-19（c）和（d）所示，可以看到，在规划过程中，相比于图 6-19（a），局部规划路径长度更短，和全局规划路径基本重合，最后成功到达目标点。

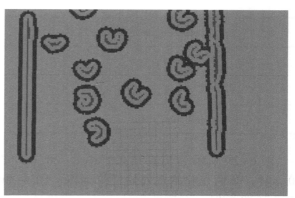

图 6-18　目标点和起始点示例 2（见彩插）

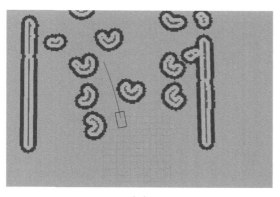

（a）

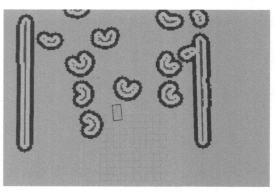

（b）

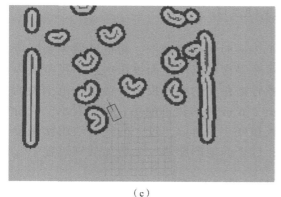

（c）

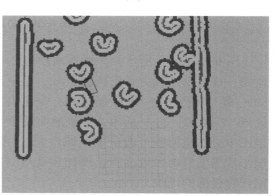

（d）

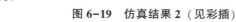

图 6-19　仿真结果 2（见彩插）

与地图相关的参数保存在 costmap_common_params. yaml，global_costmap_params. yaml 和 local_costmap_params. yaml 中。

costmap_common_params. yaml 主要定义全局和局部代价地图的通用参数，参数含义如表 6-2 所示。

表 6-2　代价地图通用参数表

参数	含义
obstacle_range	障碍物更新范围
raytrace_range	自由区域更新范围
footprint	车辆向地面投影的 4 个角点
inflation_radius	代价地图膨胀半径

图 6-20 所示为仿真结果。图 6-20（a）所示为障碍物和自由区域更新范围都为 10 m 时，车辆在起始点处的代价地图。图 6-20（b）所示为障碍物和自由区域更新范围都为 20 m 时，车辆在起始点处的代价地图，可以看到，地图更新了 20 m 范围内的地图，显示出了更多的障碍物信息，但是在复杂环境中过大的更新范围会降低程序的计算效率。

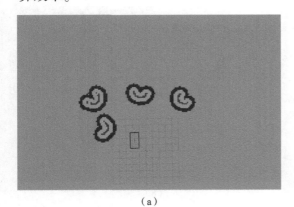
（a）

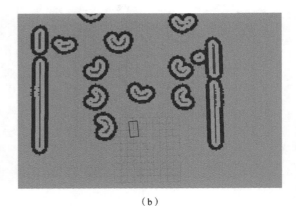
（b）

图 6-20　仿真结果 3（见彩插）

图 6-21（a）所示为车辆地面投影 2.4 m×1.3 m 时的代价地图，粉色区域为实际障碍物；浅蓝色区域为必然碰撞区域，是距离实际障碍物在车辆地面投影内接半径范围内的区域；深蓝色为可能碰撞区域，是距离实际障碍物在车辆地面投影外接半径范围内的区域。图 6-21（b）所示为车辆地面投影 4.8 m×2.6 m 时的代价地图，可以看出，代价地图中必然碰撞和可能碰撞区域增大，可通行区域变小。所以，过大的代价地图膨胀会减小地图上自由区域面积，增加运动规划难度；过小的地图膨胀，会增加规划过程中与障碍物碰撞的风险。

global_costmap_params. yaml 参数含义如表 6-3 所示。

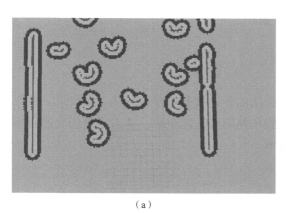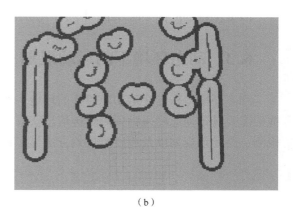

（a）　　　　　　　　　　　　　　　　　　（b）

图 6-21　仿真结果 4（见彩插）

表 6-3　全局代价地图参数表

参数	含义
global_frame	代价地图所在坐标系
robot_base_frame	车辆的坐标系
update_frequency	代价地图更新的频率，单位/Hz
width	全局代价地图的宽
height	全局代价地图的高
origin_x、origin_y	坐标系原点的位置
resolution	全局代价地图的分辨率

其中，width、height、origin_x、origin_y 和 resolution 都是以 m 为单位。分辨率是指地图上最小单元的尺寸，图 6-22（a）和（b）所示分别是分辨率为 0.2 和 0.05 时的全局代价地图。

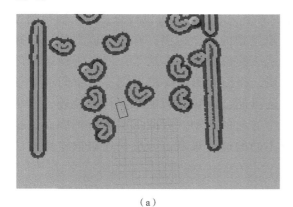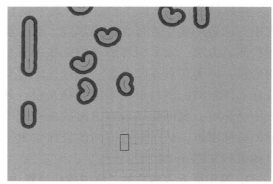

（a）　　　　　　　　　　　　　　　　　　（b）

图 6-22　不同分辨率下的代价地图（见彩插）

local_costmap_params. yaml 中局部代价地图参数和全局代价地图中参数含义一致。

6.3　动态环境下的运动规划

动态环境是指存在运动障碍物的环境。本节介绍的运动规划系统如图 6-23 所示。整个框架需要具备动态障碍物预测轨迹信息获取、智能车辆期望轨迹获取、动态障碍物快速碰撞检测、路径重规划以及速度重规划方法等多种技术。

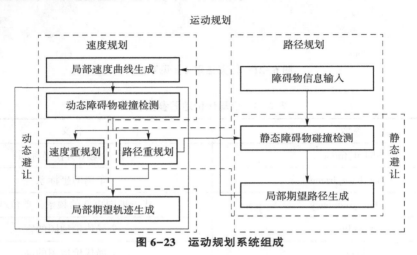

图 6-23　运动规划系统组成

当智能车辆原期望轨迹与动态障碍物轨迹发生碰撞时，存在两种方式躲避动态障碍物，一种是不改变局部期望路径，采取速度重规划的方式，从而改变智能车辆的期望速度曲线，即不改变行驶方向，通过采用加速或减速的方式达到避障目的；另一种是更改局部期望路径，进行路径重规划，即通过转向的方式躲避动态障碍物。

6.3.1　碰撞检测方法

碰撞检测作为智能车辆运动规划中必不可少的模块之一，其可以检查智能车辆行驶过程中与周边环境是否存在碰撞风险。对于静态障碍物的碰撞检测，有很多成熟的进行碰撞检测的方法，如采用将障碍物膨胀的方法、基于距离变换的方法等。但对于动态障碍物来说，因为其有速度存在，具有三维时空性质，碰撞检测需要扩展到三维空间而非仅仅在二维空间。而对于动态障碍物来说，其轨迹可能会影响到智能车辆行驶轨迹，也可能不会影响，也可能只影响纵向或横向其中一个方向的运动。因此需要进行精确而又快速的碰撞测试，从而根据不同的碰撞位置采取不同的避让策略。分层快速碰撞检测方法整体流程如图 6-24 所示。

1. 基于最近距离法的二维碰撞检测算法

基于最近距离法的二维碰撞检测是分层碰撞检测方法的第一层检测。

对动态障碍物来说，其具有速度信息，也就意味着未来一段时间所处的位置是一个连续变化的过程。首先如果不考虑时间维度，对动态障碍物的二维位置信息和智能车辆期望路径

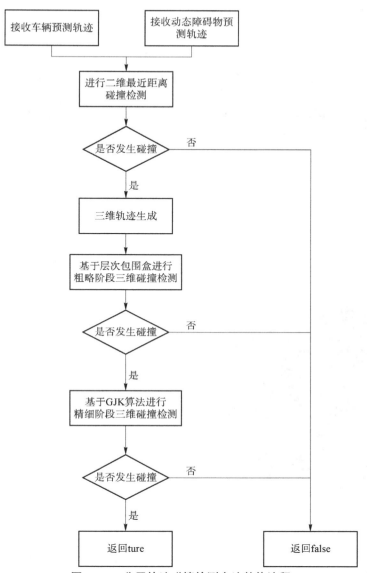

图 6-24　分层快速碰撞检测方法整体流程

信息进行最近距离测试，若其中某条障碍物路径与智能车辆期望路径在二维空间上不存在碰撞，那么其即使加入时间维度，在三维空间上也一定不会有碰撞产生。

　　在引入最近距离法前，需要对车辆几何轮廓和动态障碍物轮廓进行近似包络处理，形成外接圆，作为二维碰撞检测的基本元素。智能车辆的外接圆如图 6-25（a）所示。对于动态障碍物的包围结构构造同理，只要计算出二维空间上最大长方体的包围尺寸，即可构造外接结构，其中以人为例，其二维外接圆如图 6-25（b）所示，若动态障碍物为车，则构造与智能车辆构造同理。

　　在构造二维外接圆后，也就知道了智能车辆的外接圆半径 r_{ego} 以及动态障碍物的外接圆半径 r_{obs}。然后对动态障碍物预测轨迹的二维投影曲线与智能车辆的期望路径进行最近距离

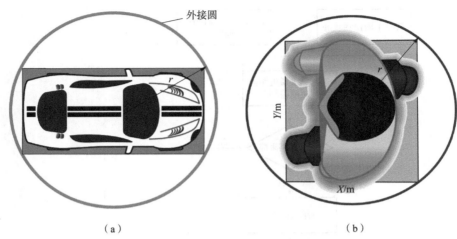

（a）   （b）

图6-25   二维外接圆构造示意图

（a）智能车辆外接圆；（b）动态障碍物（行人）外接圆

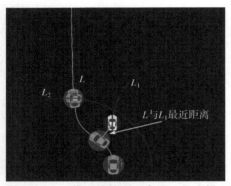

图6-26   二维碰撞检测示意图（见彩插）

的计算，如图6-26中所示，绿色双向箭头代表智能车辆期望路径L与动态障碍物轨迹L_1的最近距离。

当最近距离大于二者最大外接圆半径之和时，即满足

$$s_{\min} > r_{\text{ego}} + r_{\text{obs}}^i \qquad (6-9)$$

即可判断该动态障碍物与智能车辆不会发生碰撞关系，如图6-26中的L_1轨迹对应的动态障碍物，其中$s_{\min}$代表两条路径点间的最近距离。由此在当前碰撞检测周期，可以将其从需要进行三维碰撞检测的动态障碍物列表里删除，从而减少三维碰撞检测轨迹数量，提升整个碰撞检测模块效率。考虑到障碍物具有运动特性，若下一周期发现二维空间存在碰撞关系，则再将其添加到需要进行三维空间碰撞检测的动态障碍物列表中。

2. 基于层次包围盒树的三维碰撞检测算法

在进行了二维初步碰撞检测，排除了与智能车辆局部期望轨迹不发生碰撞的动态障碍物后，其余动态障碍物预测轨迹需要与智能车辆期望轨迹进行三维碰撞检测。

目前，三维碰撞方法主要分为多重干涉、空间分解和层次包围盒三种。

从构造复杂度和检测实时性以及检测精度等多方面考虑，对于检测实时性来说，基于多重干涉的方法不如基于空间分解和层次包围盒的方法；对于轨迹之间的碰撞检测精度来说，基于层次包围盒的方法优于基于空间分解的方法；对于构造复杂度来说，AABB的单元构型要比OBB的单元构型时间复杂度小得多。

因此，在三维粗略检测阶段采用基于AABB的基本单元来构造层次包围盒树，在粗略阶段锁定冲突区域后，在精细阶段采用成熟的GJK（Gilbert-Johnson-Keerthi distance algorithm）凸体碰撞检测算法进行一对一碰撞检测。

在粗略检测阶段，构造层次包围盒树主要包括两个步骤。

1）轨迹三维空间重构

对于构造三维空间层次包围盒树，大部分采用的是自顶向下的方式。自顶向下，是将轨迹看成一个整体，然后根据三维轨迹点间的位置关系进行迭代分割，基于二叉树结构不断产生更小的包围盒节点，直到达到分割停止条件或是叶节点只有一个几何单元后停止迭代。因此在构造层次包围盒树之前，首先要根据轨迹的三维空间点阵进行表面重构，将原轨迹点构造成由基本几何单元组成的三维凸体，本书采用的基本几何单元是三角片。构造时首先根据智能车辆和动态障碍物各自的三维尺寸以及三维轨迹点信息，以各自三维轨迹点为中心，作平移变换，形成如图 6-27（a）所示的三维点阵，然后根据各自的三维点阵的几何位置关系，以单个四方体为基本单位进行三角面片的构造，构造结果如图 6-27（b）所示，最终生成如图 6-28 所示的三维轨迹。

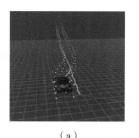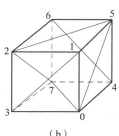

（a）　　　　　　　（b）

图 6-27　构造轨迹要素示意图

（a）三维点阵；（b）单元构造序列

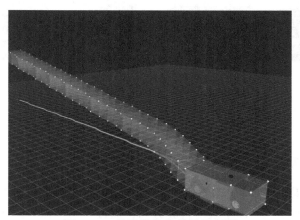

图 6-28　构造的轨迹结果示意图

2）构造层次包围树盒

在根据轨迹点阵形成以三角片为基本元素的三维凸体后，就可以根据此三角片的重心构造层次包围盒树。构造过程如图 6-29 所示，为了表示方便，本书采取三维轨迹中的一个面作为分割整体进行说明。其中分裂的方向以上一级父节点 AABB 包围盒长边的垂直平分线作为分割基准，在同一边的三角片重心作为同一个子节点进行分裂，依次递归进行，直到每个子节点只含有一个三角片为止。根据以上思路，最终生成如图 6-29 所示的三维层次包围盒树。

在通过层次包围盒树得到冲突区域后，再利用 GJK 算法进行一对一精细阶段碰撞检测。

GJK 算法是一种基于闵可夫斯基差来确定两个凸集之间最小距离的算法，适用于任何由凸集构成的几何图形之间的距离计算或碰撞检测，具有通用性强、计算效率高等特点。

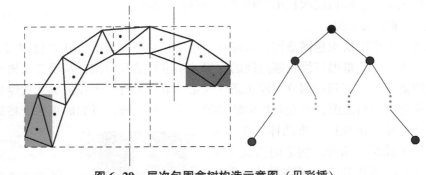

图6-29 层次包围盒树构造示意图（见彩插）

最终，通过精细阶段碰撞检测可以得到详细的碰撞信息，如碰撞位置、碰撞深度、碰撞方向等。其中粗略阶段以及精细阶段碰撞检测结果如图6-30所示。

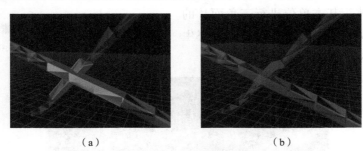

（a）   （b）

图6-30 三维碰撞检测两阶段对比图（见彩插）

（a）粗略阶段碰撞检测结果；（b）精细阶段碰撞检测结果

6.3.2 速度重规划算法

当智能车辆原期望轨迹与动态障碍物轨迹发生碰撞时，可以采取速度重规划的方式来改变智能车辆的期望速度曲线，即不改变行驶方向，通过采用加速或减速的方式，从而达到避障目的。

在如图6-31所示情况，动态障碍物会与智能车辆原始期望轨迹的部分时间窗口产生碰撞，如图6-32所示，其中亮绿色的曲线为原智能车辆期望轨迹，黑色阴影部分为与动态障碍物交汇的时间窗口，上面这种情况就会导致无法使用原期望轨迹，但是此时在时间层面上存在可行解，完全可以通过改变速度曲线来实现避让动态障碍物的目的（如图6-32（a）中与黑色阴影区域无交集的其他三条曲线），通过对终点时间状态进行纵向空间采样生成多条轨迹束，然后将这些候选轨迹传递给三维碰撞检测模块，通过这种方式，与动态障碍物轨迹存在碰撞的、代价较高的轨迹就会被筛选出去，最终选择可行且高效的轨迹发送给运动控制模块执行。

速度重规划方法的构建主要分为4个方面。

1. 选择曲线模型

对于上述情况，问题的关键就变成如何通过一条原始期望参考轨迹得到其他多条轨迹

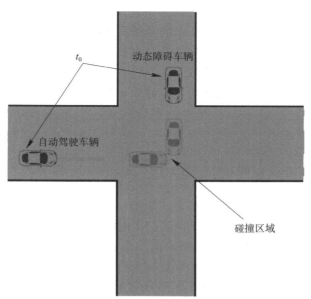

图 6-31　横向动态障碍物示意图

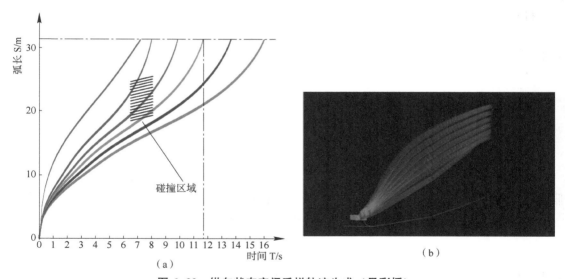

（a）　　　　　　　　　　　　　　　（b）

图 6-32　纵向状态空间采样轨迹生成（见彩插）

（a）纵向状态空间采样示意图；（b）纵向状态空间采样轨迹束

束。为解决上述问题，将终点状态S_{terminal}（S_{end}，t_{end}）作为约束目标，也就是通过约束智能车辆到达局部期望路径终点的时间来求解局部期望轨迹，若终点时间t_{end}不同，就会产生不同的候选轨迹。其中t_{end}可以根据原轨迹的到达终点的时间t_{ref}作为参考状态，根据不同采样步长t_{step}得到不同的终点目标状态集t_{end}，将不同的终点时间t_{end}作为目标状态实现纵向的状态空间采样，如式（6-10）所示。

$$t_{\text{end}} = t_{ref} \pm k \cdot t_{\text{step}}, k \in [0, 1, \cdots, n] \tag{6-10}$$

式中，n 为采样轨迹的条数，k 为 $0 \sim n$ 之间的整数，t_{step} 为每相邻两条轨迹束到达终点的时间差值，最终目标得到如图 6-32（b）所示的多条轨迹束。此时基于迭代约束的速度规划方法在速度重规划阶段不再适用，因为其在迭代结束前无法确定到达终点状态的时间，所以本书提出基于二次规划的方法进行速度重规划。

智能车辆的纵向运动大多数情况下可以描述成一维的非线性方程：

$$s = f(t) \tag{6-11}$$

同时有

$$\begin{cases} \dot{s} = \dot{f} = v \\ \ddot{s} = \ddot{f} = a \end{cases} \tag{6-12}$$

对于优化求解来说，选择不同的曲线表示模型，会直接影响到解空间的丰富性、求解速度以及解的质量等。非均匀有理样条曲线（NURBS）适合表征智能车辆的运动，但是 NURBS 不如多项式曲线在优化中的计算效率高。而单段的多项式曲线虽具有高阶可导、易于求解等特性，但是有时在求解时可能会面临因为自由度不够导致无法求解的情况，因此采用分段五次多项式曲线来表征智能车辆在纵向方向上的运动。

基于上述讨论，智能车辆的纵向运动方程可表征为

$$s_i = f_i(t) = a_i + b_i t + c_i t^2 + d_i t^3 + e_i t^4 + f_i t^5, \quad i \in [0, 1, \cdots, n-1] \tag{6-13}$$

其中将总路径段分为 n 段，S_i 为总路段中的第 i 段五次多项式，t 为时间。求解目标变量为

$$\boldsymbol{A} = (\boldsymbol{A}_0^{\text{T}}, \boldsymbol{A}_1^{\text{T}}, \cdots, \boldsymbol{A}_{n-1}^{\text{T}})^{\text{T}} \tag{6-14}$$

其中，

$$\boldsymbol{A}_i = (a_i, \quad b_i, \quad c_i, \quad d_i, \quad e_i, \quad f_i)^{\text{T}}, i \in [0, 1, \cdots, n-1] \tag{6-15}$$

假设 $\boldsymbol{R} = (1, t, t^2, t^3, t^4, t^5)$，则式（6-13）可以转化为

$$s_i = \boldsymbol{R} \cdot \boldsymbol{A}_i, i \in [0, 1, \cdots, n-1] \tag{6-16}$$

2. 约束设置

1）边界状态约束

由于终点状态和起始点状态约束的存在，需要给曲线优化模型显性添加两端边界约束，假设起始点状态为 $q_{\text{init}}(s_{\text{init}}, t_{\text{init}}, v_{\text{init}})$，则起始约束为

$$\begin{cases} s_{\text{init}} = \boldsymbol{R}_{\text{init}} \cdot \boldsymbol{A}_0 = 0 \\ v_{\text{init}} = \dot{\boldsymbol{R}}_{\text{init}} \cdot A_0 \end{cases} \tag{6-17}$$

式中，$R_{\text{init}} = (1, 0, 0, 0, 0, 0)$，$\dot{\boldsymbol{R}}_{\text{init}} = (0, 1, 0, 0, 0, 0)$。

同理可以增加终点状态约束，$q_{\text{end}}(s_{\text{end}}, t_{\text{end}}, v_{\text{end}})$：

$$\begin{cases} s_{\text{end}} = \boldsymbol{R}_{\text{end}} \cdot \boldsymbol{A}_{n-1} \\ a_{\text{end}} = \ddot{\boldsymbol{R}}_{\text{end}} \cdot \boldsymbol{A}_{n-1} = 0 \end{cases} \tag{6-18}$$

式中，$\boldsymbol{R}_{\text{end}} = (1, t_{\text{end}}, t_{\text{end}}^2, t_{\text{end}}^3, t_{\text{end}}^4, t_{\text{end}}^5)$，$\ddot{\boldsymbol{R}}_{\text{end}} = (0, 0, 2, 6t_{\text{end}}, 12t_{\text{end}}^2, 20t_{\text{end}}^3)$。

2）单调性约束

由于因变量为曲线弧长 s，随着自变量 t 的增加，在不考虑倒车的情况下，弧长 s 也必须是单调不减的，因此需要为优化模型添加单调性约束。

在路径上采样 m 个点，对每一个 k 和 $k-1$ 点对，其中 $k \in [1, 2, \cdots, m]$，需要满足

$f(t_{k-1}) \le f(t_k)$，因为曲线模型为分段多项式曲线，因此第 k 和 $k-1$ 个采样点可能分布在同一段多项式曲线上，也可能分布在相邻两段多项式曲线上，如果两个点都处在同一段五次多项式曲线 i 上，则

$$[\boldsymbol{R}_{k-1} \quad -\boldsymbol{R}_k \quad 0 \quad 0 \quad 0 \quad 0 \quad 0] \cdot \begin{bmatrix} \boldsymbol{A}_i \\ \boldsymbol{A}_{i+1} \end{bmatrix} \le 0 \qquad (6\text{-}19)$$

如果两个点处在不同的多项式曲线 i 和 $i+1$ 上，则

$$\begin{bmatrix} \boldsymbol{R}_{k-1} & -\boldsymbol{R}_k \end{bmatrix} \cdot \begin{bmatrix} \boldsymbol{A}_i \\ \boldsymbol{A}_{i+1} \end{bmatrix} \le 0 \qquad (6\text{-}20)$$

3）连接点平滑约束

这里采用的曲线模型为分段五次多项式样条曲线，因此需要考虑分段曲线上相邻两段之间的平滑性约束，假设相邻两段分别为第 i 段和第 $i+1$ 段，则该约束可以表示为

$$f_i(t_i) = f_{i+1}(t_0) \qquad (6\text{-}21)$$

式中，t_i 代表第 i 段多项式曲线的末端点，t_0 代表第 $i+1$ 段多项式曲线的首端点。式（6-21）可移项变形为

$$\begin{bmatrix} \boldsymbol{R}_{t_i} - \boldsymbol{R}_{t_0} \end{bmatrix} \cdot \begin{bmatrix} \boldsymbol{A}_i \\ \boldsymbol{A}_{i+1} \end{bmatrix} = 0 \qquad (6\text{-}22)$$

同样，在连接处需要增加一阶导（速度）约束、二阶导（加速度）约束以及三阶导（冲击度）约束：

$$\begin{cases} \begin{bmatrix} \dot{\boldsymbol{R}}_{t_i} - \dot{\boldsymbol{R}}_{t_0} \end{bmatrix} \cdot \begin{bmatrix} \boldsymbol{A}_i \\ \boldsymbol{A}_{i+1} \end{bmatrix} = 0 \\[2ex] \begin{bmatrix} \ddot{\boldsymbol{R}}_{t_i} - \ddot{\boldsymbol{R}}_{t_0} \end{bmatrix} \cdot \begin{bmatrix} \boldsymbol{A}_i \\ \boldsymbol{A}_{i+1} \end{bmatrix} = 0 \\[2ex] \begin{bmatrix} \dddot{\boldsymbol{R}}_{t_i} - \dddot{\boldsymbol{R}}_{t_0} \end{bmatrix} \cdot \begin{bmatrix} \boldsymbol{A}_i \\ \boldsymbol{A}_{i+1} \end{bmatrix} = 0 \end{cases} \qquad (6\text{-}23)$$

4）速度上下限约束

在优化曲线模型时，生成的速度曲线要满足在最大速度 v_{max} 和最小速度 v_{min} 范围内，因此需要添加速度上下限约束。因为所使用的曲线优化模型是弧长关于时间的函数，因此其对时间的一阶导数就是速度。基于单调性约束在路径上采样的 m 个点，对其中每个点进行速度上下限约束，假设其中第 k 个采样点位于第 i 段五次多项式曲线上（$k \in [1, 2, \cdots, m]$），则

$$\begin{cases} -\dot{\boldsymbol{R}}_k \cdot \boldsymbol{A}_i \le -v_{min} \\[1.5ex] \dot{\boldsymbol{R}}_k \cdot \boldsymbol{A}_i \le v_{max}, k \in [1, 2, \cdots, m] \end{cases} \qquad (6\text{-}24)$$

5）纵向加速度约束

与速度上下限约束同理，对于纵向的加速度需要添加约束限制，同样在路径上采样 m 个点，进行加速度约束限制。根据极限盒形区理论，智能车辆在行驶过程中需要满足车辆极限运动能力，与正常基于迭代约束的速度规划只考虑常态行驶盒形区不同，因为在速度重规

划过程中有动态障碍物的干扰存在，此时对于常态行驶盒形区可能无法满足躲避动态障碍物的要求，所以此时基于二次规划的方法需要充分利用车辆的运动能力，必要时可以短暂突破常态行驶盒形区达到如图 6-33 所示的极限盒形区，以满足躲避动态障碍物的要求。

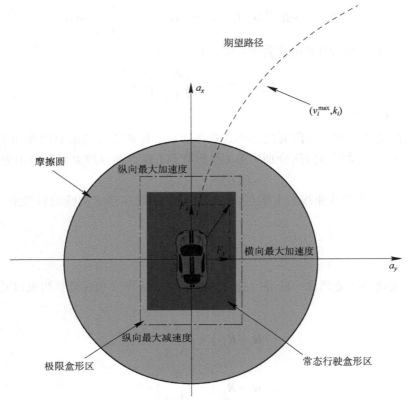

图 6-33　车辆运动能力特性

此时极限盒形区的最大加速度、最大减速度分别用 $a_{\mathrm{lon}}^{\max}$ 和 $a_{\mathrm{lon}}^{\min}$ 表示：

$$\begin{cases} -\ddot{\boldsymbol{R}}_k \cdot \boldsymbol{A}_i \leqslant -a_{\mathrm{lon}}^{\min} \\ \ddot{\boldsymbol{R}}_k \cdot \boldsymbol{A}_i \leqslant a_{\mathrm{lon}}^{\max}, k \in [1, 2, \cdots, m] \end{cases} \tag{6-25}$$

6）横向加速度约束

对于横向加速度限制，与纵向加速度约束同理，在路径上采样 m 个点，同样将最大限制推到极限盒形区内，其中极限盒形区的最大横向加速度可用 $a_{\mathrm{lat}}^{\max}$ 表示，由横向加速度公式

$$\begin{cases} \kappa = \dfrac{1}{R} = \dfrac{a}{v^2} \\ v_i = \mathrm{MIN}\left(\sqrt{\dfrac{a_{\mathrm{lat}}^{\mathrm{cozy}}}{\kappa_i}}, v_i^{\max} \right) \end{cases} \tag{6-26}$$

可以推导出

$$\dot{\boldsymbol{R}}_k \cdot \boldsymbol{A}_i \leqslant \mathrm{MIN}\left(\sqrt{\left| \dfrac{a_{\mathrm{lat}}^{\max}}{\kappa_k} \right|}, v_k^{\max} \right), k \in [1, 2, \cdots, m] \tag{6-27}$$

3. 目标函数设置

1）加速度

因为这里采用弧长随时间变化的曲线模型，如式（6-11）所示，因此其对自变量时间 t 的二阶导数即加速度，将加速度的平方设置为软约束即目标函数，表示在整段路径上，每段分段函数都要尽量使得加速度尽可能小，进而实现平顺行驶的目的：

$$J_{ia} = \int_0^{T_i} f_i^{\,\prime\prime}(t)^2 dt, i \in [0,1,\cdots,n-1] \tag{6-28}$$

结合式（6-16）可以得到

$$J_{ia} = \boldsymbol{A}_i^{\mathrm{T}} \cdot \int_0^{T_i} \ddot{\boldsymbol{R}}_i^{\mathrm{T}} \ddot{\boldsymbol{R}}_i dt \cdot \boldsymbol{A}_i \tag{6-29}$$

设 $\int_0^{T_i} \ddot{\boldsymbol{R}}_i^{\mathrm{T}} \ddot{\boldsymbol{R}}_i dt$ 为 $H_i/2$，式（6-29）可以转化为二次规划问题的标准形式：

$$J_{ia} = \frac{1}{2} \cdot \boldsymbol{A}_i^{\mathrm{T}} \cdot \boldsymbol{H}_i \cdot \boldsymbol{A}_i \tag{6-30}$$

2）冲击度

对于车辆行驶来说，除了在行驶中要求足够小的加速度外，另一个衡量车辆行驶是否平稳的指标就是纵向冲击度。因此这里将车辆行驶的纵向冲击度的平方作为另一个优化目标，而冲击度是加速度对时间的一阶微分，也就是速度对时间的二阶微分，弧长对时间的三阶微分，因此根据式（6-16）可以得到

$$\cdot J_{ij} = \int_0^{T_i} f_i^{\,\prime\prime\prime}(t)^2 dt = \boldsymbol{A}_i^{\mathrm{T}} \cdot \int_0^{T_i} \dddot{\boldsymbol{R}}_i^{\mathrm{T}} \dddot{\boldsymbol{R}}_i dt \cdot \boldsymbol{A}_i, i \in [0,1,\cdots,n-1] \tag{6-31}$$

同理，设 $\dddot{\boldsymbol{R}}_i dt$ 为 $\boldsymbol{K}_i/2$，式（6-31）可以转化为二次规划问题的标准形式：

$$J_{ij} = \frac{1}{2} \cdot \boldsymbol{A}_i^{\mathrm{T}} \cdot \boldsymbol{K}_i \cdot \boldsymbol{A}_i \tag{6-32}$$

4. 多约束、多目标速度规划二次规划模型

最后，考虑以上完整约束的速度规划优化模型，可以定义如下：

$$\begin{cases} \text{minimize} J = \sum_{i=0}^{n-1} (\omega_1 \cdot J_{ia} + \omega_2 \cdot J_{ij}) \\ \text{s.t.}\quad (6-17),(6-18),(6-19),(6-20),(6-22) \\ \qquad (6-23),(6-24),(6-25),(6-27) \end{cases} \tag{6-33}$$

根据目标函数式（6-29）和式（6-31），其均为二次函数且矩阵 $\boldsymbol{H}_i$ 以及 $\boldsymbol{K}_i$ 均为实对称矩阵，等式约束以及不等式约束部分均为一次函数，根据二次规划理论，这里的速度规划优化模型满足二次规划的形式。采用 qpOASES 二次规划求解器求解上述问题，能够满足实时性要求。

6.3.3　基于状态空间采样的路径规划算法

因为动态障碍物的行进方向随机，速度大小也是任意的，所以可能会导致纵向状态空间无可行解存在，即仅仅采用速度重规划算法无法躲避的情况，如图 6-34 所示。那么这时就需要进行局部期望路径重规划，进行横向状态空间采样生成多条局部候选路径，选择其中的可行路径作为期望路径，从而改变智能车辆的二维路径的空间构型，实现避让动态障碍物的目的。

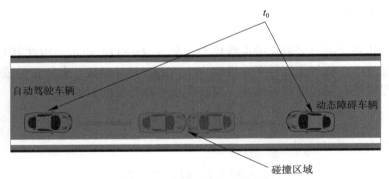

图 6-34　纵向无可行解情况

在进行横向状态空间采样之前，与纵向状态空间采样相同，首先从全局参考路径中选取用于横向偏移的参考目标状态，其中目标状态可以利用式（6-34），根据当前车速 v 以及最近距离得到选择距离 s，然后从当前车辆位置所匹配的全局期望路径位置向前延伸 s 长度，从而得到从车辆当前位置距离 s 的位于全局路径上的目标位置。然后基于该目标状态以不同的横偏步长沿该点路径的法线方向向两侧生成横向目标状态集（x_{end}，y_{end}，κ_{end}，θ_{end}），基于非线性规划求解得到连接车辆当前状态和目标状态的路径束，如图 6-35（a）所示，最后发送给速度规划模块得到最终的轨迹束，结果如图 6-35（b）所示。

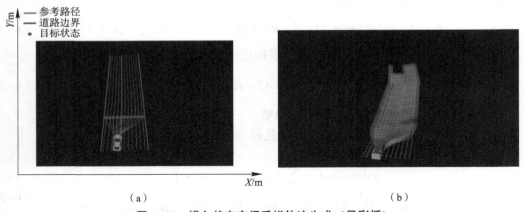

（a）　　　　　　　　　　　　　　　　　　　　　　　　　（b）

图 6-35　横向状态空间采样轨迹生成（见彩插）

（a）横向采样路径束；（b）横向采样轨迹束

$$s = s_{lower} + l \cdot v \qquad (6\text{-}34)$$

式中，s_{lower} 代表沿全局期望路径距离下限；l 为比例系数，代表当前车速 v 对选择距离影响的程度。

对于躲避动态障碍物的两种方法，这里采用速度重规划优先的策略，即当智能车辆期望轨迹与动态障碍物预测轨迹发生碰撞时，首先进行纵向状态空间采样，尝试在不改变二维路径空间构型的情况下，改变智能车辆的行驶速度曲线避让动态障碍物。当出现在纵向空间上无可行解或生成的纵向采样路径全部发生碰撞时，这时需要开启路径重规划，改变智能车辆的期望路径，达到从横向上避让动态障碍物的目的。

对于纵向空间内多条候选轨迹的选择，这里采取效率优先的选择方式，即在多条无碰撞候选轨迹中选择时，以到达局部路径终点的时间为标准，时间最小者即最佳轨迹，从而保证整个智能车辆行驶过程中的高效性。对于横向空间内多候选轨迹的选择，为了保证横向控制跟踪的稳定性，这里采取可行优先的选择方式，即在横向选择时，若当前轨迹与动态障碍物不发生碰撞，就一直将此横向轨迹作为期望轨迹；若当前期望轨迹发生碰撞，则选择距离原期望路径横向距离偏差最小的轨迹。这样可以避免由于横向路径频繁切换，导致运动控制模块无法有效跟踪的情况发生。整体逻辑切换与选择策略如图 6-36 所示。

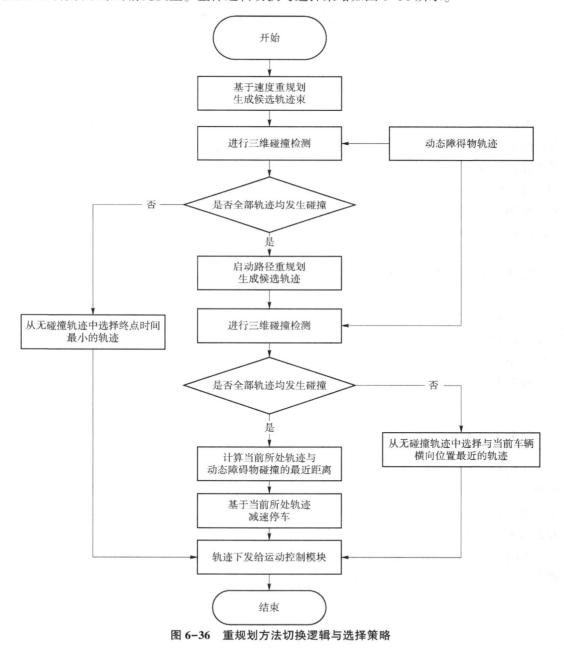

图 6-36　重规划方法切换逻辑与选择策略

第 7 章
智能车辆模型预测控制

本章介绍智能车辆模型预测控制方法。主要简述车辆动力学预测模型的线性化过程，较为详细地介绍了 MPC 的推导及其在智能车轨迹与速度跟踪控制中的应用过程。7.1 节定义了坐标系，并介绍了三自由度车辆动力学模型和轮胎模型。7.2 节介绍了模型预测控制算法的发展历程、基本特点和理论基础。在此基础上分别介绍了非线性模型预测控制和线性时变模型预测控制。7.3 节介绍了基于车辆动力学模型和线性轮胎模型设计的轨迹跟踪控制。7.4 节介绍了 MATLAB 仿真验证和线性 MPC 控制器调参过程。

7.1　车辆动力学模型

车辆动力学模型和轮胎模型的建立是智能车辆轨迹跟踪模型预测控制器的基础。不同复杂度的动力学模型和轮胎模型对车辆动力学行为的描述能力不同，计算求解复杂度也不同。本节以三自由度车辆动力学模型和线性轮胎模型作为预测模型，作为后续实现轨迹跟踪的基础。关于车辆动力学模型更加详细的讨论请参考《无人驾驶车辆模型预测控制》。

7.1.1　定义坐标系

为实现智能车辆的轨迹跟踪，本节引入了三个坐标系：大地坐标系、车体坐标系和道路坐标系。大地坐标系用来表示车辆绝对位置、车辆航向角、参考轨迹的目标点位置和轨迹的切向角。通常在车辆坐标系中表示车辆状态，如纵、横向速度和侧偏角等。引入道路坐标系来表示车辆运动轨迹与参考跟踪轨迹之间的横向和航向角误差。

如图 7-1 所示，XOY 为大地坐标系，V_{xoy} 为车辆坐标，ζ_{xoy} 为路点坐标，χ_x，χ_y 和 χ_θ 分别表示道路坐标系下的车辆纵坐标、横坐标和航向角的误差。误差计算如式（7-1）。

$$\begin{bmatrix} \chi_x \\ \chi_y \\ \chi_\theta \end{bmatrix} = \begin{bmatrix} \cos\theta_{ref} & \sin\theta_{ref} & 0 \\ -\sin\theta_{ref} & \cos\theta_{ref} & 0 \\ 0 & 0 & 1 \end{bmatrix} \begin{bmatrix} x-x_{ref} \\ y-y_{ref} \\ \theta-\theta_{ref} \end{bmatrix} \tag{7-1}$$

式中：(x, y, θ) 和 $(x_{ref}, y_{ref}, \theta_{ref})$ 分别表示大地坐标系下车辆当前位置和道路参考点位置。

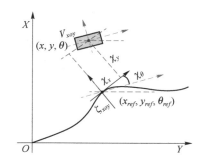

图 7-1　大地坐标系、车体坐标系和道路坐标系

7.1.2　车辆动力学模型

本章在车辆动力学建模时，做如下假设：

（1）假设车辆只做平行于地面的平面运动，即车辆沿 z 轴的位移、绕 y 轴的俯仰角和绕 x 轴的侧倾角均为零；

（2）忽略轮胎回正力矩的作用；

（3）假设悬架系统和车辆是刚性的，忽略车辆的悬架特性；

（4）忽略车辆空气动力学的影响；

（5）假设车辆为前轮转向，即后轮转角恒为零；

（6）假设前轮左右轮的转角相等；

（7）忽略车辆的侧倾和俯仰动力学等影响。

根据以上假设，本节建立了单轨车辆动力学模型，如图 7-2 所示。

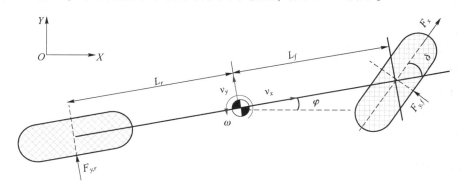

图 7-2　单轨车辆动力学模型

状态量分别为车体坐标下的车辆质心横向速度 v_y、质心纵向速度 v_x、质心航向角 φ、质心横摆角速度 ω，大地坐标系下的车辆质心坐标值 X 和 Y。控制量为前轮纵向驱动力 F_x 和前轮转角 δ。图 7-2 中，L_f 和 L_r 分别为质心到前轴距离和质心到后轴距离，F_x，$F_{y,f}$ 和 $F_{y,r}$ 分别是前轮纵向力、前轮横向力和后轮横向力。

根据牛顿第二定律，分别得到车辆质心沿 x 轴、y 轴和车体绕 z 轴的受力平衡方程，根据坐标变换得到车辆质心在惯性坐标系 XOY 中的平面运动方程如式（7-2）。

$$m(\dot{v}_x - \omega v_y) = F_x \cos \delta - F_{y,f} \sin \delta$$

$$m(\dot{v}_y + \omega v_x) = F_{y,r} + F_{y,f} \cos \delta + F_x \sin \delta$$

$$I_z \dot{\omega} = F_{y,f} L_f \cos \delta + F_x L_f \sin \delta - F_{y,r} L_r \qquad (7-2)$$

$$\dot{X} = v_x \cos \varphi - v_y \sin \varphi$$

$$\dot{Y} = v_x \sin \varphi + v_y \cos \varphi$$

式中：m 为车辆总质量，I_z 为车辆绕 z 轴的转动惯量。

7.1.3 轮胎模型

这里采用线性轮胎模型，假设前后轮胎的侧偏角满足 $a_f, a_r \in [-5°, 5°]$，轮胎侧向力计算如式（7-3）。

$$\begin{cases} F_{y,f} = C_f \alpha_f = C_f \left(\dfrac{v_y + \omega L_f}{v_x} - \delta \right) \\ F_{y,r} = C_r \alpha_r = C_r \left(\dfrac{v_y - \omega L_r}{v_x} \right) \end{cases} \qquad (7-3)$$

式中：C_f 和 C_r 分别为前、后轮胎侧偏刚度，α_f 和 α_r 分别是前、后轮胎侧偏角。

7.2 模型预测控制理论推导与求解

模型预测控制算法是于 20 世纪 70 年代末最早在美国、法国等工业领域出现的一种计算机优化控制算法。根据所采用模型的不同，模型预测控制逐渐衍生出其他分支：1978 年，Richalet 等人提出了基于脉冲响应的模型预测启发控制（Model Predictive Heuristic Control，MPHC），后转换为模型算法控制（Model Algorithmic Control，MAC）；1980 年，Cutler 等人提出了基于阶跃响应的动态矩阵控制（Dynamic Matrix Control，DMC）；1987 年，Clarke 等人提出了基于时间序列和在线识别模型的广义预测控制（Generalized Predictive Control，GPC）；Richalet 等人提出了预测函数控制（Predictive Functional Control，PFC）。经过数十年的深入研究和发展，其理论和方法日益完善，并得到了广泛的实际应用。

7.2.1 模型预测控制算法

模型预测控制（Model Predictive Control，MPC）算法的基本特点是基于预测模型、滚动优化和反馈校正的控制原理。

1. 预测模型

预测控制需要一个能描述系统动态过程行为的模型。这个模型的作用是能根据系统当前信息和未来的控制输入，预测系统未来的动态。因此这个模型称为预测模型。这里系统的未来控制输入，正是用来改变系统未来的预测输出，使其最大限度接近参考输出的最优控制变量。预测模型具有基于当前的状态值预测系统未来动态的功能。预测模型通常包括：阶跃响应模型、脉冲响应模型、状态空间模型、传递函数模型和模糊模型等。

2. 滚动优化

预测控制中的优化与通常的离散最优控制算法不同，不是采用一个不变的全局最优目标，而是采用滚动式的有限时域优化策略。在每一采样时刻，根据该时刻的优化性能指标，求解该时刻起有限时段的最优控制率。计算得到的控制作用序列也只有当前值是实际执行的，在下一个采样时刻又重新求取最优控制率。也就是说，优化过程不是一次离线完成的，而是反复在线进行的，即在每一采样时刻，优化性能指标只涉及从该时刻起到未来有限的时间，而到下一个采样时刻，这一优化时段会同时向前推移。

采用有限时域的预测是因为实际控制过程中存在模型失配、时变和外部干扰等不确定因素，使基于模型的预测不可能准确地与实际被控过程相符。通过滚动优化策略，能及时弥补这种不确定性，始终在实际的基础上建立新的优化目标，兼顾了对未来有限时域内的理想优化和实际不确定性的影响。这要比建立在理想条件下的传统最优控制更加实际和有效。

3. 反馈校正

预测控制求解的是一个开环优化问题。在预测控制中，采用预测模型进行过程输出值的预估只是一种理想的方式，对于实际过程，由于存在非线性、时变、模型失配和干扰等不确定因素，使基于模型的预测不可能准确地与实际相符。因此，在预测控制中，通过输出的测量值与模型的预估值进行比较，得出模型的预测误差，再利用模型预测误差来校正模型的预测值，从而得到更为准确的将来输出的预测值。正是这种由模型加反馈校正的过程，使预测控制具有很强的抗干扰和克服系统不确定的能力。不断根据系统的实际输出对预测输出做出修正，使滚动优化不但基于模型，而且利用反馈信息，构成闭环优化控制。

MPC 控制器也叫做滚动时域控制器，该控制器考虑控制系统的非线性动力学模型并预测未来一段时间内系统的输出行为，通过求解带约束的最优控制问题，使得系统在未来一段时间内的跟踪误差最小，这种方法鲁棒性较强。传统的研究方法往往忽略或者简化了运动学约束以及动力学约束，而这类约束对于控制性能有着显著影响。模型预测控制方法能够通过优化目标函数显式地将车辆运动学和动力学约束纳入考虑。使用 MPC 的滚动优化和反馈校正特性，能够有效降低甚至消除闭环系统时滞问题所带来的影响，并能够结合规划所给出的未来轨迹信息对运动控制进行优化，提升控制性能。

MPC 在智能车辆控制中应用广泛，文献 [3] 以智能车辆的运动规划与控制为研究对象，结合模型预测控制理论，提出了基于非线性模型预测控制的轨迹重规划算法和基于线性时变模型预测控制的轨迹跟踪算法。分别根据运动学和动力学模型建立线性误差模型，结合约束条件和控制器目标函数建立基于线性时变模型预测控制的轨迹跟踪控制器和主动转向控制器。在原有的轨迹跟踪控制基础上加入规划层后，形成"轨迹重规划+跟踪控制"的双层控制体系，结构如图 7-3 所示。该控制系统主要由带避障功能的轨迹重规划子系统和跟踪控制子系统构成。轨迹重规划子系统接收来自传感器的障碍物信息以及来自全局规划的参考轨迹信息，通过模型预测控制算法规划出局部参考轨迹，再发送给跟踪控制子系统。而跟踪控制子系统接收来自规划层的局部参考轨迹，输出前轮偏角控制量。

Ji J, Khajepour A 等人利用多约束模型预测控制设计了路径规划与跟踪框架，完成了智能车辆的避障功能。Guo H, Liu J 等人将车辆视为内包络，将道路视为外包络，设计了线性智能车辆路径跟踪模型预测控制器。Guo H, Shen C 等人在车辆巡航场景下设计了换道避障的模型预测控制器。Moser D, R Schmied 等人设计了随机模型预测控制器来降低跟驰工况下

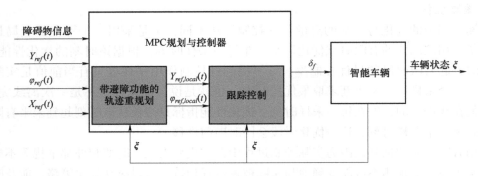

图 7-3　结合规划层的控制系统

的油耗。梁赫奇采用如图 7-4 所示的分层控制结构，采用包含附加横摆力矩的二自由度模型作为预测模型，用模型预测控制实现了横摆平面内的操纵稳定性控制。其采用模型预测控制和分层控制思想对汽车制动、转向进行了集成，并采用基于规则的全局集成方案将悬架和水平集成控制算法进行了集成。

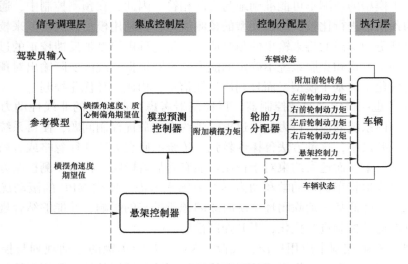

图 7-4　集成控制结构图

综上所述，模型预测控制算法是一类滚动求解带约束优化问题的控制方法，处理约束问题是其主要优势之一。模型预测控制算法结合预测模型、滚动优化和反馈校正三项基本原理，滚动求解带约束的目标函数，得到系统最优控制量，对解决智能车辆在高速和冰雪等复杂路面下的控制问题具有独特的优势。

7.2.2　非线性模型预测控制

考虑如下的离散非线性系统：

$$\boldsymbol{\xi}(t+1) = \boldsymbol{f}(\boldsymbol{\xi}(t), \boldsymbol{\mu}(t))$$
$$\boldsymbol{\xi}(t) \in \boldsymbol{\chi} \qquad\qquad (7-4)$$
$$\boldsymbol{\mu}(t) \in \Omega$$

其中：$f(\cdot,\cdot)$ 为离散非线性系统的状态转移函数，$\boldsymbol{\xi}(t)\in\mathbb{R}^n$ 为 n 维状态变量，$\boldsymbol{\mu}(t)\in\mathbb{R}^m$ 为 m 维控制输入变量，$\boldsymbol{\eta}(t)\in\mathbb{R}^p$ 为 p 维输出变量，$\boldsymbol{\chi}\in\mathbb{R}^n$ 为状态量集合，$\Omega\in\mathbb{R}^m$ 为控制输入量集合。

假设系统的原点为 $f(0,0)=0$，以该点为系统的控制目标。对于任意 $N\in\boldsymbol{Z}^+$，考虑如下代价函数：

$$J_N(\boldsymbol{\xi}(t),\boldsymbol{U}(t))=\sum_{k=t}^{t+N-1}l(\boldsymbol{\xi}(t),\boldsymbol{\mu}(t))+P(\boldsymbol{\xi}(t+N)) \tag{7-5}$$

式中：$J_N(\cdot,\cdot):\mathbb{R}^n\times\mathbb{R}^{Nm}\rightarrow\mathbb{R}^+$，$\boldsymbol{U}(t)=[\boldsymbol{\mu}(t),\cdots,\boldsymbol{\mu}(t+N-1)]$ 为 N 时域范围内的控制输入序列，$\boldsymbol{\xi}(k)(k=t,\cdots,t+N)$ 是式（7-4）在控制输入序列 $\boldsymbol{U}(t)$ 作用下所得到的轨迹状态量系列。

每一步长所求解的有限时域的优化问题如下：

$$\min_{\boldsymbol{U}_t,\boldsymbol{\xi}_{t+1,t},\cdots\boldsymbol{\xi}_{t+N,t}}\boldsymbol{J}_N(\boldsymbol{\xi}(t),\boldsymbol{U}(t))=\sum_{k=t}^{t+N-1}l(\boldsymbol{\xi}(t),\boldsymbol{\mu}(t))+P(\boldsymbol{\xi}(t+N)) \tag{7-6}$$

$$\text{s. t.}\quad \boldsymbol{\xi}_{k+1,t}=\boldsymbol{f}(\boldsymbol{\xi}_{k,t},\boldsymbol{\mu}_{k,t})\quad k=t,\cdots,t+N-1 \tag{7-7}$$

$$\boldsymbol{\xi}_{k,t}\in\boldsymbol{\chi}\quad k=t,\cdots,t+N-1 \tag{7-8}$$

$$\boldsymbol{\mu}_{k,t}\in\Omega\quad k=t,\cdots,t+N-1 \tag{7-9}$$

$$\boldsymbol{\xi}_{t,t}=\boldsymbol{\xi}(t) \tag{7-10}$$

$$\boldsymbol{\xi}_{N,t}\in\boldsymbol{\chi}_f \tag{7-11}$$

式（7-8）和式（7-9）分别为状态量和控制量的约束，式（7-10）为初始状态量，式（7-11）为状态量终端约束。通过求解式（7-6）表示的优化问题，可得到 t 时刻的最优控制量序列 $\boldsymbol{U}_t^*=[\boldsymbol{\mu}_{t,t}^*,\cdots,\boldsymbol{\mu}_{t+N-1,t}^*]$，系统式（7-7）在最优控制量序列 $\boldsymbol{U}_t^*$ 的作用下，即可得到最优状态量序列 $\boldsymbol{\xi}_k^*(k=t,\cdots,t+N)$。

一般将控制量序列 $\boldsymbol{U}_t^*$ 的首个元素作为实际控制输入作用于系统式（7-7）。在下一采样周期内，系统以新的采样时刻作为初始状态求解优化问题式（7-6）～式（7-11），继续将最优控制量序列的首个元素作为实际控制输入作用于系统式（7-7）。如此反复，以滚动优化的形式完成上述优化问题。在方程求解过程中，其包含了 $N\times(m+n)$ 个最优变量和 $N\times n$ 个非线性状态约束，以及由控制量约束和状态量约束所组成的线性约束。因此，对于非线性模型预测控制，其求解的复杂程度与系统状态方程的阶数有关，其求解难度随着系统阶数的增加而迅速增加。对于阶数较高的非线性系统，如多自由度车辆动力学模型，若不进行适当的简化，非线性模型预测控制算法很难在线实时求解。

非线性模型和复杂的非线性约束增加了非线性模型预测控制问题求解难度。本章所研究的智能车辆控制问题是基于车辆多自由度非线性动力学模型，要求在线实时控制。而非线性模型预测控制算法很难保证在线实时控制，并不适用于求解多自由度非线性系统问题。

若将非线性系统线性化，采用线性模型预测控制算法进行求解，则其计算量将会大大减小。线性化系统根据其是否随时间而变化的特点，可分为线性时不变系统（Linear Time Invariant, LTI）和线性时变系统（Linear Time Variant, LTV）。研究表明，线性时不变系统在高速下的控制误差较大，无法获得满意的控制效果。若实时在当前工作点附近对系统线性化，即将其转化为线性时变系统（LTV），则相比于直接求解非线性问题，可显著减小计算量，同时相比于线性时不变系统（LTI），可较大提高控制精度。

7.2.3　线性时变模型预测控制

相比于非线性模型预测控制（NMPC），线性时变模型预测控制（LTV MPC）具有计算量小，易求解等特点。本节将介绍如何将非线性系统转换为线性时变系统。

当前时刻系统状态量和控制量分别为 $\boldsymbol{\xi}_0 \in \boldsymbol{\chi}$，$\boldsymbol{\mu}_0 \in \Omega$。对系统式（7-4）施加控制量 $\hat{\boldsymbol{\mu}}_0(k) = \boldsymbol{\mu}_0, k \geq 0$，当前系统状态量参考值 $\hat{\boldsymbol{\xi}}_0(k) = \boldsymbol{\xi}_0, k \geq 0$。

$$\begin{aligned} &\hat{\boldsymbol{\xi}}_0(k+1) = f(\hat{\boldsymbol{\xi}}_0(k), \hat{\boldsymbol{\mu}}_0(k)) \\ &\hat{\boldsymbol{\xi}}_0(0) \in \boldsymbol{\xi}_0 \\ &\hat{\boldsymbol{\mu}}_0(k) \in \boldsymbol{\mu}_0 \end{aligned} \tag{7-12}$$

将系统式（7-4）在工作点 $(\hat{\boldsymbol{\xi}}_0(k), \hat{\boldsymbol{\mu}}_0(k))$ 处进行一阶近似泰勒展开，得到：

$$\boldsymbol{\xi}(k+1) = f(\hat{\boldsymbol{\xi}}_0(k), \hat{\boldsymbol{\mu}}_0(k)) + \frac{\partial f}{\partial \boldsymbol{\xi}}\bigg|_{\hat{\boldsymbol{\xi}}_0(k), \hat{\boldsymbol{\mu}}_0(k)} (\boldsymbol{\xi}(k) - \hat{\boldsymbol{\xi}}_0(k)) + \frac{\partial f}{\partial \boldsymbol{\mu}}\bigg|_{\hat{\boldsymbol{\xi}}_0(k), \hat{\boldsymbol{\mu}}_0(k)} (\boldsymbol{\mu}(k) - \hat{\boldsymbol{\mu}}_0(k))$$
$$\tag{7-13}$$

由式（7-12）知 $\hat{\boldsymbol{\xi}}_0(k+1) = f(\hat{\boldsymbol{\xi}}_0(k), \hat{\boldsymbol{\mu}}_0(k))$，将其代入公式（7-13）得：

$$\boldsymbol{\xi}(k+1) = \hat{\boldsymbol{\xi}}_0(k+1) + \frac{\partial f}{\partial \boldsymbol{\xi}}\bigg|_{\hat{\boldsymbol{\xi}}_0(k), \hat{\boldsymbol{\mu}}_0(k)} (\boldsymbol{\xi}(k) - \hat{\boldsymbol{\xi}}_0(k)) + \frac{\partial f}{\partial \boldsymbol{\mu}}\bigg|_{\hat{\boldsymbol{\xi}}_0(k), \hat{\boldsymbol{\mu}}_0(k)} (\boldsymbol{\mu}(k) - \hat{\boldsymbol{\mu}}_0(k)) \tag{7-14}$$

作如下设定：

$$\boldsymbol{A}_{k,0} = \frac{\partial f}{\partial \boldsymbol{\xi}}\bigg|_{\hat{\boldsymbol{\xi}}_0(k), \hat{\boldsymbol{\mu}}_0(k)}, \boldsymbol{B}_{k,0} = \frac{\partial f}{\partial \boldsymbol{\mu}}\bigg|_{\hat{\boldsymbol{\xi}}_0(k), \hat{\boldsymbol{\mu}}_0(k)}$$

$$\delta\boldsymbol{\xi}(k+1) = \boldsymbol{\xi}(k+1) - \hat{\boldsymbol{\xi}}_0(k+1) \tag{7-15}$$

$$\delta\boldsymbol{\xi}(k) = \boldsymbol{\xi}(k) - \hat{\boldsymbol{\xi}}_0(k)$$

$$\delta\boldsymbol{\mu}(k) = \boldsymbol{\mu}(k) - \hat{\boldsymbol{\mu}}_0(k)$$

式中：$\boldsymbol{A}_{k,0} \in \mathbb{R}^{n \times n}$，$\boldsymbol{B}_{k,0} \in \mathbb{R}^{n \times m}$。

则式（7-14）可写成如下形式：

$$\delta\boldsymbol{\xi}(k+1) = \boldsymbol{A}_{k,0}\delta\boldsymbol{\xi}(k) + \boldsymbol{B}_{k,0}\delta\boldsymbol{\mu}(k) \tag{7-16}$$

式（7-16）即为线性时变系统（LTV），其描述了非线性系统式（7-4）的状态量 $\boldsymbol{\xi}(t)$ 与状态量参考值 $\hat{\boldsymbol{\xi}}_0(t)$ 之间的偏差关系。

式（7-16）可写成如下形式：

$$\boldsymbol{\xi}(k+1) = \boldsymbol{A}_{k,0}\boldsymbol{\xi}(k) + \boldsymbol{B}_{k,0}\boldsymbol{\mu}(k) + \boldsymbol{d}_{k,0}(k) \tag{7-17}$$

式中：$\boldsymbol{d}_{k,0}(k) = \hat{\boldsymbol{\xi}}_0(k+1) - \boldsymbol{A}_{k,0}\hat{\boldsymbol{\xi}}_0(k) - \boldsymbol{B}_{k,0}\hat{\boldsymbol{\mu}}_0(k)$，$k \geq 0$。

式（7-16）与式（7-17）是等价的，都是系统式（7-4）在工作点 $(\hat{\boldsymbol{\xi}}_0(k), \hat{\boldsymbol{\mu}}_0(k))$ 处近似线性化所得到的线性时变系统。

为进一步降低模型预测控制算法的计算复杂度，做如下假设：

$$A_{k,t} = A_{t,t}, k = t, \cdots, t+H_p$$
$$B_{k,t} = B_{t,t}, k = t, \cdots, t+H_p \tag{7-18}$$

1. 预测模型设计

首先考虑以下非线性动力学系统:

$$\dot{\boldsymbol{\xi}}(t) = \boldsymbol{f}(\boldsymbol{\xi}(t), \boldsymbol{\mu}(t))$$
$$\boldsymbol{\eta}(t) = \boldsymbol{h}(\boldsymbol{\xi}(t), \boldsymbol{\mu}(t)) \tag{7-19}$$

式中: $\boldsymbol{f}(\cdot, \cdot)$ 为系统的状态转移函数, $\boldsymbol{\xi}(t) \in \mathbb{R}^n$ 为 n 维状态变量, $\boldsymbol{\mu}(t) \in \mathbb{R}^m$ 为 m 维控制变量, $\boldsymbol{\eta}(t) \in \mathbb{R}^p$ 为 p 维输出变量。

将非线性系统式 (7-19) 转化为如下的离散的线性时变系统:

$$\boldsymbol{\xi}(k+1) = \boldsymbol{A}_{k,t}\boldsymbol{\xi}(k) + \boldsymbol{B}_{k,t}\boldsymbol{\mu}(t) + \boldsymbol{d}_{k,t}$$
$$\boldsymbol{\eta}(t) = \boldsymbol{C}_{k,t}\boldsymbol{\xi}(k) + \boldsymbol{D}_{k,t}\boldsymbol{\mu}(t) + \boldsymbol{e}_{k,t} \tag{7-20}$$

下面根据离散的线性时变系统式 (7-20) 设计模型预测控制器。将式 (7-20) 中的控制输入由控制量 $\boldsymbol{\mu}(t)$ 转变为控制增量 $\Delta\boldsymbol{\mu}(t)$, 将式 (7-20) 表示的系统状态方程中的输入矩阵、输出矩阵和传递矩阵等做相应的变换, 即可得到如式 (7-22) 所示新的状态空间表达式。

首先做如下设定:

$$\tilde{\boldsymbol{A}}_{k,t} = \begin{pmatrix} \boldsymbol{A}_{k,t} & \boldsymbol{B}_{k,t} \\ \boldsymbol{0}_{m \times n} & \boldsymbol{I}_m \end{pmatrix}$$

$$\tilde{\boldsymbol{B}}_{k,t} = \begin{pmatrix} \boldsymbol{B}_{k,t} \\ \boldsymbol{I}_m \end{pmatrix}$$

$$\tilde{\boldsymbol{C}}_{k,t} = (\boldsymbol{C}_{k,t} \quad \boldsymbol{D}_{k,t}) \tag{7-21}$$

$$\tilde{\boldsymbol{D}}_{k,t} = \boldsymbol{D}_{k,t}$$

$$\tilde{\boldsymbol{\xi}}(k|t) = \begin{pmatrix} \boldsymbol{\xi}(k|t) \\ \boldsymbol{\mu}(k-1|t) \end{pmatrix}$$

$$\tilde{\boldsymbol{d}}(k|t) = \begin{pmatrix} \boldsymbol{d}(k|t) \\ \boldsymbol{0}_m \end{pmatrix}$$

式中: $\boldsymbol{0}_{m \times n}$ 是 $m \times n$ 维 0 矩阵, $\boldsymbol{0}_m$ 是 m 维列矩阵, $\boldsymbol{I}_m$ 是 m 维单位矩阵。

得到新的状态空间表达式如下:

$$\tilde{\boldsymbol{\xi}}(k+1|t) = \tilde{\boldsymbol{A}}_{k,t}\tilde{\boldsymbol{\xi}}(k|t) + \tilde{\boldsymbol{B}}_{k,t}\Delta\boldsymbol{\mu}(k|t) + \tilde{\boldsymbol{d}}_{k,t}$$
$$\boldsymbol{\eta}(k|t) = \tilde{\boldsymbol{C}}_{k,t}\tilde{\boldsymbol{\xi}}(k|t) + \tilde{\boldsymbol{D}}_{k,t}\Delta\boldsymbol{\mu}(k|t) + \boldsymbol{e}_{k,t} \tag{7-22}$$

其中,

$$\Delta\boldsymbol{\mu}(k|t) = \boldsymbol{\mu}(k|t) - \boldsymbol{\mu}(k-1|t)$$
$$\boldsymbol{\xi}(t|t) = \boldsymbol{\xi}(t) \tag{7-23}$$
$$\boldsymbol{\mu}(t-1|t) = \boldsymbol{\mu}(t-1)$$

若已知 t 时刻系统的状态量 $\tilde{\boldsymbol{\xi}}(t)$ 和控制增量 $\Delta\boldsymbol{\mu}(t)$, 通过式 (7-22), 即可预测 $t+1$ 时刻系统的输出量 $\boldsymbol{\eta}(t+1)$, 不断迭代, 即可得到 k 时刻的系统输出量 $\boldsymbol{\eta}(k|t)$。

新的状态空间方程的系统输出量可计算如下：

$$\boldsymbol{\eta}(k\mid t)=\tilde{\boldsymbol{C}}_{k,t}\prod_{i=t}^{k-1}\tilde{\boldsymbol{A}}_{i,t}\tilde{\boldsymbol{\xi}}(t\mid t)+\prod_{i=t}^{k-1}\tilde{\boldsymbol{C}}_{k,t}\prod_{j=i+t}^{k-1}\tilde{\boldsymbol{A}}_{j,t}[\tilde{\boldsymbol{B}}_{i,t}\Delta\boldsymbol{\mu}(i\mid t)+\tilde{\boldsymbol{d}}(i\mid t)]+ \tag{7-24}$$

$$\tilde{\boldsymbol{D}}_{k,t}\Delta\boldsymbol{\mu}(k\mid t)+\boldsymbol{e}(k\mid t)$$

若系统的预测时域为 H_p，控制时域为 H_c，并做如下假设：

$$\Delta\boldsymbol{\mu}(t+H_c\mid t)=\Delta\boldsymbol{\mu}(t+H_c+1\mid t)=\cdots=\Delta\boldsymbol{\mu}(t+H_p-1\mid t)=0 \tag{7-25}$$

即 $\boldsymbol{\mu}(t+i\mid t)=\boldsymbol{\mu}(t+H_c-1\mid t),i=H_c,\cdots,H_p-1$

则在预测时域内 H_p 系统输出量可用如下公式计算：

$$\boldsymbol{Y}(t)=\boldsymbol{\Psi}_t\tilde{\boldsymbol{\xi}}(t\mid t)+\boldsymbol{\Theta}_t\Delta\boldsymbol{U}(t)+\boldsymbol{\Gamma}_t\boldsymbol{\Phi}(t)+\boldsymbol{\Lambda}(t) \tag{7-26}$$

其中：

$$\boldsymbol{Y}(t)=\begin{bmatrix}\boldsymbol{\eta}(t+1\mid t)\\\boldsymbol{\eta}(t+2\mid t)\\\vdots\\\boldsymbol{\eta}(t+H_p\mid t)\end{bmatrix} \tag{7-27}$$

$$\boldsymbol{\Psi}_t=\begin{bmatrix}\tilde{\boldsymbol{C}}_{t+1,t}\tilde{\boldsymbol{A}}_{t,t}\\\tilde{\boldsymbol{C}}_{t+2,t}\tilde{\boldsymbol{A}}_{t+1,t}\tilde{\boldsymbol{A}}_{t,t}\\\vdots\\\tilde{\boldsymbol{C}}_{t+H_p,t}\prod_{i=t}^{t+H_p-1}\tilde{\boldsymbol{A}}_{i,t}\end{bmatrix} \tag{7-28}$$

$$\boldsymbol{\Theta}_t=\begin{bmatrix}\tilde{\boldsymbol{C}}_{t+1,t}\tilde{\boldsymbol{B}}_{t,t}&\tilde{\boldsymbol{D}}_{t+1,t}&\cdots&\boldsymbol{0}_{p\times m}\\\tilde{\boldsymbol{C}}_{t+2,t}\tilde{\boldsymbol{A}}_{t+1,t}\tilde{\boldsymbol{B}}_{t,t}&\tilde{\boldsymbol{C}}_{t+2,t}\tilde{\boldsymbol{B}}_{t+1,t}&\tilde{\boldsymbol{D}}_{t+2,t}&\ddots\\\vdots&\vdots&\ddots&\vdots\\\tilde{\boldsymbol{C}}_{t+H_p,t}\prod_{i=t+1}^{t+H_p-1}\tilde{\boldsymbol{A}}_{i,t}\tilde{\boldsymbol{B}}_{t,t}&\tilde{\boldsymbol{C}}_{t+H_p,t}\prod_{i=t+2}^{t+H_p-1}\tilde{\boldsymbol{A}}_{i,t}\tilde{\boldsymbol{B}}_{t+1,t}&\cdots&\tilde{\boldsymbol{C}}_{t+H_p,t}\prod_{i=t+H_c}^{t+H_p-1}\tilde{\boldsymbol{A}}_{i,t}\tilde{\boldsymbol{B}}_{t+H_c-1,t}\end{bmatrix} \tag{7-29}$$

$$\Delta\boldsymbol{U}(t)=\begin{bmatrix}\Delta\boldsymbol{\mu}(t\mid t)\\\Delta\boldsymbol{\mu}(t+1\mid t)\\\vdots\\\Delta\boldsymbol{\mu}(t+H_c\mid t)\end{bmatrix} \tag{7-30}$$

$$\boldsymbol{\Gamma}_t=\begin{bmatrix}\tilde{\boldsymbol{C}}_{t+1,t}&\boldsymbol{0}_{p\times n}&\cdots&\boldsymbol{0}_{p\times n}\\\tilde{\boldsymbol{C}}_{t+2,t}\tilde{\boldsymbol{A}}_{t+1,t}&\tilde{\boldsymbol{C}}_{t+2,t}&\vdots&\ddots\\\vdots&\vdots&\ddots&\vdots\\\tilde{\boldsymbol{C}}_{t+H_p,t}\prod_{i=t+1}^{t+H_p-1}\tilde{\boldsymbol{A}}_{i,t}&\tilde{\boldsymbol{C}}_{t+H_p,t}\prod_{i=t+2}^{t+H_p-1}\tilde{\boldsymbol{A}}_{i,t}&\cdots&\tilde{\boldsymbol{C}}_{t+H_p,t}\end{bmatrix} \tag{7-31}$$

$$\boldsymbol{\varPhi}(t)=\begin{bmatrix} \tilde{\boldsymbol{d}}(t\mid t) \\ \tilde{\boldsymbol{d}}(t+1\mid t) \\ \vdots \\ \tilde{\boldsymbol{d}}(t+H_p-1\mid t) \end{bmatrix} \tag{7-32}$$

$$\boldsymbol{\varLambda}(t)=\begin{bmatrix} e(t+1\mid t) \\ \vdots \\ e(t+H_p\mid t) \end{bmatrix} \tag{7-33}$$

式中：$\boldsymbol{Y}(t)\in\mathbb{R}^{pH_p}$，$\boldsymbol{\varPsi}_t\in\mathbb{R}^{pH_p\times(m+n)}$，$\boldsymbol{\varTheta}_t\in\mathbb{R}^{pH_p\times mH_c}$，$\Delta\boldsymbol{U}(t)\in\mathbb{R}^{mH_c}$，$\boldsymbol{\varGamma}t\in\mathbb{R}^{pH_p\times nH_p}$，$\boldsymbol{\varPhi}(t)\in\mathbb{R}^{nH_p}$，$\boldsymbol{\varLambda}(t)\in\mathbb{R}^{pH_p}$

定义输出量 $\boldsymbol{\eta}(t\mid t)$ 如下：

$$\boldsymbol{\eta}(t\mid t)=[\boldsymbol{\eta}_{tr}(t\mid t),\boldsymbol{\eta}_c(t\mid t),\boldsymbol{\eta}_{sc}(t\mid t)]^{\mathrm{T}} \tag{7-34}$$

其中，$\boldsymbol{\eta}_{tr}\in\mathbb{R}^{py}$，$\boldsymbol{\eta}_c\in\mathbb{R}^{pc}$，$\boldsymbol{\eta}_{sc}\in\mathbb{R}^{pu}$．$\boldsymbol{\eta}_{tr}$，$\boldsymbol{\eta}_c$，$\boldsymbol{\eta}_{sc}$ 分别为控制输出量、硬约束输出量和软约束输出量。

定义预测时域 H_p 内控制输出量的预测值 $\boldsymbol{Y}_{tr}(t)$ 如下：

$$\boldsymbol{Y}_{tr}(t)=[\boldsymbol{\eta}_{tr}(t+1\mid t),\boldsymbol{\eta}_{tr}(t+2\mid t),\cdots,\boldsymbol{\eta}_{tr}(t+H_p\mid t)]^{\mathrm{T}}$$
$$\boldsymbol{Y}_{tr}(t)=Y_{tr}\boldsymbol{Y}(t) \tag{7-35}$$

式中：$Y_{tr}\in\mathbb{R}^{H_ppy\times H_pp}$。

$$Y_{tr}=\begin{bmatrix} \boldsymbol{I}_{py\times py} & \boldsymbol{0}_{py\times pc} & \boldsymbol{0}_{py\times pu} & \cdots & \boldsymbol{0}_{py\times py} & \boldsymbol{0}_{py\times pc} & \boldsymbol{0}_{py\times pu} \\ \boldsymbol{0}_{py\times py} & \boldsymbol{0}_{py\times pc} & \boldsymbol{0}_{py\times pu} & \cdots & \boldsymbol{0}_{py\times py} & \boldsymbol{0}_{py\times pc} & \boldsymbol{0}_{py\times pu} \\ \vdots & \vdots & \vdots & \vdots & \vdots & \vdots & \vdots \\ \boldsymbol{0}_{py\times py} & \boldsymbol{0}_{py\times pc} & \boldsymbol{0}_{py\times pu} & \cdots & \boldsymbol{I}_{py\times py} & \boldsymbol{0}_{py\times pc} & \boldsymbol{0}_{py\times pu} \end{bmatrix} \tag{7-36}$$

结合式（7-26）和式（7-36）可计算得到预测时域 H_p 内控制输出量的预测值 $\boldsymbol{Y}_{tr}(t)$，计算公式如下：

$$\boldsymbol{Y}_{tr}(t)=\boldsymbol{\varPsi}_{trt}\tilde{\boldsymbol{\xi}}(t\mid t)+\boldsymbol{\varTheta}_{trt}\Delta\boldsymbol{U}(t)+\boldsymbol{\varGamma}_{trt}\boldsymbol{\varPhi}(t)+\boldsymbol{\varLambda}_{tr}(t) \tag{7-37}$$

式中：

$$\boldsymbol{\varPsi}_{trt}=Y_{tr}\boldsymbol{\varPsi}_t,\boldsymbol{\varTheta}_{trt}=Y_{tr}\boldsymbol{\varTheta}_t,\boldsymbol{\varGamma}_{trt}=Y_{tr}\boldsymbol{\varGamma}_{trt},\boldsymbol{\varLambda}_{tr}(t)=Y_{tr}\boldsymbol{\varLambda}(t) \tag{7-38}$$

其中预测时域 H_p 内的硬约束输出量 $\boldsymbol{Y}_c(t)$ 和软约束输出量 $\boldsymbol{Y}_{sc}(t)$ 可通过类似式（7-37）的形式计算得到。其中，$Y_c\in\mathbb{R}^{H_ppc\times H_pp}$，$Y_{sc}\in\mathbb{R}^{H_ppu\times H_pp}$。

观察式（7-37）可知，预测时域 H_p 内控制输出量的预测值 $\boldsymbol{Y}_{tr}(t)$ 可通过当前 t 时刻已知的状态量 $\boldsymbol{\xi}(t\mid t)$、上一时刻的控制量 $\boldsymbol{\mu}(t-1\mid t)$ 和控制时域 H_c 内未知的控制增量 $\Delta\boldsymbol{U}(t)$ 计算得到。这个过程正是模型预测控制算法中"预测、滚动优化"功能的实现。

2. QP 问题转化

系统控制时域 H_c 内的控制增量 $\Delta\boldsymbol{U}(t)$ 是未知的，通过设定合理的优化目标函数并使其最小化，可求得在控制时域 H_c 内满足约束条件的最优控制序列。

考虑目标函数如下：

$$J(\boldsymbol{\xi}(t),\boldsymbol{\mu}(t-1),\Delta\boldsymbol{U}(t),\varepsilon) = \sum_{i=1}^{H_p} \left\| \boldsymbol{\eta}_{tr}(t+i\mid t) - \boldsymbol{\eta}_{ref}(t+i\mid t) \right\|_Q^2 + \sum_{i=0}^{H_c-1} \left\| \Delta\boldsymbol{\mu}(t+i\mid t) \right\|_R^2 +$$

$$\sum_{i=0}^{H_c-1} \left\| \boldsymbol{\mu}(t+i\mid t) \right\|_S^2 + \rho\varepsilon^2$$

$$(7-39)$$

式中：H_p 和 H_c 分别为预测时域和控制时域，$\boldsymbol{\eta}_{ref}(t+i\mid t)i=1,\cdots,H_p$ 是参考输出量，$\boldsymbol{Q}\in\mathbb{R}^{py\times py}$，$\boldsymbol{R}\in\mathbb{R}^{m\times m}$，$\boldsymbol{S}\in\mathbb{R}^{m\times m}$，$\rho\in\mathbb{R}$ 为权重矩阵。

其中，第一项用于惩罚系统在预测时域 H_p 内，输出量与参考输出量之间的偏差，即反映了系统对参考轨迹的快速跟踪能力，第二项用于惩罚系统在控制时域 H_c 内的控制增量大小，即反映了系统对控制量平稳变化的要求，第三项用于惩罚系统在控制时域 H_c 内的控制量大小，即反映了系统对控制量能量消耗尽可能小的要求。然而由于系统是实时变化的，在控制周期内不能保证每个时刻满足约束条件的优化目标函数都能求得最优解。因此有必要在优化目标函数中加入松弛因子，保证在控制周期内无最优解的情况下，系统以求得的次优解代替最优解，防止出现无可行解的情况发生。

以上形式的优化目标函数是一般形式，为便于计算机编程求解，可通过适当处理转换为标准二次型，即二次规划（Quadratic Programming，QP）问题。

将式（7-38）代入式（7-39）中，经过相应的矩阵计算，即可得到标准二次型目标函数。具体计算过程如下：

首先做如下设定：

$$\boldsymbol{K} = \begin{bmatrix} 1 & 0 & \cdots & \cdots & 0 \\ 1 & 1 & 0 & \cdots & 0 \\ \cdots & \cdots & \cdots & \ddots & \vdots \\ 1 & 1 & 1 & 1 & 1 \end{bmatrix} \qquad (7-40)$$

令

$$\boldsymbol{M} = \boldsymbol{K} \otimes \boldsymbol{I}_m \qquad (7-41)$$

式中：$\boldsymbol{K}\in\mathbb{R}^{H_c\times H_c}$，$\boldsymbol{M}\in\mathbb{R}^{H_c m\times H_c m}$，$\otimes$ 指克罗内克积符号。

$$\boldsymbol{Q}_e = \begin{bmatrix} \boldsymbol{Q} & \boldsymbol{0}_{py\times py} & \cdots & \boldsymbol{0}_{py\times py} \\ \boldsymbol{0}_{py\times py} & \boldsymbol{Q} & \cdots & \boldsymbol{0}_{py\times py} \\ \vdots & \vdots & \ddots & \vdots \\ \boldsymbol{0}_{py\times py} & \boldsymbol{0}_{py\times py} & \boldsymbol{0}_{py\times py} & \boldsymbol{Q} \end{bmatrix} \qquad (7-42)$$

$$\boldsymbol{R}_e = \begin{bmatrix} \boldsymbol{R} & \boldsymbol{0}_{m\times m} & \cdots & \boldsymbol{0}_{m\times m} \\ \boldsymbol{0}_{m\times m} & \boldsymbol{R} & \cdots & \boldsymbol{0}_{m\times m} \\ \vdots & \vdots & \ddots & \vdots \\ \boldsymbol{0}_{m\times m} & \boldsymbol{0}_{m\times m} & \boldsymbol{0}_{m\times m} & \boldsymbol{R} \end{bmatrix} \qquad (7-43)$$

$$S_e = \begin{bmatrix} S & 0_{m \times m} & \cdots & 0_{m \times m} \\ 0_{m \times m} & S & \cdots & 0_{m \times m} \\ \vdots & \vdots & \ddots & \vdots \\ 0_{m \times m} & 0_{m \times m} & 0_{m \times m} & S \end{bmatrix} \tag{7-44}$$

式中：$Q_e \in \mathbb{R}^{pyH_p \times pyH_p}$，$R_e \in \mathbb{R}^{mH_c \times mH_c}$，$S_e \in R^{mH_c \times mH_c}$

做如下设定：

$$\boldsymbol{\varepsilon}(t) = \boldsymbol{\Psi}_{trt} \tilde{\boldsymbol{\xi}}(t \mid t) + \boldsymbol{\Gamma}_{trt} \boldsymbol{\Phi}(t) + \boldsymbol{\Lambda}_{tr}(t) - \boldsymbol{Y}_{ref}(t)$$
$$\boldsymbol{Y}_{ref}(t) = [\boldsymbol{\eta}_{ref}(t+1 \mid t), \boldsymbol{\eta}_{ref}(t+2 \mid t), \cdots, \boldsymbol{\eta}_{ref}(t+H_p \mid t)]^{\mathrm{T}} \tag{7-45}$$

$$\boldsymbol{U}(t) = \boldsymbol{M}\Delta\boldsymbol{U}(t) + \boldsymbol{U}(t-1)$$
$$\boldsymbol{U}(t-1) = 1_{H_c} \otimes \boldsymbol{\mu}(t-1 \mid t) \tag{7-46}$$

将式（7-40）~式（7-46）代入式（7-39），得：

$$J(\boldsymbol{\xi}(t), \boldsymbol{\mu}(t-1), \Delta\boldsymbol{U}(t), \boldsymbol{\varepsilon})$$
$$= [\boldsymbol{\varepsilon}(t) + \boldsymbol{\Theta}_{trt}\Delta\boldsymbol{U}(t)]^{\mathrm{T}} \boldsymbol{Q}_e [\boldsymbol{\varepsilon}(t) + \boldsymbol{\Theta}_{trt}\Delta\boldsymbol{U}(t)] + \Delta\boldsymbol{U}(t)^{\mathrm{T}} \boldsymbol{R}_e \Delta\boldsymbol{U}(t) +$$
$$[\boldsymbol{M}\Delta\boldsymbol{U}(t) + \boldsymbol{U}(t-1)]^{\mathrm{T}} \boldsymbol{S}_e [\boldsymbol{M}\Delta\boldsymbol{U}(t) + \boldsymbol{U}(t-1)] + \rho\varepsilon^2$$
$$= \Delta\boldsymbol{U}(t)^{\mathrm{T}} [\boldsymbol{\Theta}_{trt}{}^{\mathrm{T}} \boldsymbol{Q}_e \boldsymbol{\Theta}_{trt} + \boldsymbol{R}_e + \boldsymbol{M}^{\mathrm{T}} \boldsymbol{S}_e \boldsymbol{M}] \Delta\boldsymbol{U}(t) + \boldsymbol{U}(t-1)^{\mathrm{T}} \boldsymbol{S}_e \boldsymbol{U}(t-1) +$$
$$[2\boldsymbol{\varepsilon}(t)^{\mathrm{T}} \boldsymbol{Q}_e \boldsymbol{\Theta}_{trt} + 2\boldsymbol{U}(t-1)^{\mathrm{T}} \boldsymbol{S}_e \boldsymbol{M}] \Delta\boldsymbol{U}(t) + \boldsymbol{\varepsilon}(t)^{\mathrm{T}} \boldsymbol{Q}_e \boldsymbol{\varepsilon}(t) + \rho\varepsilon^2$$
$$= \frac{1}{2} \begin{bmatrix} \Delta\boldsymbol{U}(t) \\ \varepsilon \end{bmatrix}^{\mathrm{T}} \begin{bmatrix} 2(\boldsymbol{\Theta}_{trt}{}^{\mathrm{T}} \boldsymbol{Q}_e \boldsymbol{\Theta}_{trt} + \boldsymbol{R}_e + \boldsymbol{M}^{\mathrm{T}} \boldsymbol{S}_e \boldsymbol{M}) & 0_{mH_c \times 1} \\ 0_{1 \times mH_c} & 2\rho \end{bmatrix} \begin{bmatrix} \Delta\boldsymbol{U}(t) \\ \varepsilon \end{bmatrix} + \tag{7-47}$$
$$[2\boldsymbol{\varepsilon}(t)^{\mathrm{T}} \boldsymbol{Q}_e \boldsymbol{\Theta}_{trt} + 2\boldsymbol{U}(t-1)^{\mathrm{T}} \boldsymbol{S}_e \boldsymbol{M} \quad 0] \begin{bmatrix} \Delta\boldsymbol{U}(t) \\ \varepsilon \end{bmatrix} +$$
$$\boldsymbol{\varepsilon}(t)^{\mathrm{T}} \boldsymbol{Q}_e \boldsymbol{\varepsilon}(t) + \boldsymbol{U}(t-1)^{\mathrm{T}} \boldsymbol{S}_e \boldsymbol{U}(t-1)$$

做如下设定：

$$\boldsymbol{H}_t = \begin{bmatrix} 2(\boldsymbol{\Theta}_{trt}^{\mathrm{T}} \boldsymbol{Q}_e \boldsymbol{\Theta}_{trt} + \boldsymbol{R}_e + \boldsymbol{M}^{\mathrm{T}} \boldsymbol{S}_e \boldsymbol{M}) & 0_{mH_c \times 1} \\ 0_{1 \times mH_c} & 2\rho \end{bmatrix}$$

$$\boldsymbol{G}_t = [2\boldsymbol{\varepsilon}(t)^{\mathrm{T}} \boldsymbol{Q}_e \boldsymbol{\Theta}_{trt} + 2\boldsymbol{U}(t-1)^{\mathrm{T}} \boldsymbol{S}_e \boldsymbol{M} \quad 0] \tag{7-48}$$

$$\boldsymbol{P}_t = \boldsymbol{\varepsilon}(t)^{\mathrm{T}} \boldsymbol{Q}_e \boldsymbol{\varepsilon}(t) + \boldsymbol{U}(t-1)^{\mathrm{T}} \boldsymbol{S}_e \boldsymbol{U}(t-1)$$

式中：$\boldsymbol{H}_t \in \mathbb{R}^{(1+mH_c) \times (1+mH_c)}$，$\boldsymbol{G}_t \in \mathbb{R}^{1+mH_c}$，$\boldsymbol{P}_t \in \mathbb{R}$，这里的 $\boldsymbol{H}_t$ 为正定的 Hessian 矩阵。

则目标函数标准二次型为：

$$J(\boldsymbol{\xi}(t), \boldsymbol{\mu}(t-1), \Delta\boldsymbol{U}(t), \boldsymbol{\varepsilon}) = \frac{1}{2} \begin{bmatrix} \Delta\boldsymbol{U}(t) \\ \varepsilon \end{bmatrix}^{\mathrm{T}} \boldsymbol{H}_t \begin{bmatrix} \Delta\boldsymbol{U}(t) \\ \varepsilon \end{bmatrix} + \boldsymbol{G}_t \begin{bmatrix} \Delta\boldsymbol{U}(t) \\ \varepsilon \end{bmatrix} + \boldsymbol{P}_t \tag{7-49}$$

于是，在满足控制约束的条件下，在每一个采样周期内使目标函数 $J(\boldsymbol{\xi}(t), \boldsymbol{\mu}(t-1)$，$\Delta\boldsymbol{U}(t), \boldsymbol{\varepsilon})$ 优化问题等价于如下的二次规划问题：

$$\min_{\Delta\boldsymbol{U}(t), \boldsymbol{\varepsilon}} J(\boldsymbol{\xi}(t), \boldsymbol{\mu}(t-1), \Delta\boldsymbol{U}(t), \boldsymbol{\varepsilon}) \tag{7-50}$$

$$\text{s. t.} \quad \Delta\boldsymbol{U}_{\min} \leqslant \Delta\boldsymbol{U}(t) \leqslant \Delta\boldsymbol{U}_{\max} \tag{7-51}$$

$$\boldsymbol{U}_{\min} - \boldsymbol{U}(t-1) \leqslant \boldsymbol{M}\Delta\boldsymbol{U}(t) \leqslant \boldsymbol{U}_{\max} - \boldsymbol{U}(t-1) \tag{7-52}$$

$$\boldsymbol{Y}_{c\min}(t)\leqslant\boldsymbol{\Psi}_{ct}\tilde{\boldsymbol{\xi}}(t\,|\,t)+\boldsymbol{\Theta}_{ct}\Delta\boldsymbol{U}(t)+\boldsymbol{\Gamma}_{ct}\boldsymbol{\Phi}(t)+\boldsymbol{\Lambda}_{ct}(t)\leqslant\boldsymbol{Y}_{c\max}(t) \tag{7-53}$$

$$\boldsymbol{Y}_{sc\min}(t)-\boldsymbol{\Xi}\leqslant\boldsymbol{\Psi}_{sct}\tilde{\boldsymbol{\xi}}(t\,|\,t)+\boldsymbol{\Theta}_{sct}\Delta\boldsymbol{U}(t)+\boldsymbol{\Gamma}_{sct}\boldsymbol{\Phi}(t)+\boldsymbol{\Lambda}_{sct}(t)\leqslant\boldsymbol{Y}_{sc\max}(t)+\boldsymbol{\Xi} \tag{7-54}$$

$$0<\varepsilon<\varepsilon_{\max} \tag{7-55}$$

式中：

$\boldsymbol{Y}_{c\min}(t)$ 和 $\boldsymbol{Y}_{c\max}(t)$ 分别为硬约束输出量的下限和上限，$\boldsymbol{Y}_{sc\min}(t)$ 和 $\boldsymbol{Y}_{sc\max}(t)$ 分别为软约束输出量的下限和上限，$\boldsymbol{\Xi}=\varepsilon\boldsymbol{1}_{pu}$，其中 $\boldsymbol{1}_{pu}$ 为 pu 维列向量且所有元素都为 1。

式（7-51）为控制增量约束条件，式（7-52）限制了控制量极限值，式（7-53）为硬约束输出量约束条件，式（7-54）为软约束输出量条件。

式（7-50）最优问题是一个二次规划问题，在满足线性约束条件（7-51）~（7-55）的情况下，求解最优控制量 $\Delta\boldsymbol{U}(t)$，使目标函数（7-50）最小化。

式（7-50）二次规划问题可以写成以下标准形式：

$$\min_{\Delta\boldsymbol{U}(t),\varepsilon}\frac{1}{2}\begin{bmatrix}\Delta\boldsymbol{U}(t)\\\varepsilon\end{bmatrix}^{\mathrm{T}}\boldsymbol{H}_t\begin{bmatrix}\Delta\boldsymbol{U}(t)\\\varepsilon\end{bmatrix}+\boldsymbol{G}_t\begin{bmatrix}\Delta\boldsymbol{U}(t)\\\varepsilon\end{bmatrix} \tag{7-56}$$

$$\mathrm{s.\,t.}\begin{bmatrix}\Delta\boldsymbol{U}_{\min}\\0\end{bmatrix}\leqslant\begin{bmatrix}\Delta\boldsymbol{U}(t)\\\varepsilon\end{bmatrix}\leqslant\begin{bmatrix}\Delta\boldsymbol{U}_{\max}\\0\end{bmatrix} \tag{7-57}$$

$$\begin{bmatrix}\boldsymbol{M}&\boldsymbol{0}_{mH_c\times1}\\-\boldsymbol{M}&\boldsymbol{0}_{mH_c\times1}\\\boldsymbol{\Theta}_{ct}&\boldsymbol{0}_{pcH_p\times1}\\-\boldsymbol{\Theta}_{ct}&\boldsymbol{0}_{pcH_p\times1}\\\boldsymbol{\Theta}_{sct}&-\boldsymbol{1}_{puH_p\times1}\\-\boldsymbol{\Theta}_{sct}&\boldsymbol{1}_{puH_p\times1}\end{bmatrix}\begin{bmatrix}\Delta\boldsymbol{U}(t)\\\varepsilon\end{bmatrix}\leqslant\begin{bmatrix}\boldsymbol{U}_{\max}-\boldsymbol{U}(t)\\-\boldsymbol{U}_{\min}+\boldsymbol{U}(t)\\\boldsymbol{Y}_{c\max}(t)-\boldsymbol{\Psi}_{ct}\tilde{\boldsymbol{\xi}}(t\,|\,t)-\boldsymbol{\Gamma}_{ct}\boldsymbol{\Phi}(t)-\boldsymbol{\Lambda}_{ct}(t)\\-\boldsymbol{Y}_{c\min}(t)+\boldsymbol{\Psi}_{ct}\tilde{\boldsymbol{\xi}}(t\,|\,t)+\boldsymbol{\Gamma}_{ct}\boldsymbol{\Phi}(t)+\boldsymbol{\Lambda}_{ct}(t)\\\boldsymbol{Y}_{sc\max}(t)-\boldsymbol{\Psi}_{sct}\tilde{\boldsymbol{\xi}}(t\,|\,t)-\boldsymbol{\Gamma}_{sct}\boldsymbol{\Phi}(t)-\boldsymbol{\Lambda}_{sct}(t)\\-\boldsymbol{Y}_{sc\min}(t)+\boldsymbol{\Psi}_{sct}\tilde{\boldsymbol{\xi}}(t\,|\,t)+\boldsymbol{\Gamma}_{sct}\boldsymbol{\Phi}(t)+\boldsymbol{\Lambda}_{sct}(t)\end{bmatrix} \tag{7-58}$$

若已知 t 时刻的状态量 $\boldsymbol{\xi}(t)$ 和前一时刻的控制量 $\boldsymbol{\mu}(t-1)$，在控制周期内通过对式（7-56）~式（7-58）最优化求解，可得到在控制时域 H_c 内的最优控制增量序列。

在控制时域 H_c 内的最优控制增量系列定义如下：

$$\Delta\boldsymbol{U}_t^*=[\boldsymbol{\mu}_t^*,\boldsymbol{\mu}_{t+1}^*,\cdots,\boldsymbol{\mu}_{t+H_c-1}^*]^{\mathrm{T}} \tag{7-59}$$

将该最优控制增量系列的第一个作为实际的控制增量作用于系统，即

$$\boldsymbol{\mu}(t\,|\,t)=\boldsymbol{\mu}(t-1\,|\,t)+\boldsymbol{\mu}_t^* \tag{7-60}$$

7.3 基于动力学模型的轨迹跟踪控制

7.3.1 预测模型

针对非线性的预测模型，本章采用泰勒展开将其线性化来简化预测模型。7.1 节中的非线性系统可以表示为式（7-61）。

$$\begin{cases}x=[X,v_x,Y,v_y,\varphi,\omega]^{\mathrm{T}}\\u=[F_x,\delta]^{\mathrm{T}}\\\dot{x}=f(x,u)\end{cases} \tag{7-61}$$

式中：x 表示状态量，u 表示控制量。

假设展开点为 $[x_{r,t}，u_{r,t}]$，采用泰勒公式在该点的线性化过程如式（7-62）。

$$f(x_t,u_t)=f(x_{r,t},u_{r,t})+\frac{\partial f}{\partial x}\bigg|_{x_{r,t},u_{r,t}}(x_t-x_{r,t})+\frac{\partial f}{\partial u}\bigg|_{x_{r,t},u_{r,t}}(u_t-u_{r,t})$$

$$\boldsymbol{A}_{c,t}=\frac{\partial f}{\partial x}\bigg|_{x_{r,t},u_{r,t}},\boldsymbol{B}_{c,t}=\frac{\partial f}{\partial u}\bigg|_{x_{r,t},u_{r,t}}$$

（7-62）

式中：$\boldsymbol{B}_{c,t}$ 和 $\boldsymbol{A}_{c,t}$ 分别是根据状态空间方程中展开点进行线性化得到的时变雅各比矩阵。

综上，局部线性化后的状态空间方程可以表示为式（7-63）。

$$f(x_t,u_t)=\boldsymbol{A}_{c,t}x_t+\boldsymbol{B}_{c,t}u_t+e_{rr,t}$$

$$e_{rr,t}=f(x_{r,t},u_{r,t})-\boldsymbol{A}_{c,t}x_{r,t}-\boldsymbol{B}_{c,t}u_{r,t}$$

（7-63）

式中：$e_{rr,t}$ 是根据每个不同的线性化点所计算的时变偏差，但是假设 $e_{rr,t}$，$\boldsymbol{B}_{c,t}$ 和 $\boldsymbol{A}_{c,t}$ 在预测时域范围内是时不变的。

然后采用前向欧拉法对线性化的车辆模型进行离散化如式（7-64）。

$$x_{t+1,t}=\boldsymbol{A}_{d,t}x_{t,t}+\boldsymbol{B}_{d,t}u_{t,t}+E_{rr,t}$$

$$\boldsymbol{A}_{d,t}=\boldsymbol{A}_{c,t}T+I,\boldsymbol{B}_{d,t}=\boldsymbol{B}_{c,t}T,E_{rr,t}=e_{rr,t}T$$

（7-64）

式中：T 是采样时间。

车辆状态预测过程如式（7-65）。

$$x_{t+1,t}=\boldsymbol{A}_{d,t}x_{t,t}+\boldsymbol{B}_{d,t}u_{t,t}+E_{rr,t}$$

$$x_{t+2,t}=\boldsymbol{A}_{d,t}x_{t+1,t}+\boldsymbol{B}_{d,t}u_{t+1,t}+E_{rr,t}$$

$$=\boldsymbol{A}_{d,t}^2x_{t,t}+\boldsymbol{A}_{d,t}\boldsymbol{B}_{d,t}u_{t,t}+\boldsymbol{B}_{d,t}u_{t+1,t}+(\boldsymbol{A}_{d,t}+I)E_{rr,t}$$

$$\vdots$$

$$x_{t+N_P,t}=\boldsymbol{A}_{d,t}^{N_P}x_{t,t}+\boldsymbol{A}_{d,t}^{N_P-1}\boldsymbol{B}_{d,t}u_{t,t}+\boldsymbol{A}_{d,t}^{N_P-2}\boldsymbol{B}_{d,t}u_{t+1,t}\cdots+$$

$$\boldsymbol{A}_{d,t}^{N_P-N_C-1}\boldsymbol{B}_{d,t}u_{t+N_C-1,t}+\sum_{i=1}^{N_P-1}\boldsymbol{A}_{d,t}^{i-1}E_{rr,t}$$

（7-65）

根据式（7-65）的预测过程，车辆观测变量可计算为：

$$Y_{t+1,t}=\boldsymbol{C}_dx_{t+1,t}$$

$$=\boldsymbol{C}_d\boldsymbol{A}_{d,t}x_{t,t}+\boldsymbol{C}_d\boldsymbol{B}_{d,t}u_{t,t}+\boldsymbol{C}_dE_{rr,t}$$

$$\boldsymbol{Y}_{\text{obs}}=\hat{\boldsymbol{A}}_tx_{t,t}+\hat{\boldsymbol{B}}_t\boldsymbol{U}+\boldsymbol{K}_tE_{rr,t}$$

（7-66）

其中，

$$\boldsymbol{Y}_{\text{obs}}=\begin{bmatrix}Y_{t+1,t}\\\vdots\\Y_{t+N_P,t}\end{bmatrix},\quad\hat{\boldsymbol{A}}_t=\begin{bmatrix}\boldsymbol{C}_d\boldsymbol{A}_{d,t}\\\vdots\\\boldsymbol{C}_d\boldsymbol{A}_{d,t}^{N_P}\end{bmatrix},\quad\boldsymbol{U}=\begin{bmatrix}u_{t,t}\\\vdots\\u_{t+N_C-1,t}\end{bmatrix}$$

$$\hat{\boldsymbol{B}}_t=\begin{bmatrix}\boldsymbol{C}_d\boldsymbol{B}_{d,t}&\boldsymbol{0}&\cdots&\boldsymbol{0}\\\boldsymbol{C}_d\boldsymbol{A}_{d,t}\boldsymbol{B}_{d,t}&\boldsymbol{C}_d\boldsymbol{B}_{d,t}&\cdots&\boldsymbol{0}\\\vdots&\vdots&\ddots&\vdots\\\boldsymbol{C}_d\boldsymbol{A}_{d,t}^{N_P-1}\boldsymbol{B}_{d,t}&\boldsymbol{C}_d\boldsymbol{A}_{d,t}^{N_P-2}\boldsymbol{B}_{d,t}&\cdots&\boldsymbol{C}_d\boldsymbol{A}_{d,t}^{N_P-N_C-2}\boldsymbol{B}_{d,t}\end{bmatrix}$$

$$K_t = \begin{bmatrix} C_d \\ C_d(I + A_{d,t}) \\ \vdots \\ C_d\left(\sum_{i=0}^{N_P-1} A_{d,t}^i\right) \end{bmatrix}, C_d = \begin{bmatrix} 1 & 0 & 0 & 0 & 0 & 0 \\ 0 & 0 & 1 & 0 & 0 & 0 \\ 0 & 0 & 0 & 0 & 1 & 0 \end{bmatrix}$$

$$\hat{A}_t \in \mathfrak{R}^{(N_P \times N_y, N_s)}, \hat{B}_t \in \mathfrak{R}^{(N_P \times N_y, N_C \times N_u)}, K_t \in \mathfrak{R}^{(N_P \times N_y, 1)} \tag{7-67}$$

式中：N_s，N_u，N_y 和 N_P 分别为状态变量个数、控制变量个数、观测变量个数和预测步长。

横向、纵向和航向角在 t 时刻相对于道路坐标的误差计算如式（7-68）。

$$\chi_{t,t} = C_y^t \zeta_{t,t}$$

$$\chi_{t,t} = [\chi_{t,t}^x, \chi_{t,t}^y, \chi_{t,t}^\theta]^T$$

$$\zeta_{t,t} = [x_{t,t} - x_{t,t}^{ref}, y_{t,t} - y_{t,t}^{ref}, \theta_{t,t} - \theta_{t,t}^{ref}]^T \tag{7-68}$$

$$C_y^t = \begin{bmatrix} \cos\theta_{t,t}^{ref} & \sin\theta_{t,t}^{ref} & 0 \\ -\sin\theta_{t,t}^{ref} & \cos\theta_{t,t}^{ref} & 0 \\ 0 & 0 & 1 \end{bmatrix}$$

根据 N_P 步车辆观测变量，可以计算出道路坐标系下的跟踪误差，如式（7-69）。

$$\begin{bmatrix} \zeta_{t+1,t} \\ \zeta_{t+2,t} \\ \vdots \\ \zeta_{t+N_P,t} \end{bmatrix} = \begin{bmatrix} Y_{t+1,t} \\ Y_{t+2,t} \\ \vdots \\ Y_{t+N_P,t} \end{bmatrix} - \begin{bmatrix} Y_{t+1,t}^{ref} \\ Y_{t+2,t}^{ref} \\ \vdots \\ Y_{t+N_P,t}^{ref} \end{bmatrix}, \begin{bmatrix} \chi_{t+1,t} \\ \chi_{t+2,t} \\ \vdots \\ \chi_{t+N_P,t} \end{bmatrix} = \hat{C}_{y,t} \begin{bmatrix} \zeta_{t+1,t} \\ \zeta_{t+2,t} \\ \vdots \\ \zeta_{t+N_P,t} \end{bmatrix} \tag{7-69}$$

其中，

$$\hat{C}_{y,t} = \begin{bmatrix} C_y^{t+1} & 0 & \cdots & 0 \\ 0 & C_y^{t+2} & \cdots & 0 \\ 0 & 0 & \ddots & 0 \\ 0 & \cdots & 0 & C_y^{t+N_P} \end{bmatrix} \tag{7-70}$$

MPC 优化求解过程的目的是使从采样时刻到预测时域末端的观测变量与已知参考量之间的误差最小化。这意味着实际上应该包含 N_P+1 个测量变量。式（7-69）可调节为（7-71）。

$$\begin{bmatrix} \zeta_{t,t} \\ \zeta_{t+1,t} \\ \vdots \\ \zeta_{t+N_P,t} \end{bmatrix} = \begin{bmatrix} Y_{t,t} \\ Y_{t+1,t} \\ \vdots \\ Y_{t+N_P,t} \end{bmatrix} - \begin{bmatrix} Y_{t,t}^{ref} \\ Y_{t+1,t}^{ref} \\ \vdots \\ Y_{t+N_P,t}^{ref} \end{bmatrix}, \begin{bmatrix} \chi_{t,t} \\ \chi_{t+1,t} \\ \vdots \\ \chi_{t+N_P,t} \end{bmatrix} = \tilde{C}_{y,t} \begin{bmatrix} \zeta_{t,t} \\ \zeta_{t+1,t} \\ \vdots \\ \zeta_{t+N_P,t} \end{bmatrix} \tag{7-71}$$

其中，

$$
\tilde{C}_{y,t} = \begin{bmatrix} C_y^t & 0 \\ 0 & \hat{C}_{y,t} \end{bmatrix},\ \begin{bmatrix} \zeta_{t,t} \\ \zeta_{t+1,t} \\ \vdots \\ \zeta_{t+N_P,t} \end{bmatrix} = Y_t - Y_t^{\text{ref}} \tag{7-72}
$$

最终，预测模型状态空间的输出量表示为式（7-73）。

$$
Y_t = \tilde{A}_t x_{t,t} + \tilde{B}_t U + \tilde{K}_t E_{rr,t}
$$

$$
\tilde{A}_t = \begin{bmatrix} C_d \\ \hat{A}_t \end{bmatrix}, \tilde{B}_t = \begin{bmatrix} 0 \\ \hat{B}_t \end{bmatrix}, \tilde{B}_t \in \Re^{(N_P+1)N_y \times N_C N_u} \tag{7-73}
$$

$$
\tilde{K}_t = \begin{bmatrix} 0, K_t \end{bmatrix}^{\mathrm{T}}, \tilde{K}_t \in \Re^{(N_P+1)N_y \times 1}, \tilde{A}_t \in \Re^{(N_P+1)N_y \times N_s}
$$

7.3.2　代价函数

优化问题的代价函数设计如式（7-74）。

$$
\begin{cases} J = \sum_{i=0}^{N_P} \left\| \chi_{t+i,t} \right\|_Q^2 + \sum_{j=0}^{N_C-1} \left\| u_{t+j,t} \right\|_R^2 \\ Q \in \Re^{N_y \times N_y}, R \in \Re^{N_u \times N_u} \end{cases} \tag{7-74}
$$

式中：χ 为道路坐标系中的跟踪误差，u 为控制量。

将式（7-71）代入式（7-74）得到代价函数如式（7-75）。

$$
J = \left\| \chi_t \right\|_{\tilde{Q}}^2 + \left\| U_t \right\|_{\tilde{R}}^2
$$

$$
= (\tilde{C}_{y,t} Y_t - \tilde{C}_{y,t} Y_t^{\text{ref}})^{\mathrm{T}} \tilde{Q} (\tilde{C}_{y,t} Y_t - \tilde{C}_{y,t} Y_t^{\text{ref}}) + U_t^{\mathrm{T}} \tilde{R} U_t \tag{7-75}
$$

$$
= (\tilde{C}_{y,t}(\tilde{A}_t x_{t,t} + \tilde{B}_t U_t + \tilde{K}_t E_{rr,t}) - \tilde{C}_{y,t} Y_t^{\text{ref}})^{\mathrm{T}} \tilde{Q} \cdots
$$

$$
(\tilde{C}_{y,t}(\tilde{A}_t x_{t,t} + \tilde{B}_t U_t + \tilde{K}_t E_{rr,t})_t - \tilde{C}_{y,t} Y_t^{\text{ref}}) + U_t^{\mathrm{T}} \tilde{R} U_t
$$

其中代价函数的第一项被设计为最小化观测变量和参考之间的误差，然后第二项被设计为缩小控制输出。为简化式（7-75），定义矩阵 E_m 和 G_m 如式（7-76），代入（7-75）后得到如式（7-77）的形式。

$$
\begin{cases} E_m = \tilde{C}_{y,t}(\tilde{A}_t x_{t,t} + \tilde{K}_t E_{rr} - Y_t^{ref}) \\ G_m = \tilde{C}_{y,t} \tilde{B}_t \end{cases} \tag{7-76}
$$

$$
\begin{cases} J = (E_m + G_m U_t)^{\mathrm{T}} \tilde{Q}(E_m + G_m U_t) + U_t^{\mathrm{T}} \tilde{R} U_t \\ = U_t^{\mathrm{T}}(G_m^{\mathrm{T}} \tilde{Q} G_m + \tilde{R}) U_t + 2 E_m^{\mathrm{T}} \tilde{Q} G_m U_t + E_m^{\mathrm{T}} \tilde{Q} E_m \\ \tilde{Q} = I_{N_p \times N_p} \otimes Q, \quad \tilde{R} = I_{N_C \times N_C} \otimes R \end{cases} \tag{7-77}
$$

式中：$\tilde{Q}$ 和 $\tilde{R}$ 分别表示代价函数中最小跟踪误差和最小控制变量的权值。$\otimes$ 表示克罗内克积。

转化为标准的二次规划问题，如式（7-78）所示。

$$\min J = \min_{U_t} \frac{1}{2} U_t^{\mathrm{T}} H U_t + g^{\mathrm{T}} U_t + \boldsymbol{\rho} \; ; \begin{cases} H = 2\left(G_m^{\mathrm{T}} \tilde{\boldsymbol{Q}} G_m + \tilde{\boldsymbol{R}} \right) \\ g^{\mathrm{T}} = 2 E_m^{\mathrm{T}} \tilde{\boldsymbol{Q}} G_m \\ \boldsymbol{\rho} = E_m^{\mathrm{T}} \tilde{\boldsymbol{Q}} E_m \end{cases} \tag{7-78}$$

通常这种代价函数可以用来优化系统而不考虑动态过程。然而，在实现自动驾驶车辆控制时，必须考虑舒适性、稳定性和动态性能。因此，为了平滑控制过程，提高稳定性，通常会推导出带有控制增量的代价函数。

$$\begin{cases} u_{t,t} = u_{t-1,t} + \Delta u_{t,t} \\ \boldsymbol{U}_t = \boldsymbol{u}_{t-1,t} + \tilde{\boldsymbol{L}} \Delta \boldsymbol{U}, u_{t-1,t} = ones(N_C, 1) \otimes u_{t-1,t} \\ \Delta \boldsymbol{U}_t = \left[\Delta u_{t,t}, \cdots, \Delta u_{t+N_C,t} \right]^{\mathrm{T}} \\ \tilde{\boldsymbol{L}} = \begin{bmatrix} 1 & 0 & \cdots & 0 \\ 1 & 1 & \cdots & 0 \\ \vdots & \vdots & \ddots & 0 \\ 1 & 1 & \cdots & 1 \end{bmatrix}, \tilde{\boldsymbol{L}} \in \mathfrak{R}^{N_C \times N_C} \end{cases} \tag{7-79}$$

将式（7-79）代入式（7-78）后得到式（7-80）的形式。

$$\begin{cases} \min \tilde{\boldsymbol{J}} = \min_{\Delta U_t} \frac{1}{2} \Delta \boldsymbol{U}_t^{\mathrm{T}} \tilde{\boldsymbol{H}} \Delta \boldsymbol{U}_t + \tilde{\boldsymbol{g}}^{\mathrm{T}} \Delta \boldsymbol{U}_t + \tilde{\boldsymbol{\rho}} \\ \tilde{\boldsymbol{H}} = \tilde{\boldsymbol{L}}^{\mathrm{T}} \boldsymbol{H} \tilde{\boldsymbol{L}} \\ \tilde{\boldsymbol{g}}^{\mathrm{T}} = \boldsymbol{g}^{\mathrm{T}} \tilde{\boldsymbol{L}} + \boldsymbol{u}_{t-1,t}^{\mathrm{T}} \boldsymbol{H} \tilde{\boldsymbol{L}} \\ \tilde{\boldsymbol{\rho}} = \boldsymbol{\rho} + \boldsymbol{g}^{\mathrm{T}} u_{t-1,t} + \frac{1}{2} \boldsymbol{u}_{t-1,t}^{\mathrm{T}} \boldsymbol{H} u_{t-1,t} \end{cases} \tag{7-80}$$

式中：$\tilde{\boldsymbol{L}}$ 为下三角矩阵，$\Delta \boldsymbol{U}_t$ 为控制增量向量。

7.3.3 优化求解

预测模型的状态空间作为等式约束，加入控制量、控制量增量和状态空间输出量上下界约束作为不等式约束后，将代价函数转化为标准二次规划问题如式（7-81）。

$$\min_{\Delta U} \frac{1}{2} \Delta \boldsymbol{U}^{\mathrm{T}} \boldsymbol{H} \Delta \boldsymbol{U} + \boldsymbol{g}^{\mathrm{T}} \Delta \boldsymbol{U} + \varepsilon$$

$$\mathrm{s.\,t:} k = (1, 2, \cdots, N_P)$$

$$\Delta x(t+k \,|\, t) = \boldsymbol{A}_d \Delta x(t+k-1 \,|\, t) + \boldsymbol{B}_d \Delta u(t+k-1 \,|\, t)$$

$$y_h(t+k-1 \,|\, t) = \boldsymbol{C}_h x(t+k-1 \,|\, t)$$

$$y_s(t+k-1 \,|\, t) = \boldsymbol{C}_s x(t+k-1 \,|\, t) + \boldsymbol{D}_d u(t+k-1 \,|\, t)$$

$$\boldsymbol{C}_d = \left[\boldsymbol{C}_h, \boldsymbol{C}_s \right]^{\mathrm{T}}$$

$$\begin{bmatrix} \Delta u(t+j-1 \,|\, t) \\ -\Delta u(t+j-1 \,|\, t) \end{bmatrix} \leqslant \begin{bmatrix} \Delta u_{\max}(t+j-1 \,|\, t) \\ -\Delta u_{\min}(t+j-1 \,|\, t) \end{bmatrix}$$

$$\begin{bmatrix} u(t+j-1 \mid t) \\ -u(t+j-1 \mid t) \end{bmatrix} \leqslant \begin{bmatrix} u_{\max}(t+j-1 \mid t) \\ -u_{\min}(t+j-1 \mid t) \end{bmatrix}$$

$$j \in [1, N_P], j = 1, \cdots, N_C$$

$$\begin{bmatrix} \boldsymbol{y}_h((t+k-1 \mid t)) \\ -\boldsymbol{y}_h(t+k-1 \mid t) \\ \boldsymbol{y}_s(t+k-1 \mid t) \\ -\boldsymbol{y}_s(t+k-1 \mid t) \end{bmatrix} \leqslant \begin{bmatrix} \boldsymbol{y}_{h,\max}(t+k-1 \mid t) \\ -\boldsymbol{y}_{h,\min}(t+k-1 \mid t) \\ \boldsymbol{y}_{s,\max}(t+k-1 \mid t) + \varepsilon \\ -\boldsymbol{y}_{s,\min}(t+k-1 \mid t) - \varepsilon \end{bmatrix}$$

$$\varepsilon_i \geqslant 0, \varepsilon_i \in \varepsilon, i = 1, 2, 3, \cdots, row(\boldsymbol{C}_s); row(\boldsymbol{C}_s) + row(\boldsymbol{C}_h) = N_y \tag{7-81}$$

本章利用开源的二次规划求解器 qpOASES（https://github.com/coin-or/qpOASES）来求解转化后的优化问题。将求解的控制序列的第一个控制量输入给被控对象完成一个周期的控制。

7.4 MATLAB 仿真实例

本节根据 7.3 节设计的模型预测控制器编写了 MATLAB 仿真代码，进行仿真实例的演示并做仿真分析，同时对调参过程进行了简述。

7.4.1 代码介绍

车辆动力学模型如 vdyn3.m 文件，根据当前车辆状态和控制量，计算各状态量的微分。

```
function Xout = vdyn3 (Xin,Uin)
global   Mu Cf Cr m g Iz Lf Lr L Fxtmax Fyfmax Fyrmax X0 ...
         Ts LifeCount Nu Np Nc
Fx       = Uin(1);
delta    = Uin(2);
X        = Xin(1);
u        = Xin(2);
Y        = Xin(3);
v        = Xin(4);
phi      = Xin(5);
r        = Xin(6);
Vel      = max(1,u);
du  = - (Cf* sin(delta))* v/m/Vel- (Cf* Lf* sin(delta))* r/m/Vel+...
          Cf* sin(delta)* delta/m+Fx* cos(delta)/m+v* r;
dv  =   (Cr+Cf* cos(delta))* v/m/Vel+(Cf* Lf* cos(delta)- Cr* Lr)* r/m/Vel-...
          Cf* cos(delta)* delta/m+sin(delta)* Fx/m- u* r;
dr  =   (Cf* Lf* cos(delta)- Cr* Lr)* v/Iz/Vel+(Cf* Lf^2* cos(delta)+Cr* Lr^2)* r/Iz/Vel-...
          Cf* Lf* cos(delta)* delta/Iz+Lf* sin(delta)* Fx/Iz;
```

```
Xout    = zeros(6,1);
Xout(1) = u* cos(phi)- v* sin(phi);
Xout(2) = du;
Xout(3) = v* cos(phi)+u* sin(phi);
Xout(4) = dv;
Xout(5) = r;
Xout(6) = dr;
end
```

本节利用四阶龙格–库塔法对车辆模型进行数值积分运算，如 runge_ kutta4. m 文件。

```
function y =runge_kutta4(ufunc,Xin,u,h)
k1 =ufunc(Xin,u);
k2 =ufunc(Xin+h/2* k1,u);
k3 =ufunc(Xin+h/2* k2,u);
k4 =ufunc(Xin+h* k3,u);
y   =Xin+h/6* (k1+2* k2+2* k3+k4);
end
```

MPC 控制器见 MPCC. m 文件。

```
function [G,w,A1,Lb,Ub,lbA,ubA,Count]=MPCC(Ctr,State,q,Rr)
global   Cf Cr m Iz Lf Lr Ts Nu Np Nc RefSt umax umin
%------------------------------------------------------------------%
%                            Variables
%------------------------------------------------------------------%
X      = State(1);
u1     = State(2);
Y      = State(3);
v      = State(4);
phi    = State(5);
w      = State(6);
%------------------------------------------------------------------%
%                            Parameters
%------------------------------------------------------------------%
Fx       = Ctr(1);%  longitudinal driving force
delta    = Ctr(2);% front wheel steering angle unit rad
U0       = [Fx;delta];
Xcur     = [X,u1,Y,v,phi,w]' ;% curent state
%------------------------------------------------------------------%
%               State space- - Jacobian- - Linearize at reference point
%------------------------------------------------------------------%
Vel    = u1;
```

```
Ac    = [0, cos(phi), 0, - sin(phi), - v* cos(phi) - Vel* sin(phi), 0;
        0, (Cf* v* sin(delta))/(m* Vel^2) + (Cf* Lf* w* sin(delta))/(m* Vel^2), 0, w -
   (Cf* sin(delta))/(m* Vel), 0, v - (Cf* Lf* sin(delta))/(m* Vel);
        0, sin(phi), 0, cos(phi), Vel* cos(phi) - v* sin(phi), 0;
        0, (w* (Cr* Lr - Cf* Lf* cos(delta)))/(m* Vel^2) - w - (v* (Cr + Cf* cos(delta)))/(m* Vel^2),    0,
(Cr + Cf* cos(delta))/(m* Vel), 0, - Vel - (Cr* Lr - Cf* Lf* cos(delta))/(m* Vel);
        0, 0, 0, 0, 0, 1;
0, (v* (Cr* Lr - Cf* Lf* cos(delta)))/(Iz* Vel^2) - (w* (Cf* cos(delta)* Lf^2 + Cr* Lr^2))/(Iz* Vel^2), 0, - (Cr* Lr
- Cf* Lf* cos(delta))/(Iz* Vel), 0, (Cf* cos(delta)* Lf^2 + Cr* Lr^2)/(Iz* Vel)];
Bc=[0, 0;
    cos(delta)/m, (Cf* sin(delta))/m - (Fx* sin(delta))/m + (Cf* delta* cos(delta))/m -
(Cf* v* cos(delta))/(m* Vel) - (Cf* Lf* w* cos(delta))/(m* Vel);
    0, 0;
    sin(delta)/m, (Fx* cos(delta))/m - (Cf* cos(delta))/m + (Cf* delta* sin(delta))/m -
(Cf* v* sin(delta))/(m* Vel) - (Cf* Lf* w* sin(delta))/(m* Vel);
    0, 0;
    (Lf* sin(delta))/Iz, (Fx* Lf* cos(delta))/Iz - (Cf* Lf* cos(delta))/Iz + (Cf* Lf* delta* sin(delta))/Iz -
(Cf* Lf^2* w* sin(delta))/(Iz* Vel) - (Cf* Lf* v* sin(delta))/(Iz* Vel)];
%-------------------------------------------------------------------%
%                         Nonlinear function
%-------------------------------------------------------------------%
X_NL       = (u1* cos(phi)- v* sin(phi));
u_NL       = (- (Cf* sin(delta))* v/m/Vel- (Cf* Lf* sin(delta))* w/m/Vel+Cf* sin(delta)* delta/m+Fx* cos
(delta)/m+w* v);
Y_NL       = (u1* sin(phi)+v* cos(phi));
v_NL       = ((Cr+Cf* cos(delta))* v/m/Vel+(Cf* Lf* cos(delta)- Cr* Lr)* w/m/Vel- Cf* cos(delta)* delta/m+
sin(delta)* Fx/m- w* Vel);
phi_NL     = w;
w_NL       = ((Cf* Lf* cos(delta)- Cr* Lr)* v/Iz/Vel+(Cf* Lf^2* cos(delta)+Cr* Lr^2)* w/Iz/Vel- Cf* Lf* cos
(delta)* delta/Iz+Lf* sin(delta)* Fx/Iz);
State_NL   = [X_NL;u_NL;Y_NL;v_NL;phi_NL;w_NL];
%-------------------------------------------------------------------%
%                         Continuous to discrete
%-------------------------------------------------------------------%
Ad         = Ac* Ts+eye(size(Ac));
Bd         =Bc* Ts;
Xcur1      = [X,Vel,Y,v,phi,w]' ;% Current state
State_L    = Ac* Xcur1+Bc* U0* 0;
%-------------------------------------------------------------------%
%                         Error of linearization
%-------------------------------------------------------------------%
Err = (State_NL- State_L)* Ts;
```

```
%-----------------------------------------------------------------------------%
%                            Observe X u Y
%-----------------------------------------------------------------------------%
Cd   = [0 1 0 0 0 0
        0 0 1 0 0 0];
KK   = Err;%  (St_LinearP- Ac* Xcur- Bc* U0)* Ts;%  The error in linearize point
%-----------------------------------------------------------------------------%
%                            Np prediction
%-----------------------------------------------------------------------------%
P    =kron(ones(Np,1),zeros(size(Cd* Ad)));
H    = kron(zeros(Np,Nc),zeros(size(Cd* Bd)));
E    =kron(ones(Np,1),zeros(size(Cd* Ad)));
for i = 1:Np
    P((i- 1)* size(Cd,1)+1:i* size(Cd,1),:)              = Cd* Ad^(i- 1);
    if i==1
        E((i- 1)* size(Cd,1)+1:i* size(Cd,1),:)          = 0;
    else
        for n = 2:i
            E((i- 1)* size(Cd,1)+1:i* size(Cd,1),:) = E((i- 1)* size(Cd,1)+1:i* size(Cd,1),:)+Cd* Ad^(i- n);
        end
    end
    for j = 1:Nc
        if j<=i
            if i==1
                H((i- 1)* size(Cd* Bd,1)+1:i* size(Cd* Bd,1),(j- 1)* size(Cd* Bd,2)+1:j* size(Cd* Bd,2))
= zeros(size(Cd* Bd));
            else
                if j==i
                    H((i- 1)* size(Cd* Bd,1)+1:i* size(Cd* Bd,1),(j- 1)* size(Cd* Bd,2)+1:j* size(Cd* Bd,2))
= zeros(size(Cd* Bd));
                else
                    H((i- 1)* size(Cd,1)+1:i* size(Cd,1),(j- 1)* size(Cd* Bd,2)+1:j* size(Cd* Bd,2))
    = Cd* Ad^(i- j- 1)* Bd;
                end
            end
        else
            H((i- 1)* size(Cd* Bd,1)+1:i* size(Cd* Bd,1),(j- 1)* size(Cd* Bd,2)+1:j* size(Cd* Bd,2))
= zeros(size(Cd* Bd));
        end
    end
end
```

```
Q         =kron(eye(Np),diag([q(1),q(2)]));
R_r       = diag([Rr(1),Rr(2)]);
R         =kron(eye(Nc),R_r);
K         = E* KK- kron(ones(Np,1),Cd* RefSt);
G1        = (H' * Q* H+R);
G         = G1;
g1        = ( P* Xcur+K)' * Q* H;
w         = g1(:);
%------------------------------------------------------------%
%                      Initial the boundary
%------------------------------------------------------------%
% Initial control constraints matrices
lb                = kron(ones(Nc,1),umin);% control variables' lower boundary
ub                = kron(ones(Nc,1),umax);% control variables' upper boundary

A_Cons1           =kron(tril(ones(Nc),0),eye(Nu));
Umax              = kron(ones(Nc,1),umax);
Umin              = kron(ones(Nc,1),umin);
U                 =kron(ones(Nc,1),U0);
A_Cons            = [A_Cons1;- A_Cons1];
Ypre_max          = [5;10];
Ypre_min          = [0;0];
Lb                = lb;
Ub                = ub;
A1                =A_Cons;
ubA               = [Umax- U;- Umin+U];
lbA               = - inf* ones(size(ubA));
end
```

关于求解器的 qpOASES 的使用，见 qpOASES_option. m。最后整个仿真过程如 NMPC_Planning. m 文件，运行该文件完成仿真。

```
function NMPC_Planning
clc;
clearall;
closeall;
global   Mu Cf Cr m g Iz Lf Lr L Fxtmax Fyfmax Fyrmax Ts . . .
            Nu Np NcStatelog Contollog RefSt RefCtr   umax umin
%------------------------------------------------------------%
%                      Vehicle parameters
%------------------------------------------------------------%
Mu           = 0. 9;
```

```
Cf              = - Mu* 127000;
Cr              = - Mu* 130000;
m               = 2270;
g               = 9. 8;
Iz              = 4600;
Lf              = 1. 421;
Lr              = 1. 434;
L               = Lr+Lf;
Fxtmax          = Mu* m* g;
Fyfmax          = Mu* m* g* Lr/L;
Fyrmax          = Mu* m* g* Lf/L;
%-------------------------------------------------------------------%
%                        MPC controller parameters
%-------------------------------------------------------------------%
Nu     = 2;
Np     = 20;
Nc     = 20;
Ts     = 0. 01;
tf     = 20;
%-------------------------------------------------------------------%
%                        Data save and Plot settings
%-------------------------------------------------------------------%
Statelog        = zeros(6,tf/Ts+1);
Contollog       = zeros(2,tf/Ts+1);
Fx              = Contollog(1,:);
Steer_rad       = Contollog(2,:);
Ucur            = Statelog(2,:);
Ycur            = Statelog(3,:);
t               = 0:Ts:tf;
figure(' Renderer' , ' painters' , ' Position' , [600 50 600 900])% [left bottom width height]
subplot(4,1,1);h1 = plot(t,Fx,' r' ,' LineWidth' ,2);grid on;
legend(' Longitudinal Force Control' ,' Location' ,' northeast' );
subplot(4,1,2);h2 = plot(t,Ucur,' k' ,' LineWidth' ,2);grid on;
legend(' longitudinal velocity' ,' Location' ,' southeast' );
subplot(4,1,3);h3 = plot(t,Steer_rad,' k' ,' LineWidth' ,2);grid on;
legend(' Steer Command (rad)' ,' Location' ,' southeast' )
subplot(4,1,4);h4 = plot(t,Ycur,' r' ,' LineWidth' ,2);grid on;
legend(' Current Y Coord' ,' Location' ,' southeast' );
plotCtr         = 0;
PlotFreq        = 100;
%-------------------------------------------------------------------%
%                        qpOASES_options
```

```
%------------------------------------------------------------------%
options =qpOASES_options(' default' , ' printLevel' , 0, ' maxIter' , 100, . . .
    ' enableEqualities' , 0, ' initialStatusBounds' , 1);
%------------------------------------------------------------------%
%                        Tuning parameters
%------------------------------------------------------------------%
State      = [0 5 10 0 0 0]' ;
RefSt      = [0 10 8 0 0 0]' ;
RefCtr     = [0 0];
umin       = [- 4000;- 0. 43];% control variables minimum
umax       = [4000;0. 43];% control variables maximum
q          = [1e0 0];
Rr         = [1e- 4 1e2];
Ctr        = [0 0];
%------------------------------------------------------------------%
%                            Main
%------------------------------------------------------------------%
tic;
    for i =1:tf/Ts+1 % 1e- 2
        [H,w,A,Lb,Ub,lbA,ubA,Count]    = MPCC(Ctr,State,q,Rr);
        [Ctr,fval,exitflag,iter,lambda] = qpOASES(H,w,[],Lb,Ub,[],[],options);fval
        State                 =runge_kutta4(@vdyn3,State,Ctr,Ts);
        Ctr                   = Ctr(1:2);
        Statelog(:,i)         = State;
        Contollog(:,i)        = Ctr;
        plotCtr               = plotCtr+1;
        if   mod(plotCtr,PlotFreq)==0
            plotCtr = 0;
            set(h1,' XData' ,t(1:i),' YData' ,Contollog(1,1:i));
            set(h2,' XData' ,t(1:i),' YData' ,Statelog(2,1:i));
            set(h3,' XData' ,t(1:i),' YData' ,Contollog(2,1:i));
            set(h4,' XData' ,t(1:i),' YData' ,Statelog(3,1:i));
            drawnow;
        end
    end
t1  = toc;
save all;
end
```

7. 4. 2　仿真分析

在 NMPC_Planning. m 文件中，在 MPC controller parameters 部分，设置了控制量个数

N_u、预测时域 N_p、控制时域 N_c、仿真步长 T_s 和仿真时间 t_f；在 Tuning parameters 部分，分别设置了初始状态 State、参考状态 RefSt、参考控制量 RefCtr、控制量上下限 u_{max} 和 u_{min}、权重矩阵 q 和 R_r，以及初始控制量 C_{tr}。仿真分析时着重对这两部分进行调参。

首先令 q=［1e0 0］，对第一个目标量纵向车速进行跟踪，R_r=［1e-7 1e0］时，仿真结果如图 7-5 所示，纵向车速很快收敛到了目标车速 10 m/s。继续增大 q 的第一项或减小 R_r 的第一项，都可以加快响应。这是因为在代价函数中 q 的第一项是速度误差的权重，增大 q 时底层优化求解器为快速最小化带权重的误差项会增大控制量。R_r 的第一项是驱动力的权重，若增大其数值，底层优化求解器会倾向于输出较小的驱动力以减小带权重的驱动力项。需要特别注意的是，由于底层优化求解器把转化后的问题作为纯数学优化问题来进行求解，其无法理解上层各变量的物理含义。状态量和控制量的权重调节会直接影响 MPC 控制器的求解效果。一般调节方式为先给控制量加一个较小的权重，保证系统不会因为大的控制输入造成不稳定，然后逐渐增加状态量的权重系数，之后再根据跟踪效果同时调节两项权重。

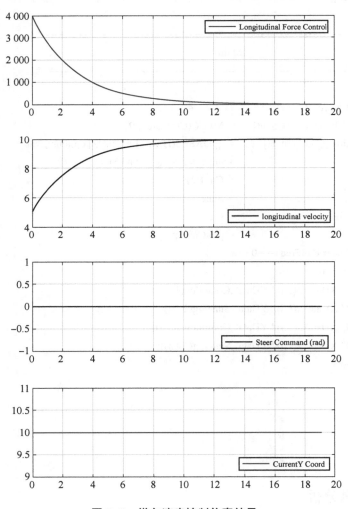

图 7-5　纵向速度控制仿真结果

同理，令 $q=[0\ 1\text{e}\ 0]$，对第二个目标量横向位置进行跟踪，$R_r=[1\text{e}0\ 1\text{e}-1]$ 时，仿真结果如图 7-6 所示，横向位置很快收敛到了目标位置 8 m。同理，继续增大 q 的第二项或减小 R_r 的第二项，都可以加快响应。

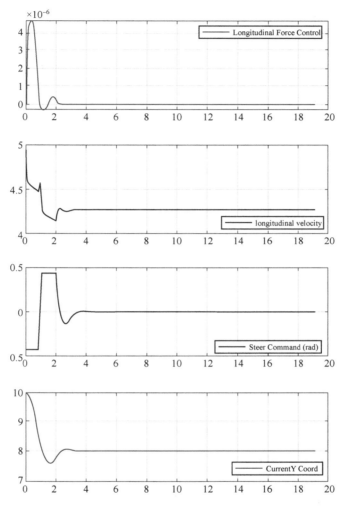

图 7-6　横向坐标位置控制仿真结果

由于本控制器基于车辆横纵向耦合动力学模型，所以可以在同一个控制器中对横纵向目标进行同时控制。调整 $q=[1\text{e}3\ 1\text{e}5]$，$R_r=[1\text{e}-6\ 1\text{e}5]$，仿真结果如图 7-7 所示。

在以上联合工况设置的参数基础上，修改控制时域 $N_c=1$，会降低代价函数的维数，显著降低求解时间，利于实际应用，但是会出现控制量振荡的现象，这时需要按照前文的调参规则增大 R_r 向量来减小控制量的超调，令 $q=[1\text{e}3\ 1\text{e}5]$，$R_r=[1\text{e}-5\ 1\text{e}5]$，$N_c=1$，$N_p=20$。仿真结果如图 7-8 所示，和图 7-7 所示的结果没有明显区别。综上，可以同时调节 q、R_r 权重向量和 N_c、N_p 的大小，在保证控制效果的同时，尽量降低求解时间。

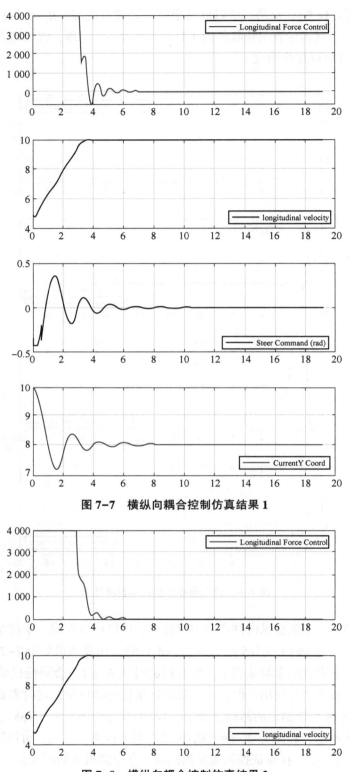

图 7-7　横纵向耦合控制仿真结果 1

图 7-8　横纵向耦合控制仿真结果 2

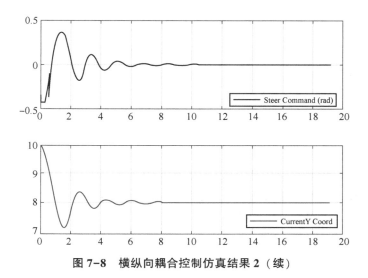

图 7-8　横纵向耦合控制仿真结果 2（续）

在 NMPC_Planning. m 文件中，主函数部分改为如下形式，可以用来研究控制周期对控制效果的影响，通过更改 MPCFreq 的值来确定车辆模型每仿真 MPCFreq 步进行一次控制，前文的代码等效为 MPCFreq = 1。

```
%-------------------------------------------------------------%
%                          Main
%-------------------------------------------------------------%
tic;
MPCCtr=1;
MPCFreq=10;
    for i =1:tf/Ts+1
        MPCCtr                        = MPCCtr+1;
        if   mod(MPCCtr,MPCFreq)==0
            [H,w,A,Lb,Ub,lbA,ubA,Count]  = MPCC(Ctr,State,q,Rr);
            [Ctr,fval,exitflag,iter,lambda]  = qpOASES(H,w,[],Lb,Ub,[],[],options);fval
        end
        State                         =runge_kutta4(@vdyn3,State,Ctr,Ts);
        Ctr                           = Ctr(1:2);
        Statelog(:,i)                 = State;
        Contollog(:,i)                = Ctr;
        plotCtr                       = plotCtr+1;
        if   mod(plotCtr,PlotFreq)==0
            plotCtr = 0;
            set(h1,' XData' ,t(1:i),' YData' ,Contollog(1,1:i));
            set(h2,' XData' ,t(1:i),' YData' ,Statelog(2,1:i));
```

```
                    set(h3,' XData' ,t(1:i),' YData' ,Contollog(2,1:i));
                    set(h4,' XData' ,t(1:i),' YData' ,Statelog(3,1:i));
                    drawnow;
            end
        end
t1 = toc;
saveall;
```

　　一般控制步长 T_s 和预测时域 N_p 是根据系统的开环响应时间来确定的。即给系统一个固定的控制量输入（一般为饱和输入），系统状态量从稳态的 10% 上升到稳态的 90% 的时间记为上升时间 T_r，一般 $T_s \in [T_r/20，T_r/10]$，预测时域要覆盖到稳态响应的 ±2% 误差带，如图 7-9 所示。

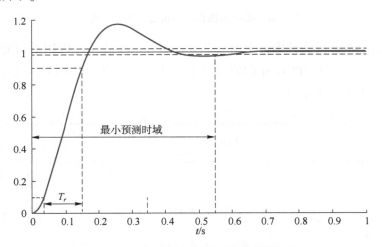

图 7-9　控制步长与预测时域的选取标准

　　对非线性模型进行线性化时，线性化工作点的选取也会对求解效果产生重要影响。当选取的参考点和当前点差别过大时，泰勒展开高阶项的占比较高且不能忽略，这就会使得只保留一阶项的线性预测模型效果变差。前文中在当前点进行线性化，有较好的控制效果，主要原因是在较短时域内。当选择目标点为参考点时，会控制更加平稳，如图 7-10 所示。该仿真仅需改动 MPCC. m 中的 State space--Jacobian--Linearize at reference point 部分，如下所示。

```
%-------------------------------------------------------------------%
%           State space- - Jacobian- - Linearize at reference point
%-------------------------------------------------------------------%
X     = RefSt(1);
u1    = RefSt(2);
Y     = RefSt(3);
v     = RefSt(4);
```

```
phi     = RefSt(5);
w       = RefSt(6);
Fx      = 0;
delta   = 0;
Vel     = u1;
Ac      = [0, cos(phi), 0, - sin(phi), - v* cos(phi) - Vel* sin(phi), 0;
        0, (Cf* v* sin(delta))/(m* Vel^2) + (Cf* Lf* w* sin(delta))/(m* Vel^2), 0,   w - (Cf* sin(delta))/(m*
Vel), 0, v - (Cf* Lf* sin(delta))/(m* Vel);
        0, sin(phi), 0, cos(phi), Vel* cos(phi) - v* sin(phi), 0;
        0, (w* (Cr* Lr - Cf* Lf* cos(delta)))/(m* Vel^2) - w - (v* (Cr + Cf* cos(delta)))/(m* Vel^2),   0, (Cr +
Cf* cos(delta))/(m* Vel), 0, - Vel - (Cr* Lr - Cf* Lf* cos(delta))/(m* Vel);
        0, 0, 0, 0, 0, 1;
0, (v* (Cr* Lr - Cf* Lf* cos(delta)))/(Iz* Vel^2) - (w* (Cf* cos(delta)* Lf^2 + Cr* Lr^2))/(Iz* Vel^2), 0, - (Cr*
Lr - Cf* Lf* cos(delta))/(Iz* Vel), 0, (Cf* cos(delta)* Lf^2 + Cr* Lr^2)/(Iz* Vel)];
Bc = [0, 0;
    cos(delta)/m, (Cf* sin(delta))/m - (Fx* sin(delta))/m + (Cf* delta* cos(delta))/m - (Cf* v* cos(delta))/(m*
Vel) - (Cf* Lf* w* cos(delta))/(m* Vel);
    0, 0;
    sin(delta)/m, (Fx* cos(delta))/m - (Cf* cos(delta))/m + (Cf* delta* sin(delta))/m - (Cf* v* sin(delta))/(m*
Vel) - (Cf* Lf* w* sin(delta))/(m* Vel);
    0, 0
    (Lf* sin(delta))/Iz, (Fx* Lf* cos(delta))/Iz - (Cf* Lf* cos(delta))/Iz + (Cf* Lf* delta* sin(delta))/Iz - (Cf* Lf^
2* w* sin(delta))/(Iz* Vel) - (Cf* Lf* v* sin(delta))/(Iz* Vel)];
X       = State(1);
u1      = State(2);
Y       = State(3);
v       = State(4);
phi     = State(5);
w       = State(6);
Fx      = Ctr(1);% longitudinal driving force
delta   = Ctr(2);% front wheel steering angle unit rad
```

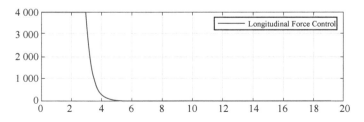

图 7-10　在目标点进行线性化后横纵向耦合控制仿真结果

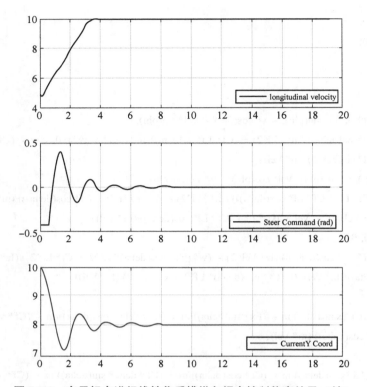

图 7-10　在目标点进行线性化后横纵向耦合控制仿真结果（续）

第8章
智 能 网 联

单个智能车辆，通过激光雷达等车载传感器获取各种信息输入，对环境进行感知分析，进而实现自主驾驶。但是靠这种方式，在真实复杂环境中有很大的局限性，例如，在交叉路口、拐弯处等遮挡场景下，在雨雪天、雾天等恶劣天气下，车载激光雷达、毫米波雷达、摄像机等传感器存在"看不见、看不清、看不准"等情况。这时引入 V2V（Vehicle to Vehicle，车–车）和 V2I（Vehicle to Infrastructure，车–基础设施）等方式，能够提供超出车载传感器感知范围的信息。因此网联技术可以看作车载传感器的一个重要补充，它通过和周边车辆、道路、基础设施等的通信，获取更多信息，大大增强本车对周围环境的感知。

智能网联技术的引入不仅能够减少单个智能车辆对高精度传感器的依赖，而且在节能减排、减少拥堵等方面具有重要作用。正如《中国制造 2025》指出的，智能网联车辆融合现代通信与网络技术，具备复杂环境感知、智能化决策、自动化控制功能，使车辆与外部节点间实现信息共享与控制协同，实现"零伤亡、零拥堵"，达到安全、高效、经济行驶。

本章 8.1 节以基于网联技术的多车编队自动驾驶为例，介绍了智能网联系统结构、行车规则和编队各车之间的信息传输规则，以及编队中跟随车辆通信软件结构、领航车辆通信软件结构。8.2 节以基于 V2X 的红绿灯路口通行方法为例，介绍了单个红绿灯路口通行策略的制定和通行多个红绿灯路口方法。8.3 节以基于 V2X 的遮挡环境下智能车辆避撞行人为例，介绍了必须引入 V2X 的自动驾驶场景，并分析了通信时延与丢包的影响。

8.1 基于网联技术的多车编队自动驾驶

2012 年 5 月，沃尔沃无人驾驶车队在西班牙巴塞罗那的郊外展开试验，由两辆卡车和三辆轿车组成的车队在公路上行进了 200 km。该车队由领航车辆和跟随车辆组成，跟随车辆使用了多个传感器（如雷达和摄像头）对领航车辆及周围环境进行探测。通过车与车之间的无线通信，车队中的其他车辆可以模仿领航卡车的动作，一同加速、制动及转向。测试中，领航车和跟随车以 6 m 的间距在公路上以 85 km/h 的速度完成了试验。车辆编队行驶，能够减小车辆间距，在保证公路车辆密度的同时增加交通流量。而且车辆编队的紧密排列可以减小车辆之间的空气阻力，对车辆运输，尤其是重型货车的长途运输过程中的节能减排有着极其重要的经济意义。编队行驶技术可以使交通更加安全高效。

综合国内外的编队控制研究，编队行驶方法大致分为以下几种：基于行为法、模型预测法、虚拟结构法和领航跟随法。领航跟随法的基本思想是在整体编队中首先选取一个或多个领航者（leader），其他编队个体是跟随者（follower），跟随者以一定的跟踪控制规律追踪领航者，将整体编队的运动控制问题转化为跟随者追踪领航者的跟踪控制问题。需要对编队队形进行相应控制时，只要给定领航者的运动规律，所要做的就是设定跟随者的跟踪规则，使跟随者能够以一定的位置和姿态跟踪领航者，整体编队就能够按照给定的期望队形运动。

8.1.1 车辆编队总体方案

下面从车辆编队行驶的系统结构、行车规则和通信规则等角度进行分析。

1. 车辆编队行驶系统结构

基于上述对车辆编队行驶的介绍及分析，考虑采用领航跟随方法进行介绍。其中，leader 车作为编队领航车辆，搭载相应传感器及设备，具有人工驾驶和自动驾驶两种行驶模式，且两种模式之间可进行无缝切换；跟随车辆为智能车辆，可根据编队期望行驶状态进行车辆环境感知、定位导航及运动行为控制，实现自动驾驶跟随。其车辆编队行驶系统结构如图 8-1 所示。

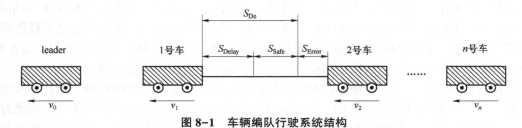

图 8-1 车辆编队行驶系统结构

S_{Error}：车辆编队行驶过程中，由于车辆自身系统（传感器感知、定位系统、车辆自身控制等）精度给后方车辆跟随带来的距离误差，本处定义为车辆跟随误差距离。

S_{De}：编队行驶过程中两车之间期望跟随距离，该距离应该根据车辆期望行驶效率、编队行驶速度、编队行驶经济性、车辆自身控制特性等因素综合考虑，包括车辆响应距离和车辆期望停车距离。

S_{Delay}：考虑到车辆通信周期、传感器数据接收与处理周期、车辆控制器响应周期及延迟、路面附着系数等因素带来的前方车辆速度变化带给后方车辆的响应距离，本处定义为车辆响应距离。

S_{Safe}：在控制良好状况下后方车辆距离前方车辆的停车距离，本处定义为车辆期望停车距离。

2. 车辆编队行驶规则

车辆编队行驶具有一定的限制条件，并且需要遵守一定的行驶规则，这样才能够保证整个车队的行驶稳定性，保证跟随车辆的行驶安全。

车辆编队行驶的限制条件有以下几点：

（1）不允许尾车以外的车辆离开编队。

（2）不允许其他车辆加入编队，如其他车辆的并线只能发生在领航车辆前方。

（3）不允许成员车辆在行驶过程中交换位置，如超车。

车辆编队行驶应满足的行驶规则有以下几点：

（1）行车间距控制。车辆间距不宜过大，以免造成车辆编队行驶效率、行驶速度等下降；亦不宜出现间距过小，以免造成特殊情况下车辆停车不及时而发生车辆追尾等事故。

$$S_{\min} \leqslant S_i \leqslant S, \quad i = 1,2,\cdots,n \tag{8-1}$$

（2）编队距离控制。编队行驶过程中，由于控制误差，允许编队长度出现一定范围内调节，在满足编队稳定性基础上进行一定的速度、距离调节，但不应出现间距过小、过大等情况。

$$n \cdot S_{\min} \leqslant \sum S_i \leqslant n \cdot S, \quad i = 1,2,\cdots,n \tag{8-2}$$

（3）速度误差范围控制。即车辆编队在行驶过程中，后方车辆与前车的速度控制误差应控制在一定范围内，即车辆在进行车间期望距离调整过程中，不应出现大幅度速度突变，造成编队系统鲁棒性变差。

$$|\Delta v_{ij}| \leqslant \Delta v_{\max}, j = 0,1,\cdots,n, \quad i = 1,2,\cdots,n, \text{且} j < i \tag{8-3}$$

（4）加速度范围控制。即车辆在进行加速过程中，不应出现大幅度速度增加，造成后方车辆期望速度干扰，编队行驶失稳。而其正常行进过程中，非紧急状况停车时，亦不应出现过大减速度。

$$|a_i| \leqslant a_{\max}, \quad i = 1,2,\cdots,n \tag{8-4}$$

3. 车辆编队行驶通信规则

此处的通信规则是指编队各车之间的信息传输规则，它对于整个编队行驶效果、行驶稳定性具有重要意义。对于领航车辆，由于其担任车辆编队"领导者"角色，应该具有发布车辆期望状态及对编队其他车辆行驶状态进行实时监控的功能，并根据车辆与领航车辆距离信息进行跟随车辆临时编号，与车辆自身 ID 进行匹配，以便随时对跟随车辆进行监控；其他车辆作为跟随车辆，除接收领航车辆发布的车辆期望状态信息外，还可以接收并考虑自身车辆前方和后方车辆的位置、状态等信息，并根据车辆自身状态，在行车规则内实时调控车辆位姿。车辆编队行驶通信规则如图 8-2 所示。

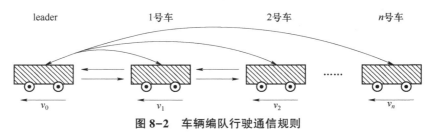

图 8-2　车辆编队行驶通信规则

leader 为领航车辆，其发布编队行驶速度（v）、车辆间距（S_{Error}, S_{De}, S_{Delay}, S_{Safe}）、编队车辆行车规则（$\Delta v_{\max}$, $a_{\max}$, $S_{\min}$, $S_{\max}$）、跟随车辆编号等信息，并同步接收所有跟随车辆的状态（如位置、车速、误差车速、加速度、车距、累计车距）等，判断车辆实时状态，在车辆超出编队车辆行车规则时予以提醒。

跟随车辆接收领航车辆期望车辆状态，并同步接收自身车辆前方和后方车辆行驶信息（如位置、速度、加速度等），综合车辆传感器感知结果进行数据融合验证，在行驶规则允许范围内进行位姿调节；在车辆自身或与其通信的车辆出现通信故障、车辆行驶信息错误等情况时向领航车辆发出提醒信息，保证编队行驶安全。

4. 总体实现流程

车辆编队行驶，首先进行编队车辆自检，即判断车辆通信状态及车辆自身预启动状态是否正常，在准备条件允许的情况下才可以进行车辆编队行驶；其次需实时通过网联通信及车辆周围环境感知来确保车辆行车正常及安全。具体流程如图 8-3 所示，图中编号 1~11 为车辆数据流向。

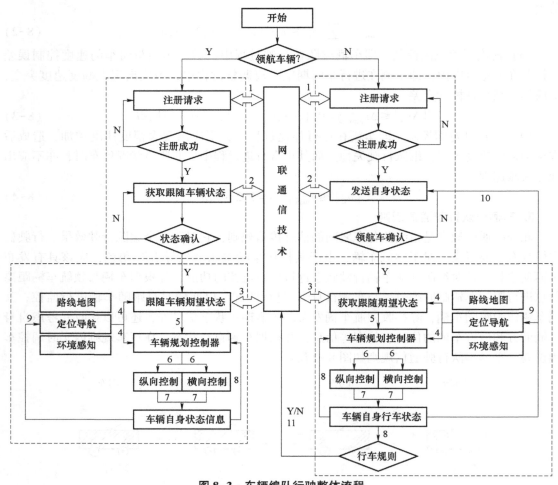

图 8-3 车辆编队行驶整体流程

（1）1 表示车辆编队准备行驶时的网联通信服务注册请求，即车联网技术需要在服务器中添加记录车辆信息并发布该车辆信息，该信息依靠网联通信技术完成。

（2）2 表示跟随车辆的准备状态信息，即车辆在行驶之前的准备工作完成情况（包括感知、定位、导航等系统模块），是否具备编队自动驾驶状态，该信息依靠网联通信技术完成。

（3）3 表示跟随车辆的期望状态及行车规则信息，该信息依靠网联通信技术完成。

（4）4 包含车辆自动驾驶所需要的主要信息，包括路线地图、定位导航、环境感知，其中路线地图为事先规定的行驶路线、路段限速等信息，需提前设定；定位导航提供车辆位置、航向等信息，该信息可依靠 GPS 和惯性导航系统组合使用或者网络差分等方法完成；环境感知主要提供前方车辆距离、速度信息，并需要检测车辆所在车道线，该信息依靠毫米波雷达、相机完成。

（5）5 为车辆编队行驶的期望状态信息，该信息由预先设定并传递给智能车辆规划控制器进行规划控制。

（6）6 为车辆规划控制器输出车辆横向和纵向期望状态信息（如期望前轮偏角、期望速度、加速度等），可经规划控制模块 UDP（User Datagram Protocol，用户数据报协议）通信完成。

（7）7 为车辆底层执行器可执行的实际控制量（如方向盘角度、油门值、制动压强值等），可由车辆 CAN（Controller Area Network，控制器局域网络）通信完成。

（8）8 表示车辆底层状态反馈信息，规划控制器根据车辆期望状态及当前状态进行闭环规划与控制，可由车辆串口及 UDP 通信完成。

（9）9 表示车辆行驶过程中由于车辆位置变化带来车辆位置、周围环境的实时改变，需要根据行驶位置进行实时更新，该信息车辆环境感知、定位导航可自行完成。

（10）10 为实时车辆状态发送数据，该数据经车载网联通信装置传输至网联通信服务器。

（11）11 为依据行车规则判断车辆自身状态是否正常，该数据经车载网联通信装置传输至网联通信服务器。

8.1.2　多车编队系统架构

目前国际上车队协同驾驶系统研究主要借鉴智能车路系统体系结构（Intelligent Vehicle-Highway System Architecture）和混成动态系统理论（Hybrid Dynamic System）两方面。在智能车路系统体系结构方面，美国加州大学伯克利分校 PATH 课题组于 1991 年提出的智能车路系统结构采用分层的结构，具体包括网络层、链接层、协调层、控制层和物理层 5 个部分，如图 8-4 所示。物理层包括车载控制器以及车辆的物理结构（发动机、油门、制动系统、转向控制系统、车载传感器），依靠车辆动力学特性，实现车辆的横向及纵向控制。控制层执行相应的操纵策略，指导车辆的横向及纵向控制。协调层根据车辆的位置、数量、即时活动等信息，选定相应的操纵策略，并与不同的协调层和链接层进行通信，及时更新上述信息，并改变相应的操纵策略。链接层将路网划分为不同路段，根据不同路段上的车流密度、车辆起始位置、行驶长度等决定是否需要相关的车辆操纵策略，如巡航、跟随、组合与拆分、车道保持与变换等，通过无线网络，将决策的结果发送到协调层。网络层对整个路网进行管理与规划，以增加路网容量，减少车辆平均出行时间，从而缓解交通拥堵。

图 8-5 所示为车辆协同驾驶系统结构，该系统结构在分析了车辆协同驾驶功能需求和任务分解的基础上，设计了包括交通控制层、车辆管理层和车辆控制层的三层体系结构，对管理层和控制层进行具体的模块化设计，并针对车队协同驾驶过程中的数据采集与处理、车队协同控制、车队通信、策略决策等做了详细的说明。交通控制层位于路侧，其中，搭建的路侧设备，如可变情报、标示牌、通信设备等，均用于支持车辆的协同驾驶；制定的基本准则，如规则、规定、行为方式等，均用于指导车辆的协同驾驶。车辆管理层和控制层位于车载端，用于协同驾驶策略的决策与执行。

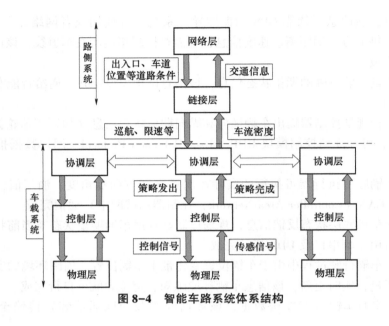

图 8-4　智能车路系统体系结构

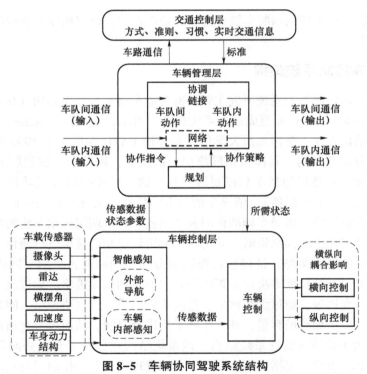

图 8-5　车辆协同驾驶系统结构

8.1.3　编队车辆平台软件结构

基于网联技术的车辆平台软件结构主要分为三个部分：通信软件、控制软件和感知软件，如图 8-6 所示。每个部分中又根据硬件设备的不同或功能差异划分为不同的单元。

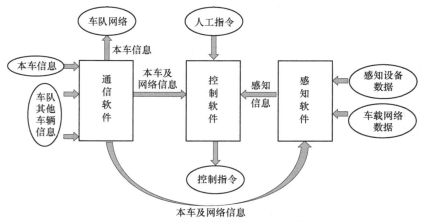

图 8-6　自动驾驶平台整车软件结构

通信软件是编队中每个个体相互连接的通道。具体到编队中的每一个成员，其所搭载的通信软件的主要功能概括为：收集本车及编队中其他车辆信息，并将本车信息上传至整个网络。控制软件是保证编队中每个成员正常行驶的基础，也是形成并保持编队行驶的基础。其主要功能概括为：基于编队网络及自身车载传感器的信息对车辆的行为进行决策规划，并通过对车辆横向和纵向的控制，保证编队的稳定行驶。感知软件是编队整体和编队成员获取交通环境信息的渠道。其主要功能概括为：基于车载传感器，提取交通环境信息，为组队自动驾驶的决策控制提供信息来源。

1）通信软件结构

编队中跟随车辆的通信软件需要具备通信监测、信息采集、信息发送三个功能。通信软件的结构如图 8-7 所示。通信软件功能实现如下：

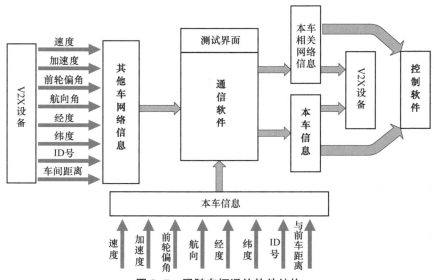

图 8-7　跟随车辆通信软件结构

（1）采集本车信息。所要采集的信息包括车辆的经纬度、航向、速度、加速度、前轮偏角以及编队赋予成员车辆的 ID 号等。

（2）发送本车信息。采集得到上述信息之后，将其组包分别发送至控制软件和 V2X 设备。控制软件以此信息为依据判断本车的运行状态，实现对车辆的控制；V2X 设备将信息发送至编队网络。

（3）车队网络信息获取。由于车队中包含多个成员，故在接收到车队网络信息之后，首先需要提取与本车控制相关车辆的信息（如领航车辆及其前后相邻车辆），然后将这些信息重新组包后发送给控制软件和通信软件。

在编队中领航车辆由驾驶员驾驶，所以队列中的领航车辆通信软件与跟随车辆的通信软件不完全相同。主要体现在：

（1）领航车辆需要接收编队中所有车辆的信息以便于驾驶员能够随时监测整个编队的运行状态。

（2）领航车辆驾驶员可以通过其通信软件对编队中的任意一个成员发送指令，以便于在某些情况下方便驾驶员对跟随车辆进行干预。

（3）领航车辆通信软件需要将编队中每个成员的基本运行状态发送到每一辆跟随车辆，以便于试验阶段测试人员能够了解整个编队的运行状态，保证安全。

领航车辆通信软件的结构如图 8-8 所示。

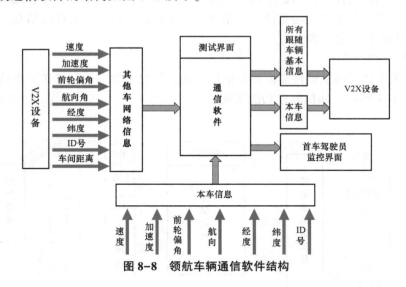

图 8-8　领航车辆通信软件结构

2）控制软件结构

控制软件是整个自动驾驶平台软件结构的核心，上述通信软件以及接下来的感知软件均作为控制软件的信息源，控制软件的功能主要有以下几个方面：

（1）接收本车感知软件和通信软件传递的信息，并利用这些信息对本车的运动行为进行决策规划。

（2）得到本车的规划结果后，将规划结果在横纵向控制程序中转化为车辆可执行的控制量并下发给整车控制器。

（3）能够收集本车运动状态信息，用以实现闭环控制。

（4）调试界面能够进行人机交互，方便试验人员进行软件的测试、调整和修改。

（5）控制软件能够保存行车数据，以便于试验之后进行分析。

其结构如图 8-9 所示。

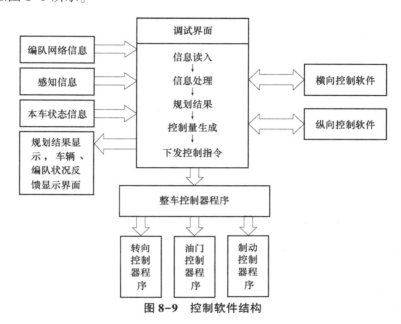

图 8-9　控制软件结构

3）感知软件结构

将编队网络信息引入环境感知软件中，从而降低环境感知的难度，同时提高某些检测指标的准确率。环境感知软件的主要功能如下：

（1）依赖视觉、毫米波以及编队网络信息的融合，得到更加准确的前方车辆位置、速度、航向以及加速度等信息。

（2）能够识别障碍物，保证车辆能够避障。

（3）结构化环境中能够清晰准确地识别车道线。

感知程序的结构如图 8-10 所示。

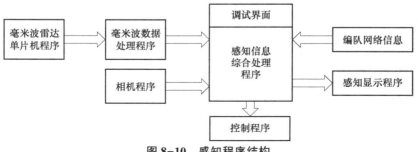

图 8-10　感知程序结构

8.2 基于 V2X 的红绿灯路口通行

在城市交通环境中，车辆行驶在有车道线的道路上。车辆在这种交通环境下通过前方路口红绿灯时，受到的交通约束有车道线约束、前方红绿灯约束、其他社会车辆约束、道路限速约束等。智能车辆横纵向行为将会受到这些约束的限制，因此车辆通行红绿灯问题可以总结为一个存在多约束的优化问题。

智能车辆可以利用相机检测红绿灯，但是相机只能检测到当前状态信息是红灯、黄灯还是绿灯，无法获取到红绿灯当前剩余时间这一关键信息。分别在红绿灯和智能车辆上安装无线通信设备，红绿灯端设备作为通信发送端，车辆端设备作为通信接收端。根据事先制定好的通信协议发送红绿灯具体信息，包括红绿灯当前状态（红灯、黄灯或者绿灯）、红绿灯位置、红绿灯剩余时间等。这样在无线通信设备有效通信范围内，智能车辆能够及时根据红绿灯具体信息采取合理的驾驶行为。引入 V2X 无线通信技术，获得实时路况、道路信息等一系列交通信息，能够有效提高驾驶安全性，减少交通拥堵，提高交通效率。

8.2.1 单个红绿灯路口通行策略的制定

在满足道路交通法规约束的前提下，为了使车辆表现出合理的驾驶行为，需要通过决策方法选出最优的驾驶策略。针对这一多目标优化问题，首先需要明确通行时的性能指标，选择重要指标作为优化目标。

第一个通行指标是通行时间。为了避免交通拥堵，减少等待红灯的时间，智能车辆通行前方红绿灯时需要提高通行效率，尽可能避免怠速停车现象的发生，在绿灯结束之前通过。在行驶距离一定的情况下，车辆行驶速度越大，所花费的通行时间就越短。因此为了提高通行效率，需要提高车辆通行时的平均速度。由于车辆在城市道路上行驶时受到道路最大限速的约束，因此为了缩短通行时间，需要使行驶车速接近于道路允许的最高限速。在前方存在车辆时，通过跟车行驶保证通行效率。

同时需要注意的是，由于通行红绿灯时需要遵守交通法律中规定的红灯停绿灯行这一原则，所以一旦车辆遇到等红灯现象，通行时间将不可避免地显著增加。因此对通行时间的优化包括两个方面：通过加速实现绿灯通行，避免等待红灯现象的发生；提高车辆平均行驶速度。

第二个通行指标是舒适性。在本车不换道的情况下，舒适性与车辆当前加速度有关。为了提高舒适性，车辆的加速度将尽可能降低。相关文献显示，车辆燃油消耗率与本车车速及加速度相关，随着本车加速度的增大，燃油消耗率升高。因此车辆的燃油经济性与舒适性存在着相关关系，如急加速、急减速等行为都会引起燃油经济性降低，同时引起舒适性变差。

根据通行方案的不同，将通行策略的制定分为两种：以通行时间最短为优化目标和以舒适性为优化目标分别进行分析。因为通行红绿灯路口需要考虑的实时道路交通情况及车辆自身运动状态较为复杂，下面从一定角度进行示例分析。

1. 以通行时间为主要优化目标

首先定义智能车辆通行红绿灯的参考速度，即车辆以该速度行驶能够在红绿灯状态转换时恰好到达前方路口停止线处，即

$$v_{\text{light}} = d_{\text{light}} / t_{\text{light}} \tag{8-5}$$

式中，d_{light} 为车辆当前时刻到路口停止线之间的距离，t_{light} 为红绿灯当前时刻的剩余时间。

道路交通安全法规定，当黄灯亮时，已经越过停止线的车辆可以继续通行。为防止闯红灯现象的发生，在通行策略的制定中将黄灯视为红灯一样处理，当前状态为黄灯时，其剩余时间等于黄灯剩余时间加上红灯总时长。

1）如果当前红绿灯状态为红灯或者黄灯

情况 a：$v \leqslant v_{light}$。

在这种情况下，说明当前车速较慢或者红灯剩余时间较短，车辆以当前车速匀速行驶至路口停止线时，已经变成绿灯。

情况 a 输出的期望加速度 a_d 为：$a_d = 0$。

如果车辆当前速度 v 大于参考速度 v_{light}，这种情况下，说明当前车速较快或者红绿灯剩余时间较长，为了不违反道路交通法规，车辆需要减速行驶。

设车辆减速过程为匀减速运动，则期望减速度 a_{dec} 计算过程如下：为尽量缩短通行时间，实现不停车通过路口，同时使制动过程更加平缓，根据当前车速和红绿灯状态计算出车辆能否减速不停车行驶至前方路口时红灯已经结束。

设红灯结束时刻车辆的速度为 v_x，车辆以恒定的减速度 a_{dec} 匀减速行驶 d_{light} 所消耗的时间恰好为红灯的剩余时间 t_{light}，根据匀减速运动公式可知，应满足以下两个等式：

$$(v_x^2 - v^2)/(2a_{dec}) = d_{light} \tag{8-6}$$

$$(v_x - v)/a_{dec} = t_{light} \tag{8-7}$$

联立二式可以解出 v_x 和 a_{dec}，即

$$v_x = (2d_{light} - vt_{light})/t_{light} \tag{8-8}$$

$$a_{dec} = 2(d_{light} - vt_{light})/t_{light}^2 \tag{8-9}$$

若 $v_x < 0$，即 $v > 2v_{light}$，$a_{dec} < -2d_{light}/t_{light}^2$ 时，说明当前车速较快，所需减速度较大，车辆无法实现减速不停车通过路口。这时需要求出匀减速至停车时所需的停车减速度 a_{stop}，应满足

$$-v^2/(2a_{stop}) = d_{light} \tag{8-10}$$

解出

$$a_{stop} = -v^2/(2d_{light}) \tag{8-11}$$

根据上述分析，将减速情况分为情况 b 和情况 c 分别讨论。

情况 b：$v > v_{light}$ 且 $v \leqslant 2v_{light}$。

这种情况下车辆可以实现减速不停车通过路口，车辆到停止线时已经变为绿灯。

情况 b 输出的期望加速度 a_d 为

$$a_d = a_{dec} = 2(d_{light} - vt_{light})/t_{light}^2 \tag{8-12}$$

情况 c：$v > v_{light}$ 且 $v > 2v_{light}$。

这种情况下车辆需要减速停车至停止线处等待红灯结束。

情况 c 输出的期望加速度 a_d 为：$a_d = a_{stop}$。

2）如果当前红绿灯状态为绿灯

为了尽可能缩短通行时间，在绿灯时希望车辆能够加速至最大速度行驶。因此需要计算出车辆当前能否在绿灯剩余时间内以最大加速度加速通过红绿灯路口，如果能够加速通过，则以最大速度或某一车速通过路口，否则保持匀速行驶。

设车辆加速过程为匀加速运动，首先计算出以最大加速度加速至道路限速 v_{max} 所需的加速距离 s_{acc} 和加速时间 t_{acc}：

$$t_{acc} = (v_{max} - v) / a_{max} \tag{8-13}$$

$$s_{acc} = vt_{acc} + 0.5t_{acc}^2 a_{max} \tag{8-14}$$

如果 $t_{acc} > t_{light}$，即 $v < v_{max} - a_{max}t_{light}$，说明车辆在剩余时间内无法加速至道路限速，则剩余时间内的加速距离 $s_a = s_{acc1}$。

$$s_{acc1} = vt_{light} + 0.5a_{max}t_{light}^2 \tag{8-15}$$

如果 $t_{acc} \leqslant t_{light}$，即 $v \geqslant v_{max} - a_{max}t_{light}$，则车辆加速至道路限速后匀速行驶至剩余时间结束时的距离 s_y 为：$s_y = v_{max}(t_{light} - t_{acc})$，则在剩余时间内的加速距离 s_a 为

$$s_a = s_{acc} + s_y = vt_{acc} + 0.5a_{max}t_{acc}^2 + v_{max}(t_{light} - t_{acc}) \tag{8-16}$$

根据上述分析，将绿灯状态分为情况 d、情况 e 和情况 f 分别讨论。

情况 d：$s_a = s_{acc1} \geqslant d_{light}$。

这种情况下，车辆在剩余时间内以最大加速度加速通过路口，车辆尚未加速到道路限速时已经通过路口。

情况 d 输出的期望加速度 a_d 为：$a_d = a_{max}$。

情况 e：$s_a = s_{acc} + s_y \geqslant d_{light}$。

这种情况下，车辆在剩余时间内先以最大加速度加速至道路允许最大限速，之后以道路限速匀速行驶通过路口。

情况 e 输出的期望加速度 a_d 为：$a_d = a_{max}$。

情况 f：$s_a = s_{acc1} < d_{light}$ 或者 $s_a = s_{acc} + s_y < d_{light}$。

这种情况下，车辆无法在剩余时间内加速通过路口，此时匀速行驶。

情况 f 输出的期望加速度为：$a_d = 0$。

至此，已经分析出车辆以通行时间为优化目标的通行策略，图 8-11 所示为通行策略流程示意图。

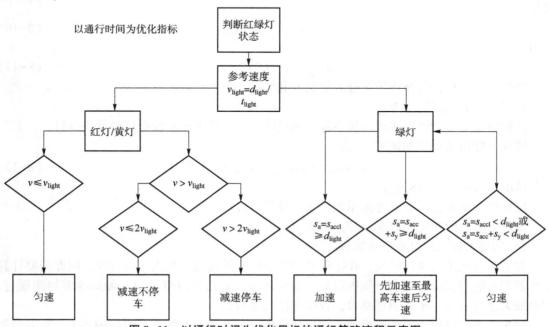

图 8-11 以通行时间为优化目标的通行策略流程示意图

2. 以舒适性为主要优化目标

与以通行时间为主要优化目标一样，定义车辆能够刚好通行红绿灯的参考速度 v_{light}，见式（8-5）。

1）如果当前红绿灯状态为红灯或者黄灯

红绿灯状态为红灯或者黄灯时，和以通行时间为优化目标制定的通行策略一样，分为情况 a、情况 b 和情况 c。

情况 a：$v \leqslant v_{light}$。

情况 a 输出的期望加速度 a_d 为：$a_d = 0$。

情况 b：$v > v_{light}$ 且 $v \leqslant 2v_{light}$。

情况 b 输出的期望加速度 a_d 为：$a_d = a_{dec} = 2(d_{light} - vt_{light})/t_{light}^2$。

情况 c：$v > v_{light}$ 且 $v > 2v_{light}$。

情况 c 输出的期望加速度 a_d 为：$a_d = a_{stop} = -v^2/(2d_{light})$。

2）如果当前红绿灯状态为绿灯

情况 d：$v \geqslant v_{light}$。

如果车辆当前速度 v 大于等于参考速度，此时为了保证乘坐舒适性，放弃加速策略，车辆保持匀速行驶。这种情况下，说明当前车速较快或者红绿灯剩余时间较短，车辆匀速行驶至路口停止线时，仍然是绿灯状态。

情况 d 输出的期望加速度 a_d 为：$a_d = 0$。

如果车辆当前速度 v 小于参考速度，则需要判断车辆是否能够加速行驶在绿灯结束之前通过路口。为了提高通行的乘坐舒适性，同时尽可能实现绿灯通行避免等待红灯现象的发生，在加速时不以最大加速度通过路口，而是首先判断车辆在剩余时间内能否以一个较小的加速度缓慢加速，在绿灯结束之前通过路口。为了避免恰好通过时有可能造成的闯红灯现象，设置缓冲时间 t_b，即车辆在缓冲时间到来之前加速通过路口。

设车辆加速时为匀加速运动，绿灯结束时刻车辆的速度为 v_x，车辆以恒定的加速度 a_{acc} 匀加速行驶至路口时所消耗的时间 t_g 刚好为绿灯的剩余时间减去缓冲时间，即

$$t_g = t_{light} - t_b \tag{8-17}$$

结合实际情况，t_b 可取较小值，这里先假定 $t_g = t_{light}$，则根据匀加速运动公式可知，应满足以下两个等式：

$$(v_x^2 - v^2)/(2a_{acc}) = d_{light} \tag{8-18}$$

$$(v_x - v)/a_{acc} = t_{light} \tag{8-19}$$

联立二式可以解出 v_x 和 a_{acc}：

$$v_x = (2d_{light} - vt_{light})/t_{light} \tag{8-20}$$

$$a_{acc} = 2(d_{light} - vt_{light})/t_{light}^2 \tag{8-21}$$

如果 $v_x \leqslant v_{max}$ 且 $a_{acc} \leqslant a_{max}$，即 $v \geqslant (2d_{light} - v_{max} t_{light})/t_{light}$ 且 $v \geqslant (2d_{light} - a_{max} t_{light}^2)/(2t_{light})$，说明车辆可以加速行驶至某一速度通过路口。

如果 $v_x > v_{max}$ 或者 $a_{acc} > a_{max}$，即 $v < (2d_{light} - v_{max} t_{light})/t_{light}$ 或 $v < (2d_{light} - a_{max} t_{light}^2)/(2t_{light})$，则说明加速过程超过了速度或加速度的限值，车辆不能加速通过路口。

如果车辆不能加速行驶通过路口，为防止由于车辆到红绿灯距离较短，变为红灯时车辆可能采取的紧急制动现象发生，此时判断车辆提前减速行驶还是匀速行驶。首先计算出若以当前速度匀速行驶，在绿灯结束时间内走过的路程 $s_y = vt_{light}$，之后求出绿灯结束时车辆到停止线处的距离 $s_s = d_{light} - s_y$。

计算出下一个黄灯/红灯开始后匀减速停车至停止线处所需的减速度 a_{ds}，即

$$a_{ds} = -v^2/(2s_s) \tag{8-22}$$

若 $a_{ds} < a_{min}$，其中 a_{min} 为最小减速度，且为负值，则说明车辆可能发生闯红灯现象或进行紧急制动，因此车辆需要在绿灯结束之前提前减速行驶；若 $a_{ds} \geq a_{min}$，则说明车辆在绿灯期间匀速后，有足够的减速度保证其在停止线前减速停车。

提前减速时的减速度计算如下：设车辆减速时为匀减速运动，绿灯结束时车辆的速度为 v_x，车辆在绿灯的剩余时间 t_{light} 内，以恒定的减速度 a_{dec} 匀减速行驶 d_{light} 后，继续以相同的减速度 a_{dec} 匀减速行驶至停止线处停车。

则根据匀减速运动公式可知，应满足以下两式：

$$a_{dec} = (v_x - v)/t_{light} \tag{8-23}$$

$$(v_x^2 - v^2)/(2a_{dec}) - v_x^2/(2a_{dec}) = d_{light} \tag{8-24}$$

联立二式可以解出 v_x 和 a_{dec}：

$$v_x = (2d_{light}v - v^2 t_{light})/(2d_{light}) \tag{8-25}$$

$$a_{dec} = -v^2/(2d_{light}) \tag{8-26}$$

如果 $a_{ds} \geq a_{min}$，则说明车辆在红灯到来时无须紧急制动，车辆在绿灯结束之前保持匀速行驶。

根据上述分析，当红绿灯状态为绿灯时分为情况 e、情况 f 和情况 g。

情况 e：$v \geq (2d_{light} - v_{max}t_{light})/t_{light}$ 且 $v \geq (2d_{light} - a_{max}t_{light}^2)/(2t_{light})$。

这种情况下，车辆加速行驶，在绿灯状态结束之前通过前方路口。

情况 e 输出的期望加速度 a_d 为：$a_d = a_{acc} = 2(d_{light} - vt_{light})/t_{light}^2$。

情况 f：$v < (2d_{light} - a_{max}t_{light}^2)/(2t_{light})$ 或 $v < (2d_{light} - v_{max}t_{light})/t_{light}$，且 $a_{ds} < a_{min}$。

这种情况下，为避免车辆快到路口时红绿灯变为红灯导致的紧急制动现象，车辆在绿灯状态下提前减速。

情况 f 输出的期望减速度 a_d 为：$a_d = a_{dec} = -v^2/(2d_{light})$。

情况 g：$v < (2d_{light} - a_{max}t_{light}^2)/(2t_{light})$ 或 $v < (2d_{light} - v_{max}t_{light})/t_{light}$，且 $a_{ds} \geq a_{min}$。

这种情况下，车辆无法加速通过，保持匀速行驶。

情况 g 输出的期望加速度 a_d 为：$a_d = 0$。

至此，已经分析出车辆以舒适性为优化目标的通行策略，图 8-12 所示为通行策略流程示意图。

考虑速度控制器响应特性，在得到期望加速度 a_d 之后，将以期望加速度行驶 1 s 之后的速度作为当前时刻的期望速度 v_d，即

$$v_d = v + a_d \tag{8-27}$$

将期望速度 v_d 和期望加速度 a_d 作为速度规划的输出结果，下发至车辆控制器执行，生

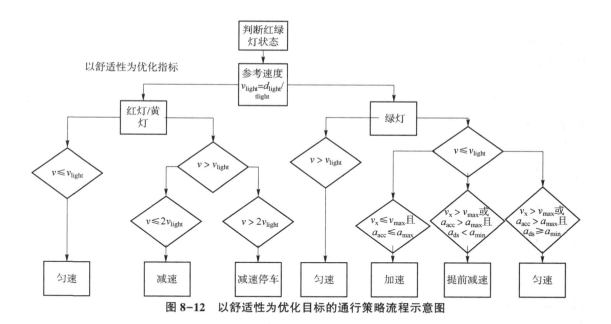

图 8-12　以舒适性为优化目标的通行策略流程示意图

成相应的油门量和制动量以控制车辆。

8.2.2　通行多个红绿灯路口方法

车辆在城市道路上行驶时，由于交通情况复杂，车流量较大，往往在一个区域内存在多个路口，车辆在行驶过程中通常将通行多个红绿灯。在多个红绿灯之间实现绿波通行的效果对于提高道路整体通行效率、提高本车乘坐舒适性、经济性有着显著的意义。因此需要研究智能车辆在多个红绿灯之间的通行方法。

通行多个红绿灯路口的研究方法可以分为两种，第一种为对前方所有路口红绿灯信息进行统一处理，通过优化方法找到一条可以求得车辆在每一条路段上通行时的平均车速，只要获取到具体的道路信息和实时的红绿灯信息，在车辆出发之前就可以生成相应的速度曲线，因此可以看作一种全局速度规划方法；第二类方法为只考虑当前行驶路口的红绿灯信息，可以看作一种局部速度规划方法。

1. 全局速度规划方法

为实现实时的速度规划，将通行多个路口红绿灯方法设计为一个分层的车速计算方法。第一层：将各个路段上红绿灯状态信息作为约束条件，将通行时间最短作为优化指标，计算得到通行每一条路段上的车辆平均车速。第二层：由本路段的平均车速、车辆当前状态信息、本路段的道路信息计算得到该条路上的实时期望速度/加速度。

1）第一层平均车速规划方法

可以将第一层平均车速规划方法看作一个考虑多约束的优化方法。已知信息为：车辆当前位置、前方所有通行路段数、每一条路段的长度、每相邻两条路段之间的路口红绿灯信息等（这里假设每一个路口上都存在红绿灯），求出各个路段上的平均车速，使通行总时长最短。

当通行路段数目较多时，计算情况复杂，为此引入了 Dijkstra 算法解决这一问题。

Dijkstra 算法为一种基于有向图的搜索算法，用来求解有向图中从一个点（起点）到其他点之间最短路径的问题。算法基本思路为：每次找到离源点最近的一个顶点，然后以该顶点为中心进行扩展，最终得到源点到其余所有点之间的最短路径。

Dijkstra 算法基本步骤如下：

将有向图中所有顶点分为两部分：已知最短路径的顶点集合 P 和未知最短路径的顶点集合 Q。在一开始，已知最短路径的顶点集合 P 中只有起点一个顶点，用数组 $k[i]$ 来记录在集合 P 中的顶点 i，如果 $k[i]=1$，表示该顶点在集合 P 中；如果 $k[i]=0$，则表示该顶点在集合 Q 中。设起点 s 到自身的最短路径为 0，即 $dis[s]=0$。将起点 s 与起点 s 相邻的其他顶点 i 之间的距离设为数组 $d[s][i]$，把其余顶点到起点的距离 $d[s][i]$ 设为 ∞。

在集合 Q 的所有顶点中，选择一个离起点 s 最近的顶点 u 将其加入集合 P 中。若存在一条从顶点 u 到另一个与 u 相邻的顶点 v 的边，则生成一条从起点 s 到顶点 v 的路径，此路径的长度为 $dis[u]+d[u][v]$。若该值比当前 dis 值小，则用新值替代。重复上述操作，直到集合 Q 为空，算法结束，最终 dis 中的值即起点到所有顶点距离的最短路径。

当有向图中每一条边的权重不是两点之间距离，而是两点之间通行时间时，利用 Dijkstra 算法即可求解出代表最短通行时间的各路段平均车速。获得各个路段上红绿灯信息和路段长度后，将通行问题用有向图表示，如图 8-13 所示。

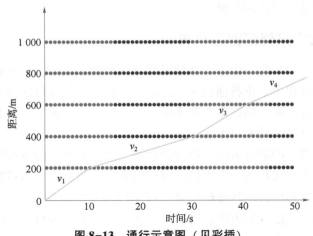

图 8-13　通行示意图（见彩插）

将红灯总时长和绿灯总时长以秒（s）为间隔离散为一个个点，每一点的横坐标代表该点所处的时间，纵坐标为距离，表示了该点所在的红绿灯在行驶路线上的位置。绿色的点代表绿灯状态，表示可以指向下一个路口的点，而红色的点只能指向本路口所在的点，代表停车等待红灯。由于优化目标为通行时间最短，因此设置连接 i、j 两点之间的有向线段的权重 w_{ij} 为车辆从 i 点行驶到 j 点消耗的时间，即 $w_{ij}=t_j-t_i$。

由于有向图中纵坐标为距离，横坐标为时间，因此通过 Dijkstra 算法求出的最短路径在每一个路段上的斜率即智能车辆在该路段上的平均行驶速度。同时，车辆到达特定路口时的时间也已经确定。

2）第二层路段内车速规划方法

在计算每一路段的平均车速时，由于平均车速并不能直接下发给车辆控制器执行，更为重要的是，在车辆实际行驶过程中，车辆状态与道路环境在不断变化，需要考虑到该路段上的道路交通情况及实时的车辆状态对通行情况的影响，因此进行第二次速度规划以得到每一时刻具体的期望速度。

因为不同路段上的平均车速不同，因此路段内的车速规划方法主要针对接近路口时的车速实时规划。

接近路口处的速度规划包括接近该路段路口处，接近路口前以上一层得到的该路段平均车速匀速行驶和已经通过该路口，刚行驶在下一路段上，尚未达到该路段平均行驶速度时两种情况。

情况 1 分析如下：

设车辆达到该路段平均车速 v_1 后，距离前方路口的距离为 l_1，距离到达路口的指定时间所剩余的时间为 t_1，车辆在规定时间到达路口时车速为 v_2，车辆加速度为 a_1，车辆保持匀加速度行驶。根据运动学公式，可以得到

$$(v_2 - v_1)/t_1 = a_1 \tag{8-28}$$

$$(v_2^2 - v_1^2)/(2a_1) = l_1 \tag{8-29}$$

联立以上二式，可以解出 a_1 和 v_2：

$$v_2 = (2l_1 - t_1 v_1)/t_1 \tag{8-30}$$

$$a_1 = 2(l_1 - v_1 t_1)/t_1^2 \tag{8-31}$$

情况 2 分析如下：

设车辆通过上一路口后，当前车速为 v_2，需要在新的路段上行驶距离为 l_2 时，达到该路段的平均车速 v_3，车辆加速度为 a_2，车辆在行驶过程中保持匀加速度，则可以求出期望加速度 a_2：

$$a_2 = (v_3^2 - v_2^2)/(2l_2) \tag{8-32}$$

至此，完成了全局规划下分层通行多个路口红绿灯的通行方法，车辆在每一条路段上行驶时分为三个阶段：在行驶距离未超过 l_2 时，以初速度匀加/减速行驶至本路段平均车速；以本路段平均车速匀速行驶；在车辆距离前方路口的距离小于 l_1 时，在指定时间内以匀加/减速度行驶至路口。

全局速度规划方法仍然存在以下两个问题：

（1）由于车辆在行驶之前需要首先获取前方行驶路线上所有路口处红绿灯的信息，因此当多个路口距离较长时，随着通信距离的不断增大，通信强度会明显衰减，多个路口之间往往存在车辆和建筑物的干扰，甚至造成超出无线通信设备通信范围的情况，这时将造成丢包或完全接收不到红绿灯信息的情况。

（2）当车辆在某路段上行驶时，由于该路段上动态交通环境影响导致车辆无法行驶至平均车速时，将影响到通行效果。当红绿灯时间较长、路段数目较多时，采用搜索方法计算平均车速的耗时会增加，导致算法实时性下降，影响车辆通行效果。

2. 局部速度规划方法

为了克服通行多个红绿灯全局速度规划方法存在的问题，提出了通行多个红绿灯的局部速度规划方法：车辆在通信设备通信范围内，虽然会接收到前方多个路口发送的红绿灯信息，但是车辆在通过某一路口红绿灯之前只针对这一路口红绿灯信息进行处理。即把通行多个红绿灯问题仍然当作通行单个红绿灯问题进行处理。

局部速度规划方法与全局速度规划方法的不同之处是，设置起步速度 v_{road} 与该路段平均速度 v_a。起步速度的设置是为了避免智能车辆在红灯结束之后无法起步或者起步较慢问题。当红灯刚结束后，车辆首先以起步速度行驶至路段平均速度，当车辆接近路口时再根据红绿灯信息进行速度规划。速度规划方法即上一节根据不同情况得到的通行策略。在以通行时间为主要优化目标的通行策略中，路段平均速度即最大车速。为避免路段长度较短而引起的紧急制动或闯红灯现象，平均速度的设置与当前路段的长度相关，路段总长越长，平均速度越高。

通行多个红绿灯时，在无线通信设备通信范围内可能覆盖多个路口，这种情况下智能车辆在同一时刻将接收到前方多个红绿灯信息。因此需要首先判断出哪一包数据是当前需要通过的路口处所在红绿灯发送的。

一种简单的方法是提前制作好车辆在通行区域内的高精度地图。对于存在多个路口红绿灯的区域，在通信协议的制定上增加红绿灯 ID 号这一属性，通过 ID 号即可识别出对应红绿灯发送的信息。将每一个红绿灯提前标志在地图中，根据车辆行驶的当前位置，就可以通过判断不同红绿灯的 ID 号进行识别。

这种方法虽然在判断上较为容易，但是需要车辆在行驶之前提前对通行区域进行道路信息采集。当车辆行驶路线不固定时，还可以通过车辆到红绿灯之间的实时距离进行判断。当行驶路线为直线时，与车辆之间距离最近的红绿灯即当前需要通过的路口所属红绿灯。

8.2.3 仿真试验

1. 仿真场景搭建

如图 8-14 所示，在 PreScan 平台中搭建的仿真场景为城市车道线环境下的一条水平直道，车道数为 2，道路长度为 600 m，在每隔 200 m 处分布着一个红绿灯。红绿灯的总时长固定，根据不同仿真情况分别进行设定。

图 8-14 通行红绿灯场景

在 PreScan 用户界面中，分别在车辆与红绿灯处添加无线通信装置并进行参数设置。无线通信装置通过指定特定的频道使不同交通参与者之间互相通信，将通信范围设置为 600 m，红绿灯发送端所发送内容包括红绿灯当前状态、剩余时间和位置信息等。在进行前车的通行试验时，可以通过毫米波雷达或者 V2V 的方式获取前方车辆的速度和位置信息。

通行红绿灯仿真场景的搭建，除了需要在用户界面中添加道路交通模型之外，还需要在仿真平台的控制模块中利用 MATLAB/Simulink 搭建控制模型并设计通行算法以实现对智能车辆的实时控制。在 Simulink 中建立的主要模块如图 8-15、图 8-16 所示，包括红绿灯定时模块、红绿灯显示及通信发送模块、各车控制模块及通信接收模块、通行红绿灯算法模块。

红绿灯定时模块输入为指定的红绿灯总时长和当前时间，输出为红绿灯当前状态和红绿灯的实时剩余时间，在真实交通环境中根据路口交通流量进行红绿灯总时长设置；红绿灯显示及通信发送模块负责仿真时红绿灯的实时显示及红绿灯信息的发送；车辆控制模型包括了车辆的运动学和动力学模型，车辆自带的传感器能够实时输出本车当前位置、速度、航向角等信息；通行算法模块则通过 MATLAB 函数实现算法设计。

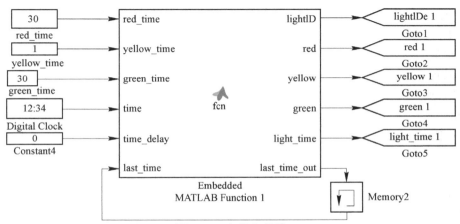

图 8-15　红绿灯模块

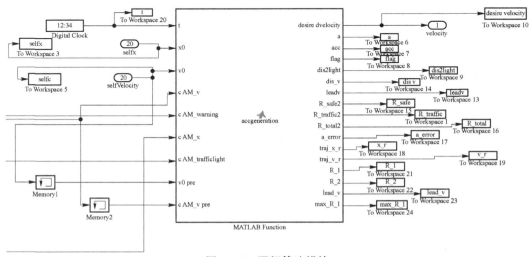

图 8-16　通行算法模块

2. 通行单个红绿灯试验

前面将通行方案分为以通行时间和以舒适性为优化目标两类。在每一类通行方案中，将通行情况分为若干种，并针对不同的通行状态制定出相应的通行策略。

为了验证通行策略的可靠性，保证智能车辆在每一种情况下都能够顺利通过，不发生闯红灯现象，仿真试验同样根据不同通行方案分情况进行验证。

在试验开始前，通过设置红绿灯总时长、初始距离与本车初始车速等参数进行分情况验证。

1）以通行时间为优化指标

情况 a：当前为红灯，匀速行驶，到停止线时已经变为绿灯。

情况 b：当前为红灯，减速行驶，到停止线时已经变为绿灯。

情况 c：当前为红灯，减速停车至停止线处等待红灯结束。

情况 d：当前为绿灯，以最大加速度加速通过，尚未加速到道路最大限速。

情况 e：当前为绿灯，以最大加速度加速至最大限速后匀速行驶。

情况 f：当前为绿灯，无法在剩余时间内加速通过，匀速行驶。

在车辆通行时，实时监测车辆所处的通行情况及不同情况之间的转换，下面以情况 c 进行展示，其他情况类似。

开始时刻状态为绿灯，车辆到红绿灯路口停止线处的距离为 200 m，初始车速为 15 m/s，绿灯剩余时间为 10 s，黄灯时长为 3 s，红灯时长为 18 s。图 8-17 所示为通行过程中车速、到红绿灯剩余距离、加速度、所处状态随时间的变化趋势。

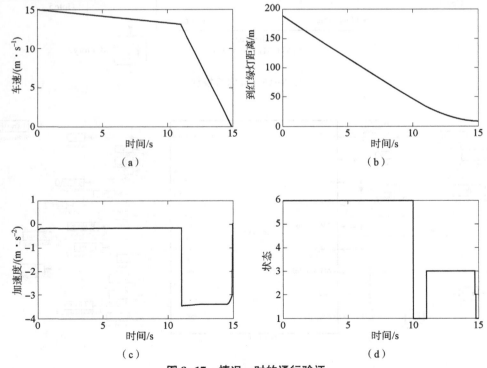

图 8-17 情况 c 时的通行验证

其中图 8-17（a）为通行过程中车速随时间的变化趋势，图 8-17（b）为到红绿灯距离随时间的变化趋势，图 8-17（c）为加速度随时间的变化趋势，图 8-17（d）为所处状态随时间的变化趋势。

当红绿灯状态从绿变红后，由于红灯剩余时间较长，处于情况 c，车辆以 −3 m/s² 左右的减速度在停止线处停车等待红灯。

2）以舒适性为优化指标

以舒适性为优化指标的通行方案中，由于在红灯/黄灯阶段通行策略在两种优化指标方案中相同，这里只对绿灯状态进行分情况验证。

情况 a：当前为绿灯，车速较快或绿灯剩余时间较长，车辆保持匀速行驶。

情况 b：当前为绿灯，车辆加速行驶，在绿灯结束之前通过前方路口。

情况 c：当前为绿灯，为避免快到路口时变为红灯导致紧急制动，提前减速。

情况 d：当前为绿灯，车辆无法加速通过，保持匀速行驶。

下面以情况 b 进行展示。

开始时刻车辆到红绿灯路口停止线处的距离为 200 m，初始车速为 6 m/s，开始时刻状态为绿灯，剩余时间为 20 s。图 8-18 所示为通行过程中车速、到红绿灯剩余距离、加速度、所处状态随时间的变化趋势。

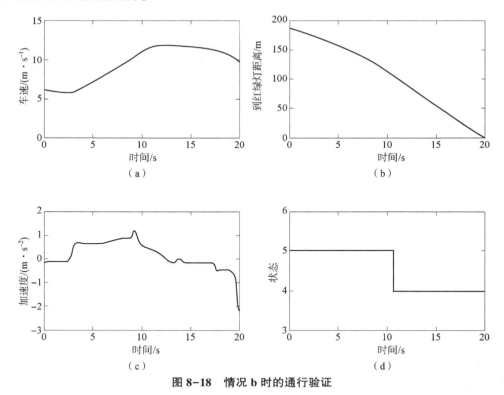

图 8-18　情况 b 时的通行验证

其中图 8-18（a）为通行过程中车速随时间的变化趋势，图 8-18（b）为到红绿灯距离随时间的变化趋势，图 8-18（c）为加速度随时间的变化趋势，图 8-18（d）为所处状态随时间的变化趋势。

车辆通过路口之前处于情况 b，加速行驶后匀速行驶，在绿灯结束前通过前方路口。加速过程平缓，加速度在 1 m/s^2 以内。

3. 通行多个红绿灯试验

为验证理想状态下通行多个红绿灯的效果，分别用局部速度规划方法与全局速度规划方法通过多个红绿灯路口。

1）局部速度规划方法

仿真试验 1：

开始时刻状态为绿灯，车辆到红绿灯停止线处距离为 200 m，初始车速为 14 m/s，红绿灯间隔 200 m，绿灯时长 14 s，红灯时长 17 s，黄灯时长 3 s。图 8-19 所示为通行过程中车速、到红绿灯剩余距离、加速度、所处状态随时间的变化趋势。

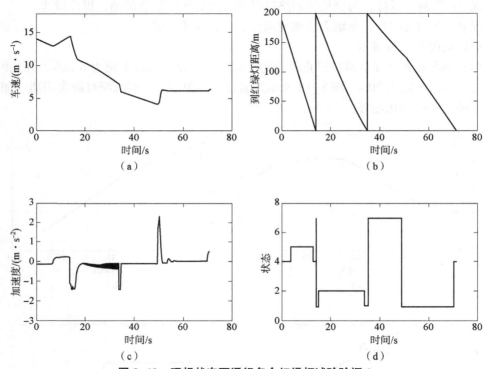

图 8-19　理想状态下通行多个红绿灯试验验证 1

其中图 8-19（a）为通行过程中车速随时间的变化趋势，图 8-19（b）为到红绿灯距离随时间的变化趋势，图 8-19（c）为加速度随时间的变化趋势，图 8-19（d）为所处状态随时间的变化趋势。

车辆以较小加速度加速行驶在 14 s 刚好通过第一个路口；之后减速行驶，在 35 s 时不停车通过第二个路口，减速度在 -2 m/s^2 之内；最后匀速行驶，在 71 s 时通过第三个路口。

仿真试验 2：

开始时刻状态为绿灯，红绿灯间隔 200 m，初始车速为 7 m/s，红绿灯间隔 200 m，绿灯时长 14 s，红灯时长 17 s，黄灯时长 3 s。图 8-20 所示为通行过程中车速、到红绿灯剩余距离、加速度、所处状态随时间的变化趋势。

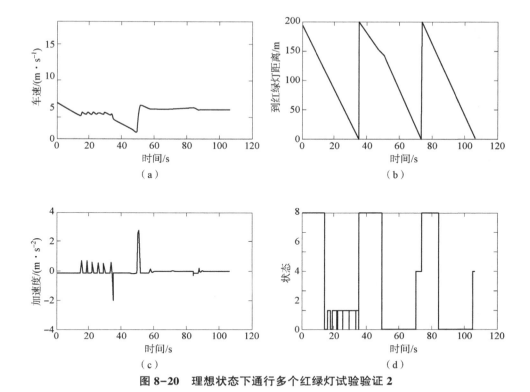

图 8-20　理想状态下通行多个红绿灯试验验证 2

其中图 8-20（a）为通行过程中车速随时间的变化趋势，图 8-20（b）为到红绿灯距离随时间的变化趋势，图 8-20（c）为加速度随时间的变化趋势，图 8-20（d）为所处状态随时间的变化趋势。

车辆匀速行驶在 36 s 时通过第一个路口，之后减速不停车在 74 s 时通过第二个路口，最后匀速行驶，在 105 s 时通过第三个路口。

仿真试验 3：

开始时刻状态为绿灯，车辆到红绿灯路口停止线处的距离为 200 m，初始车速为 8 m/s，绿灯时长 20 s，红灯时长 16 s，黄灯时长 3 s，红绿灯间隔 200 m。图 8-21 所示为通行过程中车速、到红绿灯剩余距离、加速度、所处状态随时间的变化趋势。

其中图 8-21（a）为通行过程中车速随时间的变化趋势，图 8-21（b）为到红绿灯距离随时间的变化趋势，图 8-21（c）为加速度随时间的变化趋势，图 8-21（d）为所处状态随时间的变化趋势。

车辆加速行驶，在第 19 s 通过第一个路口时；之后减速行驶在 39 s 时通过第二个路口；最后加速行驶，在 58 s 时通过第三个路口。加速度在 1.5 m/s^2 之内，减速度基本在 -1 m/s^2 之内。

2）全局速度规划方法

开始时刻状态为红灯，车辆到红绿灯路口停止线处的距离为 100 m，初始车速为 8 m/s，绿灯时长 8 s，红灯时长 6 s，黄灯时长 3 s，红绿灯间隔 100 m，由第一层车速计算出到达路口时间分别为 11 s、17 s、27 s。图 8-22 所示为通行过程中车速、到红绿灯剩余距离随时间的变化趋势。

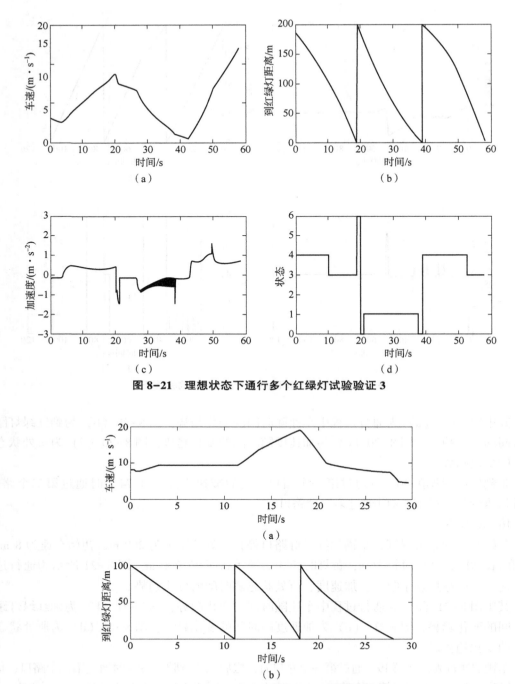

图 8-21　理想状态下通行多个红绿灯试验验证 3

图 8-22　理想状态下通行多个红绿灯试验验证

其中图 8-22（a）为通行过程中车速随时间的变化趋势，图 8-22（b）为到红绿灯距离随时间的变化趋势。

车辆根据第一层车速计算出实时期望速度，在第 11 s 通过第一个路口、在第 17.5 s 通过第二个路口、在第 28 s 通过第三个路口，实现了绿灯通行。

8.3　基于 V2X 的遮挡环境下智能车辆避撞行人

在一些遮挡场景中，经常会发生交通事故，例如图 8-23 所示的场景。厢式货车所在的左转车道对应的交通灯为红灯，因而停在路口处。智能车辆所在车道为直行车道，对应的交通灯为绿灯，因此车辆直行。由于货车将行人完全遮挡（盲区如图 8-24 所示），若智能车辆仅依靠车载传感器则无法检测到行人。行人交通灯为红灯，若行人闯红灯横向穿出，直到进入车辆的视野中，车辆才获得行人信息，此时车辆很可能因来不及制动停车而撞上行人，或者采取较大减速度进行紧急制动，这不仅会造成车辆失稳，也会导致车内乘客的不适。因此在这种交通事故频发的遮挡场景中，仅使用车载传感器有一定的局限性。

图 8-23　遮挡环境场景示意图（见彩插）

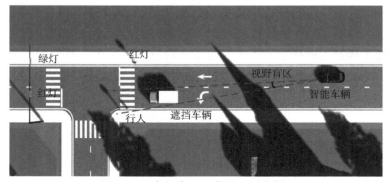

图 8-24　车辆盲区示意图（见彩插）

随着 V2X 技术的发展，车辆通过 V2X 通信设备可以获取通信范围内行人的运动信息，由此克服车载传感器存在的感知盲区问题。这样在车辆以较高速度行驶的情况下，如果遇到紧急情况，车辆就可以预留足够的距离来完成制动避撞。

8.3.1　基于 V2X 的避撞系统

1. 基于 V2X 的避撞系统框架

基于 V2X 的行人避撞系统包括行人信息的获取、信息的解析与处理、行人避撞算法、车辆的控制与执行，系统框架如图 8-25 所示。

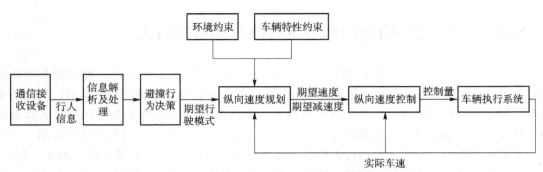

图 8-25　基于 V2X 的行人避撞系统框架

如图 8-25 所示，车辆由通信接收设备获得行人信息，对收到的信息进行解析与处理，处理后的行人数据作为车辆避撞行为决策模块的输入，经过决策得出车辆的期望行驶模式，输入至纵向速度规划模块，根据不同的期望行驶模式进行相应的速度规划，同时受环境和车辆特性的约束，得到期望减速度与期望速度，输入至纵向速度控制模块，得到控制量，即油门量与制动量，再将控制量下发至车辆的执行机构，最终得到车速。实际车速会反馈给速度规划及控制模块，形成闭环控制。

2. 基于 PreScan/MATLAB 的系统建模

此处基于 V2X 的遮挡环境下智能车辆避撞行人系统由 PreScan/MATLAB 进行系统建模，首先通过 PreScan 进行场景搭建，设置行人、遮挡车辆、智能车辆的初始参数以及道路参数等。并选择 PreScan 中的 Antenna 作为通信方式，用 MATLAB/Simulink 建立基于 V2X 的行人避撞系统的各个模块。

基于 PreScan/MATLAB 的 V2X 遮挡环境下智能车辆行人避撞系统建模如图 8-26 所示。基于 V2X 的智能车辆行人避撞系统模型分为车辆自身信息模块、通信接收模块、CAM 及延时设置模块、丢包设置模块、信息处理模块、决策模块、速度规划模块、速度控制模块、车辆执行模块。

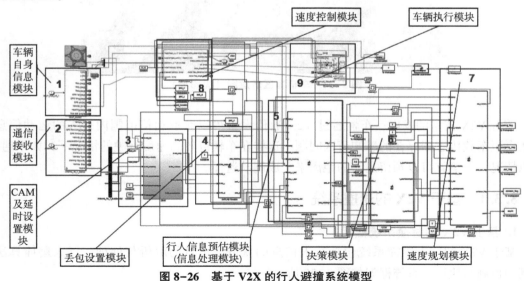

图 8-26　基于 V2X 的行人避撞系统模型

行人避撞系统各模块介绍如下所述。

（1）车辆自身信息模块。车辆自身信息模块包括自身的 GPS 位置信息、车辆的实际速度与航向、车辆加速度等信息，这些信息由 GPS 定位系统、车辆底层反馈而得到，用于车辆自身进行决策、规划与控制。

（2）通信接收模块。通信接收模块接收通信发送设备发送的行人信息数据包。

（3）CAM 及延时设置模块。将通信接收模块的行人数据解包后按照 CAM 进行信息解析，解析后可以设置通信的延时模块，由若干 Integer Delay 模块串联而成。

（4）丢包设置模块。经过延时处理的行人信息进入丢包设置模块，根据不同的丢包比例和延时来模拟不同情况下的通信，以此分析通信延时与丢包对行人避撞系统的影响。

（5）信息处理模块。延时与丢包后的信息进入信息处理模块，由于延迟和丢失后的行人信息失去了实时性与可靠性，因此需要对行人信息进行实时估计，将准确的行人信息输入至行人避撞算法。

（6）决策及速度规划模块。决策模块接收处理后的行人信息，结合车辆的自身信息，得出安全避撞行人的决策结果。决策结果输入至速度规划模块，得到期望减速度与期望速度，下发至车辆的控制模块。

（7）速度控制及车辆执行模块。速度控制模块接收下发的期望速度来得到相应的油门量与制动量，经过车辆的执行模块，最终得到车辆的实际速度，实际速度反馈至车辆的规划与速度模块，形成闭环控制。速度控制模块和车辆执行模块分别如图 8-27 和图 8-28 所示。在 PreScan 中对智能车辆选取简单的二自由度动力学模型。

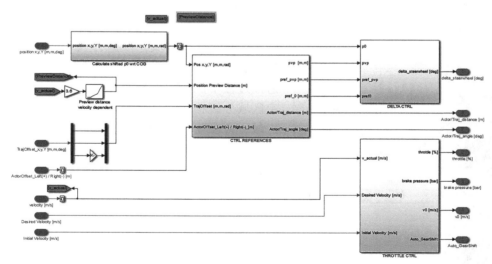

图 8-27　速度控制模块

8.3.2　基于分级冲突区域的行人避撞方法

由于行人横向运动穿过马路，智能车辆在车道内纵向行驶，因此行人避撞方法需要结合行人的横向运动和车辆的纵向运动。这里构建分级冲突区域，通过比较行人和智能车辆到达冲突区域边界的时间，得出智能车辆的决策结果。

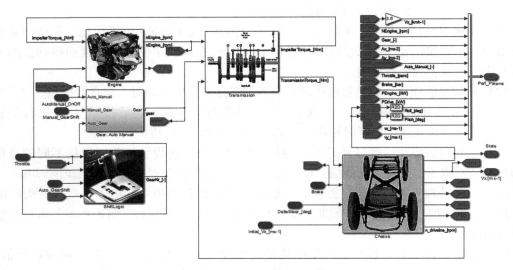

图 8-28　车辆执行模块

下面首先介绍分级冲突区域的构建方法，得出相对安全区域、警告减速区域、紧急制动区域和绝对安全区域；然后根据行人与车辆到达分级冲突区域的时间进行行为决策，进而根据期望行驶模式、分级减速度阈值及安全距离进行速度规划；最后介绍车辆的控制策略。

1. 分级冲突区域构建

由于行人的运动状态为横穿马路，智能车辆的运动方向为沿车道线行驶，因此智能车辆在避撞行人的过程中既要考虑车辆的纵向运动，又要考虑行人的横向运动。为了保证行人的

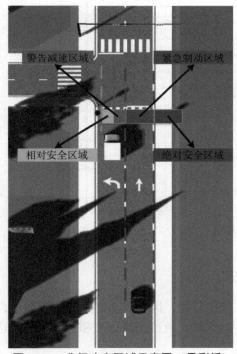

安全，构建冲突区域，根据行人和车辆到达冲突区域边界的时间进行决策与规划。为了使车辆在避撞过程中能够保证安全性和制动平稳性，将冲突区域分级构建，分为绝对安全区域、相对安全区域、警告减速区域和紧急制动区域。如图 8-29 所示，绿色为绝对安全区域，红色为紧急制动区域，橘色为警告减速区域，黄色为相对安全区域。分级冲突区域的介绍如下所述。

1）绝对安全区域

智能车辆在其所在车道内纵向行驶，选择智能车辆所在车道线右边界为绝对安全区域的横向左边界，当行人穿过该边界时，表示车辆未撞上行人，二者均处于安全状态，因此将该边界右侧定义为绝对安全区域，只要行人处于该区域，二者都不再具有碰撞风险。

除了绝对安全区域外，行人处于其他三个区域内时，均与车辆有碰撞的可能性，根据碰撞可能性的大小，分为紧急制动区域、警告减速区域

图 8-29　分级冲突区域示意图（见彩插）

和相对安全区域。

2）紧急制动区域

为了保证车辆与行人的安全性，选择智能车辆所在车道的左右边界作为紧急制动区域的横向边界，认为当车辆到达该区域纵向边界的时间处于行人到达该区域横向边界的时间范围内，车辆与行人的碰撞风险极大。

3）警告减速区域

警告减速区域的右边界即紧急制动区域的左边界，警告减速区域的左边界则由智能车辆所在车道的左边界和该区域宽度所决定，认为当车辆到达该区域纵向边界的时间处于行人到达该区域横向边界的时间范围内，存在一定程度的碰撞风险。

4）相对安全区域

相对安全区域横向边界则由警告减速区域的左边界及行人的横向位置所决定，当行人处于该区域时，认为当车辆到达该区域纵向边界的时间处于行人到达该区域横向边界的时间范围内，二者的碰撞风险较小，但不排除碰撞的可能性，因此定义为相对安全区域。

根据车辆与行人发生碰撞的危险程度来构建分级冲突区域，构建方法如图 8-30 所示。图中 5 个区域的纵向边界由行人的位置、行人与车辆的宽度、车道宽度及车辆的最小停车距离决定，当行人的位置、运动速度、运动方向发生变化时，冲突区域的位置及区域的大小也会发生改变。根据行人及车辆的宽度得到行人和车辆的碰撞区域，当行人与车辆共同到达碰撞区域时，车辆撞上行人。图中，W_p 表示行人宽度，W_v 表示车辆宽度，W_d 表示警告减速区域宽度，$lanewidth$ 表示车道宽度，D_0 为智能车辆的最小停车距离。

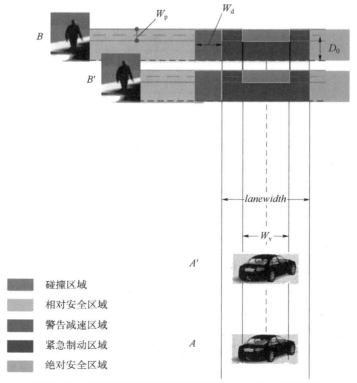

图 8-30　分级冲突区域及碰撞区域建立方法（见彩插）

绝对安全区域的横向边界为车道右边界，该边界右侧区域即绝对安全区域；紧急制动区域的横向边界为车道左右边界；警告减速区域的横向右边界为车道左边界，该区域的横向宽度为 W_d，由此确定该区域横向左边界；相对安全区域的横向右边界为警告减速区域的横向左边界，而相对安全区域的横向左边界则依据行人的横向位置确定。

当车辆处于 A 点时，行人处于 B 点；当车辆运动至 A' 点时，行人运动至 B' 点，假设行人在由 B 向 B' 点运动的过程中位置、速度及运动方向均发生变化，则相对安全区域的大小也会发生变化。

2. 基于分级冲突区域的决策方法

由图 8-30 得到的分级冲突区域来进行避撞行人决策，决策方法为将车辆到达冲突区域纵向边界的时间与行人到达冲突区域横向边界的时间进行比较，得出决策结果。决策过程如下所述。

智能车辆通过 V2X 接收设备获得行人的位置，根据车辆的 GPS 获取自身的位置，经过坐标转换，得到 X、Y 坐标，从而得到车辆与行人的相对横向距离和相对纵向距离，由图 8-30 可得

$$TTLL = \frac{dis_x - \dfrac{lanewidth}{2}}{v_{ped}\cos\alpha} \tag{8-33}$$

$$TTLR = \frac{dis_x + \dfrac{lanewidth}{2}}{v_{ped}\cos\alpha} \tag{8-34}$$

$$TTWL = \frac{dis_x - \dfrac{lanewidth}{2} - W_d}{v_{ped}\cos\alpha} \tag{8-35}$$

$$TTP = \frac{dis_y - D_0}{v_{car}} \tag{8-36}$$

式中，α 表示行人的航向；dis_x、dis_y 分别表示行人与车辆的相对横向距离和相对纵向距离；$TTLL$ 表示行人到达紧急制动区域左边界的时间；$TTLR$ 表示行人到达紧急制动区域右边界的时间；$TTWL$ 表示行人到达警告减速区域左边界的时间；TTP 表示车辆以当前速度到达冲突区域纵向边界的时间；$lanewidth$ 表示一条车道的宽度；v_{car} 表示车辆的速度，v_{ped} 表示行人的速度；W_d 表示警告减速区域的宽度。

通过行人信息的获取，构建出分级冲突区域，根据到达不同冲突区域的时间，得到不同的期望行驶模式，具体如下所述。

（1）$TTP<TTWL$。当车辆到达冲突区域纵向边界的时间 TTP 小于行人到达警告减速区域左边界的时间 $TTWL$ 时，即车辆先到达冲突区域，行人后到达警告减速区域，因此车辆处于相对安全状态，可匀速行驶。

（2）$TTWL \leqslant TTP < TTLL$。当车辆到达冲突区域纵向边界的时间 TTP 处于行人到达警告减速区域左边界的时间 $TTWL$ 和到达紧急制动区域左边界的时间 $TTLL$ 之间时，行人和车辆将会接近，为了减小碰撞的危险，采取正常减速度进行制动，即此时车辆处于警告减速状态。

（3）$TTLL \leqslant TTP < TTLR$。当车辆到达冲突区域纵向边界的时间 TTP 处于行人到达紧急制动区域左边界的时间 $TTLL$ 和到达右边界的时间 $TTLR$ 之间时，行人和车辆即将发生碰撞，车辆需要采取紧急制动来保证安全性，即此时车辆进入紧急制动状态。

（4）$TTP \geqslant TTLR$。当车辆到达冲突区域纵向边界的时间 TTP 大于等于行人到达紧急制动区域右边界的时间 $TTLR$ 时，即当行人已处于或已超过车辆所在车道的右车道线时，车辆刚刚到达或还未到达冲突区域的纵向边界，因此车辆处于相对安全状态，可匀速行驶。

根据行人到达冲突区域横向边界的时间和车辆到达冲突区域纵向边界的时间进行了决策分析，由此得到行人处于不同位置时的决策方式，具体如下所述。

（1）当行人处于相对安全区域时，若 $TTP \geqslant TTLR$，则车辆匀速行驶；若 $TTLL \leqslant TTP < TTLR$，则车辆采取紧急制动；若 $TTWL \leqslant TTP < TTLL$，则车辆采取正常制动；若 $TTP < TTWL$ 时，车辆匀速行驶。

（2）当行人处于警告减速区域时，若 $TTP > TTLR$，则车辆匀速行驶；若 $TTLL \leqslant TTP < TTLR$，则车辆采取紧急制动；若 $TTWL \leqslant TTP < TTLL$，则车辆采取正常制动。

（3）当行人处于紧急制动区域时，若 $TTP > TTLR$，则车辆匀速行驶，否则车辆采取紧急制动。

（4）当行人处于绝对安全区域时，车辆可匀速通过路口。

行为决策过程如图 8-31 所示。

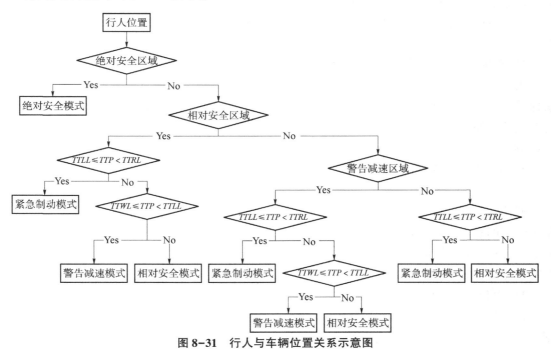

图 8-31　行人与车辆位置关系示意图

8.3.3　通信延时与丢包的影响分析

为了保证车辆及行人安全，引入 V2X 技术，使车辆在遮挡情况下也能够成功避撞行人。然而，通信也具有一些固有缺点，即传输延迟和数据丢包。延迟的时间越长，收到行人信息的实时性就越差；数据丢包越多，收到行人信息的连续性就越差。因此高延时、高丢包率都可能会导致车辆将撞上行人。

下面使用 MATLAB/Simulink 进行延时与丢包的建模，分析延时与丢包对行人避撞的影响。

1. 延时对行人避撞系统的影响分析

设通信延时为 τ，当 t 时刻通信接收设备收到行人信息时，该信息为 $(t-\tau)$ 时刻行人的状态。信息的迟滞性将影响智能车辆的决策结果，进而影响规划与控制结果，容易造成撞上行人的后果。

当 τ 越大时，收到行人的横纵向位置偏差越大，这将导致智能车辆计算的与行人的横纵向距离都偏大。由于设置了行人变速运动，因此速度也会产生偏差，导致行人与车辆到达冲突区域边界的时间也有所偏差，此时的车辆本应处于紧急制动状态，由于信息未更新，所计算的车辆状态为安全状态或警告减速状态，车辆未采取制动或仅采取正常制动，这将会导致车辆撞上行人的可能性增大。

1）丢包对行人避撞系统的影响分析

设在 t 时刻连续丢包数量为 τ，则在 $t\sim(t+\tau)$ 时段内未收到行人信息，因此智能车辆将按照前方无行人的情况进行规划，在这段时间内车辆本应处于紧急制动模式或警告减速模式，而车辆并未获得行人信息而进入该模式，这将对避撞结果产生影响，若频繁发生丢包事件，则会发生车辆还未达到安全状态时就又失去了行人信息，也增大了与行人发生碰撞的危险。

2）延时与丢包共同存在对于避撞系统的影响分析

由以上延时和丢包对行人避撞系统的影响，能够得出当延时与丢包共同存在时对于行人避撞系统的影响。存在延时导致行人信息滞后，而又发生连续的数据丢失，这将极大影响智能车辆的避撞决策结果。根据本节的分析，通过仿真试验来说明延时与丢包对行人避撞结果的影响。

2. 延时与丢包系统建模

1）延时系统建模

通信延时导致无法及时收到行人信息。当 t 时刻车辆接收到行人信息时，该信息是之前某个时刻的状态。随着延时的增加，信息的滞后量增加，与行人碰撞的可能性也增加。使用 Simulink 来模拟通信延时，由若干个 Integer Delay 组成，单位延时模块的时间长度为 10 ms。延时模型如图 8-32 所示。

2）丢包系统建模

在通信过程中，由于数据传输等原因会导致数据包丢失，车辆无法获得连续的位置和速度变化。当丢包数增大到一定程度时，车辆将与行人碰撞。这里设置了如表 8-1 所示的两种类型的丢包：类型 1 为一般情况下通信的丢包率，类型 2 为丢包率比较高的情况。

表中数据表示发生持续丢包的百分比。类型 1 下 0.839 8 表示整个通信过程中出现连续丢 2 包这件事的发生概率为 0.839 8%。每种类型百分比求和不为 1 是因为大于持续丢 10 包的概率没有包括在内，其本身概率比较低，可以将剩余概率均分在持续丢包不大于 10 包的事件上。

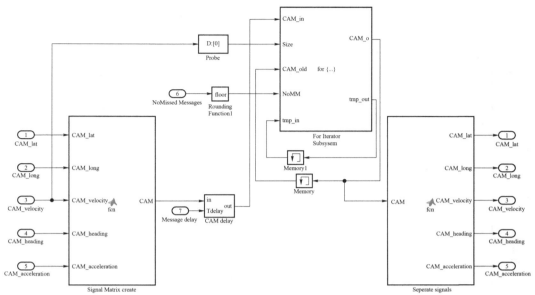

图 8-32　延时模型

表 8-1　丢包事件分布情况

连续丢包事件	0	1	2	3	4	5
类型 1	94.87	2.44	0.839 8	0.403 9	0.238	0.195 7
类型 2	81.15	3.872	1.943	1.226	0.887 5	0.879 5
连续丢包事件	6	7	8	9	10	
类型 1	0.144 4	0.111	0.092 8	0.078 8	0.073 4	
类型 2	0.743 6	0.656 3	0.616 9	0.598 3	0.607 6	

3. 延时与丢包对行人避撞试验结果的影响分析

1）未设置延时与丢包的行人避撞试验

本试验中，设置智能车辆的初速度为 60 km/h，行人以 2 m/s 的速度减速至 1.5 m/s，再加速至 2.5 m/s，车辆与行人的初始纵向距离为 50 m，没有人为设置通信延时和丢包，试验结果如图 8-33 所示。

其中图 8-33（a）为行人速度和行人航向随时间的变化，图 8-33（b）为车速和车辆加速度随时间的变化，图 8-33（c）为相对纵向距离和相对横向距离随时间的变化，图 8-33（d）为紧急制动标志随时间的变化。

如图 8-33 所示，由于 PreScan 中通信系统具有 10 ms 的通信延时，因此车辆在 0.01 s 时收到行人的速度和位置信息，此时收到行人的速度为 2 m/s，并且开始减速运动，而后加速运动。行人的航向由与 X 轴方向夹角 2.382° 变为 12.01°，再至 5.44°，最后到 31.97°。在 0.1~4.23 s 之间车辆的紧急制动标志恒为 1，加速度逐渐减小至 -3.5 m/s^2。4.23 s 后车辆恒处于安全状态。当 $t=4.15$ s 时，车辆与行人的横向距离为 -1.233 m，纵向距离为 2.864 m，故智能车辆成功避撞行人。

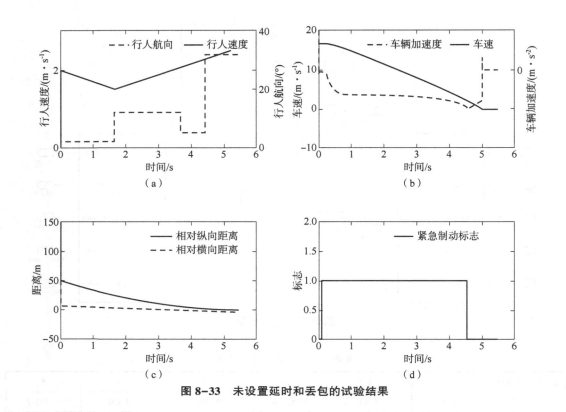

图 8-33　未设置延时和丢包的试验结果

试验结果场景如图 8-34 所示。

图 8-34　试验结果场景（见彩插）

2）设置延时与丢包的行人避撞试验

（1）将通信延时设置为 300 ms，通信丢包类型为 1，试验结果如图 8-35 所示。

其中图 8-35（a）为行人速度和行人航向随时间的变化，图 8-35（b）为车速和车辆加速度随时间的变化，图 8-35（c）为相对纵向距离和相对横向距离随时间的变化，图 8-35（d）为紧急制动标志随时间的变化。

如图 8-35 所示，由于具有 300 ms 的通信延时，车辆在 0.31 s 时收到行人的速度和位置信息，此时收到行人的速度为 2 m/s，并开始先减速后加速运动。在 0.31 s 内，车辆未收到

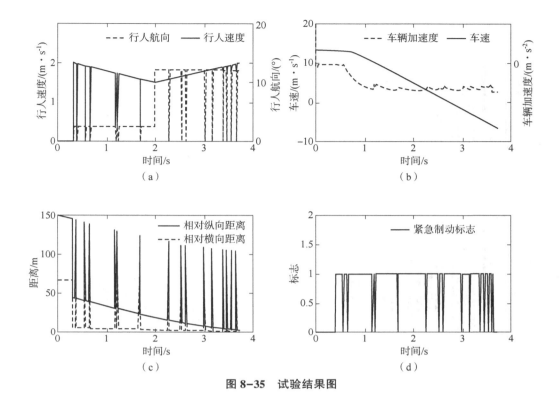

图 8-35　试验结果图

行人信息，因此认定前方无障碍物，故车辆匀速行驶，在收到行人信息后进行决策，而此时接收的信息为 310 ms 前行人的信息，且在整个过程中，行人信息偶有丢失，紧急制动标志在 0~1 之间切换，加速度在 -3.5~-3 m/s² 之间浮动。当 $t = 3.72$ s 时，车辆撞上行人，撞上时车速为 6.702 m/s。

试验结果场景如图 8-36 所示。

图 8-36　试验结果场景（见彩插）

（2）将通信延时设置为 300 ms，通信丢包类型为 2，试验结果如图 8-37 所示。

如图 8-37 所示，由于具有 300 ms 的通信延时，车辆在 0.31 s 时收到行人的速度和位置信息，此时收到行人的速度为 2 m/s，并开始先减速后加速运动。在 0.31 s 内，车辆未收到

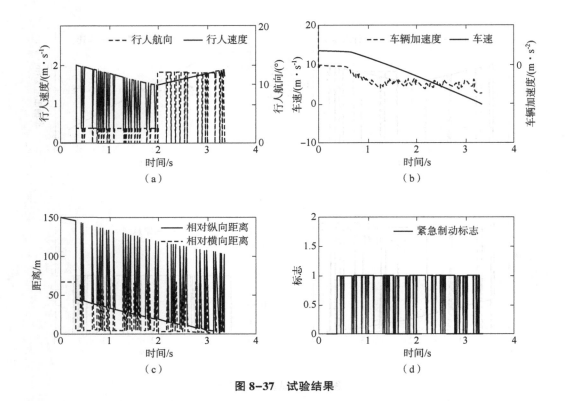

图 8-37　试验结果

行人信息，因此认定前方无障碍物，故车辆匀速行驶，在收到行人信息后进行决策，而此时接收的信息为 310 ms 前行人的信息，且在整个过程中，由于丢包比例为 3，因此行人信息频繁连续丢失，紧急制动标志在 0~1 之间频繁切换，并且车辆减速度也频繁在 −3~−2 m/s² 之间浮动。当 $t=3.36$ s 时，车辆撞上行人，撞上时车速为 9.786 m/s。

试验结果场景如图 8-38 所示。

图 8-38　试验结果场景（见彩插）

当设置延时与丢包后，车辆收到的行人信息频繁失效，根据这样不可靠的信息，车辆的决策结果频繁切换，因此车辆无法达到避撞要求。当延时和丢包达到一定值时，车辆会撞上行人。因此在实际应用时需要考虑通信延时和丢包的影响，避免交通事故发生。

第9章

智能车辆测试与评价

《无人驾驶汽车概论》8.3 节和《无人驾驶车辆理论与设计》7.3 节介绍了基于 PreScan 的仿真测试、基于公开数据集的测试、基于 MATLAB+V-REP 的联合仿真测试和实车测试。本章 9.1 节将介绍基于 ROS+V-REP 的联合仿真测试。这些测试方法各有特点，可以根据需要选择使用。

《无人驾驶车辆智能行为及其测试与评价》一书从无人驾驶车辆智能行为的角度，围绕如何测试和评价无人驾驶车辆智能水平这一核心科学问题，详细阐述了无人驾驶车辆的测试与评价体系，包括测试内容、测试环境、测试方法与技术以及评价方法。本章 9.2 节从驾乘人员的角度，介绍一种考虑驾乘人员主观感受的复杂交通环境智能车辆评价体系。

9.1 基于 ROS+V-REP 的智能车辆综合测试

9.1.1 安装 ROS+V-REP

1. 更新国内镜像源

由于 Ubuntu 自带的源在国内下载更新有时比较慢，建议更改为国内源，此处以更改为北京理工大学镜像源为例，更改源码如下：

```
cd /etc/apt
sudo mv sources. list sources. list. bak
sudo touch sources. list
sudo sh - c ' echo "deb http://mirror. bit. edu. cn/ubuntu/ xenial main restricted universe multiverse
deb http://mirror. bit. edu. cn/ubuntu/ xenial- security main restricted universe multiverse
deb http://mirror. bit. edu. cn/ubuntu/ xenial- updates main restricted universe multiverse
deb http://mirror. bit. edu. cn/ubuntu/ xenial- backports main restricted universe multiverse
##测试版源
deb http://mirror. bit. edu. cn/ubuntu/ xenial- proposed main restricted universe multiverse
#源码
deb- src http://mirror. bit. edu. cn/ubuntu/ xenial main restricted universe multiverse
deb- src http://mirror. bit. edu. cn/ubuntu/ xenial- security main restricted universe multiverse
```

```
deb- src http://mirror. bit. edu. cn/ubuntu/ xenial- updates main restricted universe multiverse
deb- src http://mirror. bit. edu. cn/ubuntu/ xenial- backports main restricted universe multiverse
##测试版源
deb- src http://mirror. bit. edu. cn/ubuntu/ xenial- proposed main restricted universe multiverse" >> sources. list'
sudo apt- get update
```

也可以把代码粘贴到空白文件中，将其命名为"update_bitsource. bash"脚本文件，保存。在终端进入脚本文件所在目录，执行下面语句：

```
sudo bash update_bitsource. bash
```

2. 安装 ros（ubuntu16. 04 对应版本为 Kinetic）

安装源码如下，同样也可以制作成脚本文件。

```bash
#! /bin/bash
set - e    # exit on first error
SCRIPT_DIR=" $( cd " $( dirname " ${BASH_SOURCE[0]}" )" )" && pwd )"
UBUNTU_CODENAME= $(lsb_release - sc)
CATKIN_WS_DIR=" $HOME/catkin_ws"

main()
{
  ros_install
  create_catkin_ws
}
ros_install()
{
  if [ " ${UBUNTU_CODENAME}" == "trusty" ]; then
    echo "Installing ros indigo........ "
    ROS_DISTRO="indigo"
  elif [ " ${UBUNTU_CODENAME}" == "xenial" ]; then
    echo "Installing ros kinetic.......... "
    ROS_DISTRO="kinetic"
  else
    echo "This is a script only for ubuntu 14. 04 and 16. 04. "
  fi
  source  $SCRIPT_DIR/identify_environment. bash

  sudo sh - c '. /etc/lsb- release && echo "deb http://ros. exbot. net/rospackage/ros/ubuntu/ xenial main" > /etc/apt/sources. list. d/ros- latest. list'
  echo "Updating package lists... "
  sudo apt- get - qq update
```

```
echo "Installing ROS $ROS_DISTRO..."
sudo apt- get - y install ros- $ROS_DISTRO- desktop
sudo apt- get - qq install python- catkin- tools
sudo apt- get - qq install ros- $ROS_DISTRO- catkin
# check if the ros setup file is sourced.
if [ " $ROS_DISTRO" == "kinetic" ]; then
    if (grep ' source /opt/ros/kinetic/setup. bash' $HOME/. bashrc); then
        echo "The ros setup. bash has been sourced. "
    else
        echo "source /opt/ros/kinetic/setup. bash" >> ~/. bashrc
    fi
elif [ " $ROS_DISTRO" == "indigo" ]; then
    if (grep ' source /opt/ros/indigo/setup. bash' $HOME/. bashrc); then
        echo "The ros setup. bash has been sourced. "
    else
        echo "source /opt/ros/indigo/setup. bash" >> ~/. bashrc
    fi
fi
if [ " $ROS_DISTRO" == "kinetic" ]; then
    sudo apt- get - qq install ros- $ROS_DISTRO- opencv3 > /dev/null
fi
source /opt/ros/ $ROS_DISTRO/setup. bash
# Prepare rosdep to install dependencies.
echo "Updating rosdep..."
if [ ! - d /etc/ros/rosdep ]; then
    sudo rosdep init
fi

rosdep update
sudo apt- get - qq install python- rosinstall
}
create_catkin_ws()
{
    # Check if workspace exists
    if [ -e " $CATKIN_WS_DIR/. catkin_workspace" ] || [ - d " $CATKIN_WS_DIR/. catkin_tools" ]; then
        echo "Catkin workspace detected at ~/catkin_ws"
        rm - rf build devel install logs
    else
        echo "Creating catkin workspace in $HOME/catkin_ws..."
        source /opt/ros/ $ROS_DISTRO/setup. bash
        mkdir - p " $CATKIN_WS_DIR/src"
        cd " $CATKIN_WS_DIR"
```

```
            catkin init
            cd " $CATKIN_WS_DIR"
            catkin build
            echo "Catkin workspace created successfully. "
    fi
    # check if the ros setup file is sourced.
    if (grep ' source ~/catkin_ws/devel/setup. bash'  $HOME/. bashrc); then
        source  $HOME/. bashrc
        echo "The ros catkin_ws/devel/setup. bash has been sourced. "
    else
        echo "source ~/catkin_ws/devel/setup. bash" >> ~/. bashrc
        source  $HOME/. bashrc
    fi


}
# Install system dependencies listed in ROS packages' package. xml
# Note: dependencies needed on embedded systems must still be included
# separately in the repo or cross- compiled stage.
main
```

检查 ROS 是否安装成功，终端输入如下命令：

```
roscore
```

若不报错，即安装成功。

3. 安装 V-REP

安装源码如下，同样也可以制作成脚本文件。

```
#! /bin/bash
set - e
# this script only installs the vrep simulator and import `VREP_ROOT` env
# variable to the ~/. bashrc file.
VREP_VERSION="V- REP_PRO_EDU_V3_4_0_Linux"
VREP_DIR_DEFAULT=" $HOME/workspace/software/vrep"
main()
{
    # Install VREP to default location if VREP_ROOT environment variable not set
    if [ -z " $VREP_ROOT" ]; then
        install_vrep " $VREP_DIR_DEFAULT" " $VREP_VERSION"
    else
        # Check if VREP_ROOT is using the current version
        if ! [[ $VREP_ROOT == * " $VREP_VERSION" * ]]; then
            echo "WARNING, your VREP_ROOT is pointing to a different version" \
```

```
                    "than the one suggested by this repo.  Please update your" \
                    "definition of VREP_ROOT if you wish to switch versions. "
            echo "This repo suggests using version:"
            echo " $VREP_VERSION"
        fi
        # Check if a vrep folder is actually there
        if [ -d " $VREP_ROOT" ]; then
            echo "V- REP already installed at  $VREP_ROOT"
        else
            echo "VREP_ROOT environment variable is pointing to a non- existant V- REP installation. "
            echo "V- REP will be installed at the following location according to VREP_ROOT:"
            echo " $VREP_ROOT"
            install_vrep " $( dirname " ${VREP_ROOT}" )" " $( basename " ${VREP_ROOT}" )"
        fi
    fi
}
install_vrep()
{
    VREP_INSTALL_DIR=" $1"
    INSTALL_VERSION=" $2"
    INSTALL_ROOT=" $VREP_INSTALL_DIR/ $INSTALL_VERSION"
    if [ -d " $INSTALL_ROOT" ]; then
        echo " $VREP_VERSION is already installed"
    else
        echo "Installing V- REP. . . "
        mkdir - p " $VREP_INSTALL_DIR"
        (cd " $VREP_INSTALL_DIR"
        wget http://coppeliarobotics. com/files/ $VREP_VERSION. tar. gz
        tar - xzf  $VREP_VERSION. tar. gz
        rm - rf  $VREP_VERSION. tar. gz)
        echo "V- REP installed successfully"
    fi
    # Link to user' s bin
    mkdir - p " $HOME/bin"
    ln - sfn " $INSTALL_ROOT/vrep. sh" " $HOME/bin/vrep"
    # Add VREP_ROOT entry to bashrc
    if(grep - q "VREP_ROOT"  ~/. bashrc); then
        echo "Found bashrc entry: VREP_ROOT= $VREP_ROOT"
    else
        echo "export VREP_ROOT= $INSTALL_ROOT" >> ~/. bashrc
    fi
    export VREP_ROOT=" $INSTALL_ROOT"
    source ~/. bashrc
}
main
```

检查 V-REP 是否安装成功，在终端输入如下命令：

```
vrep
```

若可以启动，即安装成功。

4. V-REP 与 ROS 的通信连接

V-REP 与 ROS 的连接主要有三种方法：

（1）The RosInterface：RosInterface 是 V-REP 官方推荐的用来跟 ROS 通信的插件。

（2）The ROS plugin skeleton：可以让用户实现特定功能的 ROS 插件框架。

（3）ROS interfaces developed by others：其他非 V-REP 官方支持的通信接口，如V-REP ROS bridge.

此处使用第一种方法构建连接，代码如下：

```
#! /usr/bin/env bash
set - e
SCRIPT_DIR=" $( cd " $( dirname " $ {BASH_SOURCE[0]}" )" && pwd )"
REPO_DIR= $(dirname " $SCRIPT_DIR")
main()
{
    source /opt/ros/kinetic/setup. bash
    #fetch_all_submodules
    cd $REPO_DIR/vrep_ws
    catkin clean - y
    catkin build anm_msgs
    catkin build
    source $REPO_DIR/vrep_ws/devel/setup. bash
    cp $REPO_DIR/vrep_ws/devel/lib/libv_repExtRosInterface. so  $VREP_ROOT
    cp $REPO_DIR/vrep_ws/devel/lib/GeographicLib. so  $VREP_ROOT
    link_scene_model_files_to_vrep
}
fetch_all_submodules()
{
    cd $REPO_DIR
    git submodule - q update -- init -- recursive
}
link_scene_model_files_to_vrep()
{
    ln - sfn " $REPO_DIR" " $VREP_ROOT/models/autoSim- ivrc"
}
main
```

检查 RosInterface 是否配置成功，在终端输入如下命令：

```
vrep
```

若出现如图 9-1 所示情形，即安装成功。

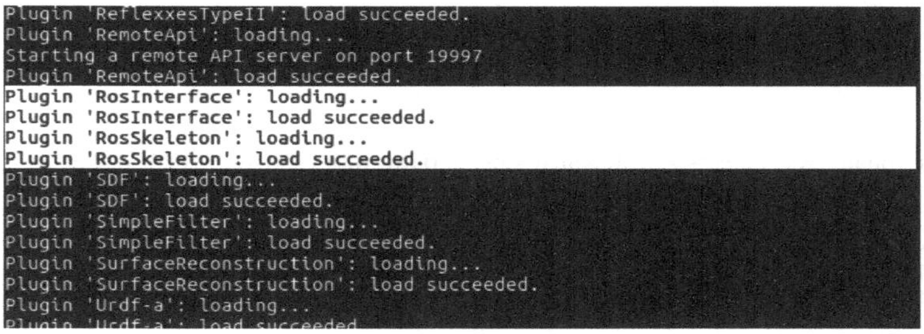

图 9-1　终端显示

9.1.2　安装依赖项

本节介绍的案例需要安装下述依赖项：

（1）Pcl（ROS 中自带）。

（2）Opencv（ROS 中自带）。

（3）boost（ROS 中自带）。

（4）EIGEN3（ROS 中自带）。

```
sudo apt- get install libeigen3- dev
sudo cp - r /usr/local/include/eigen3/Eigen /usr/local/include
```

（5）安装 CPPAD 20170000. 6。

安装源码如下，同样也可以制作成脚本文件。

```
#! /bin/bash
set - e
install_cppad()
{
    echo "Prepare to install CppAD..."
    CppAD="cppad"
    VERSION="20170000. 6"
    CppAD_URL="http://www. coin- or. org/download/source/CppAD/ $CppAD- $VERSION. gpl. tgz"
    TEMP_DIR= $(mktemp - d)
    CPPADDIR=" $TEMP_DIR/ $CppAD- $VERSION"
    #sudo apt- get - qq install cmake
    if ( ls /usr/include | grep cppad );then
        echo "cppad is already installed......"
    else
        cd $TEMP_DIR
        wget $CppAD_URL
        tar - xf $CppAD- $VERSION. gpl. tgz
```

```
        rm - f $CppAD- $VERSION. gpl. tgz
        mkdir - p $CppAD- $VERSION/build
        cd $CppAD- $VERSION/build
        cmake \
            - D cppad_cxx_flags="- Wall - ansi - pedantic- errors - std=c++11 - Wshadow" \
            ..
        sudo make install
        echo "CppAD installed successfully"
        cd $TEMP_DIR
        rm - rf $CppAD- $VERSION
    fi
}
install_cppad
```

新建 install_ cppad. bash 文件，并将代码复制到文件中，然后执行：

```
bash install_cppad. bash
```

（6）安装 Ipopt。

安装源码如下，同样也可以制作成脚本文件。

```
#! /bin/bash
set - e # exit on first error
SOURCE_DIR="/tmp"
install_ipopt()
{
    echo "Prepare to install IPOPT. . . "
    IPOPT_URL="https://github. com/coin- or/Ipopt. git"
    sudo apt- get update
    sudo apt- get - y install \
        gfortran \
        cmake  \
        build- essential \
        gcc \
        g++
    if ( ldconfig - p | grep libipopt ); then
        echo "Ipopt is already installed. . . . . . . "
    else
        echo "Start installing Ipopt, version: 3. 12. 4   . . . . . . . . . "
        cd $SOURCE_DIR
        rm - rf Ipopt- 3. 12. 4 && git clone " $IPOPT_URL" && cd Ipopt
        # configure,build and install the IPOPT
        echo "Configuring and building IPOPT. . . "
```

```
. /configure -- prefix /usr/local
make - j $(nproc)
make testtar
sudo make install
if (grep ' export LD_LIBRARY_PATH=/usr/local/lib: $LD_LIBRARY_PATH' $HOME/. bashrc); then
    echo "LD_LIBRARY_PATH has been set. "
else
    echo ' export LD_LIBRARY_PATH=/usr/local/lib: $LD_LIBRARY_PATH' >> $HOME/. bashrc
fi
sudo ldconfig
echo "IPOPT installed successfully"
source $HOME/. bashrc
    fi
}
install_ipopt
```

（7）如果之前 ROS 装的不是 FULL 版：

```
sudo apt- get install ros- kinetic- pcl- ros
```

（8）安装 grid_map：

```
sudo apt- get install ros- kinetic- grid- map- ros
```

（9）安装 libgeographic：

```
sudo apt- get install libgeographic- dev
```

（10）安装 tf：

```
sudo apt- get install ros- kinetic- tf2 *
```

（11）安装 tf2：

```
sudo apt- get install ros- kinetic- tf *
```

如果运行程序时提示缺少其他某个包，则需要自行安装，可以通过 apt-get 方式安装。

9.1.3　V-REP 模型搭建

1. Solidworks 车辆建模

使用 Solidworks 或其他三维 CAD 软件设计车辆模型。

1）车身三维建模

车身模型中涉及复杂且不规则的曲线和曲面，曲线和曲面设计在车身的三维建模中广泛应用，Solidworks 提供了强大的曲线和曲面设计功能。曲线可以用来生成实体模型特征，生成曲线的主要命令有投影曲线、组合曲线、分割线等。曲面也是用来生成实体模型的几何体，生成曲面的主要命令有拉伸曲面、旋转曲面、扫描曲面、放样曲面、等距曲面等。可以对生成的曲面进行编辑，编辑曲面的主要命令有缝合曲面、延伸曲面、裁剪曲面、填充、替换、删除曲面等。

绘制草图并应用曲线和曲面相关的命令，建立的车身三维模型如图 9-2 所示，图中包含车身模型的主视图、俯视图、左视图和上下二角等轴侧视图。

2）轮胎三维建模

轮胎的三维建模也涉及曲线和曲面设计，使用 Solidworks 建立的轮胎三维模型如图 9-3 所示，图中包含轮胎模型的主视图、俯视图、左视图和上下二角等轴测视图。

图 9-2 车身三维模型   图 9-3 轮胎三维建模

2. V-REP 仿真环境搭建

模型和场景是 V-REP 中两个主要的元素，模型包含在场景中，一个场景可以包含多个模型。本书中仿真包括车辆模型和道路场景。使用 V-REP 中的基本形状元素可以搭建出车辆模型的基本形状，如图 9-4 和图 9-5 所示，这个基本形状用来与其他物体发生动力学关系，产生碰撞反应。它还包含一些关节（joint），通过控制关节的运动来模拟车辆的前进和转向。模型为前轮转向车辆。

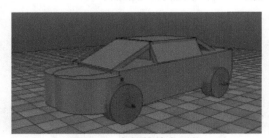

图 9-4 车轮及电机关节   图 9-5 车辆的基本形状

通过 STL 格式文件，将 Solidworks 建立的车身和轮胎三维模型的各个实体导入 V-REP。调整各个实体的位置和颜色，并隐藏发生动力学关系的车辆基本形状，得到的车辆模型如图 9-6 所示。

通过 V-REP 中的 API 函数 simSetJointForce，simSetJointTargetPosition 和 simSetJointTarget Velocity 分别控制运动关节（joint）的位置、力矩和速度，实现模型中车辆的运动。添加道路行驶场景，如图 9-7 所示，完成对智能车辆的可视化运动建模。场景中包含直角弯、U 形弯等常见路况。

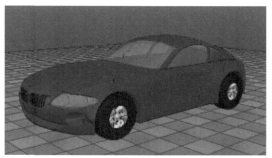

图 9-6　导入 Solidworks 模型

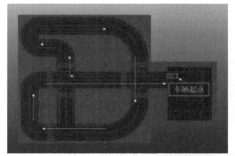

图 9-7　结构化城市道路的行驶场景

3. STL 格式文件导入 V-REP

Solidworks 绘制的车身和轮胎的工程文件命名为 body. SLDPRT 和 wheel. STDPRT。使用 Solidworks 打开 body. SLDPRT，进入"过滤实体模式"，分别选择车身的各个实体，单击"文件"→"另存为"命令，把各实体另存为 STL 格式文件。同样，将轮胎模型 wheel. STDPRT 各实体也另存为 STL 格式文件。

STL 格式的选项中，可以选择输出二进制或者 ASCII，两种格式都可以。调节品质可调整输出精度，不宜过大，一般选择默认的粗糙即可。

把上面得到的 STL 文件导入 V-REP，更改各部分位置和颜色，添加关节（joint）。

- 单击菜单栏的 File→Import→Mesh 选择上面生成的各个 STL 文件。在弹出的对话框中，Mesh scaling 表示放大比例，可以根据需要选择；有的三维建模软件采用 Z 轴向上，有的采用 Y 轴向上，在 Mesh Orientation 中对应选择。
- wheelhub. STL 和 tyre. STL 组成车轮，共有 4 个车轮。
- frame. STL，lamp. STL，lampshade. STL 和 windows. STL 组成车身 body。
- 单击菜单栏的 Object→Item Translation→Position，调整车身和车轮各部分的位置。
- 调整各部分颜色。双击 Object，打开"属性"对话框，单击"Adjust color"。
- 添加关节（joint）。
- 调整各 Object 的父子关系和名称，最终结构如下：

```
- Vehicle
- Vehicle_body
    - Vehicle_rearleftMotor
        - Vehicle_rearleftwheelRespondable
            - Vehicle_rearleftwheelhub
    - Vehicle_rearrightMotor
        - Vehicle_rearrightwheelRespondable
            - Vehicle_rearrightwheelhub
    - Vehicle_frontleftsteeringMotor
        - Vehicle_frontleftsteeringMotorpart
            - Vehicle_frontleftMotor
                - Vehicle_frontleftwheelRespondable
```

```
                              - Vehicle_frontleftwheelhub
           - Vehicle_frontrightsteeringMotor
               - Vehicle_frontrightsteeringMotorpart
                   - Vehicle_frontrightMotor
                   - Vehicle_frontrightwheelRespondable
                       - Vehicle_frontrightwheelhub
```

• 将对象 Vehicle_body，Vehicle_rearleftwheelhub，Vehicle_rearrightwheelhub，Vehicle_frontleftwheelhub，Vehicle_frontrightwheelhub 设置为可见，其余对象均为不可见。

• 单击 File→Save model as 导出模型。

9.1.4 联合仿真测试

1. 制定联合仿真测试流程

根据测试目的、测试对象等要求，制定联合仿真测试流程。本例中制定的流程如图 9-8 所示。

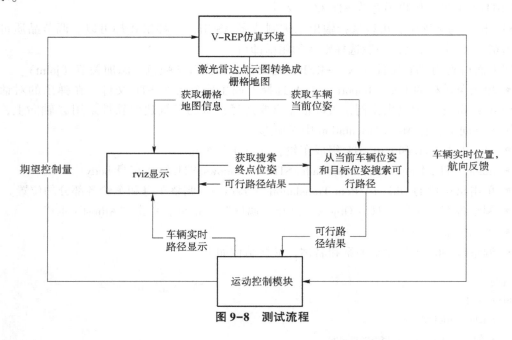

图 9-8 测试流程

2. ROS 工作空间创建

创建一个用于 ROS+V-REP 联合仿真的工作空间，代码如下：

```
mkdir - p " $HOME/rosvrep/src"   #rosvrep 为本例中的工作空间名称,也可以改为其他名称
cd " $HOME/rosvrep"
catkin init
catkin build
echo "source  $HOME/rosvrep/devel/setup. bash" >> ~/. bashrc
```

3. 创建测试用的 ROS 程序包

创建测试用的 ROS 程序包，并将程序放于 $HOME/rosvrep/src 文件夹下。

本例程用到的 ROS 包如图 9-9 所示。

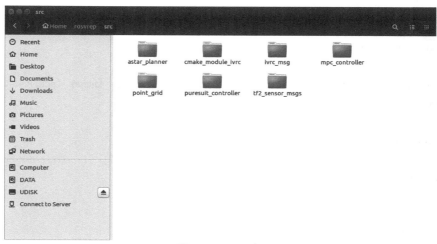

图 9-9　ROS 包

1）point_grid

point_grid 可根据 V-REP 中设置的激光雷达点云信息，将其转换为栅格地图，供搜索算法搜索可行路径。

如图 9-10 所示，point_grid 包中包括 point_grid_node. cpp 程序，代码如下：

图 9-10　point_ grid 包源程序

```
#pragma once
#include <geometry_msgs/PoseWithCovarianceStamped. h>
#include <nav_msgs/OccupancyGrid. h>
#include <ros/package. h>
#include <ros/ros. h>
#include <grid_map_ros/grid_map_ros. hpp>
#include <tf/transform_datatypes. h>
#include <pcl/io/pcd_io. h> // yl add 20171213
#include <pcl_conversions/pcl_conversions. h>
#include <anm_msgs/VehicleState. h>
#include <tf2/convert. h>
```

```
#include <tf2_sensor_msgs/tf2_sensor_msgs. h>
#include <tf2/utils. h>
#include <tf2_ros/transform_listener. h>

anm_msgs::VehicleState start_point;
bool start_update,lidar_update;
sensor_msgs::PointCloud2 pointcloud2;
pcl::PointCloud < pcl:: PointXYZ >:: Ptr  lidar _ pointcloud _ ptr _ = boost:: make _ shared < pcl:: PointCloud < pcl::
PointXYZ>>();

void startCb(const anm_msgs::VehicleState start) {

  start_point. position. x = start. position. x;
  start_point. position. y = start. position. y;
  start_point. orientation = start. orientation;
start_update = true;
start_point. orientation);
}
void lidar_ogmCb(const sensor_msgs::PointCloud2ConstPtr& lidar_ogm)
{
  if(lidar_ogm- >data. empty())
  {
ROS_WARN("Received an empty cloud message.  Skipping further processing");
  }
  else
  {
pointcloud2 = * lidar_ogm;
  }
  // std::cout<<"Received cloud message successfully!"<<std::endl;
  lidar_update = true;
}
int main(int argc, char ** argv) {
ros::init(argc, argv, "global_path");
  ros::NodeHandle nh("~");
  start_update = false;
  lidar_update = false;

  tf2_ros::Buffer tfBuffer;
  tf2_ros::TransformListener tfListener(tfBuffer);

ros::Publisher publisher =
  nh. advertise<nav_msgs::OccupancyGrid>("grid_map", 1, true);
```

```
ros::Subscriber start_sub = nh. subscribe("/vehicle_state", 1, startCb);
ros::Subscriber lidar_ogm = nh. subscribe("/ros_lidar", 1, lidar_ogmCb);
grid_map::GridMap in_gm;
double resolution = 0. 1; // in meter
in_gm. setGeometry(grid_map::Length(80,80), resolution, grid_map::Position::Zero());
std::string obstacle;
std::string distance;
in_gm. add(obstacle);
grid_map::Matrix& data = in_gm[obstacle];
ros::Rate rate(10. 0);
while (nh. ok()) {
ros::spinOnce();
if(! start_update || ! lidar_update)
{
rate. sleep();
continue;
} else
{
geometry_msgs::TransformStamped transformStamped;
try{
grid_map::Position pt(start_point. position. x, start_point. position. y);
in_gm. setPosition(pt);
in_gm. move(pt);
transformStamped = tfBuffer. lookupTransform("odom","fastHokuyo",ros::Time(0)); //odom 车辆起始坐标原点
sensor_msgs::PointCloud2 transformed_pointcloud2;
tf2::doTransform(pointcloud2, transformed_pointcloud2, transformStamped); //pointcloud2 = * lidar_ogm;
pcl::fromROSMsg(transformed_pointcloud2, * (lidar_pointcloud_ptr_));

data. setConstant(255);
double height = resolution * 800; // y 80
double width = resolution * 800; // x 80
for (auto itr =
lidar_pointcloud_ptr_- >begin();
itr ! = lidar_pointcloud_ptr_- >end();
itr++)
{
grid_map::Position pos(itr- >x, itr- >y);
if(!(in_gm. isInside(pos)))
continue;
in_gm. atPosition(obstacle, pos) = 0;
}
}catch (tf2::TransformException &ex)
```

```
{
ROS_WARN("% s",ex. what());
ros::Duration(1. 0). sleep();
continue;
}
ros::Time time = ros::Time::now();
in_gm. setFrameId("/odom");
in_gm. setTimestamp(time. toNSec());
nav_msgs::OccupancyGrid message;
grid_map::GridMapRosConverter::toOccupancyGrid(
in_gm, obstacle, 255, 0, message);
publisher. publish(message);
}
}
return 0;
}
```

2）astar_planner

astar_planner 的 ROS 包为变种 A＊搜索路径的方法，可以根据起始点位姿、终止点位姿、车辆动力学约束、路径曲率约束、障碍物分布等信息搜索出一条可行路径，供车辆跟踪避障。下载地址为

https：//github. com/Autoware－AI/core_planning/tree/master/astar_search

3）puresuit_controller

puresuit_controller 包是用纯跟踪方法编写的路径跟踪控制包。

如图 9－11 所示，共包括 pp_controller_core. cpp、pp_controller_core. h 和 pp_controller_node. cpp 三个文件，其中 pp_controller_core. cpp 中定义了纯跟踪算法的逻辑，pp_controller_core. h 为其头文件，pp_controller_node. cpp 在 ROS 架构中注册纯跟踪算法节点。程序如下：

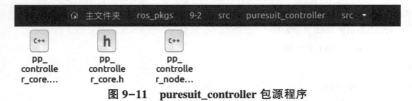

图 9－11　puresuit_controller 包源程序

pp_controller_core. h 程序如下。

```
#ifndef MPC_CONTROLLER_SRC_MPC_CONTROLLER_CORE_H_
#define MPC_CONTROLLER_SRC_MPC_CONTROLLER_CORE_H_

#define STEERINGANGLELIMIT 0. 44
#include"ros/ros. h"
```

```cpp
#include"std_msgs/Float32. h"
#include"anm_msgs/VehicleState. h"
#include"dbw_mkz_msgs/SteeringReport. h"
#include"nav_msgs/Path. h"
#include<string>
#include<vector>
#include<iostream>

typedef struct VehicleState
{
  geometry_msgs::Point pose;
  double yaw;
  double vel;
  double steering;
      double a;
}VehicleState;
struct pos
{
  double x;
  double y;
};
struct state_struct
{
  pos position;
  double s;            //弧长
  double theta;        //弧度
  bool forward;        //前进或者后退

  double steering_angle;
  double radius;

//来自路网的属性
  int index;
  char type;
  double roadwidth;
  double lanewidth;
  int lanecount;
  int lanecount_samedirection;
  int laneside;
  double maxvel;
```

```
  int RoadCharactetics;//道路特征．

  char side;
  pos mapmatch_pos;//地图匹配路网

  pos gps_pos; };
namespace waypoint_follower
{
class PP_Controller_core
{
public:
 PP_Controller_core();
 ros::NodeHandle n;
 ros::Subscriber vehicleState_sub ,path_sub,sterring_sub;
 ros::Publisher vel_pub ,str_pub;
 std::string map_frame_id_ ,vehicle_frame_id_;
 bool is_state_update;
 bool is_path_update;
 bool is_steering_update;
 VehicleState vehicle_state;
 //PP_Controller pp;
     std_msgs::Float32 cmd_vel;
     std_msgs::Float32 cmd_str;
 std::vector<geometry_msgs::PoseStamped> global_path;

     double preview_distance;
 void callbackFromWayPoints(const nav_msgs::Path msg);
 void callbackVehicleStaet(const anm_msgs::VehicleState msg);
 void callbackFromSteering(const dbw_mkz_msgs::SteeringReport msg);
 //bool WaypointData2VehicleCoords(Eigen::VectorXd &local_x ,Eigen::VectorXd &local_y);
 void run();
 state_struct Convert_State_Global_to_Local(state_struct globalstate, VehicleState vehicle_state);
 double unifytheta(double theta);
 double purepursuit_bydeltax(double deltax, double Ld,double LFR);
};
};
#endif / * MPC_CONTROLLER_SRC_MPC_CONTROLLER_CORE_H_  * /
```

pp_controller_core. cpp 程序如下。

```
#include "pp_controller_core. h"
namespace waypoint_follower
{
```

```
PP_Controller_core::PP_Controller_core()
:is_state_update(false)
,is_path_update(false)
,is_steering_update(false)
,map_frame_id_("odom")
,vehicle_frame_id_("base_link")
{
  path_sub = n. subscribe("global_path", 10, &PP_Controller_core::callbackFromWayPoints, this);
  vehicleState_sub = n. subscribe("vehicle_state", 10, &PP_Controller_core::callbackVehicleStaet, this);
  sterring_sub = n. subscribe("vehicle/steering_report", 10, &PP_Controller_core::callbackFromSteering, this);
  str_pub = n. advertise<std_msgs::Float32>("cmd_str",10);
  vel_pub = n. advertise<std_msgs::Float32>("cmd_vel",10);
      cmd_vel. data = 6;
      cmd_str. data = 0;
}
void PP_Controller_core::callbackFromSteering(const dbw_mkz_msgs::SteeringReport msg)
{
  vehicle_state. steering = msg. steering_wheel_angle / 16;
  is_steering_update = true;
}
void PP_Controller_core::callbackVehicleStaet(const anm_msgs::VehicleState msg)
{
  vehicle_state. yaw = msg. orientation. z;
  vehicle_state. pose = msg. position;
  vehicle_state. vel = msg. velocity. linear. x;
      vehicle_state. a = msg. acceleration. linear. x;
  is_state_update = true;
}
void PP_Controller_core::callbackFromWayPoints(const nav_msgs::Path msg)
{
  if(msg. header. frame_id == map_frame_id_)
  {
      global_path = msg. poses;
      is_path_update = true;
      ROS_INFO("Subcscribed Path!");
  }
  else
  {
    ROS_WARN_STREAM("The path must be published in the " << map_frame_id_
                 << " frame! Ignoring path in " << msg. header. frame_id
                 << " frame!");
  }
}
```

```
double PP_Controller_core::unifytheta(double theta)
{
    while(theta<0)
        theta=theta+2 * M_PI;
    while(theta>=2 * M_PI)
        theta=theta- 2 * M_PI;

        return theta;
}
state_struct PP_Controller_core::Convert_State_Global_to_Local(state_struct globalstate, VehicleState vehicle_
state)
{

    double deltax,deltay;
    deltax=globalstate. position. x- vehicle_state. pose. x;
    deltay=globalstate. position. y- vehicle_state. pose. y;

    double theta=vehicle_state. yaw;

    double newx,newy;
    newx=sin(theta) * deltax- cos(theta) * deltay;
    newy=cos(theta) * deltax+sin(theta) * deltay;

    state_struct result = globalstate;
    result. position. x=newx;
    result. position. y=newy;
    result. theta=M_PI/2+globalstate. theta- vehicle_state. yaw;
    result. theta=unifytheta(result. theta);

    return result;

}

double PP_Controller_core::purepursuit_bydeltax(double deltax, double Ld,double LFR)
    {
        if(deltax > Ld) deltax = Ld;
        else if(deltax < - Ld) deltax = - Ld;
        double exp_ang= atan2(2* LFR* deltax,(Ld* Ld));
        exp_ang=exp_ang * 180/M_PI;
        return exp_ang;
    }
    void PP_Controller_core::run()
{
```

```
ROS_INFO_STREAM("pp controll start");
ros::Rate loop_rate(100);
while(ros::ok())
{
    ros::spinOnce();
    if(! is_state_update || ! is_path_update || ! is_steering_update    || (global_path. size() == 0))
    {
        //ROS_WARN("state or path didn' t update");
        loop_rate. sleep();
        continue;
    }
    else
    {
        preview_distance = 0. 1 * vehicle_state. vel;
        preview_distance = std::max(preview_distance,3. 0);
        preview_distance = std::min(preview_distance,30. 0);

        //start
        unsigned int min_index = 0;
        double mindis=10000000. 0;
        for(unsigned int j=0; j < global_path. size(); j++){
            double deltax=global_path. at(j). pose. position. x- vehicle_state. pose. x;
            double deltay=global_path. at(j). pose. position. y- vehicle_state. pose. y;
            double dis=sqrt(deltax* deltax+deltay* deltay);
            if(mindis>dis){
                mindis=dis;
                min_index=j;
            }
        }
        geometry_msgs::PoseStamped tmpTrajPoint1 = global_path. at(min_index);


        state_struct previewstate;
        previewstate. position. x=tmpTrajPoint1. pose. position. x;
        previewstate. position. y=tmpTrajPoint1. pose. position. y;
        //previewstate. theta=tmpTrajPoint1. theta;
        //previewstate. s = tmpTrajPoint1. s;
        for(unsigned int j=min_index;j<global_path. size();j++){
            geometry_msgs::PoseStamped tmpTrajPoint2 = global_path. at(j);
            previewstate. position. x = tmpTrajPoint2. pose. position. x;
            previewstate. position. y = tmpTrajPoint2. pose. position. y;
            //previewstate. theta = tmpTrajPoint2. theta;
            //previewstate. s = tmpTrajPoint2. s;
```

```
                    double deltax=previewstate. position. x- vehicle_state. pose. x;
                    double deltay=previewstate. position. y- vehicle_state. pose. y;
                    double dis=sqrt(deltax* deltax+deltay* deltay);
                    if(dis > preview_distance)
                        break;
            }
                double actual_preview_dis = sqrt(pow(previewstate. position. x- vehicle_state. pose. x,2)+pow
(previewstate. position. y- vehicle_state. pose. y,2));

                if(actual_preview_dis >= preview_distance)
                {
                    //pure pursuit
                    state_struct target_state_local = Convert_State_Global_to_Local(previewstate,vehicle_state);
                    double LD=sqrt(pow(target_state_local. position. x,2)+pow(target_state_local. position. y,2));
                    if(LD > preview_distance){
                        target_state_local. position. x = target_state_local. position. x * preview_distance / LD;
                        target_state_local. position. y = target_state_local. position. y * preview_distance / LD;
                        LD = preview_distance;
                    }

                    if(target_state_local. position. y < 0){
                        if(target_state_local. position. x >= 0)
                            cmd_str. data = - STEERINGANGLELIMIT;
                        else
                            cmd_str. data = STEERINGANGLELIMIT;
                    }
                    else
                    {
                        double streeing= - purepursuit_bydeltax(target_state_local. position. x,LD,/* LFR* /2. 85);
                        cmd_str. data = 0. 01745 * streeing;
                    }
                    cmd_vel. data = /* 18* /5. 0;
                }
                else
                {
                    cmd_str. data = 0. 0;
                    cmd_vel. data = /* 18* /0. 0;
                }
                ROS_WARN("steering_angle:%. 3f , vehicle_vel:%. 2f , exp_vel:%. 2f",cmd_str. data,vehicle_
state. vel,cmd_vel. data);
                str_pub. publish(cmd_str);
```

```
                 vel_pub. publish(cmd_vel);
         }
         is_state_update = false;
         is_path_update = false;
          is_steering_update = false;
    }
  }
}
```

pp_controller_node. cpp 程序如下。

```
#include <ros/ros. h>
#include "pp_controller_core. h"

int main(int argc, char * * argv)
{
  ros::init(argc, argv, "pp_controller");
  waypoint_follower::PP_Controller_core pp;
  pp. run();
  return 0;
}
```

4）mpc_controller

mpc_controller 包是用模型预测控制方法编写的路径跟踪控制包。

图 9-12 所示为 mpc_controller 包中的文件，其中 mpc_controller. cpp 为开源 mpc 算法，下载地址为 https：//github. com/prasadmahendra/mpc。

图 9-12　mpc_controller 包源程序

这里通过 mpc_controller_core. cpp 和 mpc_controller_node. cpp 程序，将已有的 mpc 程序应用在 ROS 架构中。

mpc_controller_core. cpp 程序：

```
#include <ros/ros. h>
#include "mpc_controller/mpc_controller_core. h"
int main(int argc, char * * argv)
{
 ros::init(argc, argv, "mpc_controller");
 waypoint_follower::MPC_Controller_core mpc;
 ros::spin();
}
```

```
    return 0;
}
mpc_controller_node. cpp 程序：
#include "mpc_controller/mpc_controller_core. h"
namespace waypoint_follower
{
MPC_Controller_core::MPC_Controller_core()
:is_state_update_(false),
 is_path_update_(false),
 is_steering_update_(false),
 map_frame_id_("odom"),
 vehicle_frame_id_("base_link"),
 mpc_(),
 index_min_(0)
{
    this- >path_sub_ =
                this- >nh_. subscribe("global_path",
                            10,
                            &MPC_Controller_core::callbackFromWayPoints,
                            this);
this- >vehicleState_sub_ =
                this- >nh_. subscribe("vehicle_state",
                            10,
                            &MPC_Controller_core::callbackVehicleStaet,
                            this);
this- >sterring_sub_ =
                this- >nh_. subscribe("vehicle/steering_report",
                            10,
                            &MPC_Controller_core::callbackFromSteering,
                            this);
    this- >timer_ =
                this- >nh_. createTimer(ros::Duration(0. 04),
                                    boost::bind(&MPC_Controller_core::timerCb, this));
this- >str_pub_ = this- >nh_. advertise<std_msgs::Float32>("cmd_str", 10);
this- >vel_pub_ = this- >nh_. advertise<std_msgs::Float32>("cmd_vel", 10);
    this- >cmd_vel_. data = 0;
    this- >cmd_str_. data = 0;
}
void MPC_Controller_core::callbackFromSteering(const dbw_mkz_msgs::SteeringReport msg)
{
vehicle_state_. steering = msg. steering_wheel_angle / 16;
is_steering_update_ = true;
```

```
}
void MPC_Controller_core::callbackVehicleStaet(const anm_msgs::VehicleState msg)
{
    vehicle_state_. yaw = msg. orientation. z;
    vehicle_state_. pose = msg. position;
    vehicle_state_. vel = msg. velocity. linear. x;
        vehicle_state_. a = msg. acceleration. linear. x;
    is_state_update_ = true;
}
void MPC_Controller_core::callbackFromWayPoints(const nav_msgs::Path msg)
{
    if(msg. header. frame_id == map_frame_id_)
    {
        global_path = msg. poses;
        is_path_update_ = true;
    }
    else
    {
        ROS_WARN_STREAM("The path must be published in the " << map_frame_id_
                        << " frame! Ignoring path in " << msg. header. frame_id
                        << " frame!");
    }
}
bool MPC_Controller_core::WaypointData2VehicleCoords(Eigen::VectorXd &local_x ,Eigen::VectorXd &local_y)
{
    double px = vehicle_state_. pose. x;
    double py = vehicle_state_. pose. y;
    double psi = vehicle_state_. yaw;
    if(this- >index_min_ > global_path. size() - 10)
            return false;
        int index_min = - 1;
        double min = std::numeric_limits<double>::infinity();
        for(int i=this- >index_min_; i < global_path. size(); i++)
        {
            double deltax = global_path[i].pose. position. x - px;
            double deltay = global_path[i].pose. position. y - py;
            double dist = sqrt(pow(deltax,2) + pow(deltay,2));
            if(dist < min)
            {
                min = dist;
                index_min = i;
            }
```

```
        }
        if(index_min < 0 || index_min > global_path. size()- 10)
            return    false;
        this- >index_min_ = index_min;
        int count = 0;
    for(int i = index_min; i<global_path. size(); i++)
    {
            double deltax = global_path[i].pose. position. x - px;
            double deltay = global_path[i].pose. position. y - py;
            double temp_x, temp_y;
            temp_x = deltax * cos(psi) + deltay * sin(psi);
            temp_y = deltay * cos(psi) - deltax * sin(psi);
            local_x(count) = temp_x;
            local_y(count++) = temp_y;
            if(count >=    local_x. size())
                break;
    }
        return true;
}
void MPC_Controller_core::timerCb() {
    Eigen::VectorXd localPathx(20), localPathy(20);
    if(! is_path_update_ || ! is_state_update_ || ! is_steering_update_) {
        str_pub_. publish(cmd_str_);
        vel_pub_. publish(cmd_vel_);
        std::cout<<"no message!"<<std::endl;
        return;
    }
    if (! WaypointData2VehicleCoords(localPathx, localPathy))
    {
        cmd_vel_. data = 0 ;
        vel_pub_. publish(cmd_vel_);
        return;
    }
    mpc_. CalculatePolynomial(localPathx, localPathy);
    Eigen::VectorXd vehicle_state_vector(6);
    vehicle_state_vector(0) = vehicle_state_. pose. x;
    vehicle_state_vector(1) = vehicle_state_. pose. y;
    vehicle_state_vector(2) = vehicle_state_. yaw;
    vehicle_state_vector(3) = vehicle_state_. vel;
    vehicle_state_vector(4) = vehicle_state_. steering;
```

```
        vehicle_state_vector(5) = vehicle_state_. a;
        mpc_. CalculateErrors(vehicle_state_vector);
        mpc_. Solve(vehicle_state_vector);

        cmd_str_. data = mpc_. steering_angle_next;
        cmd_vel_. data = 5. 0;
        ROS_WARN("exp_steering:%. 3f ,steering:%. 3f,   vehicle_vel:%. 2f , exp_vel:%. 2f, solve_time:% f",
                cmd_str_. data,
                vehicle_state_. steering,
                vehicle_state_. vel
                );
        str_pub_. publish(cmd_str_);
        vel_pub_. publish(cmd_vel_);
}
}
```

5）ivrc_msg

ivrc_msg 包是封装的 ROS 消息包，实现多个 ROS 包的信息交互。如图 9-13 所示，其中包括 vehicle state 和 SteeringReport 两个消息文件。

图 9-13　ivrc_msg 包消息文件

vehicle state 消息定义如下：

```
# This message describes the complete vehicle state
# orientation = orientation of the vehicle using euler angles
Header header
string child_frame_id

geometry_msgs/Point position
geometry_msgs/Vector3 orientation
geometry_msgs/Twist velocity
geometry_msgs/Twist acceleration
```

SteeringReport 消息定义如下：

```
Header header

# Steering Wheel
float32 steering_wheel_angle        # rad
float32 steering_wheel_angle_cmd    # rad
float32 steering_wheel_torque       # Nm

# Vehicle Speed
float32 speed                       # m/s

# Status
bool enabled                        # Enabled
bool override                       # Driver override
bool driver                         # Driver activity

# Watchdog Counter
bool fault_wdc

# Faults
bool fault_bus1
bool fault_bus2
bool fault_calibration
bool fault_connector                # This fault can be ignored
```

6）cmake_module_ivrc

cmake_module_ivrc 包是查找并链接本地依赖包的一个工具包，如图 9-14 所示，含有 FindIPOPT. cmake 文件。

图 9-14　cmake_module_ivrc 包

如果 ROS 包在 cmake 时无法找到所依赖的工具包，可以使用此 ROS 包查找链接。如无法链接"Ipopt"，则可在 cmakelists 里加入：

```
set(CMAKE_MODULE_PATH ${CMAKE_MODULE_PATH} " ${CMAKE_SOURCE_DIR}/. . /cmake_module
_ivrc")
find_package(IPOPT REQUIRED)
```

打印查找的 Ipopt 路径，检验是否正确找到：

```
message(STATUS "INCLUDE" ${IPOPT_INCLUDE_DIRS})
```

4. 制作 launch 文件

为方便程序执行，可以制作 launch 文件。

如 path_pp_demo. launch 文件内容如下，其功能为：开启 astar_planner 节点搜索可行路径，开启 puresuit_controller 节点实现车辆路径跟踪，开启 rviz 节点实现可视化界面。

```xml
<? xml version="1. 0"? >
<launch>
    <node pkg=" astar_planner " type="modified_path_node" name="global_path" args="" output="screen" >
        <remap from="global_path/modified_path" to="global_path/global_path" />
    </node>
    <node pkg="pp_controller" type="pp_controller" name="pp_controller" args="" output="screen" />
    <node name="rviz" pkg="rviz" type="rviz" args="- d $(find space_explore)/cfg/path_demo. rviz" output="screen" />
</launch>
```

path_mpc_demo. launch 文件内容如下，其功能为：开启 astar_planner 节点搜索可行路径，开启 mpc_controller 节点实现车辆路径跟踪，开启 rviz 节点实现可视化界面。

```xml
<? xml version="1. 0"? >
<launch>
    <node pkg=" astar_planner " type="modified_path_node" name="global_path" args="" output="screen" >
        <remap from="global_path/modified_path" to="global_path/global_path" />
    </node>
    <node pkg="mpc_controller" type="mpc_controller" name="mpc_controller" args="" output="screen" />
    <node name="rviz" pkg="rviz" type="rviz" args="- d $(find space_explore)/cfg/path_demo. rviz" output="screen" />
</launch>
```

5. 编译与执行

执行以下语句，对程序进行编译。

```
cd " $HOME/rosvrep"
catkin build
```

编译成功后，按以下步骤进行操作：

（1）打开终端 1，运行 roscore。

（2）打开终端 2，输入 vrep，开启 V-REP，并打开建立的模型和场景。

（3）打开终端 3，开启所需 ROS 节点。

若使用纯跟踪控制算法，则在终端输入

```
roslaunch point_grid path_pp_demo. launch
```

若使用 MPC 跟踪控制算法，则在终端输入

```
roslaunch point_grid path_mpc_demo. launch
```

在 rviz 中使用 2D Nav Goal 控件设置路径搜索终点，即可实现在 ROS 与 V-REP 下智能车辆规划控制。

6. 仿真过程

（1）仿真环境如图 9-15 所示，一条条的线束为激光雷达扫描信息。

图 9-15　仿真场景（见彩插）

（2）图 9-16 所示为车辆所在位置的实时栅格地图显示，黑色部分为占据栅格，也就是有障碍物存在，其他灰色区域为安全区域。图 9-17 所示为使用搜索算法搜索可行路径的结果，图中箭头即算法根据起始位姿和目标位姿进行探索的方向。

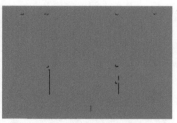

图 9-16　实时栅格地图显示

图 9-17　搜索可行路径结果

（3）使用不同的跟踪算法进行仿真。图 9-18 所示为 mpc 使用 Ipopt 求解跟踪路径，图 9-19 所示为纯跟踪算法实现跟踪路径的仿真结果。

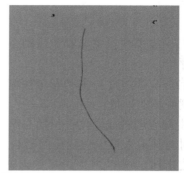

图 9-18　mpc 方法跟踪期望路径　　　　图 9-19　纯跟踪方法跟踪期望路径

9.2　智能车辆测评体系

中国仍是发展中国家，道路交通建设尚不完善，还存在许多问题，比如道路交通参与者复杂多样、道路交通基础设施不完备、驾驶员驾驶水平参差不齐，这些都对智能车辆技术提出了更高的要求。因此要针对我国复杂交通环境下智能车辆技术的不同需求和发展现状，来研究和制定相应的评价体系；要根据我国实际情况（包括复杂交通环境、驾驶特征等），来建立相关的评价准则，以此推动我国智能车辆技术的发展。

目前，国内外智能车辆大多处在 SAE 5 级之前的阶段，在这样一个复杂阶段，应强调驾乘人员的主观感受。正如德国亚琛工业大学贝尔恩德·海森英等学者指出，车辆行驶特性的主观评价为车辆的行驶动力学特性和行驶舒适性提供了有效的、至今为止唯一可靠的评定依据。因此，在对智能车辆性能评价时，应借鉴传统车辆的主观评价方法，结合智能车辆的特点，充分考虑驾乘人员的主观感受，同时探索智能车辆主动安全控制时驾乘人员心理、生理和驾驶行为的关系，研究适应驾驶特征的智能车辆主动安全控制性能评价准则，推动中国智能车辆技术评价体系的建立和发展。

9.2.1　复杂交通环境下智能车辆性能测试内容

1. 复杂交通环境下智能车辆性能主客观测试内容分析

我国道路交通环境复杂，车辆种类、驾行人员、道路状况等多种因素都对车辆安全行驶产生影响。不同道路环境下对性能需求分析，应该考虑车辆自身运行状态、驾驶人员操作特点、道路环境特点等各方面因素。

智能车辆性能主观测试内容包括智能车辆系统作用时给驾乘人员直观感受及驾乘人员对系统的使用体验。客观测试内容包括车辆自身状态参数及人体心理、生理、行为表征参量等可通过各种传感器或相关仪器测量的各种可量化参量。在传统车辆评价体系的基础上，应着重考虑车辆安全系统智能方面的评价表示，至少应包括以下方面：

（1）人机交互性能：如操作界面的简洁性、操作逻辑的简便性（如系统作用逻辑合理性）、人对系统运行的合理性判断、对系统决策的认同性、系统位置设计的合理性（如显示位置、力度、对其他行为影响）、体验舒适性等。

（2）系统可靠性：主观对系统控制的可靠性、稳定性评价，如驾驶员主观感受对误检率的评价。

（3）自主决策性：主动安全控制系统决策规划驾驶路线合理性，主动控制驾驶操作好坏的主观评价。

（4）自适应学习性：主动安全控制系统学习能力，适应不同驾驶员的驾驶习惯，主观对适应程度好坏的评价。

（5）生理心理特征变化：包括心率、血压、脑电等变化，研究智能车辆主动安全控制系统作用时对驾乘人员生理变化的影响，研究智能车辆主动安全控制系统客观评价的驾乘人员生理变化指标。

（6）行为特征变化：包括驾驶员制动行为和转向操作行为，研究智能车辆主动安全控制系统作用时驾驶员行为的评价指标。

2. 智能车辆主动安全控制时驾乘人员心理、生理和驾驶行为变化规律研究

在智能车辆主动安全控制时，人、车、智能车辆主动安全控制系统、道路之间的作用和影响是相互的，构成了一个典型的人机环境系统。在这个系统中，驾乘人员是其中最活跃的要素，对行车安全起着关键性的控制作用，也是保证道路交通系统安全化功能的关键因素。驾驶行为各个要素的相互作用反映了驾乘人员、车、主动安全控制系统和道路环境四者在人机环境系统中的关系。

驾驶行为可以用"刺激－机体－反应"的经典模式来分析，当智能车辆由主动安全系统控制时，主动安全系统控制性能、道路条件、交通条件、天气条件等诸多因素会对驾乘人员造成"刺激"，接着在"刺激"的作用下驾驶员的生理心理发生变化，并做出判断决策，选择合适的动作——"反应"，以使自己能够保证驾乘时的安全与舒适等目的。

驾乘人员在智能车辆主动安全控制时，主动安全控制系统及周边道路环境信息对驾驶员产生"刺激"，这些"刺激"通过身体的各个外部感受器（视觉、听觉、触觉等和内脏）传到脑中枢神经，经过短暂复杂的处理后，会采取一定的驾乘行为，如加速、减速、停车、换道、超车等驾驶行为和摇晃、侧倾等乘坐行为。与此同时，大脑亦会将与内脏有关的"反应"指令通过神经系统直接作用于内脏的各个器官上，产生一定的生理心理行为，如产生心理紧张、激动等主观感受和呼吸紧促、血压升高、体温升高、频繁眨眼等生理指标的变化。这些生理心理的变化与驾乘行为是同时存在的。通过对驾乘人员在智能车辆主动安全控制时的生理、心理和驾乘行为的变化规律与特征进行研究，以全面地、综合地对智能车辆性能进行评价。

智能车辆主动安全控制与驾乘人员个体差异的关系，可以考虑通过调查问卷和抽样分析，选择具有代表性特征的驾乘人员，主要包括性别、年龄、驾龄、健康状况、受教育程度、是否晕车、精神状态和职业或工作行业等方面的区别。采用生理信号测量系统采集动态脑电、心电和呼吸等客观生理信号；采用层次分析法、聚类分析法、主成分分析法等选取能表征驾乘人员生理、心理、驾乘人员主观评价指标。通过软件编程和数理统计分析等，分析驾乘人员在智能车辆主动安全控制下的生理、心理和驾乘行为的变化规律。

9.2.2 基于集成测试方法的性能测试

为了客观、准确地评价智能车辆性能等级及关键技术的发展，可以考虑采用集成测试方法思想，融合基于多平台多传感器的测试技术，展开针对智能车辆性能测试方法的研究。

1. 集成测试方法

基于集成测试方法的智能车辆主动安全测试技术采用自底向上的集成方式，即从测试模块结构中最底层的单一模块开始测试。集成测试方法将智能车辆主动安全测试分为三大阶段，分别为单元模块任务测试、组合模块任务测试和全系统任务测试，其中每一阶段的具体测试内容由主动安全测试框架的各基本行为任务组成。

智能车辆主动安全的具体测试过程分为分层约束建模和逐层测试。当利用该测试方法已经测试智能车辆主动安全技术并得到准确的测试结果后，各阶段模型约束建模的结果可以作为已知信息添加到仿真模型中，当仿真模型运用到其他测试任务时，可根据新的应用需要和测试环境信息按照判定准则对智能车辆进行测量。

2. 基于多平台多传感器的测试技术

根据集成测试方法，对智能车辆的主动安全测试任务进行分层化和模块化，可以有效提高测试系统测试效率和测试精度。比如可解决由于智能车辆行车参数和驾驶员状态参数的多样性，造成智能车辆测试平台上传感器类型多、测试烦琐，甚至各传感器之间可能会存在未知影响关系而导致测量准确度低等问题。

根据所使用测试传感器的类型和测试方式的不同，测试方法可分为基于静态测试平台的测试方法、基于动态测试平台的测试方法和基于车辆内部信息输出的测试方法。

融合基于静态、动态平台及车辆内部信息输出的测试方法，作为全系统任务测试，既能保证测试方法的科学性，也能保证测试数据的可靠性与准确性。

9.2.3　智能车辆性能测试环境构建

为了搭建满足智能车辆性能测试要求的场景，需要分析智能车辆性能的影响因素，找出智能车辆安全与各影响因素之间的因果关系和内在逻辑。由于相关因素较多且错综复杂，需要采用安全系统工程的观点和理论系统地对影响智能车辆安全的要素进行分析与归纳。例如，可以通过建立故障树模型，并对故障树模型进行最小割集的求解和结构重要度的求解，得出各不利因素的重要程度，从而指导智能车辆性能测试场景的搭建。

1. 影响智能车辆安全要素分析

通过收集国内外相关资料，将影响智能车辆安全因素分为四大类，即人的因素、车辆因素、道路因素和环境因素，并研究这四类因素如何影响智能车辆安全。在影响智能车辆安全各要素中，"人员"除了包括驾驶员、乘客以外，还包括行人等交通直接参与者，这些主体都具有主观能动特性，因此人员系统既会随着其他子系统的变化而实时变化，也会牵动其他系统的状态变化。"车辆"是人的载体，车辆的技术状况直接影响着运输安全。"道路环境"是车辆运行的物质基础和影响因素，然而由于我国的地域广阔，各地区道路类型和道路线形差异较大，气候条件、沿途景观等环境因素变化差异也很大，因此道路环境会时刻对系统内其他要素产生影响，改变它们的特性。

应用安全系统工程中的故障树分析技术对智能车辆事故致因进行研究。故障树分析方法是安全系统工程中重要的分析方法之一，是从结果到原因找出与事件发生有关的各种因素之间因果关系和逻辑关系的演绎分析法，可以实现对系统的危险性进行分析和评价。

将各要素用事件符号表示，智能车辆发生危险作为顶事件，人、车、道路、环境作为中间事件，用"或""与""非"等逻辑门连接各事件。如果构建的故障树模型中所有基本事件全部发生，顶事件必然发生。寻找顶事件发生的最小基本事件组合，即求解最小割集，最小割集用来表征系统的危险程度，每个最小割集都是顶上事件发生的一种可能途径，最小割集的数目越多，危险性越大。在故障树分析中，导致顶事件发生的基本事件很多，但各个基本事件对顶事件的影响程度却不尽相同，通过计算基本事件的结构重要度，排出各种基本事件的结构重要度顺序，从故障树模型的结构上了解各基本事件对顶事件发生的影响程度如何，并以此为指导来设计测试场景，保证能够以较少的成本在短时间内集中复现真实道路中的典型危险工况，以验证智能车辆的性能。

2. 基于故障树理论的测试环境搭建

构建智能车辆性能测试环境，需要综合考虑人-车-路-环境的各方面特征及其相互影响。根据故障树分析技术分析得出危险事件（顶事件）发生概率，将测试环境按危险事件发生概率的大小分为不同等级。针对不同难度的智能车辆主动安全测试内容，选择不同底层事件组成的测试环境与之匹配，以便满足不同控制性能的需求。

根据之前对交通事故大数据的故障树模型的提取和分析，将人的因素、车辆因素、道路因素和环境因素模型作为搭建测试环境的变量因素。通过调整这些因素所包括的底层事件贡献率，比如人的因素中的疲劳驾驶、醉酒驾驶等，改变测试环境故障树模型中发生危险事件（顶事件）的概率，进而构成不同测试等级的性能测试环境。通过对不同的主动安全控制系统匹配不同等级的测试环境，能够有针对性地选择测试内容，并保证测试效果的科学性与准确性。

9.2.4 智能车辆性能评价方法

本部分将建立智能车辆性能的评价指标体系，并分别针对客观和主观评价指标提出对智能车辆性能的评价方法。

1. 智能车辆性能评价指标体系构建

基于智能车辆性能测试内容，考虑评价指标体系构建的科学性、客观性，将智能车辆性能指标体系分为四个部分：评价目标、评价方面、评价要素和评价因素。

评价目标为智能车辆性能。同时可以把对智能车辆性能的评价分为两方面，分别是由人的直观感受组成的主观评价和由可测量的指标组成的客观评价。其中客观评价包括纵向控制性能、横向控制性能、视认性、预警性、驾乘人员的生理变化和行为变化6个评价要素。主观评价包括动力性、转向性、操纵性、乘坐舒适性、驾驶性、制动性、直线行驶性、弯道行驶性、人机交互性能评价、系统可靠性、自主决策性能评价、自适应学习能力评价、驾乘人员生理心理状态等评价要素。每个要素又包括若干智能车辆性能的评价因素。

评价因素包括很多方面，例如：

（1）纵向控制性能：制动距离、百公里加速时间、航向角方差。

（2）横向控制性能：稳态横摆角速度增益、方向盘平均操舵力、峰值反应时间、侧翻阈值。

（3）预警性能：预警提前时间、预警可靠率。

（4）视认性：识别误检率、识别漏检率、系统适应率、系统识别范围。

（5）驾乘人员生理变化：心率、脑电、心电、血压、眨眼频率。

（6）驾乘人员行为变化：制动踏板力、制动踏板速度、方向盘转速、方向盘转角。

（7）人机交互特性：操作界面的简洁性，操作逻辑的简便性、人对系统运行的合理性判断、对系统决策的认同性、系统位置设计的合理性、舒适性。

（8）系统可靠性：主观对系统控制的可靠性、稳定性好坏的评价。

（9）自主决策性能：主动安全控制系统决策驾驶路线合理性、主动安全控制驾驶操作好坏的主观评价。

（10）自适应学习能力：主动安全控制系统学习能力、适应不同驾驶员的驾驶习惯，主观对适应程度好坏的评价。

（11）驾乘人员生理心理状态：心情、脑负荷、精神状态。

2. 智能车辆性能主观评价

作为观测者和评价者的人在车辆特性的评价过程中起着不可替代的作用，其主观评价为车辆的性能评价提供了有效的、迄今为止唯一可靠的评价结果。主观评价是智能车辆性能的最终评价方法，体现"使车适应人的策略"。

在智能车辆性能的主观评价中，首先要制作相应性能的评价量表，然后选择具有代表性特征的驾乘人员通过相关试验，依靠个人的主观感受对车辆主动安全相关性能进行评价，并且将评价进行量化后得到评分并进行综合评价。

1）主观评价量化准则

对驾乘人员的生理心理进行研究时，主观评价中的输出通常为语言，为了实现主观评价，需要采用一定的方法进行评分。美国主观评分量表 SAE J1441 建立了 10 个连续刻度的主观评价量表，每两分给出一个与分值成线性相关的形容词。德国贝尔评分方法也用的是 10 分制主观评价评分方法，但同时引入了评价者和缺陷两个因素，并且从正面和反面给出评分提示。日本采用 7 分制评分方法，确定某一辆车作为标准车辆，其他车辆与此对比，直接得出被评价车辆的主观评价分数。

考虑驾乘人员特性等因素的指标评分标准的确定首先依照层次性、全面性等原则，进行描述性词语的搜索。然后进行描述性词语的筛选，要遵循意义重要、表达精确、概况全面、语言精简、语义独立原则，并具有一定的可操作性和可接受性。采用专家咨询法等方法，判断其是否能够清楚、准确、全面地描述主观测试指标的特性，对一些内容含糊的词语加以修改，对语义相近的指标进行整合。同时评分标准需考虑驾乘人员特性的区分：不同的驾乘人员对同一车辆性能具有不同的评价标准，评价量表需要综合不同驾乘人员的驾乘特性进行评价。

2）主观评价量表的制作

根据主观评价量化准则，制定考虑驾乘人员特征的评价量表。驾乘人员特征主要包括性别、年龄、驾龄、健康状况、受教育程度、是否晕车、精神状态和职业或工作行业等方面。同时针对不同的评价因素，评价量表应具有不同的等级划分，对于感受强烈、易于评价的评价因素应划分较多的评价等级，以增加评价的精确性，如转向稳定性、轰鸣声、减振舒适性等。而对于不易察觉、敏感度较差的指标应划分较少的等级，便于评价。另外，还可以根据不同的评价指标，从主动安全性能品质的正反两方面来对主动安全性能制定标准，评价人员可以根据正反两方面任意一面进行打分。

量表测量的结果能否达到目的，是否能正确反映客观事实，通常以信度和效度两个质量指标来衡量。信度是测量可靠性的度量，它能鉴定测量结果的一致性和稳定性。效度是测量有效性的度量，它是评价测量质量的一个重要指标。信度和效度两者既有联系又有区别，信度高不一定效度高，效度高不一定信度高，即可信的不一定有效，有效的不一定可信。在制作量表时，尽量考虑这两方面，使量表既有效又可信。

3）主观评价指标权重的确定

采用可拓展层次分析法来确定智能车辆性能主观评价指标的权重。可拓展层次分析法在层次分析法的基础上引入了可拓展理论，用区间数代替点值数构造可拓展判断矩阵，克服了层次分析法在解决专家经验判断方面的模糊性问题。将指标权重计算与判断矩阵一致性检验结合进行，并考虑专家判断的模糊性和多位决策者的实践经验，不需要判断矩阵的一致性，有效避免了层次分析法中的大量试算工作。这样既能保证专家判断结果的真实性，又能保证判断矩阵的一致性，使得确定的智能车辆性能的各个评价指标的权重更加合理。

4）综合评价

常用的现代综合评价方法有层次分析法、模糊综合评判法、数据包络分析法、人工神经网络分析法、灰色综合评价法等。智能车辆性能主观评价体系，是一个典型的多层次综合评判问题。另外，主观评价内容涉及多个方面，人们对各方面的主观评价往往是模糊的。因此，这又是一个较典型的模糊系统。因此，本项目提出将模糊综合评价与层次分析法结合应用，在模糊环境中，通过逐层考虑多个影响因素，对复杂系统分析评估做出综合决策。通过两种方法结合使用，充分发挥各自的优势，可以更加合理地对智能车辆性能进行综合评价。

3. 智能车辆性能客观评价

主观评价可以全面、准确地评价智能车辆性能，但要求评价人员具有相应的评价经验。客观评价利用可测试指标对性能进行评价，其评价结果不受评价经验和个人因素影响，有效地避免了主观评价的弊端。智能车辆性能主客观评价准则是否合理的最主要标志是其客观评价结果和主观评价结果是否一致。主动安全性应以驾乘人员的主观感受为唯一准确的评价准则，因此应用所建立的客观评价方法得到的结果应趋近主观评价结果。

可以从驾乘人员生理和行为特征、纵向控制性能、横向控制性能、视认性能以及预警性能等方面选取可评价性能的量化指标，并采用智能评价方法（如神经网络）进行客观评价。该方法集权重系数的确定与模型建立于一体，通过对样本数据的学习，建立由评价指标变量值到输出综合评价值的非线性映射关系。训练客观评价模型之前，首先进行大量试验，测量得到客观指标值并且邀请专家进行主观评价，然后将测量得到的客观指标值作为输入层，将主观评价结果作为输出层，最后进行神经网络的训练。

为了保证所建立的模型尽可能真实地反映车辆的性能，所采用的主观评价结果应该是趋于理想的评价结果。假设随着评价人员数量的增多，评价人员的个人因素对评价结果的影响将逐渐减少，最终的评价结果将趋近于真实的车辆性能水平。因此选择输出层的主观评价结果时应该注意，应聘请尽可能多的相关方面的专家对车辆的性能进行多次评价，并且主观评价结果本身要具有高度一致性。

参 考 文 献

［1］ 熊光明，龚建伟，陈慧岩. 无人驾驶车辆理论与设计：慕课版（第2版）［M］. 北京：北京理工大学出版社，2021.

［2］ 陈慧岩，熊光明，龚建伟，等. 无人驾驶汽车概论［M］. 北京：北京理工大学出版社，2014.

［3］ 龚建伟，刘凯，齐建永. 无人驾驶车辆模型预测控制（第2版）［M］. 北京：北京理工大学出版社，2020.

［4］ 熊光明，高利，吴绍斌，等. 无人驾驶车辆智能行为及其测试与评价［M］. 北京：北京理工大学出版社，2015.

［5］ 4D/RCS：An Autonomous Intelligent Control System for Robots and Complex Systems of Systems ［EB/OL］. http：//www2. gwu. edu/~ uscs/docs/0809/GWU% 20Presentation% 204DRCS%20And%20Cybernetics. pdf.

［6］ Madhavan R，Messina E，Albus J S. Intelligent Vehicle Systems：A 4D/RCS Approach ［M］. New York：Nova Science Publishers. Inc. ，2006.

［7］ 关于印发《智能汽车创新发展战略》的通知 ［EB/OL］. http：//www. gov. cn/zhengce/zhengceku/2020-02/24/content_ 5482655. htm.

［8］ 俞祝良. 人工智能技术发展概述 ［J］. 南京信息工程大学学报（自然科学版），2017，（03）：297-304.

［9］ 胡春旭. ROS 机器人开发实践 ［M］. 北京：机械工业出版社，2018.

［10］ https：//en. wikipedia. org/wiki/Logistic_regression.

［11］ https：//en. wikipedia. org/wiki/Random_forest.

［12］ https：//en. wikipedia. org/wiki/Support-vector_machine.

［13］ https：//scikit-learn. org/stable/modules/ensemble. html#forests-of-randomized-trees.

［14］ https：//scikit-learn. org/stable/modules/svm. html.

［15］ https：//scikit-learn. org/stable/modules/linear_model. html#logistic-regression.

［16］ https：//ww2. mathworks. cn/help/vision/ug/train-a-cascade-object-detector. html.

［17］ 黄安埠. 深入浅出深度学习原理剖析与 Python 实践 ［M］. 北京：电子工业出版社，2017.

［18］ 李玉鑑，张婷，单传辉，等. 深度学习：卷积神经网络从入门到精通 ［M］. 北京：机械工业出版社，2018.

［19］ Maas A L，Hannun A Y，Ng A Y. Rectifier nonlinearities improve neural network acoustic models ［C］. Proc. ICML，2013：723-729.

［20］ Cybenko G. Approximation by superpositions of a sigmoidal function ［J］. Mathematics of Control, Signals and Systems, 1989, 2 (4): 303-314.

［21］ Kingma D P, Ba J. Adam: A method for stochastic optimization ［J］. Computer Science, 2014: 1412. 6980.

［22］ Srivastava N, Hinton G, Krizhevsky A, et al. Dropout: A simple way to prevent neural networks from overfitting ［J］. Journal of Machine Learning Research, 2014, 15 (1): 1929-1958.

［23］ Wan L, Zeiler M D, Zhang S, et al. Regularization of neural networks using dropconnect ［C］// International Conference on Machine Learning, 2013.

［24］ Nagi J, Ducatelle F, Caro G A D, et al. Max-pooling convolutional neural networks for vision-based hand gesture recognition ［C］// IEEE International Conference on Signal & Image Processing Applications. IEEE, 2011.

［25］ Lecun Y, Bottou L. Gradient-based learning applied to document recognition ［J］. Proceedings of the IEEE, 1998, 86 (11): 2278-2324.

［26］ Krizhevsky A, Sutskever I, Hinton G. ImageNet classification with deep convolutional neural networks ［C］// NIPS. Curran Associates Inc. , 2012.

［27］ Simonyan K, Zisserman A. Very deep convolutional networks for large-scale image recognition ［J］. Computer Science, 2014.

［28］ Ioffe S, Szegedy C. Batch normalization: Accelerating deep network training by reducing internal covariate Shift ［EB/OL］. http: //arxiv. org/abs/1502. 03167v2.

［29］ Szegedy C, Vanhoucke V, Ioffe S, et al. Rethinking the inception architecture for computer vision ［C］// 2016 IEEE Conference on Computer Vision and Pattern Recognition (CVPR). IEEE, 2016: 2818-2826.

［30］ Szegedy C, Liu W, Jia Y, et al. Going deeper with convolutions ［C］. 2015 IEEE Conference on Computer Vision and Pattern Recognition (CVPR), 2014.

［31］ He K, Zhang X, Ren S, et al. Deep residual learning for image recognition ［C］// IEEE Conference on Computer Vision & Pattern Recognition. IEEE Computer Society, 2016.

［32］ Girshick R, Donahue J, Darrell T, et al. Region-based convolutional networks for accurate object detection and segmentation ［J］. IEEE Transactions on Pattern Analysis & Machine Intelligence, 2015, 38 (1): 142-158.

［33］ Girshick R. Fast R-CNN ［J］. Computer Science, 2015.

［34］ Ren S, He K, Girshick R, et al. Faster R-CNN: Towards real-time object detection with region proposal networks ［J］. IEEE Transactions on Pattern Analysis and Machine Intelligence, 2015, 39 (6) .

［35］ Redmon, Joseph, et al. "You only look once: Unified, real-time object detection" ［C］// Proceedings of the IEEE Conference on Computer Vision and Pattern Recognition, 2016.

［36］ Liu W, Anguelov D, Erhan D, et al. SSD: Single shot multibox detector ［C］// European Conference on Computer Vision. Springer, Cham, 2016.

［37］ Redmon J, Farhadi A. YOLO9000: Better, faster, stronger ［C］// IEEE Conference on Computer Vision & Pattern Recognition. IEEE, 2017: 6517-6525.

[38] Redmon J, Farhadi A. YOLOv3：An incremental improvement ［J］. arXiv e-prints, 2018.

[39] Bochkovskiy A, Wang C Y, Liao H Y M. YOLOv4：Optimal speed and accuracy of object detection ［J］. 2020.

[40] 陈建松. 基于嵌入式平台 TX2 与深度学习的车道线检测研究 ［D］. 北京：北京理工大学, 2019.

[41] Long J, Shelhamer E, Darrell T. Fully convolutional networks for semantic segmentation ［C］// 2015 IEEE Conference on Computer Vision and Pattern Recognition（CVPR）. IEEE, 2015.

[42] Chen L C, Papandreou G, Kokkinos I, et al. DeepLab：Semantic image segmentation with deep convolutional nets, atrous convolution, and fully connected CRFs ［J］. IEEE Transactions on Pattern Analysis and Machine Intelligence, 2018, 40（4）：834-848.

[43] Chollet F. Xception：Deep learning with depthwise separable convolutions ［C］// 2017 IEEE Conference on Computer Vision and Pattern Recognition（CVPR）. IEEE, 2017.

[44] Iandola, Forrest N. , et al. SqueezeNet：AlexNet-level accuracy with 50x fewer parameters and <0. 5MB model size ［J］. Computer Vision and Pattern Recognition, 2017：1203-1209.

[45] Paszke A, Chaurasia A, Kim S, et al. ENet：A deep neural network architecture for real-time semantic segmentation ［EB/OL］. http：//arxiv. orglabs/1606. 02147.

[46] Bailey T, Durrant-Whyte H. Simultaneous localization and mapping（SLAM）：Part II ［J］. IEEE Robotics & Automation Magazine, 2006, 13（3）：108-117.

[47] 韩雨. 基于双目视觉的无人车非结构环境 SLAM 算法研究 ［D］. 北京：北京理工大学, 2017.

[48] A H S, B J M M, A A J D. Visual SLAM：Why filter? ［J］. Image and Vision Computing, 2012, 30（2）：65-77.

[49] Rublee E, Rabaud V, Konolige K, et al. ORB：An efficient alternative to SIFT or SURF ［C］// International Conference on Computer Vision. IEEE, 2012.

[50] Lepetit V, Moreno－Noguer F, Fua P. EPnP：An accurate O（n）solution to the PnP problem ［J］. International Journal of Computer Vision, 2009, 81（2）：155-166.

[51] Berthold K. P. Horn. Closed-form solution of absolute orientation using orthonormal matrices ［J］. Journal of the Optical Society of America A, 1988, 5（7）：1127-1135.

[52] Mur-Artal R, Tardos J D. ORB-SLAM2：An open-source SLAM system for monocular, stereo and RGB-D cameras ［J］. IEEE Transactions on Robotics, 2017, 33（5）：1255-1262.

[53] Triggs B. Bundle adjustment --a modern synthesis ［C］// International Workshop on Vision Algorithms：Theory & Practice. Springer-Verlag, 1999.

[54] Kummerle R, Grisetti G, Strasdat H, et al. G2o：A general framework for graph optimization ［C］// IEEE International Conference on Robotics & Automation. IEEE, 2011.

[55] 季开进. 基于三维激光雷达的车辆定位研究 ［D］. 北京：北京理工大学, 2019.

[56] Hess W, Kohler D, Rapp H, et al. Real-time loop closure in 2D LIDAR SLAM ［C］// 2016 IEEE International Conference on Robotics and Automation（ICRA）. IEEE, 2016.

[57] Ji K, Chen H, Di H, et al. CPFG-SLAM：A robust simultaneous localization and mapping

based on LIDAR in off-road environment ［C］. 2018 IEEE Intelligent Vehicles Symposium（Ⅳ）.

［58］ Hornung A, Wurm K M, Bennewitz M, et al. OctoMap：An efficient probabilistic 3D mapping framework based on octrees ［J］. Autonomous Robots, 2013, 34 (3)：189-206.

［59］ Elfes A. Using occupancy grids for mobile robot perception and navigation ［J］. Computer, 1989, 22 (6)：46-57.

［60］ Thrun S, Burgard W, Fox D. Probabilistic robotics ［M］. MIT Press, 2005.

［61］ 胡玉文. 城市环境中基于混合地图的智能车辆定位方法研究 ［D］. 北京：北京理工大学, 2014.

［62］ 宗文鹏, 李广云, 李明磊, 等. 激光扫描匹配方法研究综述 ［J］. 中国光学, 2018, 11 (006)：914-930.

［63］ Censi A. An ICP variant using a point-to-line metric ［C］// IEEE International Conference on Robotics & Automation. IEEE, 2008.

［64］ Segal A, Hhnel D, Thrun S. Generalized-ICP ［C］// Robotics：Science and Systems Ⅴ, University of Washington, Seattle, USA, June 28 - July 1, 2009.

［65］ Three-dimensional mapping with time-of-flight cameras ［J］. Journal of Field Robotics, 2009, 26 (11-12)：934-965.

［66］ Serafin J, Grisetti G. NICP：Dense Normal Based Point Cloud Registration ［C］. 2015 IEEE/RSJ International Conference on Intelligent Robots and Systems（IROS）.

［67］ Magnusson M. The three-dimensional normal-distributions transform：an efficient representation for registration, surface analysis, and loop detection ［D］. Örebro Universitet, 2009.

［68］ 王超然. 无人车辆非结构化环境离线三维栅格特征匹配地图构建 ［D］. 北京：北京理工大学, 2020.

［69］ Zhang J, Singh S. LOAM：Lidar odometry and mapping in real-time ［C］// Robotics：Science and Systems Conference, 2014.

［70］ Kok-lim Low. Linear least-squares optimization for point-to-plane ICP surface. Department of Computer Science ［D］. University of North Carolina at Chapel Hill, 2004.

［71］ Zhang J, Singh S. Visual-lidar odometry and mapping：low-drift, robust, and fast ［C］// IEEE International Conference on Robotics & Automation. IEEE, 2015.

［72］ Zhang J, Singh S. Laser-visual-inertial odometry and mapping with high robustness and low drift ［J］. Journal of Field Robotics, 2018, 35 (8)：1242-1264.

［73］ Deschaud J E. IMLS-SLAM：scan-to-model matching based on 3D data 2018 IEEE International Conference on Robotics and Automation（ICRA）.

［74］ Thomas Q M, Wasenmüller O, Stricker D. DeLiO：Decoupled LiDAR Odometry ［C］// 2019 IEEE Intelligent Vehicles Symposium（Ⅳ）, 2019, 6 (14)：589-596.

［75］ Smith R, Self M, Cheeseman P. Estimating uncertain spatial relationships in robotics ［J］. Machine Intelligence & Pattern Recognition, 1988, 5 (5)：435-461.

［76］ Merwe R V D, Doucet A, Freitas N D, et al. The unscented particle filter ［J］. Advances in Neural Information Processing Systems, 2001, 13.

［77］ Doucet A, De Freitas N, Murphy K, et al. Rao－Blackwellised Filtering for Dynamic Bayesian Networks ［EB/OL］. https：//arxiv. org/abs/1301. 3853.

［78］ Grisetti G, Stachniss C, Burgard W. Improved techniques for grid mapping with rao－blackwellized particle filters ［J］. IEEE Transactions on Robotics, 2007, 23 (1)：34-46.

［79］ Olson E B. Real－time correlative scan matching ［C］// IEEE International Conference on Robotics & Automation. IEEE, 2009.

［80］ Tang T, Yoon D, Pomerleau F, et al. Learning a bias correction for lidar－only motion estimation ［C］. 2018 15th Conference on Computer and Robot Vision (CRV), 2018：682-689.

［81］ 徐优志. 自动驾驶车辆高速道路环境下超车行为决策研究 ［D］. 北京：北京理工大学, 2016.

［82］ 宋威龙. 城区动态环境下智能车辆行为决策研究 ［D］. 北京：北京理工大学, 2016.

［83］ 宋威龙, 熊光明, 王诗源, 等. 基于驾驶员类型分析的智能车辆交叉口行为决策 ［J］. 北京理工大学学报, 2016 (36)：917-922.

［84］ 朱大奇, 史慧. 人工神经网络原理及应用 ［M］. 北京：科学出版社, 2006.

［85］ Hidas P. Modelling vehicle interactions in microscopic simulation of merging and weaving ［J］. Transportation Research Part C, 2005, 13 (1)：37-62.

［86］ Wei J, Snider J M, Gu T, et al. A behavioral planning framework for autonomous driving ［C］// 2014 IEEE Intelligent Vehicles Symposium (IV). IEEE, 2014.

［87］ 陈昕. 基于连续空间强化学习的类人纵向速度规划控制研究 ［D］. 北京：北京理工大学, 2017.

［88］ Donges, Edmund. A conceptual framework for active safety in road traffic ［J］. Vehicle System Dynamics, 1999, 32 (2-3)：113-128.

［89］ A D C, B S A, C J L, et al. On the periodicity of traffic oscillations and capacity drop：The role of driver characteristics ［J］. Transportation Research Part B：Methodological, 2014, 59 (1)：117-136.

［90］ Rodriguez Gonzalez A B, Wilby M R, Vinagre Diaz J J, et al. Modeling and detecting aggressiveness from driving signals ［J］. IEEE Transactions on Intelligent Transportation Systems, 2014, 15 (4)：1419-1428.

［91］ Rumelhart D E, Hinton G E, Williams R J. Learning representations by back propagating errors. Cogn ［J］. Nature, 1986, 5.

［92］ Ten Hagen S, Kröse B. Neural Q－learning ［J］. Neural Computing & Applications, 2003, 12 (2)：81-88.

［93］ Bradtke S J. Reinforcement learning applied to linear quadratic regulation ［J］. Advances in Neural Information Processing Systems, 1993, 295-295.

［94］ Melo F S, Ribeiro M I. Q－Learning with linear function approximation ［C］// International Conference on Computational Learning Theory. Springer, Berlin, Heidelberg, 2007.

［95］ 张玉. 自动驾驶车辆混合运动规划研究 ［D］. 北京：北京理工大学, 2018.

［96］ Kavraki L E, Svestka P, Latombe J C, et al. Probabilistic roadmaps for path planning in high－dimensional configuration spaces ［J］. IEEE Transactions on Robotics and Automation,

1996, 12 (4): 566-580.

[97] Kavraki L E, Kolountzakis M N, Latombe J C. Analysis of probabilistic roadmaps for path planning [C]// IEEE International Conference on Robotics & Automation. IEEE, 1998.

[98] Karaman S, Frazzoli E. Sampling-based algorithms for optimal motion planning [J]. The International Journal of Robotics Research, 2011, 30 (7): 846-894.

[99] Karaman S, Walter M R, Perez A, et al. Anytime motion planning using the RRT * [C]// 2011 IEEE International Conference on Robotics and Automation. IEEE, 2011.

[100] Paden B, Čáp M, Yong S Z, et al. A survey of motion planning and control techniques for selfdriving urban vehicles [J]. IEEE Transactions on Intelligent Vehicles, 2016, 1 (1): 33-55.

[101] Fox D, Burgard W, Thrun S. The dynamic window approach to collision avoidance [J]. IEEE Robotics & Automation Magazine, 2002, 4 (1): 23-33.

[102] Broggi A, Bertozzi M, Fascioli A, et al. The argo autonomous vehicle's vision and control systems [J]. International Journal of Intelligent Control and Systems, 2000, 3.

[103] Piazzi A, Bianco C G L. Quintic G2-splines for trajectory planning of autonomous vehicles [C]// IEEE Intelligent Vehicles Symposium. IEEE, 2000.

[104] Resende P, Nashashibi F. Real-time dynamic trajectory planning for highly automated driving in highways [C] // In IEEE International Conference on Intelligent Transportation Systems (ITSC), 2010: 653-658.

[105] Urmson C, Anhalt J, Bagnell D, et al. Autonomous driving in urban environments: Boss and the urban challenge [J]. Journal of Field Robotics, 2008, 25 (8): 425-466.

[106] Howard T M, Green C J, Kelly A, et al. State space sampling of feasible motions for high performance mobile robot navigation in complex environments [J]. Journal of Field Robotics, 2008, 25.

[107] Chu K, Lee M, Sunwoo M. Local path planning for off-road autonomous driving with avoidance of static obstacles [J]. IEEE Transactions on Intelligent Transportation Systems, 2012, 13 (4): 1599-1616.

[108] Bohren J, Foote T, Keller J, et al. Little ben: The Ben Franklin racing team's entry in the 2007 DARPA urban challenge [J]. Journal of Field Robotics, 2008, 25 (9): 598-614.

[109] Patz B J, Analysis V M, Pillat R, et al. A practical approach to DARPA urban challenge [J]. 2008, 25 (8): 528-566.

[110] Likhachev M, Ferguson D. Planning long dynamically-feasible maneuvers for autonomous vehicles [J]. International Journal of Robotics Research, 2009.

[111] Kammel S, Ziegler J, Pitzer B, et al. Team AnnieWAY's autonomous system for the 2007 DARPA Urban Challenge [J]. Journal of Field Robotics, 2008, 25 (9): 615-639.

[112] Bacha A, Bauman C, Faruque R, et al. Odin: Team victortango's entry in the darpa urban challenge [J]. Journal of Field Robotics, 2008, 25 (8): 467-492.

[113] Dolgov D, Thrun S, Montemerlo M, et al. Path planning for autonomous vehicles in unknown semi-structured environments [J]. The International Journal of Robotics Research, 2010, 29

(5)：485−501.

[114] Likhachev M, Ferguson D. Planning long dynamically−feasible maneuvers for autonomous vehicles [J]. International Journal of Robotics Research, 2009.

[115] Urmson C, Anhalt J, Bagnell D, et al. Autonomous driving in urban environments：Boss and the urban challenge [J]. Journal of Field Robotics, 2008, 25 (8)：425−466.

[116] Pivtoraiko M, Knepper R A, Kelly A. Differentially constrained mobile robot motion planning in state lattices [J]. Journal of Field Robotics, 2009.

[117] Bertsekas D P, Bertsekas D P, Bertsekas D P, et al. Dynamic Programming and Optimal Control [M]. MA：Athena Scientific Belmont, 2005.

[118] Bianco N D, Bertolazzi E, Biral F, et al. Comparison of direct and indirect methods for minimum lap time optimal control problems [J]. Vehicle System Dynamics, 2018 (1)：1−32.

[119] Liberzon D. Calculus of Variations and Optimal Control Theory：A Concise Introduction [M]. Princeton University Press, 2011.

[120] van den Berg J. Extended LQR：Locally−Optimal Feedback Control for Systems with Non−Linear Dynamics and Non−Quadratic Cost [M]// van den Berg J. Springer Tracts in Advanced Robotics. Springer International Publishing, 2016：2016：39−56.

[121] Biral F, Zendri F, Bertolazzi E, et al. A web based "virtual racing car championship" to teach vehicle dynamics and multidisciplinary design [C]// Asme International Mechanical Engineering Congress & Exposition, 2011.

[122] Tavernini D, Massaro M, Velenis E, et al. Minimum time cornering：the effect of road surface and car transmission layout [J]. Vehicle System Dynamics, 2013, 51 (10)：1533−1547.

[123] 王超. 基于多重碰撞检测的自动驾驶车辆动态避撞方法研究 [D]. 北京：北京理工大学, 2019.

[124] 熊光明, 王超, 张玉, 等. 一种基于碰撞检测的动态障碍物避让方法 [P]. 2020, 中国, ZL201910222739. X.

[125] Pan J, Chitta S, Manocha D. FCL：A general purpose library for collision and proximity queries [C]// Proc. of the IEEE International Conference on Robotics and Automation (ICRA). IEEE, 2012.

[126] Hofer M, Pottmann H, Ravani B. From curve design algorithms to the design of rigid body motions [J]. Visual Computer, 2004, 20 (5)：279−297.

[127] JiJ, Khajepour A, Melek W, et al. Path Planning and Tracking for Vehicle Collision Avoidance Based on Model Predictive Control With Multiconstraints [J]. IEEE Transactions on Vehicular Technology, 2016：1−1.

[128] Guo H, LiuJ, et al. Dual−envelop−oriented moving horizon path tracking control for fully automated vehicles [J]. Mechatronics, 2018, vol. 50, pp. 422−433.

[129] Guo H, Shen C, et al. Simultaneous Trajectory Planning and Tracking Using an MPC Method for Cyber−Physical Systems：A Case Study of Obstacle Avoidance for an Intelligent Vehicle [J]. IEEE Transactions on Industrial Informatics, vol. 14, pp. 4273−4283, 2018.

[130] MoserD, R Schmied, Waschl H, et al. Flexible Spacing Adaptive Cruise Control Using Stochastic Model Predictive Control［J］. Control Systems Technology IEEE Transactions on，2018, 26（1）：114-127.

[131] 梁赫奇. 基于模型预测控制的底盘分层集成控制算法研究［D］. 长春：吉林大学，2011.

[132] 熊光明，李明红，龚建伟，等. 一种智能车辆编队行驶方法，2020, 中国，ZL201710083950. 9.

[133] 文巧稚. 基于V2X技术的智能车辆通行红绿灯决策方法研究［D］. 北京：北京理工大学，2018.

[134] 熊光明，文巧稚，龚建伟，等. 一种基于V2X技术的智能车辆通行路口红绿灯方法，2020, 中国，ZL201810510657. 0.

[135] WuC, Zhao G, Ou B . A fuel economy optimization system with applications in vehicles with human drivers and autonomous vehicles［J］. Transportation Research Part D, 2011, 16（7）：515-524.

[136] Hooker JN . Optimal Driving for Single-vehicle Fuel Economy［J］. Transportation Research Part A Policy and Practice, 1988（3）：183-201.

[137] 李明红. 基于V2X的遮挡环境下智能车辆避撞行人方法研究［D］. 北京：北京理工大学，2018.

[138] 岳伟，郭戈. 通讯网络影响下自主车队的控制［J］. 控制理论与应用，2011（07）：1041-1048.

[139] 何潇. 自动驾驶车辆动态城市道路工况跟驰方法研究［D］. 北京：北京理工大学，2016.

[140] 彭理群，何书贤，贺宜等. 基于车联网V2P的行人碰撞风险辨识研究［J］. 交通运输系统工程与信息，2018, 18（1）：89-95.

[141] Wang Y, Wenjuan E, Tian D, et al. Vehicle collision warning system and collision detection algorithm based on vehicle infrastructure integration［C］//Advanced Forum on Transportation of China（AFTC 2011），7th. IET, 2012.

[142] Virtual Robot Experimentation Platform USER MANUAL［EB/OL］. http://www. coppeliarobotics. com/helpFiles/.

[143] Xiong G, Li H, Ding Z, et al. Subjective evaluation of vehicle active safety using PreScan and Simulink：Lane departure warning system as an example［C］//2017 IEEE International Conference on Vehicular Electronics and Safety（ICVES）. IEEE, 2017.

[144] 田晓雪. 汽车主观性能评价方法研究［D］. 西安：长安大学，2014.

[145] 贝尔恩德·海森英，汉斯·于尔根·布兰德尔. 汽车行驶动力学性能的主观评价［M］. 北京：人民交通出版社，2010.

彩 插

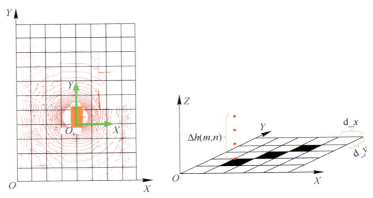

图 2-1　二维栅格地图高度差示意图

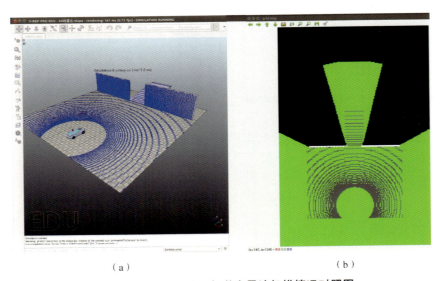

（a）　　　　　　　　　　　　　（b）

图 2-4　斜坡检测结果与激光雷达扫描情况对照图

（a）激光雷达扫描情况；（b）斜坡检测结果

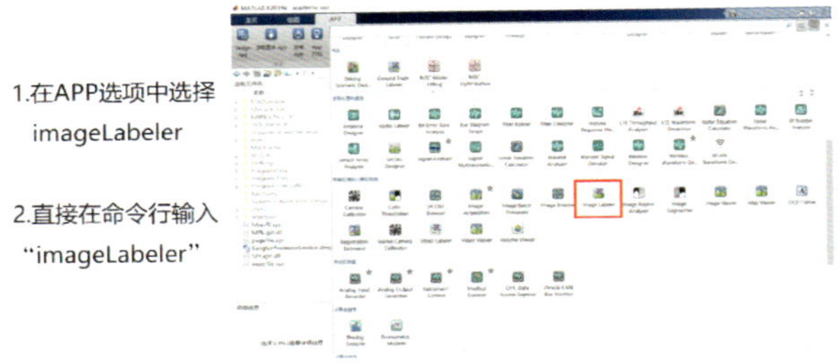

1.在APP选项中选择
imageLabeler

2.直接在命令行输入
"imageLabeler"

（a）

图 2-10　准备正样本标签的具体操作步骤

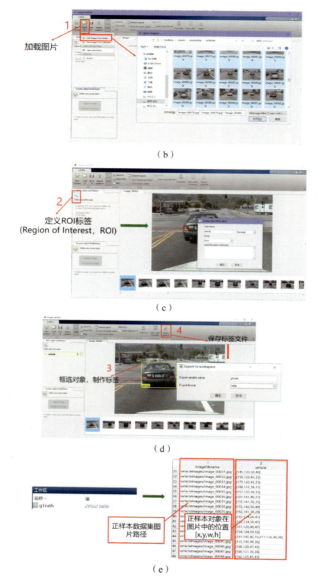

（b）

定义ROI标签
(Region of Interest, ROI)

（c）

保存标签文件

框选对象，制作标签

（d）

正样本对象在
图片中的位置
[x,y,w,h]

正样本数据集图
片路径

（e）

图 2-10　准备正样本标签的具体操作步骤（续）

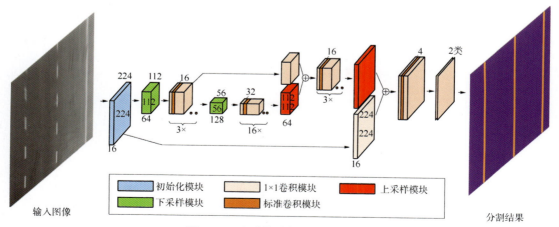

输入图像

初始化模块　　　1×1卷积模块　　　上采样模块
下采样模块　　　标准卷积模块

分割结果

图 3-35　车道线分割网络模型结构

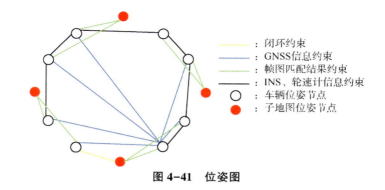

图 4-41　位姿图

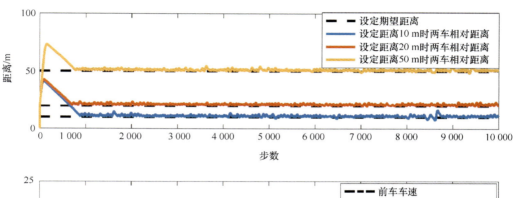

图 5-22　Q Learning 纵向定距离模型测试图

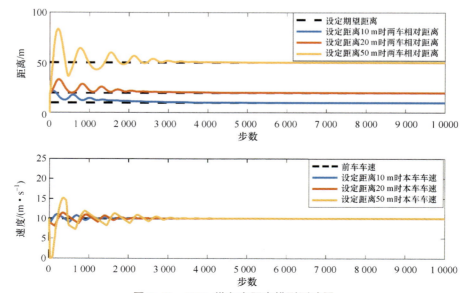

图 5-23　NQL 纵向定距离模型测试图

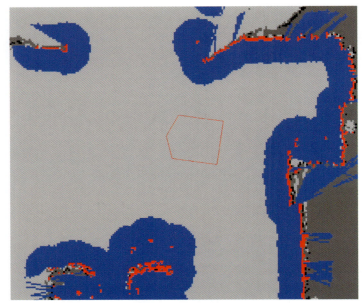

图 6-6　代价地图

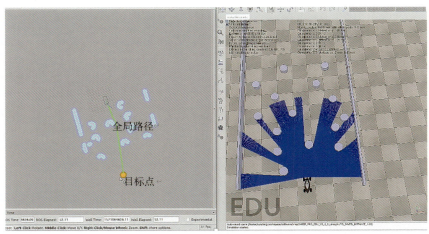

图 6-12　仿真运行起始阶段

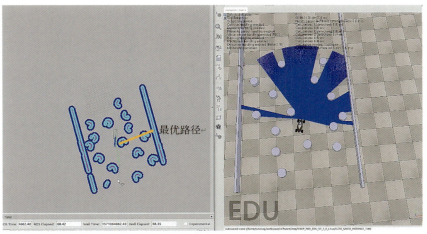

图 6-13　仿真运行中间阶段

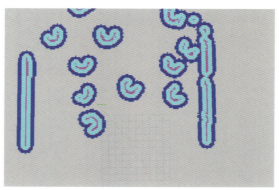

图 6-16　目标点和起始点示例 1

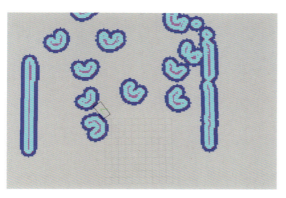

（a）

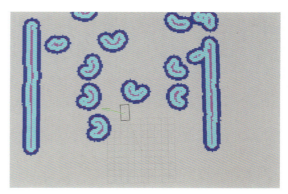

（b）

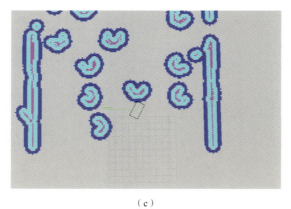

（c）

图 6-17　仿真结果 1

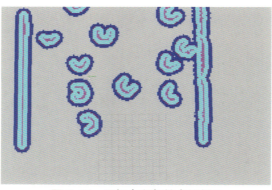

图 6-18　目标点和起始点示例 2

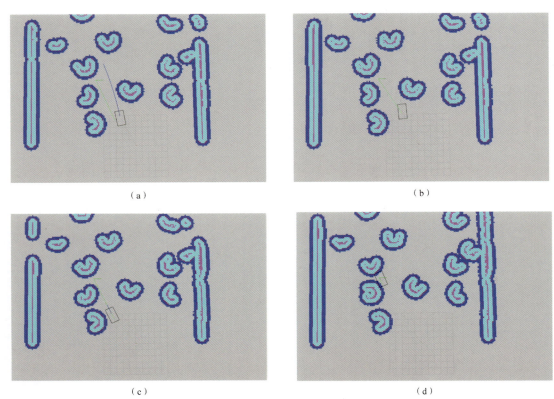

（a）

（b）

（c）

（d）

图 6-19　仿真结果 2

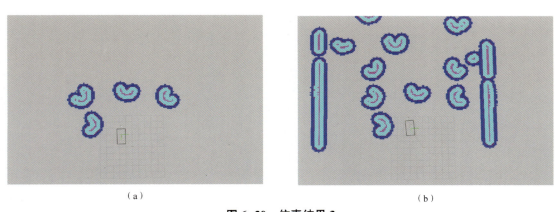

（a）

（b）

图 6-20　仿真结果 3

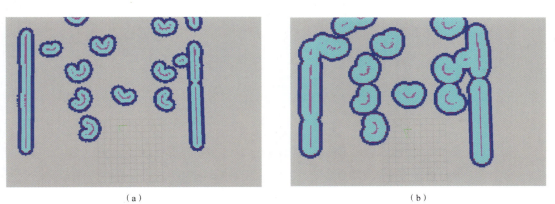

（a）

（b）

图 6-21　仿真结果 4

（a）

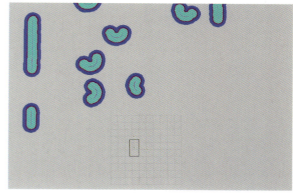

（b）

图 6-22　不同分辨率下的代价地图

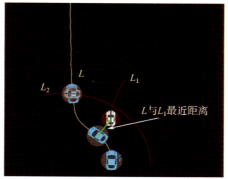

图 6-26　二维碰撞检测示意图

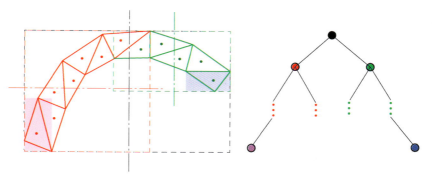

图 6-29　层次包围盒树构造示意图

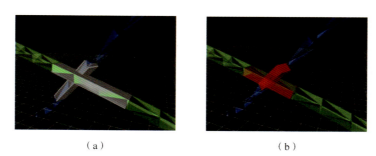

（a）

（b）

图 6-30　三维碰撞检测两阶段对比图

（a）粗略阶段碰撞检测结果；（b）精细阶段碰撞检测结果

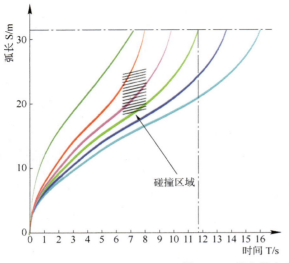
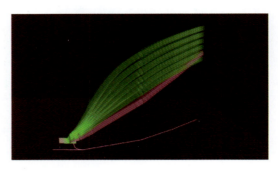

图 6-32　纵向状态空间采样轨迹生成

（a）纵向状态空间采样示意图；（b）纵向状态空间采样轨迹束

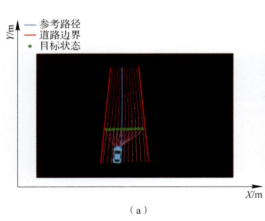
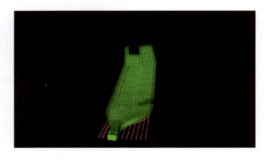

图 6-35　横向状态空间采样轨迹生成

（a）横向采样路径束；（b）横向采样轨迹束

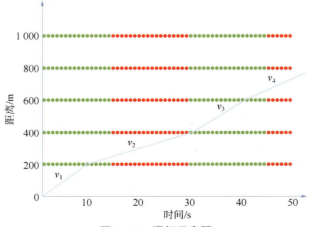

图 8-13　通行示意图

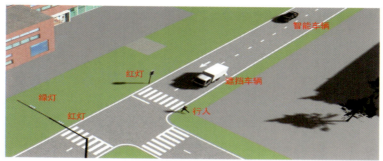

图 8-23　遮挡环境场景示意图

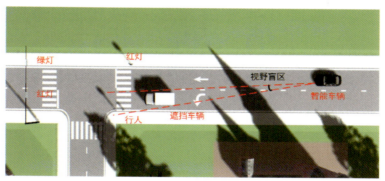

图 8-24　车辆盲区示意图

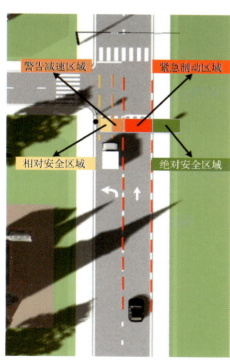

图 8-29　分级冲突区域示意图

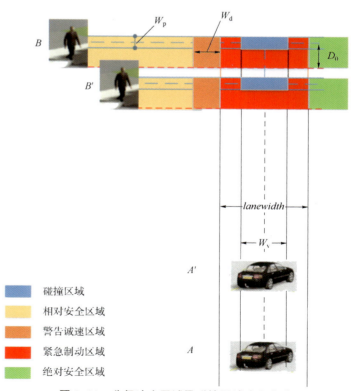

碰撞区域
相对安全区域
警告诚速区域
紧急制动区域
绝对安全区域

图 8-30　分级冲突区域及碰撞区域建立方法

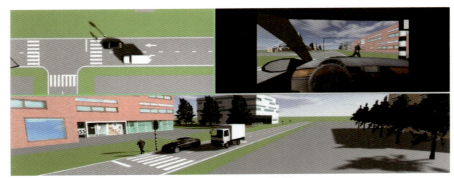

图 8-34 试验结果场景

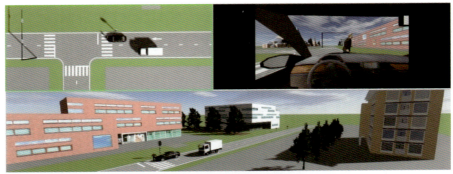

图 8-36 试验结果场景

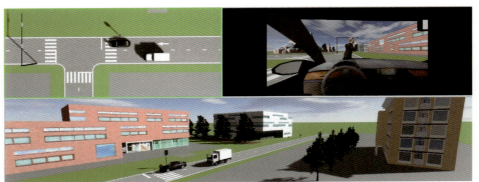

图 8-38 试验结果场景

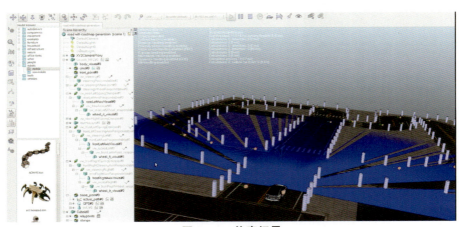

图 9-15 仿真场景